COLLECTION
DES
AUTEURS GRECS

EXPLIQUÉS
PAR UNE DOUBLE TRADUCTION FRANÇAISE

L'UNE CORRECTE
ET L'AUTRE MOT A MOT

AVEC LE TEXTE EN REGARD DE CHAQUE TRADUCTION,

des Sommaires, des Notes philologiques, historiques, archéologiques,
des Appreciations littéraires,
et des Renseignements bibliographiques,

PAR UNE SOCIÉTÉ DE PROFESSEURS

Librairie de Dezobry, E. Magdeleine et Cᵉ,
à Paris, rue des Ecoles, 78.

SOPHOCLE

ŒDIPE A COLONE

(Texte grec)

ÉDITION ANNOTÉE
PAR M. CROISET,
Professeur de seconde au lycée impérial Saint-Louis
à Paris.

PARIS

DEZOBRY ET E. MAGDELEINE, LIBRAIRES-ÉDITEURS
rue du Cloître-St Benoît, 10 (quartier de la Sorbonne).

COLLECTION

DES

AUTEURS GRECS

EXPLIQUÉS

PAR UNE DOUBLE TRADUCTION FRANÇAISE.

1860

AVIS ESSENTIEL

SUR LES SIGNES EMPLOYÉS DANS LA TRADUCTION LITTÉRALE.

1º Les mots qui traduisent *un seul mot grec* sont réunis par des *traits d'union* (-). *Ex.* : Λόγους, « Discours - en - prose ; » Καταλειφθέντων, « Ayant-été-laissés ; » Αὐτῷ, « A-lui ; » etc.

2º Les mots imprimés en *italiques* sont ajoutés pour rendre la traduction plus intelligible, pour exprimer ce qui est sous-entendu ou elliptique en grec. *Ex.* : Τοὺς ἀπὸ Διός, « Les *héros issus* de Jupiter ; » Ἀρετὴν ἀνδρός, *La* vertu d'*un* homme ; » etc.

3º Les mots placés *entre parenthèses* ( ) sont *une seconde traduction* plus française et plus claire que la traduction littérale. *Ex.* : Τοὺς ἀκούοντας, « Les *hommes* entendant (les auditeurs) ; » Διετέλεσαν ὁμονοοῦντες, « Ils continuérent étant-d'accord (d'être d'accord) ; » etc.

Paris. — Imprimé chez Bonaventure et Ducessois, 55, quai des Augustins.
— Juillet 1860. —

COLLECTION

DES

AUTEURS GRECS

EXPLIQUÉS

PAR UNE DOUBLE TRADUCTION FRANÇAISE

L'UNE CORRECTE
ET L'AUTRE MOT A MOT

AVEC LE TEXTE EN REGARD DE CHAQUE TRADUCTION

des Sommaires, des Notes philologiques, historiques, archéologiques,
des Appréciations littéraires,
et des Renseignements bibliographiques,

PAR UNE SOCIÉTÉ DE PROFESSEURS

ŒDIPE A COLONE

PAR M. CROISET

PROFESSEUR DE SECONDE AU LYCÉE SAINT-LOUIS, A PARIS.

PARIS

DEZOBRY, E. MAGDELEINE ET Cⁱᵉ, LIBR.-ÉDITEURS,

RUE DES ÉCOLES, 78
Près du musée de Cluny et de la Sorbonne.

1860

ARGUMENT DE L'ŒDIPE A COLONE.

Sophocle avait près de cent ans lorsqù'il composa l'*OEdipe à Colone*, l'un des chefs-d'œuvre de la tragédie ; et il avait cessé de vivre lorsque la pièce fut représentée, cinq ans après (Olymp. CXIV, 3), sur le théâtre d'Athènes, par les soins d'un petit fils qui voulut rendre cet hommage à la mémoire de son illustre aïeul.

Le sujet de la pièce est la mort d'OEdipe ; l'action se passe à Colone, bourg de l'Attique, à 10 stades d'Athènes [1]. Dans le lointain, la scène offre d'un côté les tours de la ville ; de l'autre, la route qui mène en Béotie ; au fond, le bois sacré des Euménides ; sur le devant, une ceinture de pierres brutes, qui entoure le lieu sacré. C'est là qu'OEdipe, appuyé sur Antigone, se présente aux yeux des spectateurs.

Un court dialogue du vieillard avec sa fille *(v. 1-32)* fait connaître les deux personnages ; un passant, qu'OEdipe interroge, nomme et décrit le lieu de la scène , et court annoncer aux habitants de Colone la venue de l'étranger (v. 33-80). Cependant OEdipe, resté seul avec Antigone, invoque les Euménides : c'est auprès de leur temple et sous leur protection qu'il doit mourir ; Apollon le lui a prédit (v. 81-110).

A l'approche du chœur, composé de vieillards coloniates, OEdipe se cache dans le bois sacré ; mais il ne tarde pas à reparaître , et quittant, sur l'invitation du chœur, le lieu saint où il n'est pas permis de pénétrer, il vient s'asseoir sur le devant de la scène (v. 111-193). Alors le chœur veut savoir quel est l'étranger qu'il vient de prendre sous sa protection : il interroge, il presse ; OEdipe se nomme. A ce nom, le chœur oublie les sentiments de pitié qu'il exprimait à l'instant même, et la promesse qu'il a faite ; il ordonne aux exilés de sortir du pays (v. 194-227). Une touchante prière d'Antigone commence à l'émouvoir ; un long discours d'OEdipe achève de l'ébranler, et il permet

---

[1] Sophocle était de Colone ; c'était un hommage que le poëte, près de sa fin, rendait au lieu de sa naissance.

au couple malheureux d'attendre la venue du roi, qu'un messager va chercher (v. 228-300).

Survient Ismène, la seconde fille d'OEdipe, fidèle comme l'autre aux malheurs de son père, et le vieillard est entouré des seuls enfants dignes de ce nom qui lui soient restés. Ismène apporte de Thèbes de douloureuses nouvelles : le jeune Étéocle a chassé du trône son frère aîné, Polynice ; celui-ci, accueilli dans Argos, devenu gendre du roi, secouru par six chefs redoutables, redemande son trône à la tête d'une armée, et l'oracle a promis la victoire à celui des deux partis qu'OEdipe favoriserait de sa présence ; Créon, frère de Jocaste, oncle de Polynice et d'Étéocle, et presque roi dans Thèbes, est déjà en marche pour venir s'emparer d'OEdipe (v. 301-411). OEdipe maudit ses fils, et demande au chœur, pour ses filles et lui, appui et protection. Le chœur s'engage à le secourir, et lui conseille d'apaiser par des libations les Euménides, peut-être irritées contre lui. Ismène s'éloigne, pour offrir le sacrifice à la place de son père (v. 412-500). Le chœur se fait confirmer par OEdipe tous les détails de sa déplorable histoire, jusqu'à l'arrivée de Thésée (v. 501-538).

OEdipe, à qui Thésée témoigne tout d'abord sa pitié en lui promettant son secours, lui annonce quels biens les dieux réservent au peuple qui possédera son tombeau, demande à mourir sur le sol de Colone, et supplie qu'on le protége contre les entreprises de Créon. Il obtient tout ce qu'il désire ; puis Thésée quitte la scène pour offrir, sur un autel voisin, un sacrifice à Neptune (v. 539-657). Chant du chœur en l'honneur d'Athènes (658-709).

Arrivée de Créon. Dans un discours où il ménage habilement OEdipe et les Athéniens, protecteurs d'OEdipe, il engage le vieillard à le suivre. OEdipe refuse, et motive son refus. Créon n'a rien à répondre ; il menace. OEdipe n'est pas ébranlé. Alors Créon déclare qu'il s'est déjà emparé d'Ismène, et fait enlever Antigone malgré le désespoir de son père et la résistance du chœur (v. 710-854). Imprécations d'OEdipe, cris du chœur ; Thésée accourt. A ses ordres, on poursuit les ravisseurs ; Thésée lui même va prendre part au combat, après avoir entendu toutefois d'assez longs discours d'OEdipe et de Créon (v. 854-1033). Chant du chœur : il peint l'ardeur du combat, fait des vœux pour la victoire (v. 1034-1085).

Thésée vainqueur ramène Antigone : transports d'OEdipe. Cependant Thésée annonce qu'un jeune étranger de la famille d'OEdipe, un *Argien*, demande à paraître devant lui. OEdipe, qui reconnaît cet *Argien*, voudrait le refuser. Thésée insiste ; Antigone supplie ; OEdipe cède : on va chercher Polynice (v. 1086-1200). Chant du chœur, qui déplore les maux attachés à une trop longue vieillesse (v. 1201-1238).

Polynice devant son père. Ses aveux, ses prières, ses promesses, n'obtiennent d'OEdipe, après un long silence, qu'une malédiction irrévocable (v. 1239-1436). A peine s'est-il éloigné, qu'OEdipe est averti par un coup de tonnerre de sa fin prochaine : il demande qu'on fasse promptement revenir Thésée. Aux cris du chœur, le roi s'empresse d'accourir (v. 1437-1494). OEdipe lui annonce qu'il va mourir : Thésée connaîtra seul le lieu de sa sépulture ; Athènes, tant qu'elle possédera le tombeau d'OEdipe, sera invincible. Cela dit, le vieillard, éclairé par une lumière divine, sort le premier, et guide son cortége vers le lieu fatal (v. 1495-1545). Le chœur prie les divinités infernales d'accueillir favorablement OEdipe (v. 1546-1576). Bientôt un messager rapporte qu'après de touchants adieux OEdipe a été enlevé à la terre (v. 1577-1660). On entend les gémissements d'Antigone et d'Ismène ; elles paraissent enfin, et la pièce finit au milieu des éclats de leur douleur, adoucie par les consolations et les promesses de Thésée. Les deux jeunes filles iront à Thèbes, où la haine qui divise leurs frères a déjà préparé pour elles une ample matière de dévouement et d'héroïsme.

———————

Telle est, dans ses détails, la pièce de Sophocle. Elle ne renferme pas une *action*, dans le sens ordinaire du mot ; tout se meut autour du principal personnage, qui reste immobile et toujours sous les yeux du spectateur. Néanmoins, dans quelle tragédie le héros est-il plus maître de lui-même, commande-t-il aux événements avec plus d'empire, règle-t-il avec plus de sûreté tous les coups du sort, pour amener enfin un dénouement nécessaire ? OEdipe a mis le pied sur le sol où il doit mourir ; il le sait. Dès lors, que les obstacles s'accumulent autour de lui, que tout s'unisse pour l'éloigner du lieu fatal, son inflexible volonté n'en restera pas moins triomphante. Il apaisera l'épouvante et l'horreur que son nom inspire aux vieillards de Colone ; il saura conquérir la pitié de Thésée ; il bravera les menaces de Créon ; privé de ses filles, il n'en résistera qu'avec plus d'énergie ; en présence d'un fils coupable et repentant, il sera inexorable comme la destinée ; et fidèle enfin, grâce à sa constance héroïque, au rendez-vous assigné par les dieux, il quittera la terre au premier avertissement de leur foudre.

L'antiquité ne s'est pas trompée sur la valeur de cette tragédie. Valère-Maxime exprimait une opinion générale lorsqu'il disait : « *Quæ sola fabula omnium ejusdem studii poetarum præripere gloriam potuit.* » Les temps modernes ont également rendu justice à Sophocle. Ce n'est pas que de hardis critiques n'aient trouvé à redire à l'admiration générale. Pour M. Jacobs, pour M. Bœckh, l'*OEdipe à Colone* est une élégie plutôt qu'une tragédie ; partout ils reconnaissent la main affaiblie d'un vieillard : il est vrai que M. Thiersch croit y découvrir, en plus d'un lieu, la main inexpérimentée d'un jeune homme, et n'hésite pas à en conclure que le jeune Sophocle a mis la dernière main à l'œuvre de son aïeul. Jacobs et Reisig ont réfuté ces erreurs et ces conjectures ; Hermann les a condamnées.

Ducis, dans son *OEdipe chez Admète*, que plus tard il a simplifié et arrangé sous le titre d'*OEdipe à Colone*, a su faire passer dans notre langue quelques-unes des beautés de Sophocle. Laharpe a reconnu le mérite des caractères et le haut intérêt de la situation, mais n'a pas démêlé le véritable plan. Il a joint à son analyse la traduction de quelques morceaux. Mais il faut lire avant tout les jugements décisifs d'A. G. Schlegel, *Cours de Littér. dram.*, t. I; de M. Villemain, *Tableau de la Litt. au XVIIIe siècle*, 3e partie, 5e leçon; le beau et récent travail de M. Patin, t. II de ses *Études sur la tragédie grecque*.

Les notes feront connaître les allusions principales que les interprètes ont cru saisir dans cette tragédie. N'est-ce point Sophocle lui-même, qui, par la bouche d'OEdipe, confirme la malédiction prononcée contre des fils ingrats : Ἵν' ἀξιῶτον τοὺς φυτεύσαντας σέβειν ? N'est-ce point lui qui gémit si éloquemment, par la bouche du chœur, sur les inconvénients d'une trop longue vieillesse [1]? Quelle consolation pour Athènes vaincue, d'entendre répéter à son poëte qu'elle est du moins, par le serment des dieux, éternellement à l'abri des derniers malheurs! Les Thébains croyaient posséder à Étéon le tombeau d'OEdipe : Sophocle fait croire à toute la postérité que ce tombeau est possédé par l'Attique ; c'est une conquête sur la Béotie, la seule conquête que l'on pût faire alors. Avec quels transports les concitoyens du poëte devaient-ils accueillir cet hymne magnifique à la patrie commune : Εὐίππου, ξένε, τᾶσδε χώρας, etc.!

[1] On sait que, traîné devant un tribunal par des fils ingrats, qui représentaient leur père comme insensé, le vieux poëte lut aux juges son OEdipe à Colone, qu'il composait alors, et fut ramené chez lui en triomphe.

(Extrait de l'édit. class. de M. Berger.)

AVIS

Comme nous l'avons déjà fait à propos de notre *OEdipe-Roi*, nous signalons, pour cette pièce nouvelle, les traductions en vers de MM. Victor Faguet et Théodore Guiard, toutes les deux éditées par MM. Dezobry, Magdeleine et Cie.

Nos renvois sont tous : pour les pièces grecques, aux éditions Boissonade; pour Horace, aux éditions classiques.

Pour cette pièce, comme pour l'autre, nous nous sommes constamment aidé, dans notre commentaire, de l'excellente édition publiée chez les mêmes libraires par M. Berger, auquel nous avons emprunté textuellement les notes que nous ne voyions aucun intérêt à modifier.

<table>
<tr><td>

ΟΙΔΙΠΟΥΣ ΕΠΙ ΚΟΛΩΝΩ

———

Τὰ τοῦ δράματος πρόσωπα.

ΟΙΔΙΠΟΥΣ,
ΑΝΤΙΓΟΝΗ.
Ξένος.
Χορὸς Ἀττικῶν γερόντων.
ΙΣΜΗΝΗ.
ΘΗΣΕΥΣ.
ΚΡΕΩΝ.
ΠΟΛΥΝΕΙΚΗΣ.
Ἄγγελος.

</td><td>

ŒDIPE A COLONE.

———

Personnages de la pièce.

ŒDIPE.
ANTIGONE.
Un étranger.
Chœur de vieillards athéniens.
ISMÈNE.
THÉSÉE.
CRÉON.
POLYNICE.
Un messager.

</td></tr>
</table>

ΟΙΔΙΠΟΥΣ
ΕΠΙ ΚΟΛΩΝΩ

ΟΙΔΙΠΟΥΣ.

Τέκνον τυφλοῦ γέροντος, Ἀντιγόνη, τίνας
χώρους[1] ἀφίγμεθ᾽[2], ἢ τίνων ἀνδρῶν πόλιν;
Τίς τὸν πλανήτην Οἰδίπουν, καθ᾽ ἡμέραν
τὴν νῦν, σπανιστοῖς δέξεται δωρήμασι,
σμικρὸν μὲν ἐξαιτοῦντα, τοῦ σμικροῦ δ᾽ ἔτι   5
μεῖον φέροντα, καὶ τόδ᾽ ἐξαρκοῦν[3] ἐμοί;
Στέργειν[4] γὰρ αἱ πάθαι με, χὠ χρόνος ξυνὼν
μακρὸς[5] διδάσκει, καὶ τὸ γενναῖον τρίτον.
Ἀλλ᾽, ὦ τέκνον, θάκοισιν, εἴ τινα[6] βλέπεις
ἢ πρὸς βεβήλοις[7] ἢ πρὸς ἄλσεσιν θεῶν,   10

ΟΙΔΙΠΟΥΣ.—Ἀντιγόνη,	ŒDIPE.—Antigone,
τέκνον τυφλοῦ γέροντος,	enfant d᾽-aveugle vieillard,
τίνας χώρους[1] ἀφίγμεθα[2],	à quels champs sommes-*nous*-arrivés,
ἢ πόλιν τίνων ἀνδρῶν;	ou *à la* cité de-quels hommes ?
Τίς, κατὰ τὴν ἡμέραν νῦν,	Qui, en le jour *de* maintenant,
δέξεται σπανιστοῖς δωρήμασι	accueillera par-*de*-rares présents
τὸν πλανήτην Οἰδίπουν,	l᾽errant Œdipe,
ἐξαιτοῦντα μὲν σμικρὸν,	demandant d᾽-une-part peu,
φέροντα δὲ	emportant (recevant) d᾽-autre-part
ἔτι μεῖον τοῦ σμικροῦ,	encore moins que-le peu,
καὶ τόδε ἐξαρκοῦν[3] ἐμοί;	et ceci suffisant à-moi ?

---

1. Χώρους. Au sens d᾽ἀγρούς, par opposition à πόλιν.

2. Τίνας χώρους ἀφίγμεθα. Avec les verbes de mouvement, les poëtes sous-entendent volontiers la préposition εἰς ou πρός, même devant
les noms communs. De même en latin, Virgile, *Én.*, VI, 638 : *Deve-
nere locos lœtos*, etc.

OEDIPE

A COLONE

OEDIPE.

Fille d'un vieillard aveugle, Antigone, où nos pas nous ont-ils conduits? vers quelle campagne, ou vers quelle cité? Qui daignera en ce jour accueillir par la moindre charité l'errant Œdipe? Il demande peu, il reçoit moins encore, et ce rien lui suffit : les souffrances, la vieillesse, son courage, tout l'instruit (hélas!) à s'en contenter.—Mais, ô mon enfant, si tu aperçois un siége, soit en terre profane, soit à la lisière de quelque bois sacré, arrête et fais asseoir ton père, que nous nous enquérions

---

Αἱ πάθαι γὰρ,	Les souffrances en-effet,
καὶ ὁ χρόνος ξυνὼν μακρὸς⁵,	et le temps étant-avec *moi* long, [*ture,*
καὶ τρίτον τὸ γενναῖον,	et *en* troisième le généreux *de ma na-*
διδάσκει με στέργειν⁴.	instruit moi *à l'*aimer (à m'en contenter).
᾿Αλλὰ, ὦ τέκνον,	Mais, ô enfant,
στῆσον καὶ ἐξίδρυσόν με	aie-arrêté et aie-placé moi
θάκοισιν,	sur-*des*-siéges,
εἰ βλέπεις τινὰ⁶	si *tu en* vois quelqu'*un*
ἢ πρὸς βεβήλοις⁷	soit à *de* profanes *lieux*
ἢ πρὸς ἄλσεσι θεῶν,	soit à *des* bois-sacrés de-dieux,

---

3. Τόδ' ἐξαρχοῦν. Accusatif, dépendant de φέροντα.

4. Στέργειν, comme ἀγαπᾶν, ajoute souvent à l'idée d'*aimer* celle de *suffisance*, et prend alors le sens de *se contenter de*.

5. Χὠ (crase, pour καὶ ὁ) χρόνος μακρός. L'âge.

6. Τινα. Se rapporte à θᾶκον sous-entendu.

7. Βεβήλοις. Neutre ; équivaut à βεβήλοις τόποις.

στῆσόν με κἀξίδρυσον, ὡς πυθώμεθα
ὅπου ποτ' ἐσμέν. Μανθάνειν γὰρ ἥκομεν[1]
ξένοι πρὸς ἀστῶν, χἂν[2] ἀκούσωμεν τελεῖν.

ΑΝΤΙΓΟΝΗ.

Πάτερ, ταλαίπωρ' Οἰδίπους, πύργοι μὲν, οἳ
πόλιν στέγουσιν[3], ὡς ἀπ' ὀμμάτων[4], πρόσω·   15
χῶρος δ' ὅδ' ἱερὸς[5], ὡς ἀπεικάσαι, βρύων
δάφνης, ἐλαίας, ἀμπέλου· πυκνόπτεροι δ'
ἔσω κατ' αὐτὸν εὐστομοῦσ'[6] ἀηδόνες.
Οὗ κῶλα κάμψον[7] τοῦδ' ἐπ' ἀξέστου πέτρου·
μακρὰν γὰρ ὡς γέροντι προὔστάλης ὁδόν.   20

ΟΙΔΙΠΟΥΣ.

Κάθιζέ νύν με, καὶ φύλασσε τὸν τυφλόν.

ὡς πυθώμεθα	afin-que *nous* nous-soyons-enquis (nous
ὅπου ποτέ ἐσμεν ·	où donc *nous* sommes : (nous enquérions)
ξένοι γὰρ,	étrangers en-effet, [prendre
ἥκομεν[1] μανθάνειν	*nous en* venons (sommes réduits) *à* ap-
πρὸς ἀστῶν,	de *les* citoyens,
καὶ τελεῖν	et *à* accomplir *les choses*
ἃ ἂν[2] ἀκούσωμεν.	que *nous* aurons-entendues.
ΑΝΤΙΓΟΝΗ.—Πάτερ,	ANTIGONE.—Père,
ταλαίπωρε Οἰδίπους,	malheureux OEdipe,
πύ ργοι μὲν,	*des* tours d'-une-part,
οἳ στέγουσι[3] πόλιν,	lesquelles couvrent *une* cité, [yeux,
ὡς ἀπὸ ὀμμάτων[4],	autant-qu'*on en peut juger* de-par *les*
πρόσω ·	*sont* au-loin ;
ἱερὸς[5] δὲ ὅδε χῶρος,	sacré d'-autre-part *est* ce lieu-ci,

---

1. Ἥκομεν, *nous en venons à, nous sommes réduits à.* — D'autres,
donnant à ἥκομεν le sens de προσήκομεν, entendent ξένοι ἥκομεν μανθάνειν comme s'il y avait ξένους ἡμᾶς προσήκει μανθάνειν. Au fond, la
pensée est à peu près la même.

2. Χἂν. Double crase, pour καὶ ἃ ἄν.

3. Στέγουσιν, *masquent,* et non *protégent.*

4. Ὡς ἀπ' ὀμμάτων (sous-entendu εἰκάσαι ἔστι). Retombe moins
sur πρόσω que sur οἳ στέγουσι πόλιν : Antigone voit bien que les tours

du lieu où nous sommes : étrangers ici, nous ne pouvons qu'interroger les habitants et agir d'après leurs réponses.

ANTIGONE.

O mon père, infortuné Œdipe, au loin s'élèvent des tours, qui, si mes yeux ne m'abusent, masquent une ville. Quant au sol que nous foulons, il est sacré, à en juger par ces épaisses plantations de lauriers, d'oliviers et de vignes, et par les nombreux rossignols dont la voix retentit si mélodieusement sous la feuillée. Quoi qu'il en soit, repose ici tes membres, sur cette pierre brute ; car, pour un vieillard, tu as fait une longue route.

OEDIPE.

Assieds-moi donc, et veille sur l'aveugle.

———o——◇——o———

ὡς ἀπεικάσαι,	autant-qu'*on peut l'avoir-conjecturé*,
βρύων δάφνης,	étant-plein de-laurier,
ἐλαίας, ἀμπέλου ·	d'-olivier, de-vigne ;
ἀηδόνες δὲ	*des rossignols d'-autre-part*
πυκνόπτεροι	à-ailes-pressées (nombreux)
εὐστομοῦσιν [6] ἔσω κατὰ αὐ-	chantent-bien au-dedans en lui.
Οὖ κάμψον [7] κῶλα . [τόν.	Où (et là) aie-plié (plie) *les* membres
ἐπὶ τοῦδε πέτρου ἀξέστου ·	sur ce roc non-poli ;
προὐστάλης γὰρ	*tu t'-es-avancé en-effet*
ὁδὸν μακρὰν	*quant à une* route longue
ὡς γέροντι.	en-tant-que pour-*un*-vieillard.
OIΔ.—Κάθιζέ νύν με,	ŒD.—Assieds donc moi,
καὶ φύλασσε τὸν τυφλόν.	et garde l'aveugle.

---

sont à une certaine distance ; mais ses yeux jugent moins sûrement de la présence de la ville, qu'elle entrevoit seulement derrière les tours.

5. Ἱερός. A chaque page, dans cette pièce, ι ε ne forme qu'une longue au lieu de deux brèves ; car les pieds pairs sont toujours des iambes.

6. Εὐστομοῦσι. Joli mot, pour εὐφώνως ᾄδουσι.

7. Κῶλα κάμψον, *plie les membres, assieds-toi.*

ΑΝΤΙΓΟΝΗ.

Χρόνου [1] μὲν οὔνεχ᾽, οὐ μαθεῖν με δεῖ τόδε.

ΟΙΔΙΠΟΥΣ.

Ἔχεις διδάξαι δή μ᾽ ὅποι καθέσταμεν;

ΑΝΤΙΓΟΝΗ.

Τὰς γοῦν Ἀθήνας οἶδα, τὸν δὲ χῶρον οὔ ·

πᾶς γάρ τις ηὔδα τοῦτό γ᾽ [2] ἡμῖν ἐμπόρων.   25

Ἀλλ᾽ ὅστις ὁ τόπος ἢ μάθω [3] μολοῦσά ποι;

ΟΙΔΙΠΟΥΣ.

Ναὶ, τέκνον, εἴπερ ἐστί γ᾽ ἐξοικήσιμος [4].

ΑΝΤΙΓΟΝΗ.

Ἀλλ᾽ ἔστι μὴν οἰκητός. Οἴομαι δὲ δεῖν

οὐδέν [5] · πέλας γὰρ ἄνδρα τόνδε νῷν ὁρῶ.

ΟΙΔΙΠΟΥΣ.

Ἦ δεῦρο προστείχοντα κἀξορμώμενον;   30

ΑΝΤΙΓ.—Οὔνεκα μὲν χρόοὐ δεῖ   [νου [1],
μὲ μαθεῖν τόδε.
   ΟΙΔ.—Ἔχεις δὴ
διδάξαι με
ὅποι καθέσταμεν;
   ΑΝΤΙΓ.—Οἶδα γοῦν
τὰς Ἀθήνας ·
τὸν δὲ χῶρον, οὔ ·
πᾶς τις γὰρ
ἐμπόρων
ηὔδα ἡμῖν τοῦτό γε [2].
Ἀλλὰ ἢ μάθω [3],

ANTIG.—A-cause-de certes *le* temps,
point-ne faut–*il*
moi avoir-appris ceci *maintenant.*
   ŒD.—As-*tu* donc
à avoir-instruit (moyen d'instruire) moi
où *nous* nous-sommes-tenus (où nous
ANTIG.—*Je* sais certes-donc [sommes)?
la *ville* d'Athènes;
mais le lieu *d'ici*, non ;
tout un (chaque un, chacun) en-effet
de-*les*-voyageurs   [moins.
disait à-nous ceci (le nom d'Athènes) du-
Mais est-ce-qu'il *faut que j*'aie-appris,

---

1. Χρόνου. Le long temps depuis lequel Antigone guide les pas de
son père, et, par suite, l'expérience qu'elle a des services que réclame
son état.

2. Τοῦτό γε. La proximité et le nom d'Athènes..

3. Ἦ μάθω; *Est-ce qu'il faut que j'aie appris ?* c'est-à-dire *faut-
il que je m'informe ?* — Le subjonctif aoriste (c'est toujours celui-là),

ANTIGONE.

Depuis le temps, c'est un devoir auquel je ne suis plus neuve.

OEDIPE.

Pourrais-tu m'instruire de l'endroit où nous sommes?

ANTIGONE.

La ville est Athènes, je le sais : tous les passants nous l'ont nommée. J'ignore, d'ailleurs, quel est ce lieu-ci. Irai-je m'en informer quelque part?

OEDIPE.

Va, mon enfant, si toutefois il est habitable.

ANTIGONE.

Il est même habité. Au surplus, qu'ai-je besoin de te laisser? J'aperçois justement un homme près de nous.

OEDIPE.

Vient-il bien ici, dans notre direction?

——◦—◇—◦——

μολοῦσά ποι,   étant-allée quelque-part,
ὅστις ὁ τόπος;   lequel *est* le lieu *d'ici?*
   ΟΙΔ.—Ναί, τέχνον,   ŒD.—Oui, enfant,
εἴπερ ἐστί γε ἐξοικήσιμος [4].   si-donc *il* est du-moins habitable.
   ΑΝΤΙΓ.—'Αλλὰ   ANTIG.—Mais
ἐστὶ μὴν οἰκητός.   *il* est certes habité.
Οἴομαι δὲ   *Je* pense d'—autre-part
δεῖν οὐδέν [5] •   ne falloir en rien *moi aller nulle part*;
ὁρῶ γὰρ τόνδε ἄνδρα   je vois en-effet cet homme
πέλας νῷν.   près-de nous—deux.
   ΟΙΔ.—'Η προστείχοντα   ŒD.—Est-ce-que *tu le vois* avançant
καὶ ἐξορμώμενον δεῦρο;   et s'—élançant (venant) ici?

---

ainsi placé en tête d'une proposition, soit seul, soit avec une des particules interrogatives ἤ, τί, ποῖ, πῶς, etc., résulte toujours de l'ellipse de quelque proposition principale, telle que χρή, βούλει, etc.

4. 'Εξοικήσιμος. Si le lieu n'était pas *habitable*, à quoi bon savoir quel il est?

5. Δεῖν οὐδέν. Complétez l'idée par μολεῖν μέ ποι.

ΑΝΤΙΓΟΝΗ.

Καὶ δὴ μὲν οὖν παρόντα · χὤ τι [1] σοι λέγειν
εὔκαιρόν ἐστιν, ἔννεφ’, ὡς ἀνὴρ [2] ὅδε [3].

ΟΙΔΙΠΟΥΣ.

Ὦ ξεῖν’, ἀκούων τῆσδε, τῆς ὑπέρ τ’ ἐμοῦ
αὐτῆς θ’ ὁρώσης, οὕνεχ’ [4] ἡμῖν αἴσιος
σκοπὸς προσήκεις, τῶν [5] ἃ δηλοῦμεν [6] φράσαι [7]...   35

ΞΕΝΟΣ.

Πρίν νυν τὰ πλείον’ ἱστορεῖν, ἐκ τῆσδ’ ἕδρας
ἔξελθ’ · ἔχεις γὰρ χῶρον οὐχ ἁγνὸν πατεῖν.

ΟΙΔΙΠΟΥΣ.

Τίς δ’ ἔσθ’ ὁ χῶρος ; Τοῦ [8] θεῶν νομίζεται [9];

ΑΝΤΙΓ.—Καὶ δὴ μὲν οὖν παρόντα·	ANTIG.—Et certes donc je vois *lui* étant-là ;
καὶ ἔννεπε	et énonce
ὅ-τι ἐστί σοι εὔκαιρον λέγειν,	ce qui est à-toi opportun *à* dire,
ὡς ὁ ἀνὴρ [2] ὅδε [3].	vu-que l’homme *est* celui-ci.
ΟΙΔ.—Ὦ ξεῖνε,	ŒD.—O étranger,
ἀκούων τῆσδε,	entendant de–celle-ci,
τῆς ὁρώσης	la *y* voyant *clair*
ὑπὲρ ἐμοῦ τε αὐτῆς τε,	pour et moi et elle-même,
οὕνεκα [4] προσήκεις ἡμῖν	comme-quoi *tu* viens-à nous

---

1. Χὤτι. Crase, pour καὶ ὅ τι.

2. Ἀνήρ. Crase, pour ὁ ἀνήρ.

3. Ὡς ἀνήρ ὅδε, *vu que l’homme* dont je parle est *celui-ci;* c’est-à-dire : *car cet homme, le voici présent.*

4 Οὕνεκα. Les poëtes emploient souvent οὕνεκα (οὗ ἕνεκα, *quant à quoi*), et même la forme pléonastique ὁδούνεκα (ὅτι οὕνεκα), au sens de notre vieux *comme quoi,* c’est-à-dire d’un simple *que* (ὅτι).

5. Τῶν. Poétique, pour τούτων. Dépend de φράσαι par l’intermédiaire sous-entendu de περί.

6. Τῶν ἃ δηλοῦμεν, *sur les choses que nous indiquons,* c’est-à-dire *que nous allons indiquer, sur lesquelles nous allons te questionner.* — D’autres, corrigeant ce texte, écrivent τῶν ἀδηλοῦμεν. C’est plus

ANTIGONE.

Il arrive. Ce que tu as à dire, dis-le : le voici devant toi.

OEDIPE.

Étranger, j'apprends de cette enfant, dont les yeux voient et pour elle et pour moi, que tu viens à nous fort à propos pour répondre à nos questions et nous dire...

UN ÉTRANGER.

Arrête ! Avant de poursuivre, hâte-toi de quitter ce roc : tu foules un sol que nul ne saurait fouler sans sacrilége.

OEDIPE.

Ce sol, quel est-il ? à quelle divinité le dit-on consacré ?

—o—◇—o—

σκοπὸς αἴσιος, φράσαι 7 τῶν 5 ἃ δηλοῦμεν 6... — observateur favorable, [des *choses* *de manière à nous* avoir-parlé *au sujet* que *nous* montrons (montrerons, indi-

ΞΕΝΟΣ.—Πρίν νυν ἱστορεῖν τὰ πλείονα, ἔξελθε ἐκ τῆσδε ἕδρας· ἔχεις γὰρ χῶρον οὐχ ἀγνὸν πατεῖν. — L'ÉTRANGER.—Avant donc [querons)... de rechercher les *choses* plus nombreuses, sois-sorti de ce siége ; *tu* as (tu occupes) en-effet *un* lieu non pur *à* fouler.

ΟΙΔ.—Τίς δέ ἐστιν ὁ χῶ-Τοῦ 8 θεῶν νομίζεται 9 ; [ρος ; — ŒD.—Quel donc est le lieu ? De-qui *des-dieux* est-*il*-réputé *être ?*

clair assurément, mais à la condition fort douteuse que ἀδηλεῖν soit grec dans le sens intransitif de ἀγνοεῖν.

7. Φράσαι. Dépend de la proposition précédente par l'intermédiaire sous-entendu de ὥστε. Après φράσαι, la phrase reste suspendue.

8. Τοῦ. Pour τίνος — Ne confondez pas ces interrogatifs attiques, τοῦ, τῷ (pour τίνος, τίνι), avec les articles tout semblables. Ils restent invariables pour tous les genres. Les Attiques remplacent également les enclitiques τινος, τινι, par του, τῳ ; mais ici l'absence d'accent rend la confusion moins facile.

9. Τοῦ θεῶν νομίζεται (sous-entendu εἶναι) ; *à quel dieu est-il ré-puté consacré ?*—D'autres entendent : *à quel dieu est-il consacré par les lois;* mais il nous semble que, dans ce sens, le parfait νενόμισται eût été d'un emploi plus conforme à l'usage.

ΞΕΝΟΣ.

Ἄθικτος, οὐδ' οἰκητός· αἱ γὰρ ἔμφοβοι
θεαί σφ'[1] ἔχουσι, Γῆς τε καὶ Σκότου κόραι.   40

ΟΙΔΙΠΟΥΣ.

Τίνων τὸ σεμνὸν ὄνομ' ἂν εὐξαίμην κλύων;

ΞΕΝΟΣ.

Τὰς πάνθ' ὁρώσας Εὐμενίδας ὅ γ' ἐνθάδ' ὢν
εἴποι[2] λεώς νιν[3]· ἄλλα δ' ἀλλαχοῦ καλά[4].

ΟΙΔΙΠΟΥΣ.

Ἀλλ' ἵλεῳ μὲν τὸν ἱκέτην δεξαίατο!
Ὡς γ' οὐχ ἕδρας γῆς τῆσδ' ἂν ἐξέλθοιμ' ἔτι.   45

ΞΕΝΟΣ.

Τί δ' ἔστι τοῦτο;

ΟΙΔΙΠΟΥΣ.

Ξυμφορᾶς ξύνθημ'[5] ἐμῆς.

ΞΕΝ.—Ἄθικτος, οὐδὲ οἰκητός· αἱ γὰρ ἔμφοβοι θεαὶ, κόραι Γῆς τε καὶ Σκότου, ἔχουσί σφε[1].

L'ÉTR.—*Il est* non-touché, et-non habité; car les redoutables déesses, filles et de-*la*-Terre et de-*l'*-Obscur, ont (occupent, règnent sur) lui.

ΟΙΔ.—Τίνων ἂν-εὐξαίμην κλύων τὸ σεμνὸν ὄνομα;

œD.—De-quelles déesses [tendant aurais-*je*-invoqué (dois-je invoquer) *l'*en-l'auguste nom ?

ΞΕΝ.—Ὁ λεώς γε ὢν ἐν- εἴποι[2] νιν[3] Εὐμενίδας [θάδε

L'ÉTR.—Le peuple donc étant ici eût-dit (nomme) elles *les* Euménides

---

1, Σφε, *lui.* — Comme le μιν de l'épopée, le σφε de la tragédie est de tout genre et de tout nombre.

2. Εἴποι. Pour εἴποι ἄν. Ellipse qui s'explique sans peine après la forme complète ἂν εὐξαίμην du vers auquel répond celui-ci. Quelques éditeurs pourtant changent en ἂν le ὤν qui précède εἴποι.

3. Νιν. Accusatif des deux nombres et des trois genres.

4. Ἄλλα δ' ἀλλαχοῦ καλά, *autres choses sont belles ailleurs;* c'est-à-dire : *autres pays, autres goûts.* La pensée est que les mêmes déesses, invoquées à Colone sous le nom d'Euménides, le sont de préférence ailleurs sous des noms différents.

5. Ξύνθημα, *mot d'ordre.* Chez les Grecs, ce signe de reconnais-

L'ÉTRANGER,

L'accès, le séjour, en est interdit : c'est le sanctuaire des redoutables déesses, filles de la Terre et de l'Érèbe.

OEDIPE.

Sous quel auguste nom, dis-moi, les invoquerai-je?

L'ÉTRANGER.

Euménides au regard desquelles rien n'échappe : tel est le titre
qu'on leur donne ici. Du reste, autres pays, autres usages.

OEDIPE.

Puissent-elles donc accueillir avec faveur un suppliant! Je ne
sortirai plus de l'asile de cette terre.

L'ÉTRANGER.

Ciel! qu'entends-je?

OEDIPE.

Tel est le mot d'ordre de ma destinée.

———o—◇—o———

τὰς ὁρώσας πάντα ·	les voyant toutes *choses;*
ἄλλα δὲ καλὰ [4] ἀλλαχοῦ.	mais autres *choses sont* belles ailleurs.
ΟΙΔ.—Ἀλλὰ ἵλεῳ μὲν	ŒD.—Mais propices certes
δεξαίατο τὸν ἱκέτην!	eussent-elles-reçu (puissent-elles rece-
Ὥς γε	Vu-que donc [voir) le suppliant !
οὐκ ἂν-ἐξέλθοιμι ἔτι	point *ne* serais-*je*-sorti (sortirai-je) plus
ἕδρας τῆσδε γῆς.	de-*le*-siége de-cette terre.
ΞΕΝ.—Τί δέ ἐστι τοῦτο;	L'ÉTR.—Quoi donc est ceci ?
ΟΙΔ.—Ξύνθημα [5]	ŒD.—*Le* mot-d'-ordre
ἐμῆς ξυμφορᾶς.	de-ma destinée.

sance consistait en un tesson, qui, à la première réquisition de celui
qui avait le tesson correspondant, devait lui être représenté, de telle
sorte qu'on pût les rapprocher (συντιθέναι) et s'assurer par leur par-
faite coïncidence qu'on avait bien respectivement les deux parties d'un
même tout. Cela posé, quand l'Athénien, surpris qu'OEdipe s'obstine
à demeurer sur le sol sacré, lui en demande la raison, OEdipe répond
que c'est qu'il a trouvé enfin le mot d'ordre de sa destinée, le tesson
en quelque sorte correspondant au sien : en effet, on vient de lui nommer le bois des Euménides, et un oracle lui a révélé qu'au bois des
Euménides finiraient sa vie et ses malheurs.

ΞΕΝΟΣ.

Ἀλλ᾽ οὐδὲ [1] μέντοι τοὐξανιστάναι πόλεως
δίχ᾽ ἔστι θάρσος, πρίν γ᾽ ἂν ἐνδείξω τί δρῶ.

ΟΙΔΙΠΟΥΣ.

Πρός νυν θεῶν, ὦ ξεῖνε, μή μ᾽ ἀτιμάσῃς,
τοιόνδ᾽ ἀλήτην, ὧν [2] σε προστρέπω φράσαι.　　　　50

ΞΕΝΟΣ.

Σήμαινε, κοὐκ ἄτιμος ἔκ γ᾽ ἐμοῦ φανεῖ [3].

ΟΙΔΙΠΟΥΣ.

Τίς δ᾽ ἔσθ᾽ ὁ χῶρος δῆτ᾽ ἐν ᾧ βεβήκαμεν [4];

ΞΕΝΟΣ.

Ὅσ᾽ οἶδα κἀγὼ, πάντ᾽ ἐπιστήσει [5] κλύων.
Χῶρος μὲν ἱερὸς πᾶς ὅδ᾽ ἔστ᾽ · ἔχει δέ νιν
σεμνὸς Ποσειδῶν, ἐν [6] δ᾽ ὁ πυρφόρος [7] θεὸς　　　　55

ΞΕΝ.—Ἀλλὰ οὐδὲ [1] μέντοι θάρσος ἐστὶ τὸ ἐξανιστάναι δίχα πόλεως, πρίν γε ἂν-ἐνδείξω τί δρῶ.

L'ÉTR.—Mais pas-même certes-donc courage n'est-*il à moi* *quant à* le faire-lever-*d'ici toi* sans *l'aveu de ma* cité, avant-que donc j'aie-indiqué *à elle* quoi *je* fais (ce que je compte faire).

ΟΙΔ.—Πρὸς θεῶν νυν, ὦ ξεῖνε, μὴ ἀτιμάσῃς με, ἀλήτην τοιόνδε, ὧν [2] προστρέπω σε φράσαι.

ŒD.—Par *les* dieux donc, ô étranger, point n'aie-traité-sans-égards moi, errant tel (dans cet état de misère), *en fait* des-*choses-que je* prie toi avoir-dites.

ΞΕΝ.—Σήμαινε, καὶ οὐ φανεῖ [3] ἄτιμος

L'ÉTR.—Indique, et point *ne* seras-*tu*-vu traité-sans-égards

---

1. Ἀλλ᾽ οὐδέ, etc. Construisez : Ἀλλ᾽ οὐδὲ μέντοι θάρσος ἐστί (μοι) τὸ (*quant à le*) ἐξανιστάναι (σε) δίχα πόλεως. Ces deux derniers mots sont développés par la proposition πρίν γε, etc.

2. Μή μ᾽ ἀτιμάσῃς ὧν, etc.; *ne me déshonore pas* par un refus en fait *de ce que*, etc.; c'est-à-dire *ne refuse pas de me répondre sur ce que*, etc.—Τοιόνδε résume toutes les misères d'OEdipe, errant, vieux, pauvre, etc.

3. Φανεῖ. Attique pour φανῇ, seconde personne de l'indicatif du futur φανοῦμαι.—Les Attiques font en ει toutes les secondes personnes

L'ÉTRANGER.

·Hélas!.. Et je n'ose t'arracher d'ici sans l'aveu de mes concitoyens, sans leur avoir d'abord fait part de mon projet.

OEDIPE.

Aū nom des dieux, ô étranger, ne refuse pas de répondre à
un vieillard errant et malheureux qui t'en conjure.

L'ÉTRANGER.

Parle : ce n'est pas moi qui t'outragerai d'un tel refus.

OEDIPE.

Quelle est donc la terre où nous marchons?

L'ÉTRANGER.

Tout ce que j'en sais moi-même, tu vas l'apprendre de ma
bouche. D'un bout à l'autre, ce territoire est sacré : c'est le séjour à la fois du vénérable Neptune et du dieu à l'éclatant flam-

—o—◇—o—

ἐξ ἐμοῦ γε.	de-par moi du-moins.
ΟΙΔ.—Τίς δέ ἐστι δῆτα	œᴅ.—Mais quel est donc
ὁ χῶρος	le territoire[marchons, où nous sommes)?
ἐν ᾦ βεβήκαμεν [4];	dans lequel *nous* avons-marché (où nous
ΞΕΝ.—Ὅσα	ʟ'ÉTR.—Autant-*de-choses*-que
καὶ ἐγὼ οἶδα,	aussi moi *je* sais,
κλύων ἐπιστήσει [5] πάντα.	entendant *tu* sauras *elles* toutes.
Ἱερὸς μέν ἐστι	Sacré d'-une-part est
πᾶς ὅδε χῶρος·	tout ce territoire ;
σεμνὸς δὲ Ποσειδῶν	d'-autre-part *l'*auguste Neptune
ἔχει νιν,	a (occupe, règne sur) lui,
ἐν [6] δὲ ὁ θεὸς πυρφόρος [7]	et en-outre le dieu porte-feu

---

des indicatifs moyens et passifs habituellement terminées en η : la
même substitution n'a jamais lieu aux subjonctifs.

4. Βεβήκαμεν. Équivaut à ἐσμέν : il faut *être* dans un lieu pour **y**
marcher.

5. Ἐπιστήσει. Seconde personne attique, pour ἐπιστήσῃ.

6. Ἐν. Au sens assez ordinaire de *en outre.*

7. Πυρφόρος. Les Athéniens représentaient Prométhée un flambeau
à la main. Qui ne connaît la tradition relative à ce Titan, dérobant le
feu céleste?

Τιτὰν Προμηθεύς. ʽΟν δ' ἐπιστείβεις τόπον,
χθονὸς καλεῖται τῆσδε χαλκόπους[1] ὁδὸς[2],
ἔρεισμ' Ἀθηνῶν[3] · οἱ δὲ πλησίον γύαι
τόνδ'[4] ἱππότην Κολωνὸν εὔχονται[5] σφίσιν
ἀρχηγὸν εἶναι, καὶ φέρουσι τοὔνομα　　　　60
τὸ τοῦδε κοινὸν πάντες ὠνομασμένοι.
Τοιαῦτά σοι ταῦτ' ἐστὶν[6], ὦ ξέν', οὐ λόγοις
τιμώμεν', ἀλλὰ τῇ ξυνουσίᾳ πλέον.

ΟΙΔΙΠΟΥΣ.

ʽΗ γάρ τινες ναίουσι τούσδε τοὺς τόπους;

ΞΕΝΟΣ.

Καὶ κάρτα τοῦδε τοῦ θεοῦ[7] γ' ἐπώνυμοι.　　　　65

———o—◇—o———

Τιτὰν Προμηθεύς.	Titan Prométhée.
ʽΟν τόπον δὲ ἐπιστείβεις,	Lequel lieu *d'-autre-part tu* foules,
καλεῖται ὁδὸς[2] χαλκόπους[1]	*il* est-appelé seuil à-pied-d'-airain
τῆσδε χθονὸς,	de-cette terre,
ἔρεισμα Ἀθηνῶν[3] ·	rempart d'-Athènes ;
οἱ δὲ γύαι πλησίον	puis les champs *qui sont* proche
εὔχονται[5]	se-glorifient
τόνδε[4] ἱππότην Κολωνὸν	ce cavalier Colonus *que voici*
εἶναι ἀρχηγὸν σφίσι,	être chef (protecteur) à-eux,
καὶ ὠνομασμένοι	et, nommés *d'après lui*,

---

1. Χαλκόπους, *à pied d'airain, à fondations d'airain*, c'est-à-dire simplement *d'airain*.—Dans les composés poétiques, il n'est pas rare que l'une des parties intégrantes s'efface presque complètement devant l'autre ; nous en trouverons bien des exemples dans la suite de cette pièce.

2. Ὁδός. Poétique, pour οὐδός. Ce *seuil d'airain* de l'Attique, c'est l'enceinte de pierres brutes sur l'une desquelles OEdipe est assis, et qui entourent le bois des Euménides. Tout auprès s'ouvrait un précipice, qui passait pour être une porte des Enfers. (Voy. v. 1581.)

3. Ἔρεισμ' Ἀθηνῶν. Anachronisme : ce lieu ne fut surnommé le *rempart d'Athènes* qu'après la mort d'OEdipe, lorsque ses cendres y reposèrent sous la protection spéciale des dieux.

beau, du Titan Prométhée. La place même que tu foules, c'est ce qu'on nomme le *Seuil d'airain* de cette terre; c'est le rempart d'Athènes. Les champs qui l'entourent se glorifient de la protection de Colonus, ce cavalier dont on aperçoit d'ici la statue et qui a donné son nom à toute la contrée. Tels sont, ô étranger, les détails qui t'intéressent sur des lieux moins vantés par la renommée que vénérés de la population qui les fréquente.

OEDIPE.

Ils sont donc habités, ces lieux?

L'ÉTRANGER.

Sans doute, et les habitants aussi tirent leur nom de celui du héros.

———◇———

πάντες φέρουσι κοινὸν	tous portent commun *à tous*
τὸ ὄνομα τὸ τοῦδε.	le nom le *étant celui* de-celui-ci.
Τοιαῦτά ἐστί 6 σοι ταῦτα,	Telles sont pour-toi ces *choses*,
ὦ ξένε,	ô étranger,
τιμώμενα οὐ λόγοις,	honorées non par-*des*-dires,
ἀλλὰ πλέον τῇ ξυνουσίᾳ.	mais plus par-la fréquentation.
OIΔ.—Ἦ γάρ τινες	œD.—Est-ce-que donc des *hommes*
ναίουσι τούσδε-τοὺς τόπους;	habitent ces lieux?
ΞΕΝ.—Καὶ κάρτα γε	L'ÉTR.—Et précisément donc
ἐπώνυμοι τοῦδε–τοῦ θεοῦ[7].	nommés-d'-après ce dieu.

4. Τόνδε. Un geste montrait sans doute ici, soit la statue équestre, soit quelque temple du héros Colonus.

5. Εὔχονται. Au sens homérique : *se font gloire, proclament avec orgueil.*

6. Τοιαῦτά σοι ταῦτ' ἐστίν, etc. *Voilà pour toi les choses,* c'est-à-dire, voilà ce que j'avais à te dire sur ce lieu, sur ses monuments, sur les dieux qu'on y révère : *choses honorées, non par des discours, mais plutôt par la fréquentation habituelle;* c'est-à-dire dieux et monuments peu célèbres au loin, mais objet habituel du culte pieux de notre peuple.

7. Τοῦδε τοῦ θεοῦ. Le héros ou demi-dieu Colonus.

ΟΙΔΙΠΟΥΣ.
Ἄρχει τις [1] αὐτῶν, ἢ 'πὶ τῷ πλήθει λόγος [2];
ΞΕΝΟΣ.
Ἐκ τοῦ κατ' ἄστυ [3] βασιλέως τάδ' ἄρχεται.
ΟΙΔΙΠΟΥΣ.
Οὗτος δὲ τίς λόγῳ [4] τε καὶ σθένει κρατεῖ;
ΞΕΝΟΣ.
Θησεὺς καλεῖται, τοῦ πρὶν Αἰγέως τόκος.
ΟΙΔΙΠΟΥΣ.
Ἆρ' οὖν τις αὐτῷ πομπὸς [5] ἐξ ὑμῶν μόλοι;
ΞΕΝΟΣ.
Ὡς πρὸς τί [6], λέξων ἢ καταρτύσων, μόλῃ;
ΟΙΔΙΠΟΥΣ.
Ὡς ἂν, προσαρκῶν σμικρὰ, κερδάνῃ μέγα.
ΞΕΝΟΣ.
Καὶ τίς πρὸς ἀνδρὸς μὴ βλέποντος ἄρχεσις [7];
ΟΙΔΙΠΟΥΣ.
Ὅσ' ἂν λέγωμεν, πάνθ' ὁρῶντα [8] λέξομεν.

ΟΙΔ.—Τὶς [1] ἄρχει αὐτῶν,	ŒD.—Un *roi* gouverne-*t-il* eux,
ἢ λόγος [2]	ou *la* parole (l'autorité)
ἐπὶ τῷ πλήθει;	*est-elle* en la multitude?
ΞΕΝ.—Τάδε ἄρχεται	L'ÉTR.—Ces *lieux* sont-gouvernés
ἐκ τοῦ βασιλέως κατὰ ἄστυ [3].	par le roi *régnant* en *la* ville.
ΟΙΔ.—Οὗτος δὲ,	ŒD.—Mais celui-ci,
τίς κρατεῖ	quel *étant* gouverne *t-il*
λόγῳ [4] τε καὶ σθένει;	et par-parole (autorité) et par-force?
ΞΕΝ.—Καλεῖται Θησεὺς,	L'ÉTR.—*Il* est-appelé Thésée,
τόκος τοῦ Αἰγέως πρίν.	fils de-l'Égée *d*'auparavant.
ΟΙΔ.—Ἄρα οὖν	ŒD.—Est-ce-que donc
τὶς ἐξ ὑμῶν μόλοι	un de-vous serait-allé (voudrait aller)

---

1. Τις, *quelqu'un*, quelque chef unique, quelque roi.

2. Λόγος. La *parole*, en tant qu'elle commande et sert d'instrument à l'autorité; par suite, *l'autorité* même.

3. Ἄστυ. La *ville* par excellence de la contrée, *Athènes*. En Italie, *Urbs* désignait *Rome*.

4. Λόγῳ. Même sens que deux vers plus haut.

5. Πομπός, *messager*.

6. Ὡς πρὸς τί, etc. Entendez : ὡς μόλῃ πρὸς τί; (ὡς μόλῃ) λέξων ἢ (ὡς μόλῃ) καταρτύσων (τί);

OEDIPE.

Obéissent-ils à un souverain, ou bien l'autorité réside-t-elle dans la multitude?

L'ÉTRANGER.

Celui qui règne sur la ville étend ici sa domination.

OEDIPE.

Et quel est-il, ce prince puissant et par son autorité et par sa force?

L'ÉTRANGER.

Thésée, successeur et fils d'Égée.

OEDIPE.

Quelqu'un de vous pourrait-il se rendre auprès de lui et le faire venir?

L'ÉTRANGER.

Venir! Dans quel but? pour quoi dire? pour quoi faire?

OEDIPE.

Pour retirer d'un léger service un important profit.

L'ÉTRANGER.

D'un aveugle, quel profit espérer?

OEDIPE.

Quoi que nous disions, nos paroles, elles, ne seront point aveugles.

———◇———

πομπὸς [5] αὐτῷ;	messager à-lui?
ΞΕΝ.—Ὡς μόλη	L'ÉTR.—Afin-qu'*il* soit-venu
πρὸς τί [6];	pour quoi?
λέξων ἢ καταρτύσων;	devant-dire ou devant-accomplir *quoi?*
ΟΙΔ.—Ὡς,	OED.—Afin-que,
προσαρκῶν σμικρὰ,	subvenant-à *moi en* petites *choses,*
κερδάνῃ μέγα.	*il* ait-gagné grand *profit.*
ΞΕΝ.—Καὶ τίς ἄρκεσις [7]	L'ÉTR.—Et quel profit
πρὸς ἀνδρὸς μὴ βλέποντος;	de-la-part-d'*un* homme ne voyant *pas?*
ΟΙΔ.—Ὅσα	OED.— Autant-*de-choses*-que
ἂν-λέγωμεν,	*nous* pourrons-dire, [ces).
λέξομεν πάντα ὁρῶντα [8].	*nous* dirons *elles* toutes y-voyant (effica-

7. Ἄρκεσις. Ce mot, bien qu'il rappelle étymologiquement le προσαρκῶν du vers précédent, reprend en effet le κερδάνῃ et a ici le sens de κέρδος.

8. Ὁρῶντα. Si le corps d'OEdipe est aveugle, son esprit ne l'est pas : ses révélations seront donc *clairvoyantes* relativement aux circonstances sur lesquelles elles porteront.

ΞΕΝΟΣ.

Οἶσθ᾽, ὦ ξέν᾽, ὡς νῦν μὴ σφαλῇς [1]; ἐπείπερ εἶ   75
γενναῖος, ὡς ἰδόντι [2], πλὴν τοῦ δαίμονος [3].
Αὐτοῦ μέν᾽ οὗπερ κἀφάνης, ἕως ἐγὼ
τοῖσδ᾽ ἐνθάδ᾽ αὐτοῦ [4], μὴ κατ᾽ ἄστυ, δημόταις
λέξω τάδ᾽ ἐλθών. Οἴδε γὰρ κρινοῦσί γε
εἰ χρή σε μίμνειν ἢ πορεύεσθαι πάλιν.   8ο

ΟΙΔΙΠΟΥΣ.

Ὦ τέκνον, ἦ βέβηκεν [5] ἡμῖν ὁ ξένος;

ΑΝΤΙΓΟΝΗ.

Βέβηκεν· ὥστε πᾶν ἐν ἡσύχῳ, πάτερ,
ἔξεστι φωνεῖν, ὡς ἐμοῦ μόνης πέλας.

ΟΙΔΙΠΟΥΣ.

Ὦ πότνιαι [6] δεινῶπες, εὖτε [7] νῦν ἕδρας

ΞΕΝ.—Ὦ ξένε,	L'ÉTR.—O étranger,
μὴ σφαλῇς [1] νῦν,	point *n'*aie-été-trompé (évite toute mé-
οἶσθα ὡς;	sais-*tu* comment? [prise) maintenant,
ἐπείπερ εἶ γενναῖος,	vu-que-donc *tu* es noble,
ὡς ἰδόντι [2],	autant-qu'*il semble* à-*le*-ayant-vu *toi*,
πλὴν τοῦ δαίμονος [3].	sauf la *tienne* fortune *malheureuse*.
Μένε αὐτοῦ	Reste *ici*-même
οὗπερ καὶ ἐφάνης,	où-donc aussi *tu* fus-vu *de moi*,
ἕως ἐγὼ ἐλθὼν	jusqu'-à-ce-que moi étant-allé
λέξω τάδε	dirai ces *choses*
τοῖς δημόταις ἐνθάδε αὐτοῦ[4],	aux habitants-du-dème *de* ici même,
μὴ κατὰ ἄστυ.	non *à ceux* en *la* ville.

---

1. Οἶσθ᾽ ὡς μὴ σφαλῇς. Le subjonctif précédé de μή n'étant autre
chose qu'un impératif négatif, prenons ce commode mot-à-mot des
grammairiens : *ne te méprends pas; sais-tu comment* (μὴ σφαλῇς·
οἶσθ᾽ ὡς;)? c'est-à-dire *sais-tu ce qu'il faut faire pour éviter toute
méprise?* Mais, en même temps, nous répéterons ce que nous avons
déjà dit dans notre *OEdipe-Roi*, v. 530, à propos de la locution abso-
lument identique οἶσθ᾽ ὡς ποίησον : les Grecs n'ont jamais dû songer à
construire ainsi, et la substitution de l'impératif au futur après οἶσθ᾽
ὡς est une de ces anacoluthes si nombreuses, destinées à donner, par

L'ÉTRANGER.

Sais-tu, étranger, ce qu'il faut faire pour éviter toute méprise? car ton aspect annonce une certaine noblesse, à part les ravages du malheur. Reste immobile à la place où tu t'es offert à moi, le temps que j'aille prévenir, non à la ville, mais seulement à ce dème : les habitants décideront si tu dois demeurer ou te retirer.

OEDIPE.

Ma fille, l'étranger est-il parti?

ANTIGONE.

Il est parti, mon père, et tu peux parler sans contrainte; je suis seule auprès de toi.

OEDIPE.

Augustes et redoutables déesses, puisqu'il vous est consacré,

———o—◇—o———

Οἴδε γὰρ κρινοῦσί γε	Ceux-ci en-effet décideront certes
εἰ χρή σε μίμνειν	si *il* faut toi rester
ἢ πάλιν-πορεύεσθαι.	ou rétro-grader.
ΟΙΔ.—Ὦ τέκνον,	œD.—O enfant,
ἢ ὁ ξένος βέβηκεν⁵ ἡμῖν;	est-ce-que l'étranger a-marché à-nous?
ΑΝΤΙΓ.—Βέβηκεν·	ANTIG.—*Il* a-marché :
ὥστε ἔξεστι, πάτερ,	en-sorte-qu'*il* t'est-loisible, père,
φωνεῖν πᾶν ἐν ἡσύχῳ,	*de* dire tout en calme (avec sécurité),
ὡς ἐμοῦ μόνης πέλας.	comme moi seule *étant* près.
ΟΙΔ.—Ὦ πότνιαι⁶	œD.—O augustes *déesses*
δεινῶπες,	à-terrible-aspect,
εὖτε⁷ ἐγὼ νῦν	quand (puisque) moi maintenant

---

leur brusquerie même, plus de vivacité au dialogue et plus de vigueur au conseil.

2. Ὡς ἰδόντι. Explicitement : ὡς τῷ ἰδόντι σε εἰκάσαι ἔστι.

3. Πλὴν τοῦ δαίμονος. C'est-à-dire πλὴν τῆς σῆς δυστυχίας.

4. Ἐνθάδ' αὐτοῦ, *ici même*. Au dème de Colone.

5. Βέβηκεν. Au sens du composé ἀποβέβηκεν.

6. Ὦ πότνιαι, etc. Mettant les instants à profit, OEdipe entame brusquement une prière aux Euménides.

7. Εὖτε. Au sens d'ἐπειδή; comme le *quando* latin.

πρώτων ἐφ' ὑμῶν [1] τῆσδε γῆς ἔκαμψ' [2] ἐγὼ,   85
Φοίβῳ τε κἀμοὶ μὴ γένησθ' ἀγνώμονες [3],
ὅς μοι, τὰ πόλλ' ἐκεῖν' ὅτ' ἐξέχρη [4] κακὰ,
ταύτην ἔλεξε παῦλαν ἐν χρόνῳ μακρῷ,
ἐλθόντι χώραν τερμίαν [5] · ὅπου Θεῶν
Σεμνῶν [6] ἕδραν λάβοιμι καὶ ξενόστασιν,   90
ἐνταῦθα κάμψειν τὸν ταλαίπωρον βίον [7],
κέρδη μὲν οἰκήσαντα [8] τοῖς δεδεγμένοις,
ἄτην δὲ τοῖς πέμψασιν, οἵ μ' ἀπήλασαν ·
σημεῖα δ' ἥξειν τῶνδέ μοι παρηγγύα,
ἢ σεισμὸν, ἢ βροντήν τιν', ἢ Διὸς σέλας [9].   95
Ἔγνωκα μέν νυν ὥς με τήνδε τὴν ὁδὸν

ἔκαμψα 2	ai–courbé *mes membres*
ἐπὶ ἕδρας ὑμῶν 1 πρώτων	sur *un* siége de-vous *les* premières
τῆσδε γῆς,	de-cette terre,
μὴ γένησθε ἀγνώμονες 3	point *ne* soyez-devenues défavorables
Φοίβῳ τε καὶ ἐμοί ·	et à-Phébus et à-moi :
ὅς, ὅτε ἐξέχρη 4	lequel *dieu*, lorsqu'*il me* prédisait
ἐκεῖνα-τὰ πολλὰ κακὰ,	ces nombreux maux-*là*,
ἔλεξε ταύτην παῦλαν	dit (annonça) cette cessation-*ci*
ἐν μακρῷ χρόνῳ	dans *un* long temps
μοὶ ἐλθόντι χώραν τερμίαν 5 ·	à-m̃oi étant-venu *en un* pays final :
ὅπου λάβοιμι	à *savoir que*, où j'aurais-reçu
ἕδραν καὶ ξενόστασιν	siége et demeure-hospitalière
Θεῶν Σεμνῶν 6,	de-déesses augustes,
κάμψειν ἐνταῦθα	*moi* devoir-courber (terminer) là

---

1. Ἕδρας πρώτων ἐφ' ὑμῶν. Construisez : ἐφ' ἕδρας πρώτων ὑμῶν.

2. Ἔκαμψα (sous-entendu κῶλα). Voyez page 13, note 7.

3. Ἀγνώμονες. Au sens d'ἐναντιογνώμονες. Ce serait être *contraire* à Phébus même, que de contrarier l'accomplissement de ses oracles.

4. Ἐξέχρη. De ἐκχράω, dans le sens poétique de *rendre des oracles.* Ce verbe contracte à peu près indistinctement en α ou en η.

5. Τερμίαν, *final* relativement aux misères d'OEdipe.

6. Θεῶν Σεμνῶν. C'était un des noms des Euménides.

7. Κάμψειν βίον, *tourner* la borne de *la vie*. Image empruntée aux courses du stade ; déjà χώραν τερμίαν rappelait l'idée de ces courses et de la fameuse borne.

le premier siége où j'aie courbé mes membres en touchant cette
terre, ne me trahissez point, ne trahissez point Apollon ! Ce dieu,
alors qu'il m'annonçait tant de douleurs, ne me prédit-il pas
qu'elles auraient un terme après de longues années, quand j'ar-
riverais enfin dans une contrée où de vénérables déesses m'offri-
raient un siége hospitalier? Là je devais tourner la borne de ma
vie, léguant mon corps au pays pour le bonheur de ceux qui
m'auraient reçu, pour la ruine de ceux qui m'auraient banni,
expulsé de mes foyers : là, en signe de l'accomplissement de
l'oracle, ou la terre devait s'ébranler, ou Jupiter faire gronder
la foudre et briller l'éclair. Oui, je le reconnais, il ne peut être
émané que de vous, l'augure fidèle qui m'a jeté dans cette voie

τὸν ταλαίπωρον βίον [7],	la *mienne* misérable vie,
οἰκήσαντα [8]	ayant-habité (habitant, restant) là
κέρδη μὲν τοῖς δεδεγμένοις,	et *source de* gains aux ayant-reçu *moi*,
ἄτην δὲ τοῖς πέμψασιν,	et *source de* malheur aux ayant-envoyé
οἳ ἀπήλασάν με ·	lesquels chassèrent moi ; [*moi*,
παρηγγύα δὲ	*il* promettait d'ailleurs [*choses*
ἥξειν μοι σημεῖα τῶνδε	devoir-venir à-moi *comme* signes de-ces
ἢ σεισμὸν,	soit *une* secousse *de terre*,
ἤ τινα βροντὴν,	soit quelque tonnerre,
ἢ σέλας [9] Διός.	soit *un* éclat (éclair) de-Jupiter.
Ἔγνωκα μέν νυν	*J'*ai-reconnu d'–une–part donc
ὡς οὐκ ἔστιν ὅπως	qu'*il* n'est *pas possible* que
πτερὸν οὐ πιστὸν ἐξ ὑμῶν	*une* aile (un augure) non fidèle de vous
ἐξήγαγέ με τήνδε-τὴν ὁδὸν	amena (ait amené) moi *par* cette voie

8. Κέρδη μὲν οἰκήσαντα, etc. Littéralement : *habitant ce pays à titre d'avantage pour ceux qui m'auront reçu, de source de maux
pour ceux qui*, etc. OEdipe, dans le cours de cette pièce, reviendra
souvent sur les avantages attachés par les dieux à la possession de son
corps. Toute allusion à cette tradition flattait Athènes, dont elle con-
sacrait l'antique hospitalité. De plus, s'il faut en croire un scholiaste,
elle devait être d'autant plus agréable aux contemporains de Sophocle,
que la Béotie, lors de la composition de cette tragédie, armait cou r
Athènes, et qu'ainsi le poëte promettait indirectement la victoire à sa
patrie.

9. Διὸς σέλας, *une lueur* de la foudre *de Jupiter, un éclair*.

οὐκ ἔσθ’ ὅπως οὐ πιστὸν ἐξ ὑμῶν πτερὸν [1]
ἐξήγαγ’ ἐς τόδ’ ἄλσος · οὐ γὰρ ἄν ποτε
πρώταισιν ὑμῖν ἀντέκυρσ’ ὁδοιπορῶν,
νήφων ἀοίνοις [2], κἀπὶ σεμνὸν ἑζόμην   100
βάθρον τόδ’ ἀσκέπαρνον [3]. Ἀλλά μοι, θεαί,
βίου, κατ’ ὀμφὰς τὰς Ἀπόλλωνος, δότε
πέρασιν ἤδη καὶ καταστροφήν τινα,
εἰ μὴ δοκῶ τι μειόνως ἔχειν [4], ἀεὶ
μόχθοις λατρεύων [5] τοῖς ὑπερτάτοις βροτῶν.   105
Ἴτ’, ὦ γλυκεῖαι [6] παῖδες ἀρχαίου Σκότου !
Ἴτ’, ὦ μεγίστης [7] Παλλάδος καλούμεναι,
πασῶν Ἀθῆναι τιμιωτάτη πόλις !

—◦—◇—◦—

ἐς τόδε ἄλσος ·	à ce bois-*sacré* ;
οὔποτε γὰρ ὁδοιπορῶν	jamais en-effet voyageant
ἂν-ἀντέκυρσα ὑμῖν πρώται–	*n’eussé-je*-rencontré vous premières,
νήφων ἀοίνοις [2], [σι,	*moi* sobre *vous* sans-vin,
καὶ ἑζόμην	et *ne* me-*fussé-je*-assis
ἐπὶ τόδε βάθρον	sur ce siége
σεμνὸν ἀσκέπαρνον [3].	auguste *et* non-taillé.
Ἀλλὰ δότε ἤδη μοι, θεαί,	Mais ayez-donné déjà à-moi, déesses,
κατὰ τὰς ὀμφὰς Ἀπόλλωνος,	selon les voix-prophétiques d’-Apollon,
τινὰ πέρασιν	quelque achévement

---

1. Πτερόν. L’*aile* pour l’*oiseau*, pour l’*augure* même qui se tire du vol de l’oiseau. Peut-être même le mot *augure* est-il encore trop précis ici, et faut-il entendre par ἐξ ὑμῶν πτερόν la simple *inspiration* qui, sous les *auspices* des Euménides, a conduit Œdipe vers le bois consacré à ces déesses. Quant à l’emploi du mot *aile* pour *augure*, il est de toutes les poésies. Callimaque, *Bain de Pallas*, 124 : οὐκ ἀγαθαὶ πτέρυγες. Properce, III, 10, 11 : *felicibus edita pennis.*

2. Νήφων ἀοίνοις. Équivaut à la proposition complète οὐκ ἄν ποτε νήφων ἐγὼ ἀοίνοις ὑμῖν ἀντέκυρσα. Œdipe est νήφων, en ce sens que depuis longtemps, pauvre et dénué, il ne connaît plus les douceurs du vin : les Euménides sont ἄοινοι, en ce sens qu’on ne leur offre jamais de libations de vin, mais seulement des libations de lait, de miel et d’eau.

3. Βάθρον τόδ’ ἀσκέπαρνον. Voyez vers 19.

et conduit vers ces saints bosquets : sinon, jamais des divinités ennemies du vin ne se fussent les premières offertes aux pas de l'infortuné qui n'en connaît plus les douceurs, jamais je ne me fusse reposé sur la pierre brute de cette roche sacrée. Grâce donc, ô déesses ! Accordez-moi, suivant la parole d'Apollon, d'achever, de terminer enfin ma vie, si je ne vous semble pas indigne d'une telle faveur, moi de tout temps en butte aux plus affreuses des calamités humaines ! Grâce, ô douces filles de l'antique Érèbe ! Grâce aussi, ô toi qui dois ton nom à la grande Pallas, Athènes, la plus vénérée de toutes les cités ! Prenez en

———◇———

καὶ καταστροφὴν βίου,	et renversement de-vie,
εἰ μὴ δοκῶ τι	si *je* ne semble *pas en quelque chose*
ἔχειν [4]	avoir *moi-même* (être) [*faveur*,
μειόνως,	inférieurement à (au dessous de) *cette*
λατρεύων [5] ἀεὶ	étant-asservi toujours
τοῖς ὑπερτάτοις μόχθοις βρο-	aux plus-excessifs maux des-mortels.
Ἴτ', ὦ γλυκεῖαι [6] παῖδες [τῶν.	Allez (allons !), ô douces enfants
ἀρχαίου Σκότου !	de-*l'*-antique Obscur !
Ἴτε, ὦ Ἀθῆναι,	Allez (va, allons !), ô Athènes,
καλούμεναι μεγίστης [7] Παλλά-	appelée *ville* de-*la*-très-grande Pallas,
πόλις τιμιωτάτη πασῶν ! [δος,	cité *la* plus-honorée de-toutes !

---

4. Μειόνως ἔχειν, *avoir* moi-même *inférieurement* à cette faveur, c'est-à-dire *être au-dessous, être indigne d'une telle faveur.* — Le scholiaste donne cette autre interprétation, qui pourrait être la vraie : εἰ μὴ δοκῶ ὑμῖν ἐλαττόνως ἔχειν τὰ κακὰ καὶ δεῖσθαι προσθήκης κακῶν, *à moins que je ne vous semble trop peu éprouvé encore par la misère !*

5. Μόχθοις λατρεύων. Eschyle a dit avec la même figure et la même énergie, en parlant de Prométhée enchaîné à son roc : λατρεύων πέτρᾳ. (*Prométhée*, 1004.)

6. Γλυκεῖαι. Épithète propitiatoire, comme le nom même d'*Eumé-nides* (*bienveillantes*) donné à ces déesses de la vengeance et des supplices.

7. Ἴτ', ὦ μεγίστης, etc. Construisez : ἴτε, ὦ Ἀθῆναι, καλούμεναι (πόλις) μεγίστης Παλλάδος, πασῶν τιμιωτάτη πόλις !

οἰκτείρατ' ἀνδρὸς Οἰδίπου τόδ' ἄθλιον
εἴδωλον · οὐ γὰρ δὴ τόγ' ἀρχαῖον δέμας [1]. 110

ΑΝΤΙΓΟΝΗ.

Σίγα. Πορεύονται γὰρ οἵδε δή τινες
χρόνῳ παλαιοί [2], σῆς ἕδρας ἐπίσκοποι.

ΟΙΔΙΠΟΥΣ.

Σιγήσομαί τε, καὶ σύ μ' ἐξ ὁδοῦ πόδα [3]
κρύψον κατ' ἄλσος, τῶνδ' ἕως ἂν ἐκμάθω
τίνας λόγους ἐροῦσιν. Ἐν γὰρ τῷ μαθεῖν 115
ἔνεστιν ἡὐλάβεια [4] τῶν ποιουμένων.

ΧΟΡΟΣ.
(Στροφή.)
Ὅρα [5].

Τίς ἄρ' ἦν [6]; ποῦ ναίει [7];
Ποῦ κυρεῖ ἐκτόπιος [8] συθείς, ὁ πάντων,
ὁ πάντων ἀχορέστατος [9]; 120

οἰκτείρατε τόδε ἄθλιον εἴδω-
ἀνδρὸς Οἰδίπου · [λον
τόγε γὰρ δὴ
οὐκ ἀρχαῖον δέμας 1.

 ΑΝΤΙΓ.—Σίγα ·
οἵδε τινὲς γὰρ δὴ πορεύονται,
παλαιοὶ 2 χρόνῳ,
ἐπίσκοποι σῆς ἕδρας.

 ΟΙΔ.—Σιγήσομαί τε,
καὶ σὺ κρύψον με
πόδα 3

ayez-pris-en-pitié cette triste image
de-l'-homme OEdipe ;
celui-ci-du-moins en-effet donc
point *n'est mon* ancien corps.

 ANTIG.—Fais-silence ; [*vers nous,*
ces quelques-*uns* en-effet donc marchent
vieux par-*le*-temps,
inspecteurs de-ton asseoiment.

 OED.—Et *je* ferai-silence,
et toi aie-caché moi
quant à mon pied (en m'emmenant)

---

 1. Εἴδωλον... δέμας. Opposition très-vive : OEdipe ne se reconnaît plus dans ce corps qui n'est que l'ombre de ce qu'il fut jadis !
 2. Χρόνῳ παλαιοί. Équivaut à γέροντες.
 3. Με πόδα. Équivaut à πόδα μου, ou, plus simplement, à με seul ; ou, si l'on veut analyser davantage l'idée, σύ μ' ἐξ ὁδοῦ πόδα κρύψον équivaut à σύ με κρύψον, ἄγουσα τὸν πόδα μου ἐξ ὁδοῦ.
 4. Ἡὐλάβεια. Crase, pour ἡ εὐλάβεια.
 5. Ὅρα, puis λεῦσσε. Le Chœur, par la bouche de son coryphée, se parle à lui-même.

pitié ce triste squelette, ce débris, qui certes n'est plus l'ancien corps d'Œdipe!

ANTIGONE.

Silence! Vers nous s'acheminent des vieillards : de ta position ici ils viennent s'assurer.

OEDIPE.

Je me tais. Toi, traîne-moi en dehors de la route, cache-moi dans ce bois sacré, que je sache un peu quel langage ils vont tenir : le savoir, en toute chose, est père de la prudence.

LE CHOEUR.

Attention! Quel était-il? qu'est-il devenu? Où s'est-il sauvé, où se cache-t-il, cet impudent, de tous les mortels le plus auda-

———o—◇—o———

ἐξ ὁδοῦ	hors-de *cette* route
κατὰ ἄλσος,	dans *ce* bois-sacré,
ἕως ἂν-ἐκμάθω τῶνδε	jusqu'-à-ce-que *j'*aie-appris de-ceux-ci
τίνας λόγους ἐροῦσιν ·	quels discours *ils* diront ;
ἐν τῷ μαθεῖν γὰρ	dans le avoir-appris en-effet
ἔνεστιν ἡ εὐλάβεια [4]	est (réside) la précaution
τῶν ποιουμένων.	des *choses* étant-faites (se faisant).
ΧΟΡΟΣ.—Ὅρα [5].	LE CHOEUR.—Vois *partout*.
Τίς ἄρα ἦν [6] ;	Qui donc était-*il?*
ποῦ ναίει [7] ;	où réside-*t-il?* [lieu,
ποῦ κυρεῖ, συθεὶς ἐκτόπιος [8],	où se-trouve, s'-étant-lancé hors-de-ce-
ὁ ἀκορέστατος [9] πάντων,	le plus-impudent de-tous,

————————

6. Ἦν, plutôt qu'ἐστί : Œdipe, en effet, a disparu.

7. Ναίει. Au sens d'ἐστί. De même plus bas.

8. Ἐκτόπιος. Développe poétiquement συθείς, au sens de συθεὶς ὥστε ἔξω τοῦ τόπου τοῦδε γενέσθαι.

9. Ἀκορέστατος. C'est-à-dire ὑβριστότατος. Les poëtes, habitués à représenter l'effet par la cause, et réciproquement, échangent sans cesse κόρος, la *satiété* qui provoque l'*insolence*, et ὕβρις, l'*insolence*, fille de la *satiété* et du *dégoût*.

Λεῦσσ' αὐτὸν, προσδέρκου,
προσπεύθου πανταχῇ.
Πλανάτας, πλανάτας τις ὁ πρέσϐυς, οὐδ'
ἔγχωρος. Προσέϐα γὰρ οὐκ
ἄν ποτ' ἀστιϐὲς ἄλσος ἐς   125
τᾶνδ' ἀμαιμακετᾶν[1] κορᾶν,
   ἃς τρέμομεν λέγειν,
καὶ παραμειϐόμεσθ' ἀδέρκτως,
ἀφώνως, ἀλόγως τὸ τᾶς[2]
   εὐφήμου στόμα φροντίδος   130
ἱέντες. Τὰ δὲ νῦν τιν' ἥκειν[3]
λόγος οὐχ ἅζονθ' · ὃν ἐγὼ λεύσσων
περὶ πᾶν οὔπω δύναμαι τέμενος
γνῶναι ποῦ μοί ποτε ναίει[4].

ὁ πάντων;	le *plus impudent, dis-je,* de-tous ?
Λεῦσσε αὐτόν ·	Vois (cherche à voir) lui ;
προσδέρκου, προσπεύθου παν-	regarde, enquiers-toi (cherche) partout.
ʹΟ πρέσϐυς πλανάτας, [ταχῇ.	Le vieillard *est un* vagabond,
τὶς πλανάτας, οὐδὲ ἔγχωρος ·	un vagabond, et-non *de* en-ce-pays ;
οὔποτε γὰρ ἄν-προσέϐα	jamais en-effet *il ne* fût-venu
ἐς ἄλσος ἀστιϐὲς	vers *le* bois-sacré non-foulé
τᾶνδε κορᾶν ἀμαιμακετᾶν[1],	de-ces vierges invincibles,
ἃς τρέμομεν λέγειν,	lesquelles *nous* tremblons *de* nommer,
καὶ παραμειϐόμεσθα	et devant-*lesquelles-nous*-passons

----

1. Ἀμαιμακετᾶν, *invincibles, intraitables, inflexibles.*

2. Ἀλόγως τὸ τᾶς, etc. Littéralement : *émettant sans parole l'expression* (στόμα : la cause pour l'effet, l'instrument pour le produit) *de la pensée à heureuse formule.* Ainsi les habitants de Colone non-seulement cherchent à ne concevoir que des pensées d'heureux augure en passant devant le bois des Euménides, mais encore osent à peine les formuler dans le silence du cœur sans articuler le moindre son,

3. Τιν' ἥκειν, etc. Construisez : Λόγος (ἐστί) τινα ἥκειν οὐχ ἅζοντα.

cieux? Qu'on regarde, qu'on examine, qu'on cherche partout. Ce vieillard, c'est quelque coureur, c'est quelque vagabond, ce n'est point un indigène : jamais il ne se fût dirigé vers l'inviolable sanctuaire de ces vierges invincibles. Eh quoi! nous tremblons, nous, de les nommer ; devant elles nous passons sans regard, sans voix, osant à peine émettre, à peine formuler dans le silence du cœur une pensée d'heureux augure : et voilà qu'un misérable est venu, dit-on, qui ne les révère point! Mes yeux, cependant, le cherchent en vain dans toute cette enceinte, et je ne puis jusqu'ici découvrir sa retraite.

ἀδέρκτως, ἀφώνως,	sans-regard, sans-voix,
ἱέντες ἀλόγως	émettant sans-parole
τὸ στόμα	la bouche (l'expression)
τᾶς 2 φροντίδος εὐφήμου.	de-la-pensée à-heureuse-formule.
Τὰ δὲ νῦν,	Or, *en les circonstances de* maintenant,
λόγος τινὰ ἥκειν 3	*il est* bruit un *homme* venir (être venu)
οὐχ ἅζοντα ·	point-ne révérant *elles* :
ὃν ἐγὼ λεύσσων·	lequel moi regardant (cherchant)
περὶ πᾶν τέμενος,	par toute *cette* enceinte-sacrée,
οὔπω δύναμαι γνῶναι	pas-encore *ne* puis-*je* avoir-reconnu
ποῦ ποτε ναίει 4 μοι.	où donc *il* réside à-moi.

(αὐτάς)· ὃν ἐγώ, λεύσσων περὶ πᾶν τέμενος, οὔπω δύναμαι γνῶναι. — Ἅζοντα. La forme moyenne est plus ordinaire.

4. Ὃν οὔπω δύναμαι γνῶναι ποῦ ναίει, pour ὅς ποῦ ναίει οὔπω δύναμαι γνῶναι. Rien de plus ordinaire en grec que de prendre ainsi le sujet logique du verbe de la proposition secondaire pour en faire le complément grammatical du verbe de la proposition principale. Les Latins ont quelquefois imité les Grecs. Tite-Live; II, 13 : *Ne semet ipse aperiret*, quis *esset.*—*Moi.* Explétif.

ΟΙΔΙΠΟΥΣ.

Ὅδ' ἐκεῖνος ἐγώ. Φωνῇ γὰρ ὁρῶ[1],   135
τὸ φατιζόμενον.

ΧΟΡΟΣ.

Ἰὼ, ἰώ !

Δεινὸς μὲν ὁρᾶν, δεινὸς δὲ κλύειν !

ΟΙΔΙΠΟΥΣ.

Μή μ', ἱκετεύω, προσίδητ'[2] ἄνομον.

ΧΟΡΟΣ.

Ζεῦ ἀλεξῆτορ, τίς ποθ' ὁ πρέσβυς;

ΟΙΔΙΠΟΥΣ,

Οὐ πάνυ[3] μοίρας εὐδαιμονίσαι   140
πρώτης, ὦ τῆσδ'

ἔφοροι χώρας ! Δηλῶ δ'· οὐ γὰρ ἂν
ὧδ' ἀλλοτρίοις ὄμμασιν εἷρπον,

ΟΙΔ.—Ὅδε ἐγὼ ἐκεῖνος.	ŒD.—Ce moi *est* celui-là *que vous cherchez.*
Ὁρῶ[1] γὰρ φωνῇ, τὸ φατιζόμενον.	*Je* vois en-effet *les gens* par-*leur*-voix, *selon* le étant-dit (comme on dit).
ΧΟΡ.—Ἰὼ, ἰώ ! δεινὸς μὲν ὁρᾶν, δεινὸς δὲ κλύ-	LE CH.—Hélas, hélas ! et affreux *à* voir, et affreux *à* entendre !
ΟΙΔ.—Ἱκετεύω, [ειν ! μὴ προσίδητέ[2] με ἄνομον.	ŒD.—*Je vous* supplie, point-n'ayez-regardé moi *comme* sans-loi.

---

1. Φωνῇ γὰρ ὁρῶ. Passage fort contesté, pour lequel nous n'hési-
tons pas à adopter le sens préféré par M. Berger, comme le seul qui
ne fausse ni l'acception ordinaire des mots, ni les habitudes de la construction grecque. Le voici, en complétant la pensée du γάρ : (Je
viens aisément à vous, quoique aveugle ;) *car je vois les gens à la
voix, comme on dit* (comme disent les aveugles). L'expression *voir les
gens à la voix* est pittoresque et vraie dans la bouche d'un aveugle : de
plus, φατίζειν est le synonyme poétique de λέγειν, en dehors même de
toute idée religieuse de prédiction, et la prose construit sans cesse τὸ
λεγόμενον au sens de κατὰ τὸ λεγόμενον (*comme on dit*). Enfin, on a

OEDIPE.

Celui que vous cherchez, c'est moi. Je vois les gens à la voix, comme on dit.

LE CHŒUR.

Ciel! quel affreux aspect! quel affreux langage!

OEDIPE.

Ah! je vous en conjure, ne voyez point en moi un ennemi des lois.

LE CHŒUR.

Jupiter, dieu protecteur, quel est donc ce vieillard?

OEDIPE.

Le dernier des misérables, chefs de cette terre, je vous en fais juges. Sinon, me serais-je traîné ici avec les yeux d'autrui?

—————o—◇—o—————

ΧΟΡ.—Ζεῦ ἀλεξῆτορ, τίς ποτε ὁ πρέσϐυς;

ΟΙΔ.—Μοίρας πάνυ [3] οὐ πρώτης εὐδαιμονίσαι, ὦ ἔφοροι τῆσδε γῆς. Δηλῶ δέ· οὐ γὰρ ἂν-εἷρπον ὧδε ὄμμασιν ἀλλοτρίοις,

LE CH.—Jupiter protecteur, qui donc le vieillard *est-il?* OED.—*Un être d'-une-destinée* tout-à-fait non première *à avoir-réputé-heureuse,* ô surveillants de-cette terre. *Je le* montre d'-ailleurs; [cela, point en-effet *ne* rampais-*je* ainsi, *sans* par-*des*-yeux étrangers,

---

vainement objecté contre notre interprétation le ton à demi plaisant du *comme on dit*: la plaisanterie, s'il y en a une, est tellement amère, qu'elle ne nous semble pas déplacée là où elle est, et l'on peut remarquer, d'ailleurs, que le Chœur est frappé de la manière dont ŒEdipe parle de sa cécité, puisqu'il s'écrie aussitôt: *affreux langage* (δεινὸς κλύειν)!

2. Προσίδητε. Au sens de *regarder comme*. Même emploi d'*intueri* dans Tite-Live (IV, 8) : *Tribuni (censuram) magis necessariam quam speciosi ministerii procurationem* intuentes.

3. Οὐ πάνυ, etc. Entendez : ἀνὴρ μοίρας πάνυ οὐ πρώτης (c'est-à-dire μοίρας ἐσχάτης) εἰς τὸ εὐδαιμονίσαι.

κἀπὶ σμιχροῖς.[1] μέγας ὥρμουν.

ΧΟΡΟΣ.

('Αντιστροφή.)

᾽Ε ξ!   145

᾽Αλαῶν ὀμμάτων

ἆρα καὶ ἦσθα φυτάλμιος[2], δυσαίων,

μαχραίων τ᾽ ἔτ᾽, ἐπειχάσαι.

᾽Αλλ᾽ οὐ μὰν ἔν γ᾽ ἐμοὶ[3]

προσθήσεις τάσδ᾽ ἀράς[4].   150

Περᾷς[5] γὰρ, περᾷς· ἀλλ᾽ ἵνα τῷδ᾽ ἐν ἀ-

φθέγκτῳ μὴ προπέσῃς νάπει

ποιάεντι, κάθυδρος οὗ

χρατὴρ[6] μειλιχίων ποτῶν

ῥεύματι συντρέχει,   155

τῶν[7], ξένε πάμμορ᾽, εὖ φύλαξαι,

<table>
<tr><td>

καὶ, μέγας,
ὥρμουν
ἐπὶ σμιχροῖς [1].
  ΧΟΡ.—᾽Ε, ἔ!
῏Αρα καὶ ἦσθα
φυτάλμιος [2] ὀμμάτων ἀλαῶν,
δυσαίων,
μαχραίων τε ἔτι,
ἐπειχάσαι!
᾽Αλλὰ μὰν οὐ προσθήσεις,

</td><td>

et, *si j'eusse été* grand,   [rétais-je)
point *ne* mettais-*je*-à-l'-ancre (ne m'ar-
pour petits *secours.*
  LE CH.—Hélas, hélas!
Donc même *tu* fus (tu es)
productif (pourvu) d'-yeux aveugles,
à-triste-vie,
et à-longue-vie en-outre, [conjecturer)!
à avoir-conjecturé (autant que je puis le
Mais du-moins point-n'ajouteras-*tu*,

</td></tr>
</table>

---

1. Κἀπὶ σμιχροῖς, etc. *Et, grand, je n'eusse pas mis à l'ancre pour peu*; c'est-à-dire *et, si j'étais puissant, je ne me serais pas arrêté ici pour y mendier un misérable secours.*

2. ᾽Αλαῶν ὀμμάτων φυτάλμιος, *productif d'yeux aveugles,* c'est-à-dire simplement *aveugle,* et non *aveugle de naissance.* Nous ne voyons pas, en effet, que φυτάλμιος emporte nécessairement cette dernière idée, ni qu'elle puisse même s'offrir à l'esprit du Chœur en présence des blessures qui couvrent les yeux d'Œdipe.—῏Ησθα, *tu fus* jusqu'ici; par conséquent, *tu es.*

Puissant, m'y serais-je arrêté pour y mendier l'obole de la pitié?

LE CHOEUR.

Hélas! hélas! Aveugle, infortuné, et, si je ne m'abuse, chargé d'ans : voilà donc à quels destins t'appela la nature! A tant de maux, du moins, autant qu'il est en moi, tu n'ajouteras pas la malédiction de ces déesses. C'est trop, c'est trop t'avancer! Ah! si tu ne veux te trouver engagé sous la mystérieuse verdure de ce bois où l'eau ne s'épanche du cratère qu'unie au miel limpide (et tu ne saurais trop t'en garder, malheureux étranger), change de place, sors de là!—Mais la distance étouffe ma voix.

—o—◇—o—

ἐν ἐμοί [3] γε,	*autant qu'il est* en moi du-moins,
τάσδε ἀράς [4].	ces malédictions *des Euménides.*
Περᾷς [5] γὰρ, περᾷς ·	*Tu* passes en-effet, *tu* passes ;
ἀλλὰ,	mais, [(n'ailles pas te jeter)
ἵνα μὴ προπέσῃς	afin-que *tu* ne sois-*pas*-tombé-en-avant
ἐν τῷδε ἀφθέγκτῳ νάπει ποι-	dans cet indicible bois gazonneux,
οῦ κρατὴρ [6] κάθυδρος [άεντι,	où *un* cratère aquatique (plein d'eau)
συντρέχει ῥεύματι	coule-avec *un* flux
ποτῶν μειλιχίων,	de-breuvages emmiellés,
τῶν [7] φυλάξαι εὖ,	desquels aie-gardé-toi bien
ξένε πάμμορε,	étranger tout-infortuné,

---

3. Ἐν ἐμοί, (*autant qu'il est*) *en moi.*

4. Οὐ προσθήσεις τάσδ' ἀράς, *tu n'ajouteras pas* à ces maux ces *malédictions,* c'est-à-dire *les malédictions* (et, par suite, la vengeance) *de ces déesses.*

5. Περᾷς, *tu passes* les limites permises.

6. Κάθυδρος κρατήρ. Voyez l'ἀοίνοις du v. 100, et la note.

7. Τῶν. Poétique, pour ὧν : le bois et ses mystères. — D'autres, avec raison peut-être, corrigent τῶν en τόν (pour ὅν), représentant le κάθυδρος κρατήρ : c'est à peu près la même pensée, mais la construction de l'accusatif est plus régulière avec φυλάσσεσθαι.

μετάσταθ᾽, ἀπόβαθι. Πολ-
λὰ κέλευθος ἐρατύει [1].
Κλύεις, ὦ πολύμοχθ᾽ ἀλᾶτα;
Λόγον εἴ τιν᾽ ἔχεις πρὸς ἐμὰν λέσχαν [2], 160
ἀβάτων ἀποβὰς, ἵνα πᾶσι νόμος [3],
φώνει· πρόσθεν δ᾽ ἀπερύκου.

ΟΙΔΙΠΟΥΣ.

Θύγατερ, ποῖ τις φροντίδος ἔλθῃ [4];

ΑΝΤΙΓΟΝΗ.

Ὦ πάτερ, ἀστοῖς ἴσα [5] χρὴ μελετᾶν [6],
εἴκοντας ἃ δεῖ, κοὐκ ἄκοντας. 165

ΟΙΔΙΠΟΥΣ.

Πρόσθιγέ νύν μου.

ΑΝΤΙΓΟΝΗ.

Ψαύω καὶ δή.

ΟΙΔΙΠΟΥΣ.

Ὦ ξεῖνοι, μὴ δῆτ᾽ ἀδικηθῶ,

———o—◇—o———

μετάσταθι, ἀπόβαθι.	aie-déplacé *toi*, aie-marché-hors-de *là*.
Πολλὰ κέλευθος	*Mais une* abondante route (distance)
ἐρατύει [1].	arrête (empêche) *l'effet de notre voix.*
Κλύεις,	Entends-*tu*,
ὦ ἀλᾶτα πολύμοχθε;	ô *mortel* errant à-nombreux-maux?
Εἰ ἔχεις τινὰ λόγον	Si *tu* as quelque parole
πρὸς ἐμὰν λέσχαν [2],	*en réponse* à mon discours, [bles,
ἀποβὰς ἀβάτων,	ayant-marché-hors-de *lieux* non-foula-
φώνει	parle *là*
ἵνα νόμος [3] πᾶσι ·	où loi (permission) *est* à-tous;
πρόσθεν δὲ, ἀπερύκου.	mais auparavant, abstiens-toi.

---

1. Πολλὰ κέλευθος ἐρατύει, *une abondante route arrête* ma voix,
c'est-à-dire, *mais la distance, sans doute, empêche ma voix d'arriver
à toi.* Réflexion amenée par l'immobilité d'Œdipe, qui n'obéit pas.

2. Πρὸς ἐμὰν λέσχαν, *en réponse à mon dire.*

3. Νόμος. Équivaut à νόμιμόν ἐστι (φωνεῖν).

M'entends-tu, infortuné? Si tu as quelque réponse à me faire,
quitte cette terre interdite pour un sol permis à tous, et parle.
Jusque-là, silence!

OEDIPE.

Ma fille, que résoudre?

ANTIGONE.

Te rendre, ô mon père, au vœu des habitants; céder à la nécessité, sans lutter davantage.

OEDIPE.

Serre-toi donc près de moi.

ANTIGONE.

M'y voici.

OEDIPE.

Étrangers, puis-je en effet ne redouter aucune violence, si je

———o ◇ o———

ΟΙΔ.—Θύγατερ,	ŒD.—Fille,
ποῖ τις ἔλθη [4]	où *faut-il qu'on soit-venu* (où en venir)
φροντίδος;	*en fait de-pensée* (de résolution)?
ΑΝΤΙΓ.—῏Ω πάτερ,	ANTIG.—O père,
χρὴ μελετᾶν [6]	*il faut s'-occuper-de* (vouloir) *choses*
ἴσα [5] ἀστοῖς,	égales (semblables) à-*celles-des-citoyens*,
εἴκοντας ἃ δεῖ,	cédant *en* lesquelles *choses il* faut,
καὶ οὐκ ἄκοντας.	et non ne-voulant-pas.
ΟΙΔ.—Πρόσθιγέ νύν μου.	ŒD.—Aie-touché donc moi.
ΑΝΤΙΓ.—Ψαύω καὶ δή.	ANTIG.—*Je* touche aussi donc.
ΟΙΔ.—῏Ω ξεῖνοι,	ŒD.—O étrangers, [donc,
μὴ ἀδικηθῶ δῆτα,	*que je* n'aie-*pas*-été (ne sois pas)-lésé

4. Ποῖ τις φροντίδος ἔλθη; *où faut-il qu'on aille en fait de pensée?*
c'est-à-dire, *que penser? que résoudre?*

5. Ἀστοῖς ἴσα. Équivaut à τοῖς τῶν ἀστῶν ἴσα, ὅμοια.

6. Μελετᾶν. Au sens de δι'ἐπιμελείας ἔχειν, de φροντίζειν.

σοὶ[1] πιστεύσας καὶ μεταναστάς.

ΧΟΡΟΣ.

Οὔ τοι μή[2] ποτέ σ’ ἐκ τῶνδ’ ἑδράνων,
ὦ γέρον, ἄκοντά τις ἄξει.　　　　　　170

ΟΙΔΙΠΟΥΣ.

Ἔτ’ οὖν;

ΧΟΡΟΣ.

Ἐπίβαινε πρόσω.

ΟΙΔΙΠΟΥΣ.

Ἔτι;

ΧΟΡΟΣ.

Προβίβαζε, κούρα,
πρόσω · σὺ γὰρ ἀΐεις[3].

ΑΝΤΙΓΟΝΗ.

Ἔπεο μάν, ἔπε’ ὧδ’ ἀμαυρῷ
κώλῳ[4], πάτερ, ᾇ σ’ ἄγω.　　　　　　175
Τόλμα, ξεῖνος ἐπὶ ξένης,
ὦ τλᾶμον, ὅτι καὶ πόλις

———o—◇—o———

πιστεύσας σοι[1] καὶ μετανα-　　ayant-cru à-toi et *m’*-étant-déplacé.
　ΧΟΡ.—Οὔ τοι,　[στάς.　　LE CH.—Point-n’*est-il* certes,
ὦ γέρον,　　　　　　　　　　ô vieillard,　　　　　　　[pas
μὴ[2] ποτέ τις ἄξει σε ἄκοντα　que jamais on entraînera toi ne~voulant-
ἐκ τῶνδε ἑδράνων.　　　　　hors-de ces siéges.
　ΟΙΔ.—Ἔτι οὖν;　　　　　ŒD.—*Avancerai-je* encore donc?
　ΧΟΡ.—Ἐπίβαινε πρόσω.　LE CH.—Marche-en-plus en-avant.
　ΟΙΔ.—Ἔτι;　　　　　　　ŒD.—Encore?

---

1. Σοί, après ὦ ξεῖνοι. C’est qu’on s’adresse au Chœur indifférem-
ment avec le pluriel ou le singulier, suivant qu’on le considére dans
l’ensemble de ceux qui le composent, ou dans la personne du coryphée qui le représente.

2. Οὐ μή. Forme abrégée de οὐκ ἔστιν ὅπως μή. De là l’emploi
forcé du futur ou du subjonctif après cette locution, sa position forcée

me fie à vous et que je quitte cette place?

LE CHOEUR.

Ne crains rien, vieillard : nul ne t'arrachera malgré toi de cet asile.

OEDIPE.

Avancerai-je encore?

LE CHOEUR.

Oui, toujours.

OEDIPE.

Encore?

LE CHOEUR.

Jeune fille, fais-le avancer, toi qui y vois.

ANTIGONE.

Suis-moi, suis-moi, mon père : laisse-moi guider ton pied aveugle. Étranger sur une terre étrangère, sache, ô infortuné,

———o—◆—o———

ΧΟΡ.—Κούρα,   LE CH.—Jeune-fille,
προβίβαζε πρόσω ·   fais-avancer *lui* en-avant :
σὺ γὰρ ἀίεις[3].   [τερ,   toi en-effet *tu* comprends.
  ΑΝΤΙΓ.—Ἔπεο μὰν, πά-   ANTIG.—Suis donc, père,
ἔπεο κώλῳ[4] ἀμαυρῷ   suis d'-*un*-membre obscur (aveugle)
ὧδε, ᾇ ἄγω σε.   ici, par-où *je* mène toi.
Ξεῖνος ἐπὶ ξένης,   Étranger sur *terre* étrangère,
τόλμα, ὦ τλᾶμον,   ose (daigne), ô malheureux,

____

en tête d'une proposition principale, et une singulière énergie ajoutée à la négation.

3. Σὺ γὰρ ἀίεις. OEdipe *entend* aussi, mais inutilement; car il ne *voit* pas la limite du terrain sacré, et dès lors ne *comprend* pas la portée exacte des ordres du Chœur. Traduisez ἀίεις par *tu comprends*, ou même par *tu vois*.

4. Ἀμαυρῷ κώλῳ. Hypallage : ce *membre obscur*, c'est-à-dire se *mouvant dans l'obscurité, aveugle*, c'est le pied de l'aveugle OEdipe.

τέτροφεν [1] ἄφιλον ἀποστυγεῖν,
καὶ τὸ φίλον σέβεσθαι.

ΟΙΔΙΠΟΥΣ.

Ἄγε νυν σύ με, παῖ,   180
ἵν᾽ [2] ἄν, εὐσεβίας ἐπιβαίνοντες [3],
τὸ μὲν εἴποιμεν, τὸ δ᾽ ἀκούσαιμεν ·
καὶ μὴ χρείᾳ πολεμῶμεν.

ΧΟΡΟΣ.

Αὐτοῦ [4] · μηκέτι τοῦδ᾽ ἀντιπέτρου [5]
βήματος ἔξω πόδα κλίνῃς.   185

ΟΙΔΙΠΟΥΣ.

Οὕτως;

ΧΟΡΟΣ.

Ἅλις ὡς · ἀκούεις;

ΟΙΔΙΠΟΥΣ.

Ἦ στῶ [6];

—◦—◆—◦—

ἀποστυγεῖν	haïr [non-ami à *elle*,
ὅ-τι καὶ πόλις τέτροφεν [1] ἄφι-	ce-que aussi *la* cité a-nourri (a en elle) *de*
καὶ σέβεσθαι τὸ φίλον. [λον,	et révérer le *étant* ami *à elle*.
OID.—Σύ νυν, παῖ,	œD.—Toi donc, enfant,
ἄγε ἵνα [2],	mène *moi là* où,
ἐπιβαίνοντες [3] εὐσεβίας,	marchant-sur *la voie de la* piété,
τὸ μὲν	*en* la *chose* d'-une-part
ἄν-εἴποιμεν,	*nous* cussions-dit (nous puissions parler),
τὸ δὲ	*en* la *chose* d'-autre-part

1. Τέτροφεν. Au sens assez ordinaire d'ἔχει.
2. Ἵνα. Avec ellipse de l'antécédent, pour ἐκεῖσε ἵνα.
3. Εὐσεβίας ἐπιβαίνοντες, *foulant* la voie de *la piété*, c'est-à-dire
sans blesser la piété, sans offenser les dieux. Cette expression, du
reste, aura été suggérée par la double idée qui domine tout ce pas-

abhorrer ce qu'abhorre cette cité et vénérer ce qu'elle aime.

OEDIPE.

Soit! Conduis-moi, ma fille, en un lieu où, sans offenser la divinité, nous puissions et parler nous-mêmes et entendre les autres : ne luttons point contre la nécessité.

LE CHOEUR.

Halte-là ! Que ton pied ne franchisse plus ce seuil de pierre.

OEDIPE.

Est-ce bien ?

LE CHOEUR.

Oui, assez comme cela ! Entends-tu?

OEDIPE.

Ainsi, je puis m'arrêter ?

ἀκούσαιμεν ·
καὶ μὴ πολεμῶμεν χρείᾳ.
   XOP.—Αὐτοῦ 4 ·
μηκέτι κλίνῃς πόδα
ἔξω τοῦδε βήματος ἀντιπέ-
   ΟΙΔ.—Οὕτως;   [τρου 5.
   XOP.—"Αλις ὥς.
Ἀκούεις;
   ΟΙΔ.—Ἦ στῶ 6;

nous eussions-écouté (puissions écouter),
et point-ne guerroyons contre-nécessité.
   LE CH.—Là-même :
pas-davantage-n'aie-penché le pied
hors-de ce pas de-pierre.
   ŒD.—Ainsi?
   LE CH.—Assez ainsi.
Entends-tu?   [sois-arrêté ?
   ŒD.—Est-ce-qu'il *faut que je me*

---

sage : *fouler une terre interdite, fouler une terre où il soit permis de converser.* Comparez le vers 161.

4. Αὐτοῦ. Adverbe de lieu : *ici même.*

5. Ἀντιπέτρου. C'est-à-dire ἰσοπέτρου, *égal à la pierre, de pierre.* Ce sens de ἀντί se retrouve dans d'autres composés poétiques : ἀντίθεος, *divin*, etc.

6. Ἦ στῶ ; *faut-il que je m'arrête? dois-je bien m'arrêter ici?*

ΧΟΡΟΣ.

Λέχριός γ' ἐπ' ἄκρου

λάου βραχὺς ὀκλάσας [1].

ΑΝΤΙΓΟΝΗ.

Πάτερ, ἐμὸν τόδ', ἐν [2] ἡσυχίᾳ [3]

(ἰώ μοί μοι!) βάσει βάσιν [4] ἁρμόσαι.   10^

Γεραιὸν ἐς χέρα σῶμα σὸν

προκλίνας φιλίαν ἐμάν ...

ΟΙΔΙΠΟΥΣ.

Ὦ μοι δύσφρονος ἄτας!

ΧΟΡΟΣ.

Ὦ τλάμων, ὅτε νῦν χαλᾷς [5],

αὔδασον τίς σ' ἔφυσε βροτῶν,   195

τίς ὁ πολύπονος ἄγει [6], τίνα

σοῦ πατρίδ' ἐκπυθοίμαν.

———o—◇—o———

ΧΟΡ.—Λέχριός γε ἐπὶ ἄκρου λάου, ὀκλάσας [1] βραχύς.	LE CH.—Oblique donc sur *l'*extrême roc, ayant-accroupi-*toi* court (ramassé).
ΑΝΤΙΓ.—Πάτερ, ἐμὸν τόδε (ἰώ μοί μοι!) ἁρμόσαι βάσιν [4] βάσει ἐν [2] ἡσυχίᾳ [3]. Προκλίνας σὸν γεραιὸν σῶμα	ANTIG.—Père, mien *est ce soin* (hélas pour-moi, pour moi!) *d'*avoir-adapté base à base (de *t'*asseoir) en tranquillité (sans que tu *t'*en troubles). Ayant-penché-en-avant ton vieux corps

1. Λέχριος βραχὺς ὀκλάσας. L'ensemble de ces trois mots est l'équivalent poétique de καθήμενος, *t'asseyant*. Ὀκλάζειν, *s'agenouiller s'accroupir*, peint le mouvement de celui qui, pour s'asseoir, ramèn ses pieds en arrière vers son siége ; βραχύς peint le raccourcisseme du corps dans cette position ; λέχριος peint l'obliquité ainsi substituée à la perpendiculaire de la position droite.

2. Ἐμὸν τόδ', ἐν, etc. C'est-à-dire ἐμὸν τόδ' ἐστὶ, τὸ ἐν, etc.

3. Ἐν ἡσυχίᾳ (sous-entendu σου), *toi restant tranquille, me laissant faire*.

4. Βάσει βάσιν. Texte contesté, altéré peut-être. A défaut de mieux, nous entendons par βάσει la base de pierre, c'est-à-dire la pierre

LE CHOEUR.

Oui, te dis-je. Fléchis le corps, et assieds-toi à l'extrémité du roc.

ANTIGONE.

Mon père, laisse-moi faire. A moi, à moi (hélas!) de t'ajuster sur ce siége. Abandonne au bras ami de ta fille ce corps usé par les ans, et...

OEDIPE.

O douleur! ô misère!

LE CHOEUR.

Maintenant que tu as cédé, parle, infortuné! Quel mortel t'a donné le jour? qui es-tu toi-même, toi si cruellement éprouvé, toi réduit à te faire conduire? quelle est ta patrie?

———o—◇—o———

ἐς ἐμὰν χέρα φιλίαν... — sur ma main amie...

  ΟΙΔ.—Ὢ μοι —   OEd.—Hélas pour-moi

ἄτας δύσφρονος! — à propos de-ma-calamité cruelle!

  ΧΟΡ.—Ὢ τλάμων, —   Le Ch.—O malheureux,

ὅτε νῦν χαλᾷς[5], — quand (puisque) maintenant tu cèdes,

αὔδασον — aie-dit (dis) à nous

τίς βροτῶν ἔφυσέ σε, — qui de-les-mortels engendra toi,

τίς ἄγει[6] — qui étant tu es-conduit

ὁ πολύπονος, — toi le mortel à-nombreuses-peines,

τίνα πατρίδα σου — quelle patrie de-toi

ἐκπυθοίμαν. — j'aurais-apprise (j'ai à apprendre).

———

même, sur laquelle il s'agit d'asseoir OEdipe; et par βάσιν, la base d'OEdipe même, c'est-à-dire son siége qu'il s'agit d'adapter à cette pierre.

5. Ὅτε νῦν χαλᾷς, *maintenant que tu cèdes, maintenant que tu as obéi.*

6. Ἄγει. Seconde personne attique, pour ἄγῃ. On l'entend généralement ici au sens de ζῇς, de τυγχάνεις ὤν. Peut-être a-t-on raison : ce sens d'ἄγεσθαι est parfaitement légitime. Pourtant nous préférons lui garder le sens plus simple d'*être conduit* : une des grandes misères d'OEdipe n'est-elle pas d'être réduit par sa cécité à ne pas pouvoir faire un pas sans guide?

ΟΙΔΙΠΟΥΣ.

Ὦ ξένοι,

ἀπόπτολις[1]. Ἀλλὰ μὴ...

ΧΟΡΟΣ.

Τί τόδ᾽ ἀπεννέπεις, γέρον;   200

ΟΙΔΙΠΟΥΣ.

Μὴ, μὴ, μή μ᾽ ἀνέρῃ τίς εἰμι,

μηδ᾽ ἐξετάσῃς πέρα ματεύων.

ΧΟΡΟΣ.

Τί τόδ᾽ οὖν;

ΟΙΔΙΠΟΥΣ.

Δεινὰ φύσις[2]...

ΑΝΤΙΓΟΝΗ.

Αὔδα.

ΟΙΔΙΠΟΥΣ.

Τέκνον, ὤ μοι! τί γεγώνω[3];

ΧΟΡΟΣ.

Τίνος εἶ σπέρματος,   205

ξεῖνε, φώνει, πατρόθεν.

ΟΙΔΙΠΟΥΣ.

Ὦ μοι ἐγώ! τί πάθω[4], τέκνον ἐμόν;

ΟΙΔ.—Ὦ ξένοι, ἀπόπτο-	ŒD.—O étrangers, *je suis* sans-cité.
Ἀλλὰ μή... [λις[1].	Mais ne...
ΧΟΡ.—Γέρον,	LE CH.—Vieillard,
τί ἀπεννέπεις τόδε;	quoi exclus-*tu* ceci?
ΟΙΔ.—Μὴ, μὴ,	ŒD.—Point, point,
μὴ ἀνέρη με τίς εἰμι,	point-n'aie-interrogé moi qui *je* suis,
μηδὲ ἐξετάσῃς	ni *n*'aie-examiné
ματεύων πέρα.	cherchant au-delà.
ΧΟΡ.—Τί τόδε οὖν;	LE CH.—Qu'*est*-ce donc?

---

1. Ἀπόπτολις. Comme ἄπτολις. Sous-entendez εἰμί.

2. Δεινὰ φύσις, *une affreuse naissance*... Phrase interrompue; à moins qu'on ne préfère sous-entendre ἐστί μοι (*affreuse est ma naissance*).

OEDIPE.

Étrangers, je suis sans patrie. Mais, de grâce...

LE CHOEUR.

Pourquoi ce refus, vieillard?

OEDIPE.

De grâce, ah! de grâce, ne demandez point qui je suis, ne cherchez point à en savoir davantage.

LE CHOEUR.

Quel est donc ce mystère?

OEDIPE.

Une affreuse naissance...

ANTIGONE.

Achève.

OEDIPE.

Hélas! ma fille, que dire?

LE CHOEUR.

Dis-nous, ô étranger, de quel sang, de quel père tu es né.

OEDIPE.

Hélas! hélas! Que faire, ma fille?

———————◇———————

OIΔ.—Δεινὰ φύσις [2]...	OED.—*Une* affreuse naissance...
ANTIΓ.—Αὔδα.	ANTIG.—*Parle.*
OIΔ.—Τέχνον, ὤ μοι! τί γεγώνω [3];	OED.—Enfant, hélas pour-moi! quoi *faut-il que* j'aie-crié (que je dise)?
XOP.—Φώνει, ξεῖνε, τίνος σπέρματος εἶ πατρόθεν.	LE CH.—Dis, étranger, de-quelle race *tu* es du-côté-de-*ton*-père.
OIΔ.—Ὤ μοι ἐγώ! τί πάθω [4], ἐμὸν τέχνον;	OED.—Hélas pour-moi! moi! que *faut-il que* j'aie-subi, mon enfant?

———————————————

3. Γεγώνω. Subjonctif d'ἐγέγωνον, aoriste second de γεγωνέω-ῶ (Voy. p. 14, n. 3).

4. Πάθω. Au sens de *subir* une nécessité d'action, de *se résigner* à faire une chose.

ΑΝΤΙΓΟΝΗ.

Λέγ’, ἐπείπερ ἐπ’ ἔσχατα βαίνεις.

ΟΙΔΙΠΟΥΣ.

’Αλλ’ ἐρῶ · οὐ γὰρ ἔχω κατακρυφάν.

ΧΟΡΟΣ.

Μακρὰ μέλλετ’ · ἀλλὰ ταχύνατε.   210

ΟΙΔΙΠΟΥΣ.

Λαΐου ἴστε τιν’ ἀπόγονον;

ΧΟΡΟΣ.

῍Ω, ὤ! ἰού!

ΟΙΔΙΠΟΥΣ.

Τό τε Λαβδακιδᾶν γένος;

ΧΟΡΟΣ.

῍Ω Ζεῦ!

ΟΙΔΙΠΟΥΣ.

᾿Άθλιον Οἰδιπόδαν[1];

ΧΟΡΟΣ.

Σὺ γὰρ ὅδ’ εἶ;

ΟΙΔΙΠΟΥΣ.

Δέος[2] ἴσχετε μηδὲν, ὅσ’ αὐδῶ.

ΧΟΡΟΣ.

᾿Ιώ! ὤ, ὤ!

----------◇----------

ΑΝΤΙΓ.—Λέγε, ἐπείπερ βαίνεις ἐπὶ ἔσχατα.	ΑΝΤΙG.—Parle, puisque-donc *tu* vas (tu en es venu) à *choses* extrêmes.
ΟΙΔ.—’Αλλὰ ἐρῶ · οὐ γὰρ ἔχω κατακρυφάν.	ŒD.—Mais *je* parlerai; point en-effet *n’ai-je* moyen-de-cacher.
ΧΟΡ.—Μέλλετε μακρά · ἀλλὰ ταχύνατε.	LE CH.—*Vous* tardez longu*ement*; mais ayez-fait-hâte.
ΟΙΔ.—᾿Ίστε τινὰ ἀπόγονον Λαΐου;	ŒD.—Savez-*vous* quelque rejeton de-Laïus?

---

1. Οἰδιπόδαν. Forme accessoire d’accusatif, plus rare que les formes Οἰδίπουν et Οἰδίποδα.

ANTIGONE.

Parle, tu ne saurais l'éviter.

OEDIPE.

Je parlerai donc, puisque je ne puis rien cacher.

LE CHOEUR.

Que d'hésitation ! De grâce, hâtez-vous.

OEDIPE.

Connaissez-vous... un fils de Laïus?

LE CHOEUR.

O ciel !

OEDIPE.

Un rejeton des Labdacides ?

LE CHOEUR.

Grand Jupiter !

OEDIPE.

Le malheureux Œdipe?

LE CHOEUR.

Quoi ! tu serais Œdipe?

OEDIPE.

Ne craignez rien, ne vous alarmez point de mes paroles.

LE CHOEUR.

O horreur ! ô horreur !

———o—◇—o———

XOP.—᾿Ω, ὤ! ἰού!	LE CH.—Oh, oh ! hélas!
OIΔ.—Τό τε γένος Λαϐ-	ŒD.—Et la race de-*les*-Labdacides ?
XOP.—᾿Ω Ζεῦ ![δακιδᾶν;	LE CH.—O Jupiter !
OIΔ.—᾿Αθλιονοἰδιπόδαν[1];	ŒD.—*Le* malheureux Œdipe ?
XOP.—Σὺ γὰρ εἶ ὅδε ;	LE CH.—Toi donc es-*tu* celui-là ?
OIΔ.—᾿Ισχετε μηδὲν δέ-	ŒD.—N'ayez aucun effroi,
ὅσα αὐδῶ. [ος [2],	*quant à* toutes-*les-choses*-que *je* dis.
XOP.—᾿Ιώ ! ὢ, ὤ !	LE CH.—Hélas ! oh, oh !

2. Δέος, etc. Les habitants de Colone pourraient craindre la contagion du malheur : Œdipe, accoutumé à l'effet que produit son nom, s'empresse de les rassurer.

ΟΙΔΙΠΟΥΣ.

Δύσμορος !

ΧΟΡΟΣ.

Ὦ, ὤ ! 215

ΟΙΔΙΠΟΥΣ.

Θύγατερ, τί ποτ᾽ αὐτίκα κύρσει [1];

ΧΟΡΟΣ.

Ἔξω πόρσω βαίνετε χώρας.

ΟΙΔΙΠΟΥΣ.

Ἃ δ᾽ ὑπέσχεο, ποῖ καταθήσεις [2];

ΧΟΡΟΣ.

Οὐδενὶ [3] μοιριδία τίσις ἔρχεται,
ὧν προπάθῃ, τὸ τίνειν · 220
ἀπάτα δ᾽ ἀπάταις [4] ἑτέραις ἑτέρα
παραβαλλομένα
πόνον, οὐ χάριν, ἀντιδίδωσιν ἔχειν.

ΟΙΔ.—Δύσμορος !

ΧΟΡ.—Ὦ, ὤ !

ΟΙΔ.—Θύγατερ,
τί ποτε κύρσει [1] αὐτίκα ;

ΧΟΡ.—Βαίνετε πόρσω
ἔξω χώρας.

ΟΙΔ.—Ἃ δὲ ὑπέσχεο,
ποῖ καταθήσεις [2];

ŒD.—Infortuné *que je suis* !

LE CH.—Oh, oh !

ŒD.—Fille,
quoi donc arrivera présentement ?

LE CH.—Marchez en-avant
hors-de *cette* contrée.

ŒD.—Et les-*choses*-que *tu* promis,
où déposeras-*tu elles* (comment t'en ac-

---

1. Τί ποτε κύρσει ; Question suggérée non-seulement par les cris du Chœur, mais sans doute aussi par quelque mouvement qu'entend OEdipe et qui l'inquiète.

2. Ποῖ καταθήσεις ; *où les déposeras-tu ?* c'est-à-dire *comment t'en acquitteras-tu ?* Métaphore. Au propre, κατατιθέναι signifie « *déposer l'argent nécessaire pour s'acquitter,* » et, par suite, *s'acquitter, payer.* Aristoph., *Nuées,* 242 : Μισθὸν δ᾽, ὄντιν᾽ ἂν πράττῃ μ᾽, ὀμοῦμαί σοι καταθήσειν.

3. Οὐδενί, etc. On construit d'ordinaire ainsi : *à nul n'advient nulle vengeance fatale* (μοιριδία) *pour se venger* (τίνειν, pour κατὰ τὸ τίνειν, *en ce qui est du se venger*) *à propos des maux que* (ὧν,

OEDIPE.

Infortuné que je suis !

LE CHOEUR.

O abomination !

OEDIPE.

Ma fille, que va-t-il advenir de nous ?

LE CHOEUR.

Sortez, fuyez loin de ces lieux.

OEDIPE.

Et tes promesses, que deviendront-elles ?

LE CHOEUR.

Jamais les dieux n'ont puni l'homme qui rend le mal pour
le mal, et le trompeur, trompé à son tour, ne récolte pour

XOP.—Οὐδενὶ ³ ἔρχεται
τίσις μοιριδία,
τὸ τίνειν
ὧν προπάθῃ ·
ἑτέρα δὲ ἀπάτα
παραβαλλομένα ἑτέραις ἀπά-
ἀντιδίδωσιν   [ταις ⁴
ἔχειν πόνον, οὐ χάριν.

LE CH.—A-nul n'advient[quitteras-tu)?
comme cause de punition fatale
le punir   [tes-avant ;
à propos des choses qu'il aura-souffer-
et autre tromperie
opposée à-autres tromperies
donne-en-échange *au premier trompeur*
d'avoir peine et non faveur.

---

pour τούτων ἅ) *l'on a le premier souffert.* Nous construirons plutôt :
*à nul n'advient comme motif de vengeance de la part des dieux l'acte
de se venger à propos de*, etc.

4. Ἀπάτα δ' ἀπάταις, etc. *Autre tromperie, opposée* (à titre de
représailles) *à autre tromperie, apporte en rétribution le avoir*, etc.
*C'est-à-dire tout imposteur, justement trompé à son tour, tire de
son imposture*, etc. Sous ces maximes générales, le Chœur veut excu-
ser son manque de foi. Il se regarde, d'ailleurs, comme trompé par
Œdipe, qui, avant de lui arracher la promesse qu'il serait inviolable,
ne s'est pas fait connaître pour un être impur, au dangereux contact.

Σὺ δὲ, τῶνδ' ἑδράνων

πάλιν ἔκτοπος, αὖθις ἄφορμος ἐμᾶς 225

χθονὸς ἔκθορε, μή τι πέρα [1] χρέος [2]

ἐμᾷ πόλει προσάψῃς.

ΑΝΤΙΓΟΝΗ.

Ὦ ξένοι αἰδόφρονες [3], ἀλλ' ἐπεὶ

γεραὸν πατέρα τόνδ' ἐμὸν

οὐκ ἀνέτλατ', ἔργων 230

ἀκόντων [4] ἀΐοντες αὐδὰν,

ἀλλ' ἐμὲ τὰν μελέαν, ἱκετεύομεν,

ὦ ξένοι, οἰκτείραθ', ἃ πατρὸς ὕπερ

τοῦ μόνου [5] ἄντομαι, ἄντομαι, οὐκ ἀλα-

οῖς προσορωμένα ὄμμα σὸν [6] ὄμμασιν, 235

ὡς τις ἀφ' αἵματος

ὑμετέρου προφανεῖσα [7], τὸν ἄθλιον

αἰδοῦς [8] κῦρσαι. Ἐν ὑμῖν, ὡς θεῷ,

Σὺ δὲ,

ἔκτοπος πάλιν τῶνδε ἑδράνων,

ἔκθορε αὖθις

ἄφορμος ἐμᾶς χθονὸς,

μὴ προσάψῃς ἐμᾷ πόλει

τὶ χρέος [2] πέρα [1].

ΑΝΤΙΓ. — Ὦ ξένοι

αἰδόφρονες [3],

ἀλλὰ, ἐπεὶ οὐκ ἀνέτλατε

τόνδε γεραὸν πατέρα ἐμὸν,

ἀΐοντες αὐδὰν ἔργων ἀκόντων,

Or toi,

déplacé de-nouveau de-ces siéges,

aie-bondi (élance-toi) de-nouveau

lancé-hors-de ma terre,

*de peur que-tu-*n'aies-ajouté à-ma cité

quelque embarras en-sus.

ANTIG. — O étrangers

à-sentiments-compatissants,

mais, puisque *vous* ne supportâtes *pas*

ce vieux père mien,

entendant *un* récit d'-actes involontaires,

---

1. Πέρα. *En sus* des ennuis déjà causés par la profanation involontaire qu'a commise Œdipe en pénétrant dans le bois des Euménides.

2. Χρέος, *affaire*; au sens de *tracas, ennuis, embarras*.

3. Αἰδόφρονες, *compatissants.* Thucydide (II, 37) désigne aussi l'autel de la *Pitié* par Αἰδοῦς βωμός.

4. Ἀκόντων. Pour ἀκουσίων. — En prose ἄκων et ἑκών ne se disent
que des personnes. En vers, ils se disent souvent des choses : c'est

toute faveur que des peines. Misérable, quitte ce séjour et retourne sur tes pas : fuis, fuis loin de ma terre ; ne va pas susciter encore à ma patrie quelque embarras nouveau.

ANTIGONE.

Étrangers, généreux étrangers, si vous n'avez pu supporter mon vieux père dans le récit de ses crimes involontaires, du moins, nous vous en conjurons, prenez pitié de sa malheureuse fille. C'est pour lui, c'est au nom de son isolement, que je vous adresse mes prières et mes supplications. Si j'ose, non aveugle, lever mes yeux sur les vôtres, comme le pourrait faire une vierge issue de votre propre sang, c'est pour assurer votre compassion à ses misères. Vous êtes pour nous des dieux : en vos mains est notre triste sort. Ah ! laissez-vous fléchir, accordez-

————o—◇— -o—

ἀλλὰ ἱκετεύομεν,	mais (du moins) *nous vous* supplions,
ὦ ξένοι,	ô étrangers,
οἰκτείρατε ἐμὲ τὰν μελέαν,	ayez-pris-en-pitié moi l'infortunée,
ἃ ἄντομαι,	laquelle implore,
ἄντομαι ὑπὲρ πατρὸς τοῦ μό-	implore pour *mon* père l'isolé, [face)
προσορωμένα σὸν[6] ὄμμα[νου[5],	regardant-vers ton œil (vous regardant en
ὄμμασιν οὐκ ἀλαοῖς,	avec-yeux non aveugles,
ὥς τις [ματος,	comme *ferait* une *jeune fille*
προφανεῖσα[7] ἀπὸ ὑμετέρου αἵ-	vue (produite) de votre sang, [pitié.
τὸν ἄθλιον κῦρσαι αἰδοῦς[8].	*pour obtenir* le malheureux avoir-trouvé
Ἐν ὑμῖν, ὡς θεῷ,	En vous, comme *en un dieu*,

comme une personnification de l'acte même, et la poésie gagne toujours à ces hardiesses.

5. Μόνου. Au sens de μονωθέντος, *isolé*.

6. Προσορωμένα ὄμμα σόν, etc. Antigone, dans l'ardeur de sa prière, attache ses regards sur le Chœur ; or la bienséance défendait aux jeunes grecques de regarder ainsi d'autres hommes que leurs parents.

7. Προφανεῖσα. Équivaut à οὖσα.

8. Αἰδοῦς. Au sens de *Pitié*, comme ci-dessus (v. 228).

κείμεθα [1] τλάμονες. Ἀλλ᾽ ἴτε, νεύσατε

τὰν ἀδόκητον [2] χάριν,   240

πρός σ᾽ ὅ τι σοι φίλον ἐκ σέθεν, ἄντομαι [3],

ἢ τέκνον, ἢ λόγος [4], ἢ χρέος [5], ἢ θεός.

Οὐ γὰρ ἴδοις ἂν ἀθρῶν βροτὸν ὅστις ἂν,

εἰ θεὸς ἄγοι [6], ἐκφυγεῖν δύναιτο.

ΧΟΡΟΣ.

Ἀλλ᾽ ἴσθι, τέκνον Οἰδίπου, σέ τ᾽ ἐξ ἴσου   245

οἰκτείρομεν καὶ τόνδε, συμφορᾶς χάριν·

τὰ δ᾽ ἐκ θεῶν τρέμοντες, οὐ σθένοιμεν ἂν

φωνεῖν πέρα τῶν [7] πρὸς σὲ νῦν εἰρημένων.

ΟΙΔΙΠΟΥΣ.

Τί δῆτα δόξης, ἢ τί κληδόνος [8] καλῆς

μάτην ῥεούσης ὠφέλημα γίγνεται;   250

———o—◇—o———

τλάμονες κείμεθα [1].	infortunés *nous* reposons.
Ἀλλὰ ἴτε,	Mais allez (allons !),
νεύσατε τὰν ἀδόκητον [2] χάριν,	ayez-accordé l'inattendue faveur,
ἄντομαί [3] σε	j'implore toi, *ô chœur*,
πρὸς ὅ-τι ἐκ σέθεν φίλον σοι,	par *ce* qui de toi *est* cher à-toi,
ἢ τέκνον, ἢ λόγος [4],	ou enfant, ou parole,
ἢ χρέος [5], ἢ θεός.	ou chose (richessse), ou dieu.
Ἀθρῶν γὰρ,	Examinant en-effet,
οὐκ ἂν-ἴδοις βροτὸν	point-n'eusses-*tu*-vu *un seul* mortel
ὅστις, εἰ θεὸς ἄγοι [6],	qui, si *un* dieu poussait *lui*,
ἂν-δύναιτο ἐκφυγεῖν.	pût avoir-échappé.
XOP.—Ἀλλὰ ἴσθι,	LE CH.—Mais sache-*le*,

---

1. Ἐν ὑμῖν κείμεθα. *OEdipe-Roi*, 303 : Ἐν σοὶ γάρ ἐσμεν.

2. Ἀδόκητον. On vient de voir, en effet, que le Chœur accusait OEdipe d'avoir surpris sa promesse par une imposture : après cela, quelle faveur attendre du Chœur?

3. Πρός σ᾽ ὅ τι σοι... ἄντομαι. Construisez : ἄντομαί σε πρὸς (τούτου) ὅ τι σοι, etc. En latin, comme en grec, les formules d'obsécration admettent volontiers les inversions les plus hardies. Virgile, *Én.*, IV, 314 : *Per ego has lacrimas*, etc.

4. Λόγος. La *parole* émanée du Chœur; ses *promesses*.

nous une grâce inespérée, je vous le demande par tout ce que vous avez de cher, par vos enfants, vos promesses, vos biens, vos dieux! En quelque endroit que vous tourniez vos regards, où trouver un mortel qui pût résister, quand la divinité l'entraîne.

LE CHOEUR.

Sache-le bien, fille d'OEdipe, tes souffrances et les siennes nous touchent également; mais, tremblants à l'idée de la vengeance divine, nous ne saurions revenir sur notre première sentence.

OEDIPE.

A quoi bon la renommée, à quoi bon la gloire la plus éclatante, si cet éclat n'est suivi d'aucun effet? Athènes, dit-on, est la

———o—◇—o———

τέχνον Οἰδίπου,	enfant d'-OEdipe,
οἰκτείρομεν ἐξ ἴσου	*nous* prenons–en pitié d'égale *façon*
σέ τε καὶ τόνδε,	et toi et celui–ci,
χάριν συμφορᾶς ·	*en* faveur de-*votre*-malheur ; [dieux,
τρέμοντες δὲ τὰ ἐκ θεῶν,	mais, redoutant les *peines* de-par *les*
οὐ σθένοιμεν–ἂν φωνεῖν	point–ne pourrions-*nous* parler
πέρα τῶν⁷ εἰρημένων νῦν	au-delà des *choses* dites maintenant
πρὸς σέ.	à toi.
ΟΙΔ.—Τί γίγνεται δῆτα	œD.—Quelle devient donc
ὠφέλημα δόξης,	*l'*utilité d'-*une*-gloire,
ἢ τί κληδόνος⁸ καλῆς	ou quelle *celle* d'-*une*-renommée belle
ῥεούσης μάτην ;	coulant en-vain ?

5. Χρέος. Au sens de χρήματα, *biens, richesses.*

6. Ὅστις ἂν, εἰ θεὸς ἄγοι, etc. C'est essentiellement le cas d'OEdipe : il n'a pas même eu conscience des crimes où l'entraînait son destin ; il n'a donc pu les éviter.

7. Οὐ σθένοιμεν ἂν φωνεῖν πέρα τῶν, etc. *Nous ne pourrions parler en sus des choses,* etc.; c'est-à-dire *nous ne pouvons que nous en tenir aux choses,* etc.

8. Δόξης, κληδόνος. La glorieuse réputation dont jouit Athènes, d'être toujours prête à secourir les infortunés.

εἰ τάς γ᾽ Ἀθήνας φασὶ θεοσεβεστάτας
εἶναι, μόνας [1] δὲ τὸν κακούμενον ξένον
σώζειν οἴαστε, καὶ μόνας ἀρκεῖν ἔχειν ·
κἄμοιγε ποῦ ταῦτ᾽ ἐστὶν, οἵτινες [2], βάθρων
ἐκ τῶνδέ μ᾽ ἐξάραντες, εἶτ᾽ ἐλαύνετε,   255
ὄνομα μόνον δείσαντες; Οὐ γὰρ δὴ τό γε [3]
σῶμ᾽ οὐδὲ τἄργα τἄμ᾽ · ἐπεὶ τά γ᾽ ἔργα μου
πεπονθότ᾽ ἐστὶ μᾶλλον ἢ δεδρακότα [4],
εἴ σοι τὰ μητρὸς καὶ πατρὸς [5] χρείη λέγειν,
ὧν οὕνεχ᾽ ἐκφοβεῖ [6] με · τοῦτ᾽ ἐγὼ καλῶς   260
ἔξοιδα. Καίτοι πῶς ἐγὼ κακὸς φύσιν,
ὅστις, παθὼν μὲν, ἀντέδρων [7], ὥστ᾽, εἰ φρονῶν

—o—◇—o—

εἴ φασι	si *ils* disent (puisque l'on dit)
τὰς Ἀθήνας γε	la *ville d'*Athènes du-moins
εἶναι θεοσεβεστάτας,	être très-pieuse-envers-*les*-dieux,
μόνας [1] δὲ οἴας-τε σώζειν	et seule telle-aussi-que *de* sauver
τὸν ξένον κακούμενον,	l'étranger étant-maltraité,
καὶ μόνας ἔχειν ἀρκεῖν ·	et seule avoir *à* (pouvoir) secourir;
καὶ ποῦ ἔστι ταῦτα ἔμοιγε,	et où sont ces *choses* pour-moi-donc,
οἵτινες [2],	*de la part de vous* qui,
ἐξάραντές με ἐκ τῶνδε βάθρων,	ayant-levé moi de ces siéges,
εἶτα ἐλαύνετε,	ensuite chassez *moi*,
δείσαντες ὄνομα μόνον;	ayant-redouté *mon* nom seul?
Οὐ γὰρ δὴ	Point-ne *chassez-vous* en-effet donc *moi*
τὸ σῶμά γε [3],	*craignant* le *mien* corps du-moins,
οὐδὲ τὰ ἔργα τὰ ἐμά ·	ni les actes les *étant* miens,

---

1. Μόνας. —Μόνος n'est souvent qu'une exagération poétique ou oratoire, pour mieux exprimer une supériorité marquée. Les Latins emploient de même *unus* et *unice*, et notre langue ne se refuse pas toujours à cette hardiesse.

2. Οἵτινες. Se rattache à ce qui précède par une ellipse : καὶ ἔμοιγε ποῦ ταῦτ᾽ ἐστὶ (παρ᾽ ὑμῶν), οἵτινες.

3. Οὐ γὰρ δὴ τό γε. Explicitement : οὐ γὰρ δὴ ἐλαύνετέ με, δείσαντες τό γε, etc.

4. Πεπονθότα μᾶλλον ἢ δεδρακότα. Ces *actions plutôt passives*

plus pieuse des cités : seule, elle sait sauver l'étranger qui l'implore ; seule, elle sait subvenir à la misère. Pour moi, je me demande où sont ces vertus. Quoi ! vous m'avez tiré de cet asile, et c'est pour me chasser ! et cela, par la seule crainte de mon nom ! Car, ce qui vous effraye, ce n'est certes point ce corps, ce ne sont point mes actes. Mes actes ! j'en suis moins l'auteur que la victime, s'il fallait parler ici de cette mère, de ce père, dont le sort, je ne le sais que trop, vous inspire pour moi tant d'horreur. Et quelle perversité peut-on reprocher à mon cœur ?

———o—◇—o———

ἐπεὶ τὰ ἔργα γέ μου	vu-que les actes donc de-moi
ἐστὶ πεπονθότα	sont ayant-souffert (passifs)
μᾶλλον ἢ δεδρακότα [4],	plus que ayant-agi (actifs),
εἰ χρείη λέγειν σοι	si faudrait (s'il fallait) dire à-toi
τὰ μητρὸς	les *choses* de (concernant)—*ma*-mère
καὶ πατρὸς [5],	et de (concernant)—*mon*-père;
οὕνεκα ὧν ἐκφοβεῖ [6] με ·	pour lesquelles *tu* crains moi ;
ἐγὼ ἔξοιδα καλῶς τοῦτο.	je sais bien ceci.
Καίτοι,	Et-certes,
πῶς ἐγὼ κακὸς φύσιν,	comment *suis*-je méchant *en ma* nature,
ὅστις, παθὼν μὲν,	*moi* qui, ayant-souffert d'-une-part,
ἀντέδρων[7],	agissais-en-retour,
ὥστε,	en-sorte-que, [ment),
εἰ ἔπρασσον φρονῶν,	si *j'*agissais sachant (eussé-je agi sciem-

---

qu'actives rappellent les ἔργα ἄκοντα du vers 231 et donnent lieu à la même remarque : voyez la note.

5. Τὰ μητρὸς καὶ πατρός. Non pas les actions du père et de la mère d'OEdipe, mais les actions d'OEdipe relativement à sa mère et à son père, le mariage avec l'une et le meurtre de l'autre.

6. Ἐκφοβεῖ. Seconde personne attique, pour ἐκφοβῇ.

7. Ὅστις, παθὼν μὲν, ἀντέδρων. OEdipe fut provoqué par son père au combat qui le rendit parricide sans qu'il le sût. (Voyez *OEdipe-Roi*, à partir du vers 785.)

ἔπρασσον, οὐδ' ἂν ὧδ' ἐγιγνόμην κακός;
Νῦν δ' οὐδὲν εἰδὼς ἱκόμην ἵν' ἱκόμην ·
ὑφ' ὧν δ' ἔπασχον, εἰδότων [1] ἀπωλλύμην.   265
Ἀνθ' ὧν ἱκνοῦμαι πρὸς θεῶν ὑμᾶς, ξένοι,
ὥσπερ με κἀνεστήσαθ' [2], ὧδε σώσατε,
καὶ μὴ, θεοὺς τιμῶντες, εἶτα τοὺς θεοὺς
μοίρας ποιεῖσθε μηδαμῶς [3] · ἡγεῖσθε δὲ
βλέπειν μὲν αὐτοὺς πρὸς τὸν εὐσεβῆ βροτῶν,   270
βλέπειν δὲ πρὸς τοὺς δυσσεβεῖς, φυγὴν δέ του [4]
μήπω γενέσθαι φωτὸς ἀνοσίου βροτῶν.
Ξὺν οἷς [5] σὺ μὴ κάλυπτε [6] τὰς εὐδαίμονας
ἔργοις Ἀθήνας ἀνοσίοις ὑπηρετῶν.

οὐδὲ ὧδε ἂν-ἐγιγνόμην κακός;	pas-même ainsi *ne* devenais-*je* méchant?
Νῦν δὲ	Maintenant d'-autre-part
ἱκόμην ἵνα ἱκόμην	*je en* vins où *je en* vins
εἰδὼς οὐδέν ·	*ne* sachant rien;
ὑπὸ δὲ ὧν ἔπασχον,	mais, par lesquels *je* souffrais,
ἀπωλλύμην εἰδότων [1].	*je* périssais *par eux le* sachant.
Ἀντι ὧν, ξένοι,	A-cause-de lesquelles *choses*, étrangers,
ἱκνοῦμαι ὑμᾶς πρὸς θεῶν,	*j'*implore vous par *les* dieux,
ὥσπερ καὶ ἀνεστήσατέ [2] με,	comme-donc aussi *vous* relevâtes moi,
ὧδε σώσατε,	ainsi ayez-sauvé *moi*,
καὶ, τιμῶντες θεοὺς,	et, honorant (vous qui honorez) *les* dieux,
εἶτα	ensuite [destin (n'annulez point)
μὴ ποιεῖσθε μηδαμῶς [3] μοίρας	ne faites *pas* de-façon-nulle *en fait de-*

---

1. **Εἰδότων.** Entendez comme s'il y avait ὑπὸ τούτων εἰδότων. Laïus
et Jocaste avaient volontairement ordonné qu'on fît périr OEdipe, ce
qui amena tous ses maux : son abandon, son éducation à l'étranger,
son ignorance relativement à ses véritables parents, ses deux crimes
involontaires.

2. **Κἀνεστήσατε.** Le Chœur *avait relevé* OEdipe suppliant, en ce
sens qu'il avait relevé son moral, qu'il l'avait encouragé par une promesse d'inviolabilité (v. 169). Voyez le développement de ce sens au
v. 275.

Attaqué, je me suis vengé. J'eusse agi sciemment, que j'étais encore pur de tout crime ; mais ce que j'ai fait, je l'ai fait sans le savoir. Au contraire, ils avaient conscience de leur cruauté, ceux qui me voulaient perdre ! — Je vous en conjure donc au nom des dieux, ô étrangers, s'il est vrai que vous ayez relevé mon espoir, achevez de me sauver, et ne tombez point, à force de respect pour les dieux, dans le plus souverain mépris de leur divinité. Songez qu'ils voient et les cœurs pieux et les âmes impies, et que jamais criminel n'échappa à leur justice. Fidèles à leurs lois, ne ternissez pas par des actes coupables la gloire de l'heureuse Athènes. Vous avez accueilli par de solennelles pro-

τοὺς θεούς ·	les (ces mêmes) dieux ;
ἡγεῖσθε δὲ	mais pensez
αὐτοὺς βλέπειν μὲν	eux regarder d'-une-part
πρὸς τόν εὐσεβῆ βροτῶν,	vers le pieux d'-*entre—les*-mortels,
βλέπειν δὲ	regarder d'-autre-part
πρὸς τοὺς δυσσεβεῖς,	vers les impies,
φυγὴν δὲ μήπω γενέσθαι	et fuite pas-encore *n*'avoir-eu-lieu
του [4] φωτὸς ἀνοσίου	de-quelque mortel impie
βροτῶν.	d'-*entre-les*-mortels.
Ξὺν οἷς [5]	Avec lesquels *dieux*
σὺ μὴ κάλυπτε [6]	toi ne couvre *point* (ne ternis point)
τὰς εὐδαίμονας Ἀθήνας,	la fortunée Athènes,
ὑπηρετῶν ἔργοις ἀνοσίοις.	*te-prêtant-à des* actes impies.

---

3. Μὴ τοὺς θεοὺς μοίρας ποιεῖσθε μηδαμῶς. Ce serait *faire* (en sa pensée) *les dieux nuls* en *fait de destin*, c'est-à-dire *les annuler*, *n*'en *tenir aucun compte*, que de violer une promesse qui, comme tout serment, a eu pour garants nécessaires les dieux, les dieux *memores fandi atque nefandi*, comme dit aussi Virgile (*Én.*, I, 543).

4. Του. Attique, pour τινος.

5. Ξὺν οἷς, *avec lesquels*, c'est-à-dire *en te conformant aux volontés desquels*.

6. Κάλυπτε. Au sens d'*obscurcir*, *ternir l'éclat de*.

Ἀλλ', ὥσπερ ἔλαβες τὸν ἱκέτην ἐχέγγυον[1],   275
ῥύου με κἀκφύλασσε, μηδέ μου κάρα
τὸ δυσπρόσωπον[2] εἰσορῶν ἀτιμάσῃς·
ἥκω γὰρ ἱερὸς, εὐσεβής τε, καὶ φέρων
ὄνησιν ἀστοῖς τοῖσδ'. Ὅταν δὲ κύριος[3]
παρῇ τις, ὑμῶν ὅστις ἐστὶν ἡγεμὼν,   280
τότ' εἰσακούων πάντ' ἐπιστήσει[4]· τὰ δὲ
μεταξὺ τούτου, μηδαμῶς γίγνου κακός.

ΧΟΡΟΣ.

Ταρβεῖν μὲν, ὦ γεραιὲ, τἀνθυμήματα
πολλή 'στ' ἀνάγκη τἀπὸ σοῦ[5]· λόγοισι γὰρ
οὐκ ὠνόμασται βραχέσι[6]· τοὺς δὲ τῆσδε γῆς   285
ἄνακτας[7] ἀρκεῖ ταῦτά μοι διειδέναι.

ΟΙΔΙΠΟΥΣ.

Καὶ ποῦ 'σθ' ὁ κραίνων τῆσδε τῆς χώρας, ξένοι;

Ἀλλὰ,	Mais,
ὥσπερ ἔλαβες τὸν ἱκέτην ἐχέγγυον[1],	comme-donc *tu* reçus le suppliant ayant-*la*-garantie,
ῥύου καὶ ἐκφύλασσέ με,	sauve et garde-jusqu'-au-bout moi.
μηδὲ ἀτιμάσῃς	et-point-n'aie-traité-sans-égards
εἰσορῶν	*en* regardant-vers
τὸ κάρα δυσπρόσωπόν[2] μου·	la tête à-triste-mine de-moi;
ἥκω γὰρ ἱερὸς, εὐσεβής τε,	*je* viens en-effet sacré, et pieux,
καὶ φέρων ὄνησιν τοῖσδε ἀσ-	et portant profit pour-ces citoyens.
Ὅταν δὲ παρῇ [τοῖς.	Quand d'-autre-part sera-présent
τις κύριος[3],	quelque principal *intéressé*,
ὅστις ἐστὶν ἡγεμὼν ὑμῶν,	lequel est chef de-vous,
τότε εἰσακούων	alors entendant

---

1. Ἐχέγγυον. En général, ἐχέγγυος se dit de *celui qui garantit*. Ici il désigne *celui qui a la garantie* d'un autre, et λαμβάνειν ἐχέγγυον signifie *prendre sous sa garantie, garantir l'inviolabilité de*.

2. Δυσπρόσωπον. Allusion aux hideuses blessures de ses yeux.

3. Κύριος. Non pas ici *maître, souverain*, mais *principal intéressé*. Comparez v. 1634.

4. Ἐπιστήσει. Seconde personne attique, pour ἐπιστήσῃ.

messes l'étranger suppliant : protégez-le, délivrez-le, et n'insul-
tez pas à cette tête qui s'offre mutilée à vos regards. Je viens à
vous, hôte sacré, inviolable, et j'apporte une précieuse faveur
aux habitants de cette contrée. Dès qu'aura paru celui qu'intéressent surtout mes révélations, le souverain qui règne sur vous,
aussitôt vous entendrez tout, vous saurez tout. Jusque-là, trève
à toute violence !

LE CHOEUR.

Respecter tes désirs, vieillard, devient une loi, dès qu'ils s'é-
noncent en termes si graves. Que d'ailleurs le chef de cette
terre sache et apprécie, il me suffit.

OEDIPE.

Et le chef de cette terre, étrangers, où réside-t-il ?

— o — ◇ — o —

ἐπιστήσει [4] πάντα ·	tu sauras toutes *choses* ; [valle de-ceci,
τὰ δὲ μεταξὺ τούτου,	*en* les *temps* d'-autre-part dans-l'-inter-
μηδαμῶς γίγνου κακός.	nullement *ne* deviens méchant.
ΧΟΡ.—Ὦ γεραιὲ,	LE CH.—O vieillard,
πολλὴ ἀνάγκη ἐστὶ	abondante nécessité est
ταρβεῖν μὲν τὰ ἐνθυμήματα	de vénérer d'-une-part les pensées
τὰ ἀπὸ σοῦ [5] ·	les *venant* de toi ; [effet
ὠνόμασται γὰρ	*elles* ont-été-nommées (énoncées) en-
λόγοισιν οὐ βραχέσιν [6] ·	en-paroles non petites (non de peu de
ἀρκεῖ δέ μοι	*il* suffit d'-autre-part à-moi [poids);
τοὺς ἄνακτας [7] τῆσδε γῆς	les princes de-cette terre
εἰδέναι ταῦτα.	savoir-à-fond ces *choses*.
ΟΙΔ.—Καὶ, ξένοι,	ŒD.—Et, étrangers,
ποῦ ἔστιν ὁ κραίνων τῆσδε γῆς;	où est le roi de-cette terre ?

---

5. Ταρβεῖν τἀνθυμήματα τἀπὸ σοῦ, *respecter tes pensées, tes
désirs.*

6. Λόγοισι γὰρ οὐκ ὠνόμασται βραχέσι. Le Chœur ne veut pas dire
que le discours d'OEdipe ait été long, mais bien que l'expression de
sa pensée a été *grave*, de nature à commander le respect.

7. Ἄνακτας. Pluriel poétique : Athènes n'a qu'un chef, Thésée, et
le Chœur n'a que lui en vue.

ΧΟΡΟΣ.

Πατρῷον [1] ἄστυ γῆς ἔχει [2] · σκοπὸς [3] δέ νιν,
ὃς κἀμὲ δεῦρ᾽ ἔπεμψεν, οἴχεται [4] στελῶν.

ΟΙΔΙΠΟΥΣ.

Ἦ καὶ δοκεῖτε τοῦ τυφλοῦ τιν᾽ ἐντροπὴν   290
ἢ φροντίδ᾽ ἕξειν, ἐμπόνως τ᾽ ἐλθεῖν [5] πέλας ;

ΧΟΡΟΣ.

Καὶ κάρθ᾽, ὅταν περ τοὔνομ᾽ αἴσθηται τὸ σόν.

ΟΙΔΙΠΟΥΣ.

Τίς δ᾽ ἔσθ᾽ ὁ κείνῳ τοῦτο τοὔπος [6] ἀγγελῶν ;

ΧΟΡΟΣ.

Μακρὰ κέλευθος [7] · πολλὰ δ᾽ ἐμπόρων ἔπη
φιλεῖ [8] πλανᾶσθαι [9], τῶν [10] ἐκεῖνος ἀίων   295

------o—◇—o------

ΧΟΡ.—Ἔχει [2]	LE CH.—Il a (il habite)
ἄστυ πατρῷον [1] γῆς ·	*la* ville de-*ses*-pères de-*cette*-terre ;
σκοπὸς [3] δὲ,	mais *l*'éclaireur,
ὃς ἔπεμψε καὶ ἐμὲ δεῦρο,	lequel envoya aussi moi ici,
οἴχεται [4] στελῶν νιν.	part (est parti) devant-faire-venir *lui*.
ΟΙΔ.—Ἦ καὶ δοκεῖτε	ŒD.—Est-ce-qu'aussi *vous* pensez
ἕξειν τινὰ ἐντροπὴν	*lui* devoir-avoir quelque égard
ἢ φροντίδα	ou *quelque* souci
τοῦ τυφλοῦ,	de-l'aveugle, [la peine de venir) près ?
ἐλθεῖν [5] τε ἐμπόνως πέλας ;	et être-venu avec-peine (devoir prendre

----

1. Πατρῷον. Athènes est la ville *des pères* de Thésée : ils y ont ré_
gné avant lui.

2: Ἔχει. C'est le *habere* latin, au sens du fréquentatif *habitare*.

3. Σκοπός. Le même ξένος qui a d'abord causé avec Œdipe, et qui,
après avoir fait fonction d'*éclaireur*, s'est chargé du rôle de *messager*.

4. Οἴχεται, *est parti*. Le présent de ce verbe, ainsi que celui d'ἥ-
κω, emporte assez généralement l'idée d'un fait accompli.

5. Ἐλθεῖν. Plus vif, pour le futur ἐλεύσεσθαι.

6: Τοῦτο τοὔπος. Le nom d'Œdipe.

7. Μακρὰ κέλευθος. Colone était à 10 stades (environ 2 kilomètres)
d'Athènes.

8. Φιλεῖ. De l'idée d'*aimer* à faire une chose à l'idée de la faire

LE CHOEUR.

Il habite la capitale, la ville de ses pères. Du reste, le même messager qui m'a fait venir ici l'est allé quérir.

OEDIPE.

Pensez-vous donc qu'il ait pour un aveugle le moindre égard, le moindre souci, ou qu'il prenne la peine de le venir trouver?

LE CHOEUR.

Sans aucun doute, dès qu'il saura ton nom.

OEDIPE.

Mais ce nom, qui le lui annoncera?

LE CHOEUR.

Longue est la distance, il est vrai ; mais les propos des passants circulent vite, et aussitôt qu'ils seront parvenus jusqu'à

XOP.—Καὶ κάρτα, ὅταν περ αἴσθηται τὸ ὄνομα τὸ σόν.

LE CH.—Et *cela* tout-à-fait, quand donc *il* aura-perçu (entendu) le nom le *étant* tien.

ΟΙΔ.—Τίς δέ ἐστιν ὁ ἀγγελῶν κείνῳ τοῦτο-τὸ ἔπος[6] ;

ŒD.—Qui d'-autre-part est le devant-annoncer à-celui-là cette parole (ce nom)?

XOP.—Μακρὰ κέλευθος[7]· πολλὰ δὲ ἔπη ἐμπόρων φιλεῖ[8] πλανᾶσθαι[9], τῶν[10] ἀΐων ἐκεῖνος παρέσται,

LE CH.—Longue *est la* route ; mais maints dires de-voyageurs aiment *à* errer (à circuler), lesquels entendant celui-là sera-là,

---

volontiers, et, par conséquent, d'*être dans l'usage de* la faire, la transition est si naturelle, que les Grecs employaient souvent φιλεῖν dans le sens d'εἰωθέναι. Même construction d'*amare*, quoique plus rare, en latin. Horace, *Odes*, III, 11, 9 : *Aurum per medios ire Satellites, Et perrumpere* amat *saxa.*

9. Πολλὰ δὲ... φιλεῖ πλανᾶσθαι. Pour comprendre cette réponse, et même la question qui l'amène, n'oubliez pas que le σκοπὸς du v. 288 ignorait le nom d'Œdipe ; qu'il n'a pu, dès lors, annoncer à Thésée que la présence d'un suppliant. Le Chœur ajoute donc ici avec raison que, si cette circonstance ne suffisait pas pour attirer Thésée, le nom d'Œdipe, bientôt porté à ses oreilles par quelqu'un des passants qui viennent assurément de l'entendre, ne manquera pas de le décider.

10. Τῶν. Poétique, pour ὧν.

(θάρσει) παρέσται. Πολὺ[1] γὰρ, ὦ γέρον, τὸ σὸν
ὄνομα διήκει[2] πάντας, ὥστε, κεῖ βραδὺς
εὕδει, κλύων σου δεῦρ’ ἀφίξεται ταχύς.

ΟΙΔΙΠΟΥΣ.

’λλ’ εὐτυχὴς ἵκοιτο τῇ θ’ αὑτοῦ πόλει
ἐμοί τε ! Τίς γὰρ ἐσθλὸς οὐχ αὑτῷ φίλος;   3oo

ΑΝΤΙΓΟΝΗ.

Ὦ Ζεῦ ! τί λέξω; ποῖ φρενῶν ἔλθω, πάτερ;

ΟΙΔΙΠΟΥΣ.

Τί δ’ ἔστι, τέκνον ’Αντιγόνη;

ΑΝΤΙΓΟΝΗ.

Γυναῖχ’ ὁρῶ
στείχουσαν ἡμῶν ἆσσον, Αἰτναίας[3] ἐπὶ
πώλου βεβῶσαν· κρατὶ δ’ ἡλιοστερὴς
κυνῆ πρόσωπα Θεσσαλίς[4] νιν ἀμπέχει.   3o5
Τί φῶ;
Ἆρ’ ἐστίν; ἆρ’ οὐκ ἔστιν; ἢ γνώμη πλανᾷ;

θάρσει.	aie-confiance. [vieillard,
Πολὺ[1] γὰρ, ὦ γέρον,	Nombreux (souvent répété) en-effet, ô
τὸ σὸν ὄνομα διήκει[2] πάντας·	le tien nom vient (est venu)-parmi tous;
ὥστε, κλύων σου,	en-sorte-que, entendant-*parler* de-toi,
καὶ εἰ εὕδει βραδὺς,	même si *il* dort nonchalant,
ταχὺς ἀφίξεται δεῦρο.	rapide *il* arrivera ici.
ΟΙΔ.—’Αλλὰ	ŒD.—Mais [fortune
ἵκοιτο εὐτυχὴς	fût-*il*-venu (puisse-t-il venir) à-bonne-
τῇ τε πόλει αὑτοῦ ἐμοί τε !	et à-la cité de-soi-même et à-moi !
Τίς ἐσθλὸς γὰρ	Quel *mortel* vertueux en-effet
οὐ φίλος αὑτῷ;	n’est ami à-soi-même ?
ΑΝΤΙΓ.—Ὦ Ζεῦ !	ANTIG.—O Jupiter !

---

1. Πολύ, *nombreux*, c’est-à-dire *souvent dit et redit*.
2. Διήκει. Voyez la note sur l’οἴχεται du v. 289.
3. Αἰτναίας. Épithète d’ornement : les chevaux de la Sicile étaient
particulièrement estimés.

lui, il arrivera, sois-en sûr. Ton nom, ô vieillard, a si souvent retenti partout, que Thésée, fût-il plongé dans les torpeurs du sommeil, ne l'entendra point sans se hâter d'accourir.

OEDIPE.

Puisse-t-il venir, pour le bonheur de sa patrie, pour mon bonheur aussi ! car, quel est l'homme sensé qui ne s'aime lui-même ?

ANTIGONE.

Grand Jupiter ! Que dire ? que penser, ô mon père ?

OEDIPE.

Antigone, ma fille, qu'y a-t-il ?

ANTIGONE.

J'aperçois une femme qui s'avance vers nous, montée sur un poulain de l'Etna... Un chapeau thessalien défend sa tête des ardeurs du soleil et lui enveloppe la figure. Qne dire?.. Est-ce elle?... Est-ce une autre?.. Je dis oui, je dis non, et

———o—◇—o———

τί λέξω;	que *faut-il que j'*aie-dit ?
ποῖ φρενῶν ἔλθω, πάτερ;	où de-pensées *faut-il que j'*aie-été, père?
ΟΙΔ.—Τί δέ ἐστι,	ŒD.—Quoi donc est-*ce*,
τέκνον Ἀντιγόνη;	enfant Antigone?
ΑΝΤΙΓ.—Ὁρῶ γυναῖκα	ANTIG.—*Je* vois *une* femme
στείχουσαν ἄσσον ἡμῶν,	marchant plus-près de-nous,
βεβῶσαν ἐπὶ πώλου Αἰτναίας[3]·	montée sur pouliche etnéenne ;
κρατὶ δὲ	à-*sa*-tête d'-autre-part
κυνῆ ἡλιοστερὴς θεσσαλὶς[4]	*un* chapeau parasol thessalien
ἀμπέχει νιν πρόσωπα.	enveloppe elle *quant au* visage.
Τί φῶ;	Que *faut-il que j'*aie-dit ?　　　[elle?
Ἆρά ἐστιν; ἆρα οὐκ ἔστιν;	Est-ce-que c'est, est-ce-que ce n'est *pas*
ἢ γνώμη πλανᾷ;	ou *ma* pensée erre-t-elle?

4. Κυνῆ θεσσαλίς. Chapeau thessalien, ou à la thessalienne, large, enveloppant la tête et une partie du visage, et adopté pour les voyages comme très-propre à garantir du soleil.

Καὶ φημὶ κἀπόφημι, κοὐκ ἔχω τί φῶ.

        Τάλαινα!

Οὐκ ἔστιν ἄλλη. Φαιδρὰ [1] γοῦν ἀπ’ ὀμμάτων   310·

σαίνει με [2] προστείχουσα [3] · σημαίνει δ’ ὅτι

μόνης τόδ’ ἔστι δῆλον Ἰσμήνης κάρα [4].

         ΟΙΔΙΠΟΥΣ.

Πῶς εἶπας, ὦ παῖ;

         ΑΝΤΙΓΟΝΗ.

        Παῖδα σὴν, ἐμὴν δ’ ὁρᾶν

ὅμαιμον· αὐδῇ δ’ αὐτίκ’ ἔξεστιν μαθεῖν.

         ΙΣΜΗΝΗ.

Ὦ δισσὰ πατρὸς καὶ κασιγνήτης ἐμοὶ   315

ἥδιστα προσφωνήμαθ’ [5], ὡς, ὑμᾶς μόλις

εὑροῦσα, λύπῃ [6] δεύτερον μόλις βλέπω!

         ΟΙΔΙΠΟΥΣ.

Ὦ τέκνον, ἥκεις [7];

———o—◇—o———

Καὶ φημὶ καὶ ἀπόφημι,	Et *je* dis et *je* dédis,
καὶ οὐκ ἔχω τί φῶ.	et *je* n’ai *pas* quoi *j’aie-dit*.
Τάλαινα! οὐκ ἔστιν ἄλλη!	Malheureuse! *elle* n’est *pas* autre!
Προστείχουσα[3] γοῦν, [μάτων·	Marchant-vers *nous* certes-donc,
σαίνει με [2] φαιδρὰ [1] ἀπὸ ὀμ-	*elle* flatte moi gaiement de *ses* yeux;
σημαίνει δὲ	or *cela* signifie
ὅτι τόδε ἐστὶ δῆλον κάρα [4]	que ceci est *l’*évidente tête
μόνης Ἰσμήνης.	de-*la*-seule Ismène.
ΟΙΔ.—Πῶς εἶπας, ὦ παῖ;	œD.—Comment as-*tu*-dit, ô enfant?
ΑΝΤΙΓ. — Ὁρᾶν παῖδα	ANTIG.—Voir *l’*enfant tienne,
ἐμὴν δὲ ὅμαιμον· [σὴν,	et *la* mienne consanguine (sœur).

---

1. Φαιδρά. Pour φαιδρῶς, gaîment.

2. ’Απ’ ὀμμάτων σαίνει με, *elle me flatte des yeux*, *me caresse du regard*.

3. Προστείχουσα. Par euphonie, pour προσστείχουσα.

4. ’Ισμήνης κάρα. Pour ’Ισμήνην. Sophocle affectionne cette périphrase formée avec κάρα, et qui donne généralement quelque chose de plus sentimental à la désignation de la personne.

ne sais à quoi m'arrêter... Infortunée!... Non, ce n'est point
une autre... A mesure qu'elle approche, elle me flatte, elle
me sourit du regard... Plus de doute : c'est bien elle, c'est
Ismène!

ŒDIPE.

Qu'as-tu dit, mon enfant?

ANTIGONE.

C'est ta fille, c'est ma sœur que je vois... Mais déjà sa voix
peut t'en instruire.

ISMÈNE.

O mon père! ô ma sœur! double nom si doux à mes lèvres!
Qu'à grand' peine je vous retrouve enfin! qu'à grand' peine je
vous revois à travers mes larmes!

ŒDIPE.

Chère enfant, est-ce donc toi ?

———o—◇—o———

αὐτίκα δὲ ἔξεστι
μαθεῖν αὐδῇ.

ΙΣΜΗΝΗ.—Ὦ δισσὰ προσ-
ἥδιστα ἐμοί   [φωνήματα ⁵
πατρὸς καὶ κασιγνήτης,
ὡς, εὑροῦσα ὑμᾶς μόλις,
βλέπω δεύτερον μόλις
λύπῃ ⁶!

ΟΙΔ.—Ὦ τέκνον, ἥκεις⁷;

présentement d'-ailleurs *il* est-possible
d'avoir-su cela par-*sa*-voix.

ISMÈNE.—O doubles appellations
très-agréables à-moi
de-père et de-sœur,
comme, ayant-trouvé vous péniblement,
je vois *vous* en-second péniblement
par-*l'-effet-de-la*-douleur.

ŒD.—O enfant, viens-*tu*?

---

5. Προσφωνήματα. Deux idées dans ce mot : celle des *noms* mêmes
de père et de sœur, et celle des *paroles adressées à* ce père et à
cette sœur. Du reste, toute la phrase ὦ δισσά, etc., équivaut simplement à ὦ φίλτατοι πατέρ τε καὶ κασιγνήτη, comme le prouve l'ὑμᾶς
qui suit.

6. Λύπῃ, *par* l'effet de ma *douleur*, c'est-à-dire *à travers mes
larmes*.

7. Ἥκεις. Voyez page 64, note 4.

ΙΣΜΗΝΗ·
Ὦ πάτερ δύσμοιρ' ὁρᾷν!

ΟΙΔΙΠΟΥΣ.
Ὦ σπέρμ' ὅμαιμον [1]!

ΙΣΜΗΝΗ.
Ὦ δυσάθλιαι τροφαί [2]!

ΟΙΔΙΠΟΥΣ.
Τέκνον, πέφηνας;

ΙΣΜΗΝΗ.
Οὐκ ἄνευ μόχθου γέ μοι.　　320

ΟΙΔΙΠΟΥΣ.
Πρόσψαυσον, ὦ παῖ.

ΙΣΜΗΝΗ.
Θιγγάνω δυοῖν ὁμοῦ.

ΟΙΔΙΠΟΥΣ.
Ὦ τῆσδε κἀμοῦ [3]...

ΙΣΜΗΝΗ.
Δυσμόρου τ' ἐμοῦ τρίτης!

ΟΙΔΙΠΟΥΣ.
Τέκνον, τί δ' ἦλθες;

———o—◇—o—

ΙΣΜ.—Ὦ πάτερ δύσμοιρε ὁρᾷν!	ISM.—O père infortuné à voir!
ΟΙΔ.—Ὦ σπέρμα ὅμαιμον [1]!	OED.—O rejeton (ô ma fille) consanguin (étant aussi ma sœur)!
ΙΣΜ.—Ὦ τροφαὶ [2] δυσάθλιαι!	ISM.—O nourritures (condition) terriblement-malheureuses!
ΟΙΔ.—Τέκνον, πέφηνας;	OED.—Enfant, as-*tu*-paru?
ΙΣΜ.—Οὐ γε ἄνευ μόχθου μοι.	ISM.—Non du-moins sans peine pour-moi.

1. Ὦ σπέρμ' ὅμαιμον. Ismène est *fille* d'Œdipe (σπέρμα), en tant que née de lui; elle est sa sœur (ὁμαίμων), en tant que née de Jocaste.

2. Τροφαί, *nourriture*, et, par suite, *vie*, *condition*: sens ordinaire en poésie.

ISMÈNE

O mon père ! ô douloureux spectacle !

OEDIPE.

O toi, tout ensemble et ma fille et ma sœur !

ISMÈNE.

O effroyable destinée !

OEDIPE.

Ma fille, te voilà donc venue ?

ISMÈNE.

Hélas ! et que j'ai souffert !

OEDIPE.

Touche-moi, mon enfant.

ISMÈNE.

Voici mes deux mains à la fois.

OEDIPE.

Ah ! de ta sœur et de moi...

ISMÈNE.

De tous trois (hélas !) quelle n'est point la misère !

OEDIPE.

Mon enfant, qui t'amène ?

ΟΙΔ. — Πρόσψαυσον, ὦ	OED.—Aie-touché-à *moi*, ô enfant !
ΙΣΜ.—Θιγγάνω [παῖ !	ISM.—*Je te* touche
δυοῖν ὁμοῦ. [μοῦ 3!	par-*mes-deux mains* ensemble. [moi !
ΟΙΔ.—Ὦ τῆσδε καὶ ἐ-	OED.—Oh ! *en fait* de-celle-ci et de-
ΙΣΜ.—Ἐμοῦ τε τρίτης	ISM.—Et de-moi troisième
δυσμόρου !	infortunée !
ΟΙΔ.—Τέχνον,	OED.—Enfant,
τί δὲ ἦλθες ;	*pourquoi* d'-autre-part viens-*tu ?*

---

3. Ὦ τῆσδε (Antigone) κἀμοῦ ! Rien de plus commun que ces génitifs après les particules exclamatives : ils dépendent de quelque περί
ou ἕνεκα sous-entendu ; ici, par exemple : *Je crie « hélas ! » à propos
de*, etc. Au surplus, ainsi s'explique tout génitif construit en grec, ou
même en latin, après un mot qui ne semble pas le régir directement.

ΙΣΜΗΝΗ.

Σῇ, πάτερ, προμηθίᾳ[1].

ΟΙΔΙΠΟΥΣ.

Πότερα πόθοισι;

ΙΣΜΗΝΗ.

Καὶ λόγοις γ᾽ αὐτάγγελος[2],
ξὺν ᾧπερ εἶχον[3] οἰκετῶν πιστῷ μόνῳ.   325

ΟΙΔΙΠΟΥΣ.

Οἱ δ᾽ αὐθόμαιμοι ποῦ νεανίαι πονεῖν[4];

ΙΣΜΗΝΗ.

Εἴσ᾽ οὗπέρ εἰσι[5]. Δεινὰ δ᾽ ἐν κείνοις τὰ νῦν.

ΟΙΔΙΠΟΥΣ.

Ὢ πάντ᾽ ἐκείνω τοῖς ἐν Αἰγύπτῳ νόμοις
φύσιν κατεικασθέντε[6] καὶ βίου τροφάς[7]!
Ἐκεῖ γὰρ, οἱ μὲν ἄρσενες κατὰ στέγας   330

ΙΣΜ.—Πάτερ, προμηθίᾳ[1] σῇ.	ISM.—Père, par-prévoyance tienne (pour toi). [sence?
ΟΙΔ.—Πότερα πόθοισι;	ŒD.—Est-ce par-regrets de mon ab-
ΙΣΜ.—Καί γε αὐτάγγελος[2] λόγοις, ξὺν ᾧπερ μόνῳ πιστῷ εἶχον[3] οἰκετῶν.	ISM.—Et-aussi donc messagère-en-personne pour des-dires, avec lequel-donc seul fidèle j'avais de-mes-domestiques.
ΟΙΔ.—Οἱ δὲ νεανίαι αὐθόμαιμοι, ποῦ πονεῖν[4];	ŒD.—Mais les jeunes-gens consanguins-de-toi-même, où sont-ils en fait de prendre-peine?

---

1. Σῇ προμηθίᾳ, *par intérêt pour toi.* Rien de plus commun encore, soit en grec, soit en latin, que cette construction passive des adjectifs possessifs. On construit de même les pronoms personnels, et souvent les substantifs au génitif. En revoir un remarquable exemple au vers 259.

2. Καὶ λόγοις γ᾽ αὐτάγγελος. Explicitement : ἥκω οὐ μόνον ποθοῦσά σε, ἀλλὰ καὶ ἀγγελίαν τινὰ αὐτὴ ἀγγελοῦσά σοι.

3. Ξὺν ᾧπερ εἶχον, etc. Attraction fort ordinaire, pour σὺν ἐκείνῳ ὅνπερ εἶχον πιστὸν μόνον. Pour que cette attraction puisse avoir lieu, c'est-à-dire pour que le conséquent puisse prendre le cas de son antécédent en perdant lui-même celui qu'il devait tenir de son rôle dans

ISMÈNE.

Ma tendresse pour toi, ô mon père.

OEDIPE.

Le regret de mon absence, sans doute?

ISMÈNE.

Et aussi un message que je t'apporte en personne, avec le seul serviteur sur la foi duquel j'aie pu compter.

OEDIPE.

Et tes frères, les jeunes princes? quelle peine prennent-ils de moi?

ISMÈNE.

Laissons, laissons cela. Affreuse est aujourd'hui leur position.

OEDIPE.

Oh! que leur manière d'être, que leur conduite à tous deux rappelle bien les mœurs de l'Égypte! Là les hommes, assis

—————◦◇◦———

ΙΣΜ.—Εἰσὶν οὗπέρ εἰσι [5].	ΙΣΜ.—*Ils* sont où-donc *ils* sont.
Τὰ δὲ νῦν	Mais les *choses* de maintenant
δεινὰ ἐν κείνοις.	*sont* cruelles quant-à ceux-là.
ΟΙΔ.—Ὦ ἐκείνω	ΟΕD.—O ces-deux-là
κατεικασθέντε [6] πάντα	assimilés *en* toutes *choses*
τοῖς νόμοις ἐν Αἰγύπτῳ	aux usages *d'*en Égypte
φύσιν	*quant à la* nature
καὶ τροφὰς [7] βίου!	et *les* nourritures (le genre) de-vie!
Ἐκεῖ γὰρ,	Là en-effet,
οἱ ἄρσενες μὲν	les mâles d'-une-part

la proposition dont il fait partie, il faut que l'antécédent, exprimé ou sous-entendu, soit ou ait dû être au génitif ou au datif.

4. Ποῦ πονεῖν; Explicitement : ποῦ εἰσι τοῦ πονεῖν; *où en sont-ils en fait du prendre de la peine? quelle peine prennent-ils* pour leur *père?* Que l'on supplée l'ellipse de toute autre façon (ποῦ εἰσι κατὰ τὸ πονεῖν; ποῦ εἰσιν ὥστε πονεῖν;), le sens sera le même.

5. Εἰσ' οὗπέρ εἰσι. Réponse évasive : Ismène hésite à entamer l'histoire des discordes de ses frères.

6. Τοῖς ἐν Αἰγύπτῳ νόμοις κατεικασθέντε, *assimilés aux lois de l'Égypte,* c'est-à-dire *semblables à ceux qui vivent sous les lois de l'Égypte.*

7. Τροφάς. Voyez page 70, note 2.

θακοῦσιν ἱστουργοῦντες, αἱ δὲ σύννομοι [1]
τἄξω βίου τροφεῖα [2] πορσύνουσ' ἀεί.
Σφῷν [3] δ', ὦ τέχν', οὓς μὲν εἰκὸς ἦν πονεῖν τάδε,
κατ' οἶκον οἰκουροῦσιν, ὥστε παρθένοι·
σφὼ δ' ἀντ' ἐκείνων τἀμὰ δυστήνου [4] κακὰ   335
ὑπερπονεῖτον. Ἡ μὲν [5], ἐξ ὅτου νέας
τροφῆς ἔληξε [6] καὶ κατίσχυσεν δέμας,
ἀεὶ μεθ' ἡμῶν δύσμορος πλανωμένη
γερονταγωγεῖ· πολλὰ μὲν κατ' ἀγρίαν
ὕλην ἄσιτος νηλίπους τ' ἀλωμένη,   340
πολλοῖσι δ' ὄμβροις ἡλίου τε καύμασι
μοχθοῦσα τλήμων, δεύτερ' ἡγεῖται [7] τὰ τῆς

———⸺◦⸺———

θακοῦσιν ἱστουργοῦντες κατὰ	siégent tissant dans *les* abris (maisons),
αἱ σύννομοι [1] δὲ [στέγας,	les compagnes *d'eux* d'-autre-part
πορσύνουσιν ἀεὶ	procurent constamment
τὰ τροφεῖα [2] βίου ἔξω.	les aliments de-vie au-dehors.
Σφῷν [3] δὲ, ὦ τέκνα,	Or, de-vous, ô enfants,
οὓς μὲν ἦν εἶκος	*ceux* que d'-une-part *il* était convenable
πονεῖν τάδε,	prendre-peine *quant à ces choses*,
οἰκουροῦσι κατὰ οἶκον	*ils* gardent-maison en *leur* maison
ὥστε παρθένοι·	comme-aussi *des* jeunes-filles;
σφὼ δὲ,	vous-deux d'-autre-part,
ἀντὶ ἐκείνων,	au-lieu-de ceux-là,
ὑπέρπονεῖτον	prenez-toutes-deux-peine-à-l'-excès
τὰ ἐμὰ κακὰ	*quant à* les miens maux
δυστήνου [4].	de-*moi*-infortuné.

---

1. Αἱ σύννομοι, *les compagnes* des hommes, *les femmes*.
2. Τἄξω βίου τροφεῖα. Entendez : τὰ βίου τροφεῖα τὰ ἔξω οἴκων κείμενα.
3. Σφῷν. Au duel, quoique désignant les quatre enfants d'Œdipe : c'est qu'il |les considère comme formant deux groupes, les fils (οὓς μὲν, etc.), puis les filles (σφὼ δέ, etc., au v. 335). Un Latin eût dit de même *ex utrisque vobis*.
4. Τἀμὰ δυστήνου. Le génitif δυστήνου s'accorde logiquement avec

au foyer, travaillent à la toile, tandis que leurs compagnes pourvoient au dehors aux besoins de la vie. Ainsi en est-il de vous, mes enfants : ceux qui devaient prendre toute cette peine, demeurent sous leur toit comme de faibles vierges ; et c'est vous deux qui, à leur place, travaillez péniblement à alléger mes cruelles douleurs. L'une, depuis qu'elle est sortie de l'enfance et que son corps a pris quelque force, compagne assidue de mes pas errants, traîne tristement un vieillard : sans cesse perdue avec lui dans de sauvages forêts, sans pain, les pieds nus, souffrant de l'inclémence des saisons, souffrant des ardeurs du soleil, elle préfère aux douceurs de la vie domestique le soin de

—o—◇—o—

'Η μὲν 5,	L'*une* d'-une-part,
ἐξ ὅτου ἔληξε 6	depuis lequel temps *elle* cessa [ce)
νέας τροφῆς	*en fait* de-nouvelle nourriture (d'enfan-
καὶ κατίσχυσεν δέμας,	et fortifia *son* corps,
πλανωμένη ἀεὶ δύσμορος με-	errant sans-cesse malheureuse avec nous,
γεροντ αγωγεῖ · [τὰ ἡμῶν	conduit-*un*-vieillard :
πολλὰ μὲν	*en* maintes *circonstances* d'-une-part
ἀλωμένη ἄσιτος νηλίπους τε	errant sans-vivres et nu-pieds
κατὰ ἀγρίαν ὕλην,	en sauvage forêt,
μοχθοῦσα δὲ τλήμων	souffrant d'-autre-part malheureuse
πολλοῖσιν ὄμβροις	par-maintes pluies
καύμασί τε ἡλίου,	et ardeurs de-soleil,
ἡγεῖται 7 δεύτερα	*elle* estime secondaires
τὰ τῆς διαίτης οἴκοι,	les *choses* de-la vie d'-à-*la*-maison,

ἐμοῦ, impliqué dans τὰ ἐμά. Cette construction est commune, même en prose. Platon, *Apol. de Socr.*, 7 : Δεῖ δὴ ὑμῖν τὴν ἐμὴν πλάνην ἐπιδεῖξαι, ὥσπερ πόνως τινὰς πονοῦντος. Horace l'a transportée en latin (*Sat.*, I, 4, 22) : *Quum* mea *nemo Scripta legat, vulgo recitare* timentis.

5. 'Η μέν. Antigone.—Au v. 344, σὺ δὲ s'adresse à Ismène.

6. Τροφῆς ἔληξε. Voyez page 71, note 3. Horace a reproduit cet hellénisme (*Odes*, II, 9, 17) : Desine mollium *Tandem* querelarum.

7. Δεύτερ' ἡγεῖται, *estime secondaires, sacrifie volontiers.*

οἴκοι διαίτης, εἰ πατὴρ τροφὴν ἔχοι.

Σὺ δ', ὦ τέκνον, πρόσθεν μὲν ἐξίχου, πατρὶ

μαντεῖ' ἄγουσα πάντα, Καδμείων λάθρα,   345

ἃ τοῦδ' ἐχρήσθη σώματος [1] · φύλαξ δέ μου

πιστὴ κατέστης, γῆς ὅτ' ἐξηλαυνόμην.

Νῦν δ' αὖ, τίν' ἥχεις μῦθον, Ἰσμήνη, πατρὶ

φέρουσα; τίς σ' ἐξῆρεν οἴκοθεν στόλος [2];

Ἥκεις γὰρ οὐ κενή [3] γε (τοῦτ' ἐγὼ σαφῶς   350

ἔξοιδα), μὴ οὐχὶ δεῖμ' ἐμοὶ φέρουσά [4] τι.

ΙΣΜΗΝΗ.

Ἐγὼ τὰ μὲν παθήμαθ' ἄπαθον [5], πάτερ,

ζητοῦσα τὴν σήν, ποῦ κατοιχοίης [6], τροφὴν [7],

—o—◇—o—

εἰ πατὴρ ἔχοι τροφήν.	si *son* père eût (peut avoir) subsistance.
Σὺ δὲ, ὦ τέκνον,	Toi d'-autre-part, ô enfant,
ἐξίχου πρόσθεν μὲν	*tu* arrivas précédemment d'-une-part
ἄγουσα πατρὶ	apportant pour-*ton*-père
λάθρα Καδμείων	en-cachette de-*les*-Cadméens
πάντα μαντεῖα	tous *les* oracles
ἃ ἐχρήσθη τοῦδε σώματος [1] ·	qui furent-prédits *à propos* de-ce corps;
κατέστης δὲ	*tu* te-constituas d'-autre-part
πιστὴ φύλαξ μου,	fidèle gardienne de-moi,
ὅτε ἐξηλαυνόμην γῆς.	quand *j'*étais-expulsé de-*ma*-terre.
Νῦν δὲ αὖ, Ἰσμήνη,	Et maintenant encore, Ismène,

---

1. Τοῦδε σώματος. OEdipe lui-même. — Sur la construction de ce génitif, voyez page 71, note 3.

2. Στόλος, (motif de) *voyage* : l'effet pour la cause.

3. Κενή, *vide* de message, *les mains vides*.

4. Μὴ οὐχὶ φέρουσα. Pour plus de facilité, on peut considérer les deux négations comme se détruisant l'une l'autre, et traduire littéralement par *non n'apportant pas*, c'est-à-dire *apportant*. Toutefois, telle n'a pas dû être la construction de Sophocle, car telle n'est pas la construction ordinaire de μὴ οὐ. En général, ces deux négations, au lieu de se détruire, se fortifient : après μή, négative conditionnelle des propositions subordonnées, on ajoute l'absolue οὐ pour insister davantage sur la négation : δυσάλγητος γὰρ ἂν εἴην, τοιάνδε μὴ οὐ κα-

nourrir son père. Pour toi, ma fille, trompant une première
fois la vigilance des enfants de Cadmus, tu m'apportas tous les
oracles rendus au sujet de ce triste corps, tu te constituas ma
gardienne fidèle quand on me chassait du sol natal; et maintenant encore, Ismène, que viens-tu annoncer à ton père? quel
motif t'a arrachée à tes foyers? Car tu ne viens pas sans motif,
je ne le sais que trop; non, tu n'es pas sans m'apporter quelque nouveau sujet d'effroi !

ISMÈNE.

Tous les maux que j'ai endurés, ô mon père, pour découvrir
le lieu de ta retraite, je les passerai sous silence : après les avoir

————o—◇—o——

τίνα μῦθον ἥκεις φέρουσα πα-	quel dire viens-*tu* portant à-*ton*-père ?
τίς στόλος, **2** [τρί;	quel *motif d*'expédition
ἐξῆρέ σε οἴκοθεν;	fit-lever toi de-*la*-maison ?
Ἥκεις γὰρ οὐ κενή **3** γε	*Tu* viens en-effet non vide certes
(ἐγὼ ἔξοιδα τοῦτο σαφῶς),	(je sais ceci clairement),
μὴ οὐχὶ φέρουσα **4** ἐμοὶ	*non en* ne pas *apportant* à-moi
τὶ δεῖμα.	quelque terreur.
ΙΣΜ.—Ἐγὼ, πάτερ,	ISM.—Moi, père,
παρεῖσα ἐάσω μὲν	ayant-omis *je* laisserai d'-une-part
τὰ παθήματα ἃ ἔπαθον**5**	les souffrances que *je* souffris
ζητοῦσα τὴν σὴν τροφὴν **7**,	cherchant la tienne *place de* nourriture,
ποῦ κατοικοίης **6** ·	où *tu* résiderais (résidais);

τοικτείρων ἕδραν (*OEdipe-Roi*, 12). Il est donc probable qu'il y a ici
quelque anacoluthe; que le poëte, oubliant son ἥκεις οὐ κενή, avait en
la pensée la proposition équivalente οὐ γὰρ ἂν ἥκοις κενὴ οὖσα, à laquelle μὴ οὐχὶ φέρουσα fait suite naturelle dans le sens de μὴ φέρουσα.

5. Ἄπαθον. Crase, pour ἃ ἔπαθον.

6. Κατοικοίης. Attique, pour κατοικοῖς. Dans tous les verbes, con-
tractes ou non, les Attiques substituent volontiers aux formes optatives
en οιμι, οις, οι, celles en οίην, οίης, οίη : au pluriel, ils suivent généralement la conjugaison régulière.

7. Τὴν σὴν, ποῦ κατοικοίης, τροφήν. Équivaut à ποῦ τρέφοιο (c'est-
à-dire εἴης) καὶ κατοικοῖς.

παρεῖσ' ἐάσω· δὶς γὰρ οὐχὶ βούλομαι
πονοῦσά τ' ἀλγεῖν, καὶ λέγουσ' αὖθις πάλιν ·   355
ἃ δ' ἀμφὶ τοῖν σοῖν δυσμόροιν παίδοιν κακὰ
νῦν ἐστὶ, ταῦτα σημανοῦσ' ἐλήλυθα.
Πρὶν μὲν γὰρ αὐτοῖς ἦν ἔρις[1], Κρέοντί τε
θρόνους ἐᾶσθαι, μηδὲ χραίνεσθαι πόλιν,
λόγῳ[2] σκοποῦσι τὴν πάλαι γένους φθορὰν,   360
οἷα κατέσχε[3] τὸν σὸν ἄθλιον δόμον ·
νῦν δ' ἐκ θεῶν του[4] κἀλιτηρίου φρενὸς
ἐσῆλθε τοῖν τρισαθλίοιν ἔρις κακὴ,
ἀρχῆς λαβέσθαι καὶ κράτους τυραννικοῦ[5].
Χὠ μὲν νεάζων[6] καὶ χρόνῳ μείων γεγὼς   365
τὸν πρόσθε γεννηθέντα Πολυνείκη θρόνων
ἀποστερίσκει κἀξελήλακεν πάτρας ·
ὁ δ', ὡς καθ' ἡμᾶς ἔσθ' ὁ πληθύων λόγος,

———o—◆——o——

οὐχὶ γὰρ βούλομαι ἀλγεῖν δὶς, | point en-effet *ne* veux-*je* souffrir deux-
πονοῦσά τε | et *en* prenant-peine *réellement*   [fois,
καὶ αὖθις πάλιν-λέγουσα · | et encore *en le* re-disant ;
ἃ δὲ κακά ἐστι νῦν | mais lesqnels maux sont maintenant
ἀμφὶ τοῖν σοῖν δυσμόροιν παί- | à les-deux tiens infortunés enfants,
ἐλήλυθα   [δοιν, | *je* suis-venue
σημανοῦσα ταῦτα. | devant-signifier ceux-ci.
Πρὶν μὲν γὰρ, | Précédemment d'-une-part en-effet,
θρόνους τε ἐᾶσθαί Κρέοντι | et *les* trônes être-laissés à-Créon
μηδὲ πόλιν χραίνεσθαι | et-ne-pas *la* cité être-souillée
ἦν ἔρις[1] αὐτοῖς, | était *la seule* rivalité à-eux,
σκοποῦσι λόγῳ[2] | considérant par-*le*-dire (disaient-ils)
τὴν πάλαι φθορὰν | la *d*'autrefois (la vieille) corruption
γένους,   [δόμον · | de-*leur*-race,
οἷα κατέσχε[3] τὸν σὸν ἄθλιον | quelle-*elle* tint la tienne triste maison;

---

1. Ἔρις. En bonne part : (généreuse) *émulation*. Les Latins emploient de même dans les deux sens *certare, certamen;* et nous-
mêmes, nous disons en bonne part *se disputer à qui,* etc.

2. Λόγῳ, *à leur dire, à ce qu'ils prétendaient.*

une première fois soufferts au moment de l'épreuve, je ne veux point les souffrir une seconde en les rappelant. T'exposer les calamités qui planent présentement sur tes malheureux fils, voilà l'objet de ma venue. Jusqu'alors, c'était à qui des deux abandonnerait le trône à Créon, à qui ne souillerait point Thèbes : tant ils se disaient préoccupés du vieil opprobre de leur race, de la tache empreinte à ta triste maison ! Aujourd'hui, par la permission des dieux et la perversité de leur cœur, c'est à qui (rivalité funeste!), à qui de ces frères trois fois infortunés s'emparera du pouvoir et régnera en maître. Le plus jeune, celui qui tient de son âge le moins de droits, écarte du trône l'aîné, Polynice, qu'il a expulsé de sa patrie. Celui-ci, s'il en faut croire le bruit généralement répandu parmi nous, est allé chercher un refuge au fond d'Argos : là, il se crée une famille nouvelle, il

———o—◇—o———

νῦν δὲ,	maintenant d'-autre-part,
ἔκ του [4] θεῶν	d'-après quelqu'*un* de-*les*-dieux
καὶ ἀλιτηρίου φρενὸς,	et *quelque* coupable sentiment,
ἔρις κακὴ	*une* rivalité mauvaise
ἐσῆλθε τοῖν τρισαθλίοιν	vint—en les-deux trois-fois-malheureux
λαβέσθαι ἀρχῆς	*de s'*-être-saisis de-*le*-pouvoir
καὶ κράτους τυραννικοῦ [5].	et de-*la*-puissance tyrannique (royale).
Καὶ ὁ μὲν νεάζων [6]	Et le d'-une-part étant-jeune
καὶ γεγὼς μείων χρόνῳ	et né moindre (cadet) par-*le*-temps
ἀποστερίσκει θρόνων	prive de-*les*-trônes
καὶ ἐξελήλακεν πάτρας	et a-expulsé de-*la*-patrie
Πολυνείκη	Polynice
τὸν γεννηθέντα πρόσθε ·	le engendré auparavant ;
ὁ δὲ, [τὰ ἡμᾶς,	l'*autre* d'-autre-part, [chez nous,
ὡς ἔστιν ὁ λόγος πληθύων κα-	comme est le dire abondant (général)

---

3. Σκοποῦσι τὴν φθορὰν, οἵα κατέσχε. Pour σκοποῦσιν οἵα φθορὰ κατέσχε. (Voy. p. 35, n. 4.)

4. Του. Attique, pour τινος.

5. Τυραννικοῦ, *royal;* sans aucune idée de *tyrannie.*

6. Χὼ (pour καὶ ὁ) μὲν νεάζων, etc. Sophocle seul fait de Polynice l'aîné d'Étéocle.

τὸ κοῖλον ¹ Ἄργος βὰς φυγὰς, προσλαμβάνει

κῆδός τε καινὸν καὶ ξυνασπιστὰς φίλους,   370

ὡς ² αὐτίκ' Ἄργος ἢ τὸ Καδμείων πέδον

τιμῇ ³ καθέξον, ἢ πρὸς οὐρανὸν βιβῶν ⁴.

Ταῦτ' οὐκ ἀριθμός ἐστιν, ὦ πάτερ, λόγων,

ἀλλ' ἔργα δεινά · τοὺς δὲ σοὺς ὅποι ⁵ θεοὶ

πόνους κατοικτιοῦσιν ⁶, οὐκ ἔχω μαθεῖν.   375

ΟΙΔΙΠΟΥΣ.

Ἤδη γὰρ ἔσχες ἐλπίδ' ὡς ἐμοῦ θεοὺς

ὥραν ⁷ τιν' ἕξειν ⁸, ὥστε σωθῆναί ποτε;

ΙΣΜΗΝΗ.

Ἔγωγε τοῖς νῦν γ', ὦ πάτερ, μαντεύμασι.

βὰς φυγὰς τὸ κοῖλον ¹ Ἄργος,	étant-allé fugitif *à* la creuse Argos,
προσλαμβάνει	prend-en-sus (s'adjoint)
κῆδός τε καινὸν	et *une* affinité nouvelle
καὶ φίλους ξυνασπιστὰς,	et *des* amis compagnons-d'-armes,
ὡς ² Ἄργος αὐτίκα	comme Argos sur-le-champ
ἢ καθέξον τιμῇ ³	ou devant-posséder avec-honneur
τὸ πέδον Καδμείων,	le sol de-*les*-Cadméens,
ἢ βιβῶν ⁴ πρὸς οὐρανόν.	ou devant-faire–monter *lui* vers *le* ciel.
Ταῦτα, ὦ πάτερ,	Ces *choses*, ô père,
οὐκ ἔστιν ἀριθμὸς λόγων,	ne sont *pas un vain* nombre de-paroles,
ἀλλὰ ἔργα δεινά ·	mais *des* faits terribles ;

---

1. Κοῖλον. Argos, entourée de montagnes, était dans un creux.

2. Ὡς. Ainsi placée devant le génitif ou l'accusatif absolu d'une proposition subordonnée, cette conjonction équivaut à notre *espérant que, pensant que,* etc., suivant le cas, accompagné d'un verbe à un mode personnel.

3. Τιμῇ. C'est-à-dire σὺν τιμῇ, *glorieusement.* Si Argos triomphe, *elle possédera glorieusement le sol thébain;* si elle succombe, *elle fera monter Thèbes jusqu'au ciel* (πρὸς οὐρανὸν βιβῶν) par la gloire de l'avoir vaincue — Ὡς Ἄργος... καθέξον ἢ... βιβῶν. Accusatif absolu. Ἄργος, sujet des deux participes ; τὸ Καδμείων πέδον, complément direct des mêmes.

s'adjoint des amis qui puissent l'aider de leurs armes; et bientôt
Argos, ou possédera glorieusement la terre de Cadmus, ou por-
tera jusqu'au ciel le nom de sa rivale. Et ce n'est point ici, mon
père, un vain tissu de paroles : ce sont des faits terribles. Quant
à tes maux, quel terme la pitié des dieux leur réserve-t-elle,
c'est ce que je ne puis entrevoir.

OEDIPE.

T'étais-tu donc flattée que les dieux eussent assez de souci
d'Œdipe pour le sauver jamais?

ISMÈNE.

Je l'avais induit, je l'avoue, des oracles récents.

———o—◇—o———

ὅποι [5] δὲ	où (dans le sens de quelle fin) d'-autre-
θεοὶ κατοιχτιοῦσι [6]	les dieux prendront-en-pitié [part
τοὺς σοὺς πόνους,	les tiennes peines,
οὐκ ἔχω μαθεῖν.	point-n'ai-*je à l'avoir*-appris (à le savoir).
ΟΙΔ.—Ἤδη γὰρ	ŒD.—Déjà en-effet
ἔσχες ἐλπίδα	eus-*tu* espoir
ὡς θεοὺς ἕξειν [8]	comme-*quoi les* dieux devoir-avoir
τινὰ ὥραν [7] ἐμοῦ,	quelque souci de-moi, (jour?
ὥστε σωθῆναί ποτε;	au-point-que *moi* avoir-été-sauvé un-
ΙΣΜ.—Ἔγωγε, ὦ πάτερ,	ISM.—*Oui*, moi-donc, ô père,
τοῖς μαντεύμασί γε νῦν.	par-les oracles donc *de* maintenant.

4. Βιβῶν. Participe futur attique, contraction du neutre βιβάον
pour βιβάσον. Les Attiques retranchent habituellement le σ des futu.
en άσω, έσω, ίσω; puis ils conjuguent les nouveaux futurs άω, έω,
ιέω (au lieu de ίω), en les contractant partout comme les présents des
verbes τιμάω et φιλέω.

5. Ὅποι. Adverbe de mouvement : c'est que dans l'idée d'*avoir
pitié d'un état malheureux*, il y a nécessairement celle de *faire passer à un état différent celui que l'on plaint*.

6. Κατοιχτιοῦσιν. Pour κατοιχτίσουσιν. Revoir l'avant-dernière note.

7. Ὥραν (esprit doux), *souci, soin*.

8. Ὡς θεοὺς ἕξειν. Construction rare ; espèce d'anacoluthe, pour ὡς
θεοὶ ἕξουσι.

ΟΙΔΙΠΟΥΣ.

Ποίοισι τούτοις; τί δὲ τεθέσπισται, τέκνον;

ΙΣΜΗΝΗ.

Σὲ τοῖς ἐκεῖ [1] ζητητὸν ἀνθρώποις ποτὲ   385
θανόντ᾽ ἔσεσθαι ζῶντά τ᾽ [2], εὐσοίας χάριν [3].

ΟΙΔΙΠΟΥΣ.

Τίς δ᾽ ἂν τοιοῦδ᾽ ὑπ᾽ ἀνδρὸς εὖ πράξειεν ἄν;

ΙΣΜΗΝΗ.

Ἐν σοὶ τὰ κείνων φασὶ γίγνεσθαι κράτη.

ΟΙΔΙΠΟΥΣ.

Ὅτ᾽ οὐκ ἔτ᾽ εἰμὶ, τηνικαῦτ᾽ ἄρ᾽ εἴμ᾽ ἀνήρ [4].

ΙΣΜΗΝΗ.

Νῦν γὰρ θεοί σ᾽ ὀρθοῦσι, πρόσθε δ᾽ ὤλλυσαν.   385

ΟΙΔΙΠΟΥΣ.

Γέροντα δ᾽ ὀρθοῦν φλαῦρον [5], ὃς νέος πέσῃ.

ΟΙΔ.—Ποιοῖσι τούτοις;
τί δὲ τεθέσπισται, τέκνον;
ΙΣΜ.—Σέ ποτε,
θανόντα ζῶντά τε [2],
ἔσεσθαι ζητητὸν
τοῖς ἀνθρώποις ἐκεῖ [1]
χάριν [3] εὐσοίας.
ΟΙΔ.—Τίς δὲ
πράξειεν-ἂν εὖ
ὑπὸ τοιοῦδε ἀνδρός;

ŒD.—Par-quels *étant* ceux-ci?
quoi donc a-été-prédit, enfant?
ISM.—Toi un-jour,
mort et (ou) vif,
devoir-être recherché (recherchable)
aux hommes *de* là (aux Thébains)
en faveur (en vue) de-*leur*-salut.
ŒD.—Qui donc
cût-fait (ferait) bien *ses affaires*
par *le fait d'un* tel homme?

---

1. Τοῖς ἐκεῖ. Les Thébains.
2. Θανόντα ζῶντά τε. Ce τε équivaut à ἤ.
3. Εὐσοίας χάριν, Un seul manuscrit donne εὐσοίας; mais le scholiaste l'adopte, et l'appuie d'un exemple tiré d'une pièce perdue: Τῶν
τριῶν μίαν λαβεῖν Εὔσοιαν ἄρχει. Suidas et autres le reconnaissent éga-

OEDIPE.

Quels oracles? qu'ont-ils prédit, ma fille?

ISMÈNE.

Que, mort ou vif, les Thébains te rechercheraient un jour dans l'intérêt même de leur salut.

OEDIPE.

Eh! qui pourrait tirer son bonheur d'un misérable tel que moi?

ISMÈNE.

En toi, dit-on, réside leur puissance.

OEDIPE.

Ainsi, quand je ne suis plus, c'est alors que je suis tout!

ISMÈNE.

C'est qu'aujourd'hui les dieux te relèvent, et que jadis ils t'abattaient.

OEDIPE.

Relever vieux celui qui succomba jeune : ô vanité!

ΙΣΜ.—Φασὶ τὰ κράτη κείνων γίγνεσθαι ἐν σοί.

ISM.—*Ils* disent (on dit) les puissances de-ceux-là être en (dépendre de) toi.

ΟΙΔ.—Ὅτε οὐκ εἰμὶ ἔτι, τηνικαῦτα ἄρα εἰμὶ ἀνήρ [4]!

ŒD.—Quand *je* ne suis plus, alors donc suis-*je un* homme !

ΙΣΜ.—Νῦν γὰρ θεοὶ ὀρθοῦσί σε, πρόσθε δὲ ὤλλυσαν.

ISM.—Maintenant en-effet *les* dieux *redressent* toi, mais précédemment perdaient *toi*.

ΟΙΔ.—Ὀρθοῦν δὲ γέροντα ὃς πέσῃ νέος, φλαῦρον [5].

ŒD.—Mais *redresser* vieux qui aura (a)-péri jeune, *est chose* vaine.

---

lement, et l'expliquent par σωτηρίας. Enfin, la leçon des autres manuscrits, εὐνοίας χάριν (*dans l'intérêt de la bienveillance* que tu leur témoigneras), donne un sens très-peu satisfaisant.

4. Ἀνήρ. Emphatique : un *homme de valeur* aux yeux des Thébains!

5. Φλαῦρον (sous-entendu ἐστίν), *est une vaine tentative.*

ΙΣΜΗΝΗ.

Καὶ μὴν Κρέοντά γ᾽ ἴσθι σοι τούτων χάριν
ἥξοντα βαιοῦ κοὐχὶ μυρίου [1] χρόνου.

ΟΙΔΙΠΟΥΣ.

Ὅπως τί δράσῃ, θύγατερ; ἑρμήνευέ μοι.

ΙΣΜΗΝΗ.

Ὡς σ᾽ ἄγχι γῆς [2] στήσωσι [3] Καδμείας, ὅπως   390
κρατῶσι μέν σου, γῆς δὲ μὴ ᾽μβαίνῃς ὅρων.

ΟΙΔΙΠΟΥΣ.

Ἡ δ᾽ ὠφέλησις τίς θύραισι κειμένου;

ΙΣΜΗΝΗ.

Κείνοις ὁ τύμβος δυστυχῶν [4] ὁ σὸς βαρύς.

ΟΙΔΙΠΟΥΣ.

Κἄνευ θεοῦ [5] τις τοῦτό γ᾽ ἂν γνώμῃ [6] μάθοι.

———o—◇—o———

ΙΣΜ.—Καὶ μὴν ἴσθι	ISM.—Et certes sache
Κρέοντά γε ἥξοντά σοι	Créon donc devant-venir à-toi
χάριν τούτων	*en* faveur (en vue) de-ces *choses*
χρόνου βαιοῦ καὶ οὐχὶ μυρίου[1].	*au bout* de-temps court et non infini.
ΟΙΔ.—Θύγατερ,	OED.—Fille,
ὅπως δράσῃ τι ;	afin-qu'*il* ait-fait quoi ?
ἑρμήνευέ μοι.	explique *cela* à-moi.
ΙΣΜ.—Ὡς στήσωσί [3] σε	ISM.—Afin-qu'*ils* aient-établi toi
ἄγχι γῆς [2] Καδμείας,	près-de *la* terre Cadméenne, [toi,
ὅπως κρατῶσι μέν σου,	pour-qu'*ils* soient-maîtres d'-une-part de-

---

1. Βαιοῦ κοὐχὶ μυρίου. Tautologie des plus communes. Μυρίου équivaut à μακροῦ : c'est son pluriel μυρίοι (accent sur l'ι) qui signifie *in-finis*, tandis que μύριοι (accent sur l'υ) signifie *dix-mille*.

2. Ἄγχι γῆς. On voulait avoir Œdipe auprès de Thèbes, pour profiter des avantages attachés par l'oracle à sa présence ; non à Thèbes, de peur qu'il ne la souillât.

ISMÈNE.

Sache pourtant que Créon ne tardera guère à te venir trouver
à à ce sujet.

OEDIPE.

Que prétend-il faire? Ma fille, explique-toi.

ISMÈNE.

Ils veulent te fixer près de la terre de Cadmus, afin de t'avoir
asous la main sans que tu franchisses leurs frontières.

OEDIPE.

Et quel avantage se promettent-ils de ma présence à leurs
qportes?

ISMÈNE.

Privée d'honneurs, ta tombe leur serait funeste.

OEDIPE.

Sans le secours d'un dieu, la raison pouvait percer ce mys-
stère.

———o—◇—o———

μὴ δὲ ἐμβαίνῃς   *et que* point d'-autre-part *tu ne* franchisses
ὅρων γῆς.   *les* limites de-*leur*-terre.

  ΟΙΔ.—Τίς δὲ ἡ ὠφέλησις   œD.—Quelle donc *est* l'utilité
κειμένου θύραισι ;   de-*moi*-gisant à-*leurs*-portes?

  ΙΣΜ.—Δυστυχῶν 4,   ISM.—Malheureux (privé d'honneurs),
ὁ τύμβος ὁ σὸς   le tombeau le *étant* tien
ἐβαρὺς κείνοις.   *serait* lourd (funeste) à-ceux-là.

  ΟΙΔ.—Καὶ ἄνευ θεοῦ 5   œD.—Même sans *un* dieu
τίς ἂν-μάθοι τοῦτό γε   on eût-su ceci du-moins
γνώμῃ 6.   par-sens (par simple bon sens).

———

3. Στήσωσι. Sujet logique : Créon et les Thébains.
4. Δυστυχῶν, *malheureux* en fait d'honneurs, c'est-à-dire *s'il était
rorivé des honneurs dûs à ta cendre.*
5. Κἄνευ θεοῦ, *même sans* l'oracle d'un dieu.
6. Γνώμῃ. Le simple *sens commun.*

ΙΣΜΗΝΗ.

Τούτου χάριν τοίνυν σε προσθέσθαι πέλας   395
χώρας θέλουσι, μηδ' ἵν' ἂν [1] σαυτοῦ κρατῇς.

ΟΙΔΙΠΟΥΣ.

Ἦ καὶ κατασκιῶσι [2] Θηβαίᾳ κόνει;

ΙΣΜΗΝΗ.

Ἀλλ' οὐκ ἐᾷ τοὔμφυλον [3] αἷμά σ' [4], ὦ πάτερ.

ΟΙΔΙΠΟΥΣ.

Οὐκ ἆρ' ἐμοῦ γε μὴ [5] κρατήσωσίν ποτε.

ΙΣΜΗΝΗ.

Ἔσται ποτ' ἆρα τοῦτο Καδμείοις βάρος.   400

ΟΙΔΙΠΟΥΣ.

Ποίας φανείσης, ὦ τέκνον, ξυναλλαγῆς [6];

ΙΣΜΗΝΗ.

Τῆς σῆς ὑπ' ὀργῆς, σοῖς ὅταν στῶσιν τάφοις [7].

———o—◇—o———

ΙΣΜ.—Θέλουσι τοίνυν χάριν τούτου προσθέσθαι σε πέλας χώρᾶς, μηδὲ ἵνα ἂν [1]-κρατῇς σαυτοῦ.

ΙΣΜ.—*Ils veulent certes-donc en faveur (en vue) de-ceci s'-être-adjoint toi près-de le pays, et-non te laisser où tu sois-maître de-toi-même.*

ΟΙΔ.—Ἦ καὶ κατασκιῶσι [2] κόνει Θηβαίᾳ;

ŒD.—*Est-ce-que aussi ils m'ombrageront de-poussière thébaine ?*

ΙΣΜ.—Ἀλλὰ, ὦ πάτερ, τὸ αἷμα ἔμφυλον [3] οὐκ ἐᾷ σε [4].

ΙΣΜ.—*Mais, ô père, le sang de-famille versé par les mains ne permet pas d'en couvrir toi.*

1. Μηδ' ἵν' ἄν, etc. Explicitement : μηδ' ἐᾷν σε εἶναι ἐκεῖ, οὗπερ ἄν, etc.

2. Κατασκιῶσι. Futur attique, pour κατασκιάσουσι. (Voyez p. 81, n. 4.) Complément sous-entendu : με.

3. Τοὔμφυλον αἷμα, *le sang de famille* dont tu es couvert, *le meurtre de ton père.*

4. Σε. Complément de κατασκιάζειν, sous-entendu.

ISMÈNE.

Tel est leur motif pour te rapprocher de leur territoire : ils ne veulent pas que tu restes maître de toi.

OEDIPE.

Me recouvriront-ils de poussière thébaine ?

ISMÈNE.

Hélas ! le sang des tiens versé par tes mains ne s'y oppose-t-il pas ?

OEDIPE.

Eh bien, jamais je ne serai en leur pouvoir.

ISMÈNE.

Eh bien, un jour cette résolution sera fatale aux enfants de Cadmus.

OEDIPE.

En quelle rencontre, mon enfant?

ISMÈNE.

Lorsque, victimes de ta colère, ils s'approcheront de ta tombe.

ΟΙΔ.—Οὐκ ἄρα μὴ [5] κρατήσωσί ποτε ἐμοῦ γε.

ΙΣΜ.—Τοῦτο ἄρα ἔσται ποτὲ βάρος Καδμείοις.

ΟΙΔ.—Ὦ τέκνον, ποίας ξυναλλαγῆς [6] φανείσης;

ΙΣΜ.—Ὑπὸ τῆς σῆς ὀρ- ὅταν στῶσιν   [γῆς, σοῖς τάφοις [7].

OED.—Point-n'*est-il* donc qu'-*ils*-n'aient-été-maîtres jamais de-moi du-moins.

ISM.—Ceci donc sera un-jour *un* poids *funeste* pour-*les*-Cadméens,

OED.—O enfant, quelle conjoncture s'-étant-révélée?

ISM.—Par la tienne colère, quand *ils* se-seront-tenus à-tes tombes (près de ta tombe).

---

5. Οὐκ ἄρα μή. Voyez page 42, note 2.

6. Ξυναλλαγῆς. Au sens de *conjoncture, événement.*

7. Σοῖς ὅταν στῶσιν τάφοις. L'échec dont parle Ismène doit avoir lieu lorsque les Thébains, privés du tombeau d'OEdipe et des avantages attachés par les dieux à la possession de ce tombeau, viendront en armes pour chercher à s'en emparer. Pour l'allusion, revoir page 29, note 8.

ΟΙΔΙΠΟΥΣ.

Ἃ δ᾽ ἐννέπεις, κλύουσα τοῦ [1] λέγεις, τέκνον;

ΙΣΜΗΝΗ.

Ἀνδρῶν θεωρῶν Δελφικῆς ἀφ᾽ ἑστίας.

ΟΙΔΙΠΟΥΣ.

Καὶ ταῦτ᾽ ἐφ᾽ ἡμῖν Φοῖβος εἰρηκὼς κυρεῖ;   4o5

ΙΣΜΗΝΗ.

Ὡς φασιν οἱ μολόντες εἰς Θήβης πέδον.

ΟΙΔΙΠΟΥΣ.

Παίδων τις οὖν ἤκουσε τῶν ἐμῶν τάδε;

ΙΣΜΗΝΗ.

Ἄμφω γ᾽ ὁμοίως, κἀξεπίστασθον καλῶς.

ΟΙΔΙΠΟΥΣ.

Κᾆθ᾽ [2] οἱ κάκιστοι, τῶνδ᾽ ἀκούσαντες, πάρος
τοῦ 'μοῦ πόθου [3] προὔθεντο τὴν τυραννίδα;   4io

ΙΣΜΗΝΗ.

Ἀλγῶ κλύουσα [4] ταῦτ᾽ ἐγώ · φέρω δ᾽ ὅμως.

ΟΙΔ.—Ἃ δὲ ἐννέπεις, τοῦ [1] κλύουσα λέγεις, τέκνον;

OED.—Et lesquelles *choses tu* indiques, de-qui entendant dis-*tu elles*, enfant?

ΙΣΜ.—Ἀνδρῶν θεωρῶν ἀπὸ ἑστίας Δελφικῆς.

ISM.—D'-hommes théores *venus* de *le* foyer delphique.

ΟΙΔ.—Καὶ Φοῖβος κυρεῖ εἰρηκὼς ταῦτα ἐπὶ ἡμῖν;

OED.—Et Phébus se-trouve ayant-dit ces *choses* sur nous?

ΙΣΜ.—Ὡς φασιν οἱ μολόντες εἰς πέδον Θήβης.

ISM.—Comme disent les étant-venus vers *le* sol de-Thèbes.

ΟΙΔ.—Τὶς τῶν ἐμῶν παί- ἤκουσεν οὖν τάδε;   [δων

OED.—Quelqu'*un* des miens enfants entendit-*il* donc ces *choses* ?

---

1. Τοῦ. Attique, pour τίνος.

2. Κᾆθ᾽. Crase, καὶ εἶτα.

3. Πάρος τοῦ 'μοῦ πόθου. Sens passif d'ἐμοῦ (Voyez p. 72, n. 1) : *avant le regret* qu'ils devaient éprouver de l'absence de moi.

4. Ἀλγῶ κλύουσα, etc. Deux sens : *J'entends avec peine ces cho-*

OEDIPE.

Ce que tu avances, de qui le tiens-tu, ma fille?

ISMÈNE.

Des théores qui l'ont rapporté du sanctuaire de Delphes.

OEDIPE.

Et c'est bien Apollon qui l'a révélé à mon sujet?

ISMÈNE.

Ainsi le déclarent-ils depuis leur retour au sol thébain.

OEDIPE.

Quelqu'un de mes fils a-t-il ouï parler de cet oracle?

ISMÈNE.

Tous deux également; tous deux en sont parfaitement in-struits.

OEDIPE.

Et ces fils dénaturés, après une telle révélation, ont sacrifié l'amour de leur père à la soif de régner?

ISMÈNE.

Triste nouvelle, dont je gémis, mais dont je suis la messagère fidèle!

ΙΣΜ.—Ἄμφω γε ὁμοίως, καὶ ἐξεπίστασθον καλῶς.

ΟΙΔ.—Καὶ εἶτα [2] οἱ κά-ἀκούσαντες τῶνδε, [κιστοι, προύθεντο τὴν τυραννίδα πάρος τοῦ πόθου [3] ἐμοῦ;

ΙΣΜ.—Ἐγὼ ἀλγῶ κλύουσα [4] ταῦτα · φέρω δὲ ὅμως.

ISM.—Tous-deux donc pareillement, et *ils les* savent-tous-deux bien.

ŒD. Et ensuite les très-mauvais, ayant-entendu ces *choses,* préposèrent la tyrannie avant le regret mien (à mon sujet)?

ISM.—Moi *je* souffre entendant ces *choses;* mais *je les rapporte* tout-de-même,

---

[1] *ses* (les reproches que tu fais à tes fils); *mais je les supporte* sans m'indigner (parce qu'ils sont mérités) — ou : *J'entends avec peine ces choses* (les paroles et les actes qu'on impute à tes fils); *mais je les rapporte néanmoins* (comme c'est le devoir d'une messagère fidèle). Avec M. Berger, nous sommes assez porté à préférer le second.

ΟΙΔΙΠΟΥΣ.

Ἀλλ' οἱ θεοί σφι μήτε τὴν πεπρωμένην
ἔριν κατασβέσειαν, ἐν δ' ἐμοὶ τέλος
αὐτοῖν γένοιτο τῆσδε τῆς μάχης πέρι,
ἧς νῦν ἔχονται κἀπαναιροῦνται[1] δόρυ.　　　　415
Ὡς[2] οὔτ' ἂν ὃς νῦν σκῆπτρα καὶ θρόνους ἔχει
μείνειεν, οὔτ' ἂν οὐξεληλυθὼς[3] πόλιν
ἔλθοι ποτ' αὖθις· οἵ γε τὸν φύσαντ' ἐμὲ,
οὕτως ἀτίμως πατρίδος ἐξωθούμενον,
οὐκ ἔσχον[4], οὐδ' ἤμυναν· ἀλλ' ἀνάστατος　　　　420
αὐτοῖν ἐπέμφθην κἀξεκηρύχθην φυγάς.
Εἴποις ἂν ὡς θέλοντι τοῦτ' ἐμοὶ[5] τότε
πόλις τὸ δῶρον[6] εἰκότως κατήνεσεν.

ΟΙΔ.—Ἀλλὰ μήτε οἱ θεοὶ	œᴅ.—Mais *que* ni les dieux
κατασβέσειάν σφι	*n*'eussent-éteint (n'éteignent) à-eux
τὴν πεπρωμένην ἔριν,	la fatale querelle,
τέλος δὲ γένοιτο αὐτοῖν	et *qu*'issue eût-été (soit) à-eux-deux
ἐν ἐμοὶ	en *la dépendance de* moi
περὶ τῆσδε-τῆς μάχης,	au-sujet-de ce combat,
ἧς νῦν ἔχονται	auquel maintenant *ils* s'attachent
κχὶ ἐπαναιροῦνται 1 δόρυ!	et *pour lequel ils* lèvent *la* lance !
Ὡς[2] οὔτε ὃς ἔχει νῦν	Vu-que ni *celui* qui a maintenant
σκῆπτρα καὶ θρόνους	sceptres et trônes
ἂν-μείνειεν,	*ne* serait-resté (ne les garderait),
οὔτε ὁ ἐξεληλυθὼς 3	ni le étant-sorti-de *Thèbes*　　　[veau
ἂν-ἔλθοι ποτὲ αὖθις	*ne* serait-venu (viendrait) jamais de-nou⁻

---

1. Κἀπαναιροῦνται. C'est-à-dire καὶ ἐφ' ᾗ ἐπαναιροῦνται, en reprenant l'idée de cet ἐφ' ᾗ, nécessaire à la construction, dans l'ἧς de la
proposition précédente. Cette ellipse d'un second conjonctif, que ré-
clamerait la rigueur grammaticale, est assez ordinaire, lorsqu'il peut
aisément s'induire du premier, malgré la différence de construction
des deux.

2. Ὡς, *vu que, car.* Les propositions suivantes déterminent ce qui

OEDIPE.

Ah ! puissent les dieux ne jamais éteindre leur fatale que-
relle ! Plût au ciel que de moi dépendît l'issue de cette lutte
où ils s'engagent et pour laquelle ils s'arment aujourd'hui ! Non,
celui qui tient en ce moment le sceptre ne se maintiendrait pas
longtemps sur son trône ; non, celui qui est sorti de ses foyers
n'y rentrerait jamais. Les ingrats ! Lorsqu'on rejetait si ignomi-
nieusement de sa patrie l'auteur de leurs jours, ils ne firent
rien pour me retenir, rien pour me défendre : ils me laissèrent
renverser, ils laissèrent proclamer mon exil ! Peut-être dira-t-on
que je le voulais alors, que ce fut de la part de Thèbes une faveur, une généreuse concession. Erreur ! Au premier instant, en
ce jour où la rage bouillait dans mon cœur, où je n'aspirais qu'à

———o—◇—o———

πόλιν·	en la cité :
οἵ γε οὐκ ἔσχον [4]	eux qui donc *ni* ne retinrent
οὐδὲ ἤμυναν ἐμὲ	ni *ne* défendirent moi
τὸν φύσαντα	le ayant-engendré *eux*
ἐξωθούμενον πατρίδος	étant-repoussé-de *ma* patrie
οὕτως ἀτίμως·	si indignement ;
ἀλλὰ ἐπέμφθην ἀνάστατος	mais *je* fus-renvoyé renversé
αὐτοῖν	*grâce* à-eux-deux
καὶ ἐξεκηρύχθην φυγάς.	et *je* fus-proclamé fugitif (exilé).
Εἴποις-ἂν	*Tu* dirais (diras) *peut-être*
ὡς πόλις τότε	que *la* cité alors
κατήνεσεν εἰκότως τοῦτο-τὸ	accorda convenablement ce don
ἐμοὶ [5] θέλοντι. [δῶρον [6]	à-moi *le* voulant.

arriverait si l'issue du combat dépendait d'Œdipe ; elles développent
la pensée des vers 413-414.

3. Ὁὐξεληλυθώς. Pour ὁ ἐξεληλυθώς.

4. Ἔσχον. Au sens de *retenir, chercher à conserver*.

5. Θέλοντι ἐμοί, etc. A la fin de l'*Œdipe-Roi*, Œdipe demande
l'exil comme une grâce.

6. Τοῦτο τὸ δῶρον. La faveur de l'exil.

Οὐ δῆτ’, ἐπεί τοι, τὴν μὲν αὐτίχ’ ἡμέραν [1],
ὁπηνίκ’ ἔζει θυμὸς, ἥδιστον δέ μοι   425
τὸ κατθανεῖν ἦν καὶ τὸ λευσθῆναι πέτροις,
οὐδεὶς ἔρωτος τοῦδ’ ἐφαίνετ’ ὠφελῶν [2] ·
χρόνῳ δ’ ὅτ’ ἤδη πᾶς ὁ μόχθος ἦν πέπων [3],
κἀμάνθανον τὸν θυμὸν [4] ἐκδραμόντα μοι
μείζω κολαστὴν τῶν πρὶν ἡμαρτημένων,   430
τὸ τηνίκ’ ἤδη, τοῦτο μὲν, πόλις [5] βίᾳ
ἤλαυνέ μ’ ἐκ γῆς χρόνιον [6] · οἱ δ’ ἐπωφελεῖν,
οἱ τοῦ πατρὸς [7], τῷ πατρὶ δυνάμενοι, τὸ δρᾶν
οὐκ ἠθέλησαν, ἀλλ’, ἔπους σμικροῦ χάριν [8], ·
φυγάς σφιν ἔξω πτωχὸς ἠλώμην ἐγώ.   435
Ἐκ ταῖνδε δ’, οὔσαιν παρθένοιν, ὅσον φύσις

———o— ◇ —o———

Οὐ δῆτα, ἐπεί τοι,	Non donc, puisque certes,
τὴν ἡμέραν [1] μὲν αὐτίκα,	*en* le jour d’–une–part *d’aussitôt*,
ὁπηνίκα θυμὸς ἔζει,	quand *mon* cœur bouillait,
τὸ δὲ κατθανεῖν	et *que* le avoir–péri
καὶ τὸ λευσθῆναι πέτροις	et le avoir–été–lapidé par–*des*–pierres
ἦν ἥδιστόν μοι,	était très–agréable à–moi,
οὐδεὶς ἐφαίνετο	pas–même–un *ne* se–montrait
ὠφελῶν [2] τοῦδε ἔρωτος ·	secourant *moi en fait* de–ce désir;
ὅτε δὲ πᾶς ὁ μόχθος	quand d’–autre–part toute la peine
ἦν ἤδη πέπων [3] χρόνῳ,	était déjà mûre (amollie) par–*le*–temps,
καὶ ἐμάνθανον	et *que je* comprenais [moi
τὸν θυμὸν [4] ἐκδραμόντα μοι	le cœur ayant–couru–hors–des–*bornes* à–
κολαστὴν μείζω	répresseur plus–grand
τῶν ἡμαρτημένων πρὶν,	que–les *choses* faites–par–erreur avant,

1. Τὴν αὐτίχ’ ἡμέραν. *Le jour même* où Œdipe découvrit ses malheurs et ses crimes.

2. Ἔρωτος τοῦδ’ ὠφελῶν, m’*assistant* en fait de ce désir, *acquiesçant à mon désir.*

3. Πέπων. Métaphore empruntée au fruit *mûr*, qui a perdu son aigreur.

4. Κἀμάνθανον τὸν θυμόν, etc. *Et quand je reconnaissais que mon emportement avait été trop loin, répresseur plus grand que mes fautes,*

mourir, qu'à expirer sous une grêle de pierres, nul ne se présenta pour me rendre un service si désiré : et quand déjà le temps avait mûri mes douleurs, quand je comprenais enfin que dans l'emportement du désespoir je m'étais puni au-delà de mes torts, alors seulement, par une tardive violence, Thèbes me rejeta de son sein! Et eux, mes fils, eux qui pouvaient protéger leur père, ils ne le voulurent point! Et, pour un mot qu'ils me refusèrent, je dus errer à l'étranger, banni, dénué de tout! Et à ces deux infortunées, à de simples jeunes filles, je dois, autant que leur faiblesse le leur permet, le soutien de ma vie, la sûreté de mes pas, tous les avantages de la paternité, tandis

τὸ τηνίκα ἤδη,	en la *circonstance d'*alors déjà (enfin),
τοῦτο μὲν,	ceci d'-une-part *eut lieu, que*
πόλις 5 ἤλαυνε βίᾳ ἐκ γῆς	*la* cité chassait par-force de *sa* terre
μὲ χρόνιον 6 ·	moi tardif (frappé tardivement);
οἱ δὲ δυνάμενοι	les d'-autre-part pouvant
ἐπωφελεῖν τῷ πατρὶ,	subvenir au père *d'eux,*
οἱ τοῦ πατρὸς 7,	les *fils* du père,
οὐκ ἠθέλησαν τὸ δρᾷν,	point-ne voulurent le faire *cela,*
ἀλλὰ,	mais,
χάριν 8 σμικροῦ ἔπους,	grâce-à *un* petit mot *non dit,*
ἐγὼ ἠλώμην σφιν ἔξω	j'errais à-eux dehors
φυγὰς πτωχός.	fugitif (exilé) pauvre.
Ἐκ ταῖνδε δὲ,	De-par ces-deux-ci d'-autre-part,
οὔσαιν παρθένοιν,	étant *de simples* jeunes-filles,

c'est-à-dire *et quand je reconnaissais que, dans l'excès de mon emportement, je m'étais puni au-delà de mes torts.*

5. Τοῦτο μὲν, πόλις. Équivaut à πόλις μέν.

6. Χρόνιον. Équivaut à μετὰ πολὺν χρόνον.

7. Οἱ τοῦ πατρός. Sous-entendez υἱοί.

8. Ἔπους σμικροῦ χάριν, *grâce à un petit mot* qu'ils ne dirent pas; et, par conséquent, *faute d'un petit mot* qui eût suffi pour me sauver. C'est ainsi que, d'après l'interprétation la plus générale, Horace a dit (*Odes*, 1, 23, 3–4) *parva pulveris exigui munera* pour désigner *l'absence* de ce don d'un peu de poussière.

δίδωσιν αὐταῖν, καὶ τροφὰς ἔχω βίου,
καὶ γῆς ἄδειαν [1], καὶ γένους ἐπάρκεσιν [2] ·
τὼ δ', ἀντὶ τοῦ φύσαντος [3], εἱλέσθην θρόνους
καὶ σκῆπτρα κραίνειν, καὶ τυραννεύειν χθονός.   440
Ἀλλ' οὔ τι μὴ [4] λάχωσι τοῦδε [5] συμμάχου,
οὔτε σφιν ἀρχῆς τῆσδε Καδμείας ποτὲ
ὄνησις ἥξει. Τοῦτ' ἐγῷδα [6], τῆσδέ τε
μαντεῖ' [7] ἀκούων, ξυννοῶν τά τ' [8] ἐξ ἐμοῦ [9]
παλαίφαθ', ἁμοὶ [10] Φοῖβος ἤνυσέν ποτε.   445
Πρὸς ταῦτα [11] καὶ Κρέοντα πεμπόντων [12] ἐμοῦ
μαστῆρα, κεἴ τις ἄλλος ἐν πόλει σθένει [13].

------o—◇—o------

ἔχω,	j'ai [deux,
ὅσον φύσις δίδωσιν αὐταῖν,	autant-que nature donne (permet) à-elles.
καὶ τροφὰς βίου,	et alimentations de-vie,
καὶ ἄδειαν 1 γῆς,	et sécurité de-terre,
καὶ ἐπάρκεσιν 2 γένους ·	et secours de-famille;
τὼ δὲ εἱλέσθην,	les-deux *fils* d'-autre-part choisirent,
ἀντὶ τοῦ φύσαντος 3,	au-lieu-de le ayant-engendré *eux*,
κραίνειν θρόνους καὶ σκῆπτρα	*de* régir trônes et sceptres
καὶ τυραννεύειν χθονός.	et *de* régner-sur *la* terre *thébaine*.
Ἀλλὰ οὔ τι	Mais point-n'est-il en quelque *chose*
μὴ 4 λάχωσι	qu'-*ils*-n'aient-obtenu
τοῦδε 5 συμμάχου,	celui-ci (moi) *comme* allié,
οὔτε ὄνησις	ni *aucune* utilité

---

1. Γῆς ἄδειαν, *la sécurité de la terre*, c'est-à-dire surtout *de ma marche sur la terre, de mes pas.*

2. Γένους ἐπάρκεσιν, *les secours* à attendre *d'une famille*, des enfants qu'on peut avoir.

3. Ἀντὶ τοῦ φύσαντος. Sens déterminé par le πάρος τοῦ 'μοῦ πόθου des vers 409-410. L'idée n'est donc pas celle de *vouloir* régner à la place de leur père, mais de *sacrifier leur père au désir de régner.*

4. Οὐ μή. Voyez page 42, note 2.

5. Τοῦδε. Œdipe lui-même.

6. Ἐγῷδα. Crase, pour ἐγὼ οἶδα.

7. Τῆσδε μαντεῖα. Les oracles apportés par Ismène.

qu'ils ont, eux, sacrifié leur père au trône, à la possession du sceptre, à l'ambition de régner ! Eh bien, soit : jamais ils ne m'auront pour auxiliaire, jamais la prospérité ne siégera avec eux sur le trône de 'Cadmus ; je le sais, j'en ai pour garants et les oracles que m'annonce Ismène, et ceux qui revivent dans ma pensée, ces anciens oracles qu'Apollon jadis accomplit si sûrement contre moi.—Et maintenant, qu'ils envoient pour me saisir, soit Créon, soit tout autre grand de leur terre ! Si vous consentez, ô étrangers, à me prêter votre appui avec le concours des vénérables déesses protectrices de ce dème, en

---

τῆσδε Καδμείας ἀρχῆς	de-cette Cadméenne domination
ἥξει ποτέ σφιν.	*ne* viendra jamais à-eux.
Ἐγὼ οἶδα[6] τοῦτο,	Moi *je* sais ceci, [celle-ci,
ἀκούων τε μαντεῖα[7] τῆσδε,	et entendant *les* oracles de (apportés par)-
ξυννοῶν τε[8]	et considérant-en-esprit
τὰ παλαίφατα	les *choses* anciennement-dites
ἐξ ἐμοῦ[9],	du-chef-de (relativement à) moi,
ἃ Φοῖβος ἤνυσεν ἐμοί[10] ποτε.	que Phébus accomplit à-moi jadis.
Πρὸς ταῦτα[11],	D'-après ces *choses*, [moi
πεμπόντων[12] μαστῆρα ἐμοῦ	qu'-*ils*-envoient *comme* chercheur de-
καὶ Κρέοντα	et Créon
καὶ εἴ τις ἄλλος	et si quelque autre (ou tout autre qui)
σθένει[13] ἐν πόλει.	est-fort dans *la* cité,

---

8. Ξυννοῶν τά τε, etc. Construisez ξυννοῶν τε τά, etc.

9. Ἐξ ἐμοῦ, *du fait de moi*, c'est-à-dire *concernant moi*. Construction de ἐξ sans autre exemple : le texte pourrait bien être altéré. D'ailleurs, l'ensemble est clair : OEdipe allègue comme motif de sa confiance en les nouveaux oracles, contraires à ses fils et aux Thébains, la sûreté avec laquelle se sont accomplis les anciens dirigés contre lui-même.

10. Ἀμοί. Crase, pour ἃ ἐμοί.

11. Πρὸς ταῦτα, *d'après cela*, *et maintenant*.

12. Πεμπόντων. Attique, pour πεμπέτωσαν.

13. Κεἴ τις ἄλλος σθένει. Équivaut à καὶ ὁντινοῦν ἄλλον σθένοντα.

Ἐὰν γὰρ ὑμεῖς, ὦ ξένοι, θέλητέ μου
ξὺν ταῖσδε ταῖς Σεμναῖσι δημούχοις Θεαῖς
ἀλκὴν [1] ποιεῖσθαι, τῇδε μὲν πόλει μέγαν   450
σωτῆρ' ἀρεῖσθε, τοῖς δ' ἐμοῖς ἐχθροῖς πόνους.

ΧΟΡΟΣ.

Ἐπάξιος μὲν Οἰδίπους κατοικτίσαι [2],
αὐτός τε, παῖδές θ' αἵδ' · ἐπεὶ δὲ τῆσδε γῆς
σωτῆρα σαυτὸν τῷδ' ἐπεμβάλλεις λόγῳ,
παραινέσαι σοι βούλομαι τὰ σύμφορα.   455

ΟΙΔΙΠΟΥΣ.

Ὦ φίλταθ', ὡς νυν πᾶν τελοῦντι [3] προξένει [4].

ΧΟΡΟΣ.

Θοῦ νυν καθαρμὸν τῶνδε [5] δαιμόνων, ἐφ' ἃς
τὸ πρῶτον ἵκου καὶ κατέστειψας [6] πέδον.

Ἐὰν γὰρ ὑμεῖς, ὦ ξένοι,	si en-effet vous, ô étrangers,
θέλητε ποιεῖσθαι ἀλκήν [1] μου	voulez faire protection de-moi
ξὺν ταῖσδε-ταῖς Σεμναῖς Θεαῖς	avec ces Augustes déesses
δημούχοις,	ayant-ce-dème *sous leur protection,*
ἀρεῖσθε	*vous* emporterez (obtiendrez)
τῇδε πόλει μὲν	pour-cette cité d'-une-part
μέγαν σωτῆρα,	*un* grand sauveur,
τοῖς ἐμοῖς ἐχθροῖς δὲ	pour-les miens ennemis d'-autre-part
πόνους.	*des* peines.
ΧΟΡ.—Οἰδίπους μὲν	LE CH.—Œdipe d'-une-part [en-pitié,
ἐπάξιος κατοικτίσαι [2],	*est* digne (mérite) *quelqu'un l'*avoir-pris et
αὐτός τε	et lui-même
αἵδε τε παῖδες ·	et ces enfants ;

---

1. Ἀλκήν. Au sens de *protection, défense.*
2. Ἐπάξιος κατοικτίσαι. C'est-à-dire ἐπάξιος ὥστε ἡμᾶς κατοικτίσαι
αὐτόν. Ainsi s'expliquent, après une foule d'adjectifs, ces infinitifs ac-
tifs, là où l'on eût attendu plutôt des passifs. Nous avons, en français,
la même construction : *doux à voir, facile à faire,* etc.
3. Τελοῦντι. Attique, pour τελέσοντι. (Voy. p. 81, n. 4.)

moi vous aurez tout ensemble et un puissant libérateur pour votre cité et un terrible fléau contre les objets de ma haine.

LE CHOEUR.

Tu as droit, Œdipe, à toute notre compassion, toi et ces
jeunes infortunées; et puisque tu t'annonces ainsi comme le
sauveur de cette contrée, je veux te donner un conseil salu-
taire.

OEDIPE.

Ami, dirige-moi : à tous tes avis tu me trouveras docile.

LE CHOEUR.

Fais donc une offrande expiatoire à ces divinités, vers lesquelles tu fus d'abord conduit et dont tu as foulé le sol.

ἐπεὶ δὲ τῷδε λόγῳ
ἐπεμβάλλεις σαυτὸν
σωτῆρα τῆσδε γῆς,
βούλομαι παραινέσαι σοι
τὰ σύμφορα.

puisque d'-autre-part par-ce dire
tu ajoutes *toi-même*
comme sauveur de-cette terre,
je veux avoir-conseillé à-toi
les *choses* avantageuses.

ΟΙΔ.—῏Ω φίλτατε,
προξένει [4] νυν
ὡς τελοῦντι πᾶν.

ŒD.—O très-cher,
sois-proxène donc *à moi*   [tout.
comme à-*quelqu'-un*-devant-accomplir

ΧΟΡ.—Θοῦ νυν
καθαρμὸν τῶνδε [5] δαιμόνων,
ἐπὶ ἅς ἵκου τὸ πρῶτον
καὶ κατέστειψας [6] πέδον.

LE CH.—Aie-posé (pose, fais) donc
purification *en honneur* de-ces divinités,
vers qui *tu* vins *dès* le premier *abord*
et *dont tu* foulas *le* sol.

----

4. Προξένει. Le *proxène* était un magistrat chargé de *faire les honneurs de sa ville aux étrangers* (προξενεῖν), de *l'y diriger dans toutes ses démarches*. Ici προξενεῖν est pris métaphoriquement dans ce
dernier sens.

5. Θοῦ καθαρμὸν τῶνδε, etc. *Pose une purification* en l'honneur
de ces, etc., c'est-à-dire *offre des libations expiatoires à ces,* etc.

6. Καὶ κατέστειψας. Pour καὶ ὧν κατέστειψας. (Voy. p. 90, n. 1.)

ŒDIPE A COLONE.   5

ΟΙΔΙΠΟΥΣ.

Τρόποισι ποίοις; ὦ ξένοι, διδάσκετε.

ΧΟΡΟΣ.

Πρῶτον μὲν ἱερὰς ἐξ ἀειρύτου χοὰς   460
χρήνης ἔνεγκου, δι' ὁσίων [1] χειρῶν θιγών.

ΟΙΔΙΠΟΥΣ.

Ὅταν δὲ τοῦτο χεῦμ' ἀκήρατον λάβω;

ΧΟΡΟΣ.

Κρατῆρές εἰσιν, ἀνδρὸς εὔχειρος τέχνη [2],
ὦν κρᾶτ' ἔρεψον καὶ λαβὰς ἀμφιστόμους [3].

ΟΙΔΙΠΟΥΣ.

Θαλλοῖσιν, ἢ κρόκαισιν; ἢ ποίῳ τρόπῳ;   465

ΧΟΡΟΣ.

Οἰὸς νεώρας νεοπόκῳ μαλλῷ λαβών [4].

ΟΙΔΙΠΟΥΣ.

Εἶεν. Τὸ δ' ἔνθεν ποῖ [5] τελευτῆσαί με χρή;

ΟΙΔ.—Ποίοις τρόποισι;
ὦ ξένοι, διδάσκετε.

ΧΟΡ.—Πρῶτον μὲν
ἔνεγκου χοὰς ἱερὰς
ἐξ ἀειρύτου χρήνης,
θιγὼν
διὰ χειρῶν ὁσίων [1].

ΟΙΔ.—Ὅταν δὲ λάβω
τοῦτο χεῦμα ἀκήρατον;

ΧΟΡ.—Εἰσὶ κρατῆρες,
τέχνη [2] ἀνδρὸς εὔχειρος,

ŒD.—De quelles façons?
ô étrangers, enseignez.

LE CH.—*En* premier d'-une-part
aie-apporté libations saintes
d'*une* toujours-coulante source,
ayant-touché *elles*
par *des* mains *devenant* pures.

ŒD.—Et quand *j*'aurai-pris
cette onde sans-mélange?

LE CH.—Sont (il y a) *des* cratéres,
art d'-homme à-habile-main,

---

1. Ὁσίων (sous-entendu οὕτω γενησομένων). C'est le contact de
cette onde sacrée qui purifiera les mains d'OEdipe.

2. Τέχνη, (œuvre d') *art* : la cause pour l'effet.

3. Ἀμφιστόμους. Littéralement : *à deux bouches*. On a proposé
bien des explications de cette épithète donnée à λαβάς. Le plus probable est que ces anses sont ainsi caractérisées parce que, faites en
fer à cheval, elles s'écartent de chaque côté du cratère pour laisser

OEDIPE.

De quelle sorte? Étrangers, instruisez-moi.

LE CHOEUR.

Commence par puiser à l'intarissable source une onde sainte, dont le contact purifie tes mains.

OEDIPE.

Et quand j'aurai puisé cette onde pure?

LE CHOEUR.

Il est des coupes, travail d'un art admirable : tu couronneras les bords et les deux anses.

OEDIPE.

Sera-ce avec des feuilles, avec de la laine, ou de toute autre façon ?

LE CHOEUR.

Avec la laine d'une jeune brebis fraîchement tondue.

OEDIPE.

Fort bien. Et ensuite, que dois-je faire?

ὧν ἔρεψον κρᾶτα	desquels aie-couvert *la* tête (les bords)
καὶ λαβὰς	et les anses
ἀμφιστόμους [3].	à-bouches-des-deux-côtés.
ΟΙΔ.—Θαλλοῖσιν,	ŒD.—Par-*des*-rameaux,
ἢ κρόκαισιν ;	ou par-*des*-fils-de-laine?
ἢ ποίῳ τρόπῳ ;	ou de-quelle manière? [tondue
ΧΟΡ.—Μαλλῷ νεοπόκῳ	LE CH.—Par-*une*-toison nouvellement-
οἰὸς νεώρας,	de-brebis jeune,
λαβών [4].	ayant-pris *elle*.
ΟΙΔ.—Εἶεν !	ŒD.—Soit !
Ποῖ [5] δὲ χρὴ	Où (comment)d'-autre-part faut-*il*
μὲ τελευτῆσαι τὸ ἔνθεν ;	moi avoir-fini le *à partir* de-là ?

passage à la main. Au surplus, l'idée qui domine, la seule qu'il faille rendre, c'est celle de *dualité* avec direction dans deux sens opposés, celle du latin *anceps*. (Voy. p. 22, n. 1.)

4. Λαβών. Mot à peu près redondant : comme s'il y avait une virgule avant ce λαβών, puis, après la virgule, λαβὼν τὸν μαλλὸν τοῦτον.

5. Ποῖ. Adverbe de mouvement : c'est que *terminer* une chose équivaut à la *mener vers* telle ou telle fin. Comparez page 81, note 5.

ΧΟΡΟΣ.

Χοὰς χέασθαι, στάντα πρὸς πρώτην ἕω.

ΟΙΔΙΠΟΥΣ.

Ἦ τοῖσδε κρωσσοῖς, οἷς [1] λέγεις, χέω [2] τάδε;

ΧΟΡΟΣ.

Τρισσάς γε [3] πηγὰς, τὸν τελευταῖον δ' ὅλον.   470

ΟΙΔΙΠΟΥΣ.

Τοῦ [4] τόνδε πλήσας θῶ; δίδασκε καὶ τόδε.

ΧΟΡΟΣ.

Ὕδατος, μελίσσης · μηδὲ προσφέρειν [5] μέθυ.

ΟΙΔΙΠΟΥΣ.

Ὅταν δὲ τούτων γῆ μελάμφυλλος τύχῃ;

ΧΟΡΟΣ.

Τρὶς ἐννέ' αὐτῇ κλῶνας ἐξ ἀμφοῖν χεροῖν [6]
τιθεὶς ἐλαίας, τάσδ' ἐπεύχεσθαι λιτάς.   475

ΧΟΡ.—Χέασθαι χοὰς, στάντα πρὸς πρώτην ἕω.	LE CH.—Avoir-versé libations t'-étant-tenu-debout vers *la* première aurore. [ces *choses*
ΟΙΔ.—Ἦ χέω [2] τάδε τοῖσδε κρωσσοῖς οἷς [1] λέγεις;	OED.—Est-ce-qu'*il faut que j'*aie-versé avec-ces cruches que *tu* dis?
ΧΟΡ.—Τρισσὰς πηγάς γε [3], τὸν δὲ τελευταῖον ὅλον.	LE CH.—Triples (trois) effusions donc; mais la dernière *cruche*, complète.
ΟΙΔ.—Τοῦ [4] πλήσας θῶ τόνδε;	OED.—De-quoi ayant-empli *elle* faut-il que j'*aie-posé (offert) celle-ci?

---

1. Οἷς. Par attraction, pour οὕς. (Voy. p. 72, n. 3.) Cette attraction se trouve quelquefois même en latin. Tite-Live (I, 29) : *elatis* quibus *quisque poterat*.

2. Χέω. Subjonctif (Voy. p. 14, n. 3) d'ἔχεα, l'une des formes de l'aoriste premier du verbe χέω.

3. Τρισσάς γε, etc. Quelque obscurité. Il semble pourtant qu'il y ait trois coupes, et qu'il s'agisse de trois différentes effusions (πηγάς) :

LE CHOEUR.

Debout, la face tournée vers l'aurore, répands des libations.

OEDIPE.

Est-ce bien des coupes dont tu parles, que je les dois répandre?

LE CHOEUR.

Oui, au nombre de trois. A la dernière, vide la coupe.

OEDIPE.

Encore un avis : de quelle liqueur remplirai-je la coupe pour cette dernière libation?

LE CHOEUR.

D'eau et de miel; garde-toi d'y ajouter du vin.

OEDIPE.

Et quand la terre au sombre feuillage aura reçu ces libations?

LE CHOEUR.

Sur le sol, à ta droite et à ta gauche, dépose trois fois neuf rameaux d'olivier, et adresse la prière suivante.

XOP.—Ὕδατος, μέλιτος · μηδὲ προσφέρειν [5] μέθυ.

LE CH.—D'-eau, de-miel; et-ne-pas porter-en-sus *de* vin.

OIΔ.—Ὅταν δὲ γῆ μελάμφυλλος τύχῃ τούτων;

ŒD.—Quand d'-autre-part *la* terre à-sombre-feuillage aura-reçu ces *libations*?

XOP.—Τιθεὶς αὐτῇ τρὶς ἐννέα κλῶνας ἐλαίας ἐξ ἀμφοῖν χεροῖν [6], ἐπεύχεσθαι τάσδε λιτάς.

LE CH.—Ayant-placé à-elle trois-fois neuf rameaux d'-olivier du-côté-de *les* deux mains, *il faut* prier-en-sus ces prières.

---

deux partielles, des deux premières coupes; une totale, de la dernière.

4. Τοῦ. Attique, pour τίνος : *de quoi? de quel liquide?*

5. Προσφέρειν, et, trois vers plus bas, ἐπεύχεσθαι. Dépendent du même χρή, qui, sous-entendu, régit déjà θῶ au vers précédent. Au surplus, c'est toujours par l'ellipse de quelque χρή qu'il faut expliquer les infinitifs à sens impératif.

6. Ἐξ ἀμφοῖν χεροῖν. A droite et à gauche.

ΟΙΔΙΠΟΥΣ.

Τούτων ἀκοῦσαι βούλομαι · μέγιστα γάρ[1].

ΧΟΡΟΣ.

Ὡς σφας καλοῦμεν Εὐμενίδας, ἐξ εὐμενῶν
στέρνων δέχεσθαι τὸν ἱκέτην σωτήριον[2],
αἰτοῦ, σύ τ’ αὐτὸς, κεἴ τις[3] ἄλλος ἀντὶ σοῦ,
ἄπυστα φωνῶν[4], μηδὲ μηκύνων βοήν ·   48o
ἔπειτ’ ἀφέρπειν[5] ἄστροφος. Καὶ ταῦτά σοι
δράσαντι θαρσῶν ἂν παρασταίην ἐγώ ·
ἄλλως δὲ, δειμαίνοιμ’ ἂν, ὦ ξέν’, ἀμφὶ σοί[6].

ΟΙΔΙΠΟΥΣ.

Ὦ παῖδε, κλύετον τῶνδε προσχώρων ξένων;

ΑΝΤΙΓΟΝΗ.

Ἠκούσαμέν τε, χὦ τι[7] δεῖ πρόστασσε δρᾶν.   485

ΟΙΔ.—Βούλομαι
ἀκοῦσαι τούτων ·
μέγιστα γάρ[1].

   ΧΟΡ.—Ὡς καλοῦμέν σφας
Εὐμενίδας,
αἰτοῦ, σύ τε αὐτὸς,
καὶ εἴ τις[3] ἄλλος
ἀντὶ σοῦ,
δέχεσθαι σωτήριον[2]
ἐξ εὐμενῶν στέρνων
τὸν ἱκέτην,
φωνῶν[4] ἄπυστα,
μηδὲ μηκύνων βοήν ·

OED.—*Je* veux
avoir-entendu celles-ci,
très-grandes en-effet *sont ces choses.*

   LE CH.—Comme *nous* appelons elles
Euménides (Bienveillantes),
demande, et (ou) toi même,
et si quelque autre (ou tout autre)
au-lieu-de toi,   [sauf
elles accueillir *de manière à le rendre*
avec *de* bienveillantes poitrines (cœurs)
le suppliant :
demande-le en parlant non-audiblement,
et-*en*-ne-pas prolongeant *le* cri;

---

1. Μέγιστα γάρ. Complétez par ταῦτά ἐστι μαθεῖν.

2. Σωτήριον. Au sens passif de ὥστε σῶν γίγνεσθαι αὐτόν. — Quelques-uns entendent : τὸν ἱκέτην, σωτῆρα ἐσόμενον τῆς γῆς. La construction nous semble exclure ce sens.

3. Σύ τ’ αὐτὸς, κεἴ τις. Équivaut à ἢ σὺ αὐτὸς, ἤ τις. Comparez p. 82, n. 2.

ŒDIPE.

Achève : j'ai à cœur d'entendre cette importante formule.

LE CHOEUR.

« Déesses que nous saluons du nom de *Bienveillantes*, accueillez en effet avec bienveillance et sauvez celui qui vous implore. » — Soit que tu pries toi-même, soit qu'un autre prie en ton nom, que la voix soit insaisissable, les sons brefs et sourds ; puis, qu'on s'éloigne aussitôt sans se retourner. Cela fait, je n'hésite plus à t'assister ; mais autrement, je tremblerais, ô étranger, d'entrer en rapport avec toi.

ŒDIPE.

Mes filles, entendez-vous bien les habitants de ces lieux ?

ANTIGONE.

Nous avons entendu ; ordonne, que faut-il faire ?

------o—◇—o------

ἔπειτα ἀφέρπειν [5] ἄστροφος.
ensuite *il faut* ramper-hors-de *là* sans-détour (sans retourner la tête).

Καὶ ἐγὼ θαρσῶν ἂν-παραϲταίην ϲοι δράσαντι ταῦτα ·
Et moi ayant-confiance me-serais-tenu-près à-toi ayant-fait ces *choses* ;

ἄλλως δὲ, ὦ ξένε, δειμαίνοιμι-ἂν ἀμφὶ σοί [6].
mais autrement, ô étranger, *je* tremblerais à-cause-de toi.

ΟΙΔ.—Ὦ παῖδε, κλύετον τῶνδε ξένων προσχώρων ;
ŒD.—O *mes* deux-enfants, entendez-*vous*-toutes-deux ces étrangers *habitant*-près-de-*ces*-lieux ?

ΑΝΤΙΓ.—Ἠκούσαμέν τε, καὶ πρόστασσε δρᾷν ὅ-τι [7] δεῖ.
ANTIG.—Et *nous* avons-entendu, et impose *à nous de* faire *ce* qu'*il* faut.

---

4. Ἄπυστα φωνῶν. Commenté par le vers 129 et les suivants.

5. Ἀφέρπειν. Voyez page 101, note 5.

6. Ἀμφὶ σοί. Non pas : *pour toi* ; mais : pour moi *à ton sujet, à cause de ta présence ici*.

7. Χώ τι. Crase, pour καὶ ὅ τι.

ΟΙΔΙΠΟΥΣ.

Ἐμοὶ μὲν οὐχ ὁδωτά[1] · λείπομαι γὰρ ἐν

τῷ[2] μὴ δύνασθαι, μήθ' ὁρᾶν, δυοῖν κακοῖν.

Σφῷν δ' ἡ 'τέρα μολοῦσα πραξάτω τάδε ·

ἀρκεῖν γὰρ οἶμαι κἀντὶ μυρίων μίαν

ψυχὴν τάδ' ἐκτίνουσαν, ἢν εὔνους παρῇ.   490

Ἀλλ' ἐν τάχει τι πράσσετον, μόνον δέ με

μὴ λείπετ' · οὐ γὰρ ἂν σθένοι τοὐμὸν δέμας

ἔρημον ἕρπειν, οὐδ' ὑφηγητοῦ γ' ἄνευ.

ΙΣΜΗΝΗ.

Ἀλλ' εἶμ' ἐγὼ τελοῦσα[3]. Τὸν τόπον δ', ἵνα

χρὴ στέμμ' ἐφευρεῖν, τοῦτο[4] βούλομαι μαθεῖν.   495

ΧΟΡΟΣ.

Τοὐκεῖθεν ἄλσους, ὦ ξένη, τοῦδ'[5]. Ἢν δέ του[6]

σπάνιν τιν' ἴσχῃς, ἔστ' ἔποικος, ὃς φράσει.

———◇—◆—◇———

ΟΙΔ. —Ἐμοὶ μὲν	œD. —A-moi d'-une-part [cables)
οὐχ ὁδωτά[1] ·	point-ne *sont-ce choses* menables (prati-
λείπομαι γὰρ	*je* suis-laissé *en arrière* en-effet
ἐν τῷ[2] μὴ δύνασθαι	quant-à le ne-pas pouvoir
μήτε ὁρᾶν,	et-ne-pas voir,
δυοῖν κακοῖν.	*c'est-à-dire quant à* deux maux.
Ἡ δὲ ἑτέρα σφῷν μολοῦσα	Mais *que* l'une de-vous-deux étant-allée
πραξάτω τάδε ·	aie-fait ces *choses*;
οἶμαι γὰρ	*je* pense en-effet
καὶ μίαν ψυχὴν ἀντὶ μυρίων	même une âme au-lieu-de dix-mille
ἀρκεῖν ἐκτίνουσαν τάδε,	suffire payant ces *expiations*,
ἢν παρῇ εὔνους.	si *elle* est-là bienveillante.
Ἀλλὰ πράσσετόν τι	Mais faites-toutes-deux quelque *chose*
ἐν τάχει,	en hâte,
μὴ δὲ λείπετέ με μόνον ·	et point-ne laissez moi seul;

———

1. Ὁδωτά. Pluriel attique, pour ὁδωτόν (ἐστι).

2. Λείπομαι ἐν τῷ, etc. *Je suis en reste en ce qui est du ni ne pouvoir ni ne voir,* c'est-à-dire *je n'ai ni la force* (de marcher), *ni la vue* (pour me guider).

3. Τελοῦσα. Futur attique, pour τελέσουσα.

OEDIPE.

Moi, je ne puis rien : doublement frappé, je n'ai ni la force, ni la vue. Que l'une de vous aille donc accomplir ces rits. Qu'importe le nombre de ceux qui offrent l'expiation? Ne suffit-il pas d'une seule âme qui s'y porte avec zèle? Mais hâtez-vous, et ne me laissez pas seul : mon corps ne saurait se traîner nulle part, abandonné à lui-même et sans guide.

ISMÈNE.

C'est moi qui vais offrir ces libations. Seulement, je voudrais savoir l'endroit précis où je dois trouver les bandelettes.

LE CHOEUR..

De ce côté du bois, jeune étrangère. Au reste, quoi qu'il te manque, il y a là un gardien qui te renseignera.

--------◇--------

τὸ γὰρ ἐμὸν δέμας	car le mien corps
οὐκ ἂν-σθένοι ἕρπειν ἔρημον,	point-ne pourrait ramper (marcher) seul
οὐδέ γε ἄνευ ὑφηγητοῦ.	ni donc sans guide.
ΙΣΜ.—Ἀλλὰ ἐγὼ	Ism.—Mais moi
εἰμι τελοῦσα [3].	j'irai devant-accomplir *tout*.
Βούλομαι δὲ μαθεῖν τοῦτο [4],	Mais *je* veux avoir-appris ceci,
τὸν τόπον	l'endroit
ἵνα χρὴ ἐφευρεῖν στέμμα.	où *il* faut avoir-trouvé *la* bandelette.
ΧΟΡ.—Ὦ ξένη,	Le Ch.—O étrangère,
τὸ ἐκεῖθεν τοῦδε [5] ἄλσους.	le *côté* de-là-bas du-bois-sacré.
Ἢν δὲ ἴσχῃς	Si d'-autre-part *tu* as
τινὰ σπάνιν του [6],	quelque manque de-quelque *chose*,
ἔστιν ἔποικος,	*il* est *un* habitant *du bois*,
ὃς φράσει.	qui *te le* dira.

4. Τοῦτο. Fait double emploi après τὸν τόπον, et forme une sorte d'anacoluthe très-familière à notre langue même, si ennemie des anacoluthes : *mais le lieu où..., je voudrais savoir cela.*

5. Τοὐκεῖθεν ἄλσους τοῦδε, (ce lieu est) *le côté de là-bas de ce bois*, c'est-à-dire *c'est de ce côté du bois*. Le Chœur l'indiquait du doigt.

6. Του. Pour τινος : *de quelque objet ou de quelque renseignement.*

ΙΣΜΗΝΗ.

Χωροῖμ’ ἂν ἐς τόδ’. Ἀντιγόνη, σὺ δ’ ἐνθάδε
φύλασσε πατέρα τόνδε · τοῖς τεκοῦσι γὰρ
οὐδ’ εἰ πονεῖ τις, δεῖ πόνου μνήμην ἔχειν.   5oo

ΧΟΡΟΣ.

Δεινὸν μὲν, τὸ πάλαι κείμενον ἤδη
κακὸν, ὦ ξεῖν’, ἐπεγείρειν.
Ὅμως δ’ ἔραμαι πυθέσθαι...

ΟΙΔΙΠΟΥΣ.

Τί τοῦτο;

ΧΟΡΟΣ..

Τᾶς δειλαίας [1] ἀπόρου φανείσας
ἀλγηδόνος, ᾆ ξυνέστας.   5o5

ΟΙΔΙΠΟΥΣ.

Μὴ, πρὸς ξενίας, ἀνοίξῃς [2],
τᾶς σᾶς! Πέπονθ’ ἔργ’ [3] ἀναιδῆ.

ΧΟΡΟΣ.

Τῷ τοι [4] πολὺ [5] καὶ μηδαμὰ λῆγον
χρῄζω, ξεῖν’, ὀρθὸν [6] ἄκουσμ’ ἀκοῦσαι.

------o—◇—o------

ΙΣΜ.—Χωροῖμι-ἂν ἐς τόδε.	ιsм.—*j’*irais (j’irai) vers ce *côté.*
Σὺ δὲ, Ἀντιγόνη,	Toi d’-autre-part, Antigone,
φύλασσε ἐνθάδε τόνδε πατέρα ·	garde ici ce père ;
οὐδὲ γὰρ δεῖ,	pas-même en-effet *ne* faut-*il*,
εἴ τις πονεῖ	si quelqu’*un* prend–peine
τοῖς τεκοῦσι,	pour-les ayant-engendré *lui*,
ἔχειν μνήμην πόνου.	avoir souvenir de-*la*-peine *qu’il* *prend.*
ΧΟΡ.—Δεινὸν μὲν,	ʟᴇ ᴄʜ.—Affreux *est* à-la-vérité,
ὦ ξεῖνε,	ô étranger,
ἐπεγείρειν τὸ κακὸν	de réveiller le mal
πάλαι ἤδη κείμενον ·	dès-longtemps déjà reposant ;
ὅμως δὲ	pourtant d’-autre-part

---

1. Τᾶς δειλαίας. Dépend de πυθέσθαι. (Voy. p. 71, n. 3.)
2. Ἀνοίξῃς. *Ouvrir*, au sens de *découvrir, mettre au jour.*
3. Πέπονθα ἔργα. Sur l’alliance de ces mots, Voy. p. 58, n. 4.
Voy. aussi vers 528-531.

ISMÈNE.

Je pars : toi, Antigone, veille ici sur notre père. Des peines endurées pour les auteurs de nos jours, le cœur ne doit point garder la mémoire.

LE CHOEUR.

Il est dur, je le sais, de réveiller un mal depuis longtemps endormi ; cependant, étranger, je brûle d'apprendre...

OEDIPE.

Ciel, que veux-tu savoir?

LE CHOEUR.

L'affreuse, l'irrémédiable douleur de ta vie.

OEDIPE.

De grâce, au nom de l'hospitalité, ne soulève point le voile; j'ai été entraîné à des actes infâmes.

LE CHOEUR.

Voilà justement pourquoi, ô étranger, je tiens à entendre dans toute sa vérité un récit partout et sans cesse reproduit.

ἔραμαι πυθέσθαι... | *je* désire m'-être-enquis...

ΟΙΔ.—Τί τοῦτο ; | ΟΕD.—Qu'*est*-ce ? [france

ΧΟΡ.—Τᾶς ἀλγηδόνος φανείσας δειλαίας [1] ἀπόρου, ᾇ ξυνέστας. | LE CH.—*Au sujet* de-la tienne souf- manifestée affreuse sans-ressource, avec-laquelle *tu t'*-es-tenu *uni*. [elle,

ΟΙΔ.—Μὴ ἀνοίξῃς [2], πρὸς τᾶς σᾶς ξενίας! Πέπονθα ἔργα [3] ἀναιδῆ. | ΟΕD. — Point-n'aie-mis-à-découvert par la tienne hospitalité ! *J'*ai-subi *des* actes infâmes. [ger,

ΧΟΡ.—Τῷ τοι [4], ξεῖνε, χρήζω ἀκοῦσαι ὀρθὸν [6] ἄκουσμα πολὺ [5] καὶ μηδαμὰ λῆγον. | LE CH.—*C'est* pour-quoi certes, étran- je désire avoir-entendu droit (exact) *un sujet* d'audition fréquent et nullement-ne cessant.

---

4. Τῷ τοι (*quare profecto*), *c'est pour cela précisément que.*

5. Πολύ. Déterminé par μηδαμὰ λῆγον au sens signalé page 66, note 1.

6. Ὀρθόν. Détermine ἀκοῦσαι : *entendre exact, entendre dans toute sa vérité.*

ΟΙΔΙΠΟΥΣ.

Ἰώ μοι!

ΧΟΡΟΣ.

Στέρξον [1], ἱκετεύω. 510

ΟΙΔΙΠΟΥΣ.

Φεῦ! φεῦ!

ΧΟΡΟΣ.

Πείθου · κἀγὼ γὰρ [2], ὅσον σὺ προσχρήζεις.

ΟΙΔΙΠΟΥΣ.

Ἤνεγκον κακότατ', ὦ ξένοι, ἤνεγκον, ἄκων μὲν (θεὸς ἴστω!),
τούτων δ' αὐθαίρετον οὐδέν. 515

ΧΟΡΟΣ.

Ἀλλ' ἐς τί;

ΟΙΔΙΠΟΥΣ.

Κακᾷ μ.' ἐν εὐνᾷ πόλις [3], οὐδὲν ἴδρις,
γάμων ἐνέδησεν ἄτᾳ [4].

ΧΟΡΟΣ.

Ἦ μητρόθεν [5], ὡς ἀκούω,
δυσώνυμα λέκτρ' ἐπλήσω;

———o—◇—o———

ΟΙΔ.—Ἰώ μοι !	œD.—Hélas pour-moi ! [cela,
ΧΟΡ.—Στέρξον [1], ἱκετεύω.	LE CH.—Aie-aimé (aime, résigne-toi à) je l'en supplie.
ΟΙΔ.—Φεῦ, φεῦ !	œD.—Hélas, hélas !
ΧΟΡ.—Πείθου · καὶ ἐγὼ γὰρ [2], ὅσον σὺ προσχρήζεις.	LE CH.—Sois-persuadé (cède); aussi moi en-effet je cède, en-tant-que toi tu exiges.
ΟΙΔ.—Ἤνεγκον, ὦ ξένοι, ἤνεγκον κακότατα, ἄκων μὲν	œD.—Je supportai, ô étrangers, je supportai choses très-mauvaises, ne-le-voulant-pas à-la-vérité

---

1. Στέρξον, *résigne-toi* à me satisfaire, *cède*. Comparez page 11, note 4.

2. Κἀγὼ γάρ (sous-entendu πείθομαι). Le Chœur répond complaisamment à toutes les questions que lui adresse OEdipe.

OEDIPE.

Hélas!

LE CHOEUR.

Consens, je t'en supplie.

OEDIPE.

Hélas! hélas!

LE CHOEUR.

Laisse-toi persuader: ne cédé-je pas, moi, à toutes tes re-
quêtes?

OEDIPE.

J'ai subi, étrangers, j'ai subi d'effroyables horreurs; mais, j'en
atteste les dieux, ce fut malgré moi, et jamais ma volonté n'y
eut de part.

LE CHOEUR.

Quelles horreurs? parle.

OEDIPE.

Sur un lit coupable, Thèbes, sans le savoir, m'enchaîna à un
fatal hymen.

LE CHOEUR.

Est-il donc vrai? est-ce donc bien ta mère dont tu fécondas la
couche maudite?

— ◇ —

(θεὸς ἴστω!),
οὐδὲν δὲ τούτων αὐθαίρετον.
   ΧΟΡ.—Ἀλλὰ ἐς τί;
   ΟΙΔ.—Πόλις [3],
ἴδρις οὐδὲν,
ἐνέδησε με ἄτᾳ [4] γάμων
ἐν κακᾷ εὐνᾷ.
   ΧΟΡ.—Ἦ ἐπλήσω,
ὡς ἀκούω,
λέκτρα δυσώνυμα μητρόθεν [5];

(*que la* divinité *le* sache !),   [sic.
et nulle de-celles-là spontanément-choi-
   LE CH.—Mais en quoi?
   OED.—*Ma* cité,
n'étant instruite *en* rien (à son insu),
enchaîna moi à-*une*-fatalité de-noces
en *une* mauvaise (coupable) couche.
   LE CH.—Est-ce-que *tu* as-rempli,
comme *je l'*entends-*dire*,
le lit à-triste-nom de-*ta*-mère?

---

3. Πόλις. Thèbes, par reconnaissance pour Œdipe qui venait de la
délivrer du Sphinx, lui avait offert spontanément le trône et la veuve
de Laïus.

4. Γάμων ἄτᾳ. *Horreur de noces, affreux hymen.*

5. Μητρόθεν. Génitif poétique, pour μητρός.

ΟΙΔΙΠΟΥΣ.

Ὤ μοι! θάνατος μὲν τάδ᾽ ἀκούειν,   520

ὦ ξεῖν᾽ · αὗται δὲ δύ᾽ἐξ ἐμοῦ (φεῦ!)...

ΧΟΡΟΣ.

Πῶς φής;

ΟΙΔΙΠΟΥΣ.

παῖδε [1], δύο δ᾽ ἄτα [2]...

ΧΟΡΟΣ.

Ὤ Ζεῦ!

ΟΙΔΙΠΟΥΣ.

ματρὸς κοινᾶς [3] ἀπέβλαστον ὠδῖνος.

ΧΟΡΟΣ.

Σαί τ᾽ ἄρ᾽ εἰσ᾽ ἀπόγονοί τε καὶ

κοιναί [4] γε πατρὸς ἀδελφεαί.   525

ΟΙΔΙΠΟΥΣ.

Ἰώ!

ΧΟΡΟΣ.

Ἰὼ δῆτα! μυ-

ρίων γ᾽ ἐπιστροφαὶ [5] κακῶν!

Ἔπαθες...

ΟΙΔ.—Ὤ μοι!   ŒD.—Hélas pour-moi!

θάνατος μὲν, ὦ ξεῖνε,   c'est *la* mort d'-une-part, ô étranger,

ἀκούειν τάδε ·   *que d'*entendre ces *choses*;

αὗται δὲ δύο   mais ces deux *filles*,

ἐξ ἐμοῦ, φεῦ!..   *issues* de moi, hélas!...

     ΧΟΡ.—Πῶς φής;   LE CH.—Comment dis-tu?

     ΟΙΔ.—Παῖδε [1],   ŒD.—*Ces* deux-enfants,

δύο δὲ ἄτα [2]...   mais (ou plutôt) *ces* deux calamités...

     ΧΟΡ.—Ὤ Ζεῦ!   LE CH.—O Jupiter!

     ΟΙΔ.—Ἀπέβλαστον   ŒD.—Germèrent (naquirent)

---

1. Παῖδε. Continue l'αὗται δὲ δύο du vers interrompu.

2. Δύο δ᾽ ἄτα. C'est-à-dire μᾶλλον δὲ, δύ᾽ ἄτα : *ou plutôt, ces deux calamités, ces deux fruits du crime.*

3. Κοινᾶς. *Commune* à elles et à leur père.

OEDIPE.

Hélas ! ouïr de telles infamies, c'est la mort. Ces deux vierges formées de mon sang... Ah ciel !..

LE CHOEUR.

Que dis-tu ?

OEDIPE.

Ces deux filles d'OEdipe, ce double fruit du crime...

LE CHOEUR.

Grand Jupiter !

OEDIPE.

Du même sein que moi, elles sortirent toutes deux.

LE CHOEUR.

Ainsi, elles sont à la fois et les filles et les sœurs de leur père !

OEDIPE.

Hélas !

LE CHOEUR.

Infortuné ! quel enchaînement d'opprobres ! Tu as souffert...

ὠδῖνος ματρὸς κοινᾶς [3].

XOP.—Εἰσὶν ἄρα σαί τοι ἀπόγονοί τε καὶ ἀδελφεαὶ κοιναί [4] γε πατρός !

ΟΙΔ.—'Ιώ !

XOP.—'Ιὼ δῆτα ! ἐπιστροφαὶ [5] κακῶν μυρίων γε ! ᾿Επαθες...

de-l'-enfantement d'-une-mère commune *à elles et à moi.*

LE CH.—*Elles* sont donc tiennes certes et *comme* nées-de *toi* et *comme* sœurs communes donc de-*leur*-père !

ŒD.—Hélas !

LE CH.—Hélas certes-donc ! ô retours de-maux infinis donc ! *Tu souffris...*

---

4. Κοιναί. *Communes* relativement à Jocaste, qui les a eues comme elle a eu aussi leur père.

5. 'Επιστροφαί, *retours* perpétuels, et, par suite, *enchaînements.* — Peut-être encore pourrait-on entendre cet ἐπιστροφαὶ κακῶν au sens où l'on dit ἐπιστρέφεσθαι ἐν κακοῖς (*versari in malis*) : *dans quel abîme de maux tu as été roulé !*

ΟΙΔΙΠΟΥΣ.

Ἔπαθον ἄλαστ’ ἔχειν [1].

ΧΟΡΟΣ.

Ἔρεξας...

ΟΙΔΙΠΟΥΣ.

Οὐκ ἔρεξα.

ΧΟΡΟΣ.

Τί γάρ;

ΟΙΔΙΠΟΥΣ.

Ἐδεξάμην
δῶρον, ὃ μήποτ’ ἐγὼ [2] ταλακάρδιος   530
ἐπωφέλησα πόλεως ἐξελέσθαι.

ΧΟΡΟΣ.

Δύστανε, τί γάρ [3]; ἔθου φόνον...

ΟΙΔΙΠΟΥΣ.

Τί τοῦτο; τί δ’ ἐθέλεις μαθεῖν;

ΧΟΡΟΣ.

πατρός;

———◇———

ΟΙΔ.—Ἔπαθον ἄλαστα ἔχειν [1].	œD.—*Je* souffris *choses* affreuses *à* avoir.
ΧΟΡ.—Ἔρεξας...	LE CH.—*Tu* fis...
ΟΙΔ.—Οὐκ ἔρεξα.	œD.—*Je* ne fis *rien*.
ΧΟΡ.—Τί γάρ;	LE CH.—Quoi donc?
ΟΙΔ.—Ἐδεξάμην δῶρον, μήποτε ἐξελέσθαι ὃ	œD.—*Je* reçus *un* don, *de manière à* ne-jamais avoir-reçu lequel

---

1. Ἄλαστα ἔχειν. Voyez page 96, note 2.

2. Ὁ μήποτ’ ἐγώ, etc. Construisez : (ὥστε) μήποτ’ ἐξελέσθαι ὃ πόλεως ἐγὼ ταλακάρδιος ἐπωφέλησα (αὐτήν), *de manière à ne jamais recevoir lequel de la part de Thèbes moi l’infortuné je servis elle*. Ce qui veut dire qu’Œdipe avait rendu à Thèbes un assez important service en la délivrant du Sphinx, pour n’avoir pas dû recevoir d’elle le triste présent de la main de sa mère.

OEDIPE.

J'ai souffert des maux épouvantables.

LE CHOEUR.

Tu as fait...

OEDIPE.

Je n'ai rien fait.

LE CHOEUR.

Qu'est-ce à dire ?

OEDIPE.

J'ai reçu un présent, triste prix des services rendus à ma patrie.

LE CHOEUR.

Malheureux ! Et serait-il vrai aussi que tu eusses donné la mort...

OEDIPE.

Que demandes-tu là ? que veux-tu savoir encore ?

LE CHOEUR.

A ton père ?

———————— o ◇ o ————————

πόλεως	de la part de-ma-cité
ἐγὼ [2] ταλακάρδιος	moi *l'homme* à-cœur-souffrant
ἐπωφέλησα.	*je* rendis (j'avais rendu)-service *à elle*
XOP.—Δύστανε, τί γάρ[3];	LE CH.—Infortuné, quoi donc ?
ἔθου φόνον...	Plaças-*tu* (fis-tu) *le* meurtre...
ΟΙΔ.—Τί τοῦτο;	ŒD.—Qu'*est*-ce ?
τί δὲ ἐθέλεις μαθεῖν;	quoi d'-ailleurs veux-*tu* avoir-appris ?
XOP.—Πατρός;	LE CH.—De-*ton*-père ?

---

3. Τί γάρ. *Eh quoi!* ou, plus simplement encore : *Et...?* comme le *quid* latin. Simple transition pour arriver à une idée nouvelle. — D'autres, moins bien selon nous, entendent : *car de quel autre nom l'appeler ?* et voient, par conséquent, dans ce τί γάρ une sorte de redoublement du vocatif δύστανε : *malheureux! oui vraiment, malheureux!*

ΟΙΔΙΠΟΥΣ.

Παπαί!

δευτέραν ἔπαισας ἐπὶ νόσῳ νόσον [1].

ΧΟΡΟΣ.

Ἔκανες...

ΟΙΔΙΠΟΥΣ.

Ἔκανον. Ἔχει δέ μοι...   535

ΧΟΡΟΣ.

Τί τοῦτο;

ΟΙΔΙΠΟΥΣ.

πρὸς δίκας τι [2].

ΧΟΡΟΣ.

Τί γάρ;

ΟΙΔΙΠΟΥΣ,

Ἐγὼ φράσω.

Καὶ γὰρ ἄλλους [3] ἐφόνευσα, κἀπώλεσα ·
νόμῳ δὲ καθαρὸς, ἄϊδρις ἐς τόδ' ἦλθον.

ΧΟΡΟΣ.

Καὶ μὴν ἄναξ ὅδ' ἡμῖν, Αἰγέως γόνος,
Θησεὺς κατ' ὀμφὴν σὴν ἀποσταλεὶς πάρα [4].   540

———◇———

ΟΙΔ.—Παπαί!	ŒD.—Ah ! [sure)
ἔπαισας δευτέραν νόσον [1]	tu as-frappé *une* seconde maladie (bles-
ἐπὶ νόσῳ.	sur *une première* maladie (blessure).
ΧΟΡ.—Ἔκανες...	LE CH.—Tuas-*tu*...
ΟΙΔ.—Ἔκανον.	ŒD.—*Je* tuai.
Ἔχει δὲ μοι...	Mais *il* est à-moi...
ΧΟΡ.—Τί τοῦτο;	LE CH.—Quoi ceci? [justice.
ΟΙΔ.—Τὶ [2] πρὸς δίκας.	ŒD.—Quelque *chose* du-côté-de *la*
ΧΟΡ.—Τί γάρ;	LE CH.—Quoi donc ?

---

1. Νόσῳ, νόσον. Au sens moral de *blessure, coup*.

2. Ἔχει δέ μοι πρὸς δίκας τι, *j'ai quelque chose du côté de la justice, j'ai quelque chose à dire pour ma justification*.

3. Ἄλλους. Euphémisme : il en coûte à Œdipe de dire πατέρα.

OEDIPE.

Ah ! quel nouveau coup sur une plaie déjà saignante!

LE CHOEUR.

Ainsi, tu as tué...

OEDIPE.

Oui, j'ai tué; mais je puis...

LE CHOEUR.

Quoi?

OEDIPE.

Dire un mot pour ma justification.

LE CHOEUR.

Lequel?

OEDIPE.

Le voici : oui j'ai versé le sang. oui j'ai tué; mais je suis pur aux yeux de la loi, j'ignorais ce que je faisais.

LE CHOEUR.

Silence! voici le fils d'Égée, Thésée notre roi, qu'amène la nouvelle de ton arrivée.

———◇———

OIΔ.—Ἐγὼ φράσω.	ŒD.—Je *le* dirai.
Καὶ γὰρ ἐφόνευσα	Et en-effet *je* tuai
καὶ ἀπώλεσα ἄλλους [3]·	et perdis (fis périr) *d'*autres ;
καθαρὸς δὲ νόμῳ,	pur *d'*-ailleurs par-*la*-loi,
ἄϊδρις ἦλθον ἐς τόδε.	ignorant *j'en* vins à cela.
XOP.—Καὶ μὴν	LE CH.—Et certes (au surplus)
ὅδε ἄναξ πάρα [4] ἡμῖν,	ce prince *est*-là à-nous (voici le roi),
γόνος Αἰγέως, Θησεὺς,	*le* fils d'-Égée, Thésée,
ἀποσταλεὶς	envoyé [nonçant ta venue).
κατὰ ὀμφὴν σήν.	J'-après *la* voix tienne (relative à toi, an-

———

4. Πάρα. Pour πάρεστιν. On trouve souvent de ces prépositions avec ellipse du verbe εἶναι. En pareil cas, l'accent de la dernière passe toujours à la pénultième . πάρα, μέτα, ἔνι, ἔπι, etc.

ΘΗΣΕΥΣ.

Πολλῶν ἀκούων ἔν τε τῷ πάρος χρόνῳ
τὰς αἱματηρὰς ὀμμάτων διαφθορὰς,
ἔγνωκά σ᾽, ὦ παῖ Λαΐου · τὰ νῦν θ᾽ ὁδοῖς
ἐν ταῖσδ᾽ ἀκούων, μᾶλλον ἐξεπίσταμαι [1].
Σκευή [2] τε γάρ σε καὶ τὸ δύστηνον [3] κάρα   545
δηλοῦτον ἡμῖν ὄνθ᾽ ὃς εἶ, καὶ, σ᾽ οἰκτίσας,
θέλω σ᾽ ἐρέσθαι, δύσμορ᾽ Οἰδίπου, τίνα
πόλεως ἐπέστης προστροπὴν [4] ἐμοῦ τ᾽ ἔχων,
αὐτός τε χἠ [5] σὴ δύσμορος παραστάτις.
Δίδασκε · δεινὴν γάρ τιν᾽ ἂν πρᾶξιν [6] τύχοις   55o
λέξας, ὁποίας ἐξαφισταίμην ἐγώ.
Ὡς οἶδά γ᾽ αὐτὸς ὡς ἐπαιδεύθην ξένος [7],
ὥσπερ σὺ, χὤτι [8] πλεῖστ᾽ ἀνὴρ [9] ἐπὶ ξένης

---o—◇—o---

ΘΗΣΕΥΣ.—᾽Ακούων πολ-	THÉSÉE.—Entendant de-beaucoup
ἔν τε τῷ χρόνῳ πάρος [λῶν	même dans le temps d'avant
τὰς αἱματηρὰς διαφθορὰς	les sanglantes destructions
ὀμμάτων,	de-*les*-yeux, [Laïus;
ἔγνωκά σε, ὦ παῖ Λαΐου ·	j'ai-connu (je reconnais) toi, ô fils de-
ἀκούων τε τὰ νῦν	et, entendant les *choses de* maintenant
ἐν ταῖσδε ὁδοῖς,	dans ces routes, [core.
ἐξεπίσταμαι [1] μᾶλλον.	je sais-à-fond (je reconnais) *toi* plus en-
Σκευή [2] τε γάρ	Et *ton* équipement en-effet
καὶ τὸ δύστηνον [3] κάρα	et la *tienne* infortunée tête
δηλοῦτον ἡμῖν	montrent-tous-deux à-nous
σὲ ὄντα ὅς εἶ,	toi étant qui *tu* es,
καὶ, οἰκτίσας σε,	et, ayant-pris-en-pitié toi,
θέλω ἐρέσθαι σε,	*je* veux avoir-interrogé toi,
δύσμορε Οἰδίπου,	infortuné OEdipe,

---

1. Μᾶλλον ἐξεπίσταμαι. Thésée reconnaît OEdipe plus sûrement encore après les bruits qu'il vient de recueillir sur la route.

2. Σκευή. OEdipe est vêtu de haillons.

3. Δύστηνον. Sa tête est privée d'yeux.

4. Προστροπήν, *requête à adresser à.*

5. Χἠ. Pour καὶ ἡ. Thésée désigne Antigone.

THÉSÉE.

Dès longtemps instruit par mille bouches de l'horrible drame qui ensanglanta tes yeux, je te reconnais sans peine, fils de Laïus, surtout après les bruits que je viens de recueillir sur la route. Oui, ces haillons, ce visage défiguré, m'annoncent assez qui tu es, et, touché de ton sort, je veux te demander, malheureux Œdipe, quel secours vous attendez de mon peuple ou de moi, toi et l'infortunée qui t'accompagne. Parle : il faudrait certes que tu nommasses des choses bien difficiles, pour éprouver un refus de ma part. Je n'ai pas oublié que je fus, comme toi, nourri loin du foyer natal, et que, devenu homme, j'eus à lutter sur la terre étrangère contre tous les périls accumulés à

————o—◇—o————

τίνα προστροπὴν 4 ἔχων	quelle supplication ayant
πόλεως ἐμοῦ τε	*à l'endroit* de-*ma*-cité et de-moi
ἐπέστης,	*tu* t'-es-tenu (tu es) ici,
αὐτός τε	et *toi*-même
καὶ ἡ5 σὴ δύσμορος παραστά-	et la tienne infortunée assistante.
Δίδασκε · [τις.	Enseigne ; [drait que tu disses)
τύχοις-ἂν γὰρ λέξας	car *tu* te-serais-trouvé ayant-dit (il fau-
τινὰ δεινὴν πρᾶξιν 6,	une formidable chose-à-faire, [tasse.
ὁποίας ἐγὼ ἐξαφισταίμην.	de-laquelle (pour que d'elle) je m'-écar-
Ὡς αὐτὸς	Vu-que moi-même
οἶδά γε	*je* sais du-moins
ὡς ἐπαιδεύθην ξένος·7	que *je* fus-élevé étranger (à l'étranger)
ὥσπερ σὺ,	comme-donc toi,
καὶ, ἀνὴρ 8 ἐπὶ ξένης,	et *que*, homme-fait sur *terre* étrangère,

---

6. Δεινήν τινα πρᾶξιν, *une chose difficile, un service bien difficile à rendre.*

7. Ὡς ἐπαιδεύθην ξένος, etc. Thésée d'Athènes fut élevé à Trézènes, chez Pitthée, comme Œdipe de Thèbes fut élevé à Corinthe, chez Polybe.

8. Χὤτι. Pour καὶ ὅτι.—Ὅτι πλεῖστα, *quam plurima.*

9. Ἀνήρ, *homme fait, adulte.*

ἤθλησα κινδυνεύματ' ἐν τῷ 'μῷ κάρᾳ.
"Ωστε ξένον γ' ἂν οὐδέν' ὄνθ', ὥσπερ σὺ νῦν,   555
ὑπεκτραποίμην μὴ οὐ [1] συνεκσώζειν · ἐπεὶ
ἔξοιδ' ἀνὴρ ὢν [2], χὤτι τῆς ἐς αὔριον
οὐδὲν πλέον μοι σοῦ [3] μέτεστιν ἡμέρας.

ΟΙΔΙΠΟΥΣ.

Θησεῦ, τὸ σὸν γενναῖον [4] ἐν σμικρῷ λόγῳ
παρῆκεν, ὥστε βραχέ' ἐμοὶ δεῖσθαι φράσαι.   560
Σὺ γάρ μ', ὅς εἰμι [5], κἀφ' ὅτου [6] πατρὸς γεγώς,
καὶ γῆς ὁποίας ἦλθον, εἰρηκὼς κυρεῖς ·
ὥστ' ἔστι μοι τὸ λοιπὸν οὐδὲν ἄλλο, πλὴν
εἰπεῖν ἃ χρήζω, χὠ λόγος διοίγεται [7].

ἤθλησα ἐν τῷ ἐμῷ κάρᾳ	j'endurai en la mienne tête (personne)
κινδυνεύματα	des risques
ὅτι πλεῖστα.	autant-que-*possible* très-nombreux.
"Ωστε	En-sorte-que [détourner)
ἂν-ὑπεκτραποίμην	*je ne* me-serais-détourné (ne saurais me
μὴ οὐ [1] συνεκσώζειν	*de façon à* ne pas sauver-aussi
οὐδένα γε ὄντα ξένον,	nul donc étant étranger,
ὥσπερ σὺ νῦν·	comme-donc toi maintenant;
ἐπεὶ ἔξοιδα ὢν [2] ἀνὴρ,	vu-que *je* sais-à-fond étant homme,
καὶ ὅτι μοι	et qu' à-moi
οὐδὲν πλέον σοῦ [3]	*en* rien plus que-toi (qu'à toi)
μέτεστι τῆς ἡμέρας	participation-*n'est assurée* du jour
ἐς αὔριον.	*qui est* pour demain.
ΟΙΔ.—Θησεῦ,	œd.—Thésée,

---

1. Μὴ οὐ. (Voy. p. 76, n. 4.) Devant, supposez un ὥστε régissant
l'infinitif suivant.

2. Ἔξοιδ' ὤν. Pour ἔξοιδ' ὅτι εἰμί. Rien de plus commun en grec
que d'unir ainsi une proposition complétive à sa principale par la
simple apposition au sujet de la principale du participe de la complétive. De même dans Virgile (*Én.*, II, 377) : Sensit *medios* delapsus *in
hostes.*

3. Σοῦ. Équivaut à ἢ σοί.

4. Τὸ σὸν γενναῖον, etc. *Ta générosité m'a en peu de mots fait*

la fois sur ma tête : aussi ne refuserai-je jamais de concourir au salut d'un étranger dénué comme tu l'es aujourd'hui. Ne sais-je pas, d'ailleurs, que je suis homme, et que je n'ai pas plus que toi la disposition assurée du lendemain?

OEDIPE.

En quelques mots, Thésée, ta générosité m'a épargné de longs récits. Toi-même tu as nommé, tu as désigné mon père et ma patrie : il ne me reste qu'à t'exposer ma requête, et tout est dit.

τὸ σὸν γενναῖον[4]	la tienne générosité
ἐν σμικρῷ λόγῳ	en *un* petit discours
παρῆκεν,	a-fait-concession *à moi,*
ὥστε δεῖσθαι ἐμοὶ	en-sorte-que besoin-être à-moi
φράσαι βραχέα.	d'avoir-dit *de* courtes *choses seulement.*
Σὺ γὰρ κυρεῖς	Toi-*même* en-effet te-trouves
εἰρηκώς με ὅς εἰμι[5],	ayant-dit moi qui *je* suis,
καὶ ἀπὸ ὅτου[6] πατρὸς γεγὼς,	et de lequel père étant-né,
καὶ ἐξ ὁποίας γῆς ἦλθον·	et de laquelle terre *je* vins;
ὥστε τὸ λοιπὸν	en-sorte-que le reste
ἐστὶν οὐδὲν ἄλλο μοι,	*n'*est rien autre à-moi,
πλὴν εἰπεῖν	excepté *le* avoir-dit
ἃ χρήζω,	lesquelles *choses je* dèsire,
καὶ ὁ λόγος διοίχεται[7].	et le discours s'-en-va (est achevé).

cette concession, que je n'eusse besoin de dire moi-même que peu de paroles, c'est-à-dire, la générosité m'a épargné de longs détails sur moi-même.

5. Με, ὅς εἰμι. Pour ὅς (ou τίς) ἐγώ εἰμι. (Voy. p. 35, n. 4.)

6. Ὅτου. Les Attiques disent ὅτου pour οὗτινος, ἧστινος; ὅτῳ, pour ᾧτινι, ᾗτινι; ὅτων, pour ὧντινων; ὅτοις, pour οἷστισι, αἷστισι.

7. Χὠ (pour καὶ ὁ) λόγος διοίχεται, *puis le discours est parti* (Voy. p. 64, n. 4), *puis tout est dit.*

ΘΗΣΕΥΣ.

Τοῦτ’ αὐτό νυν δίδασχ’, ὅπως ἂν ἐκμάθω.   565

ΟΙΔΙΠΟΥΣ.

Δώσων ἱκάνω τοὐμὸν ἄθλιον δέμας
σοὶ δῶρον, οὐ σπουδαῖον εἰς ὄψιν · τὰ δὲ
κέρδη παρ’ αὐτοῦ κρείσσον’ ἢ μορφὴ καλή.

ΘΗΣΕΥΣ.

Ποῖον δὲ κέρδος ἀξιοῖς ἥκειν φέρων;

ΟΙΔΙΠΟΥΣ.

Χρόνῳ μάθοις ἂν, οὐχὶ τῷ παρόντι που.   570

ΘΗΣΕΥΣ.

Ποίῳ γὰρ ἡ σὴ προσφορὰ [1] δηλώσεται [2];

ΟΙΔΙΠΟΥΣ.

Ὅταν θάνω ’γὼ, καὶ σύ μου ταφεὺς γένῃ.

ΘΗΣΕΥΣ.

Τὰ λοίσθι’ ἄρ’ αἰτεῖ [3] τοῦ βίου [4] · τὰ δ’ ἐν μέσῳ,

ΘΗΣ.—Δίδασκέ νυν τοῦτο αὐτὸ, ὅπως ἂν-ἐκμάθω.

THÉS.—Enseigne donc ceci même, afin-que *je l’*aie-appris-à-fond.

ΟΙΔ.—Ἱκάνω δώσων δῶρόν σοι τὸ ἐμὸν ἄθλιον δέμας, οὐ σπουδαῖον εἰς ὄψιν· τὰ δὲ κέρδη παρὰ αὐτοῦ κρείσσονα ἢ μορφὴ καλή.

ŒD.—*Je* viens devant-donner *en* don à-toi le mien misérable corps, non précieux pour *la* vue; mais les profits de-par lui *sont* meilleurs qu’*une* forme belle.

ΘΗΣ.—Ποῖον δὲ κέρδος ἀξιοῖς ἥκειν φέρων;

THÉS.—Mais quel profit prétends-*tu* venir apportant?

---

1. Ἡ σὴ προσφορά, *ton apport, ces avantages que tu prétends nous apporter.*

2. Δηλώσεται. Futur à forme moyenne, à sens passif, suivant l’u-

THÉSÉE.

Au fait, donc! parle, éclaire-moi.

OEDIPE.

Je viens te faire hommage de ce misérable corps : il n'est
pas flatteur à la vue, mais les avantages attachés à sa possession
sont plus précieux qu'une vaine beauté.

THÉSÉE.

De quels avantages prétends-tu donc nous doter?

OEDIPE.

C'est l'avenir, et non le présent, qui te les révèlera.

THÉSÉE.

Mais dans quel avenir se fera-t-elle, cette révélation de ton
bienfait?

OEDIPE.

Après ma mort, quand tu m'auras enfermé dans la tombe.

THÉSÉE.

Ainsi, c'est pour la dernière heure de ta vie que tu fais appel

---

ΟΙΔ. —Μάθοις-ἂν χρόνῳ,
οὐχὶ τῷ παρόντι που.

ΟΕD. —*Tu* eusses-appris (tu sauras) *cela*
par-*le*-temps,
non par-le présent en-aucune-façon.

ΘΗΣ. —Ποίῳ γὰρ
ἡ σὴ προσφορὰ [1] δηλώσεται [2];

THÉS. —Par-lequel donc
le tien apport sera-*t-il*-montré ?

ΟΙΔ. —Ὅταν ἐγὼ θάνω,
καὶ σὺ γένη
ταφεύς μου.

OED. —Quand *et* moi aurai-péri,
et toi seras-devenu
ensevelisseur de-moi.

ΘΗΣ. —Αἰτεῖ [3] ἄρα
τὰ λοισθὰ τοῦ βίου [4]·
τὰ δὲ ἐν μέσῳ,

THÉS. —*Tu* demandes donc
les *choses* suprêmes de-la vie ;
mais les *choses de* dans *le* milieu,

---

sage perpétuel des Attiques, en prose aussi bien qu'en vers : ces futurs
abondent dans Platon.

3. Αἰτεῖ, puis ποιεῖ, puis ἐπαιτεῖ. Secondes personnes attiques, en
εῖ pour ῇ.

4. Τὰ λοισθὰ τοῦ βίου, (des choses ne concernant que) *les derniers
instants de la vie.*

ἢ λῆστιν ἴσχεις [1], ἢ δι' οὐδενὸς ποιεῖ.

ΟΙΔΙΠΟΥΣ.

Ἐνταῦθα [2] γάρ μοι κεῖνα συγκομίζεται.   575

ΘΗΣΕΥΣ.

Ἀλλ' ἐν βραχεῖ [3] δὴ τήνδε μ' ἐξαιτεῖ χάριν.

ΟΙΔΙΠΟΥΣ.

Ὅρα γε μήν · οὐ σμικρὸς, οὐκ, ἀγὼν ὅδε [4].

ΘΗΣΕΥΣ.

Πότερα τὰ τῶν σῶν ἐκγόνων, ἢ 'μοῦ λέγεις;

ΟΙΔΙΠΟΥΣ.

Κεῖνοι κομίζειν κεῖσ' ἀναγκάζουσί με [5].

ΘΗΣΕΥΣ.

Ἀλλ' εἰ θέλοντά γ' [6], οὐδὲ σοὶ φεύγειν καλόν.   580

ἢ ἴσχεις [1] λῆστιν, ,
ἢ ποιεῖ διὰ οὐδενός·
  ΟΙΔ.—Ἐνταῦθα [2] γὰρ
συγκομίζεταί μοι
κεῖνα.
  ΘΗΣ.—Ἀλλὰ δὴ
ἐξαιτεῖ με τήνδε χάριν
ἐν βραχεῖ [3].
  ΟΙΔ.—Ὅρα γε μήν·
οὐ σμικρὸς, οὔχ, ὅδε [4] ἀγών.
	ou *tu* as oubli *d'elles*,
	ou *tu* fais (estimes) *elles* en-guise-de
	  OED.—Ici en-effet, [rien.
	sont emportées (obtenues)-simultané-
	ces-*choses*-là. [ment à-moi
	  THÉS.—Mais donc
	tu réclames *de* moi cette faveur
	consistant en *chose* petite.
	  OED.—Vois donc pourtant :
	non petite, non, *sera* cette lutte.

---

1. Τὰ δὲ... ἢ λῆστιν ἴσχεις. Anacoluthe : en écrivant l'accusatif τὰ δέ, etc., Sophocle avait en vue διὰ λήστεως ἴσχεις; en place, il a écrit λῆστιν ἴσχεις, qui suppose τῶν δέ. Du reste, τὰ δέ va bien avec l'autre proposition (δι' οὐδενὸς ποιεῖ).

2. Ἐνταῦθα, etc. *C'est qu'ici* (dans les choses relatives à la fin de ma vie) *sont simultanément emportées* (c'est-à-dire *sont comprises*) *celles-là* (celles qui regardent le temps que j'ai à vivre jusqu'à ma mort).

3. Ἐν βραχεῖ. Équivaut à βραχεῖαν, modifiant χάριν : *grâce de peu d'importance, facile à accorder.*

4. Ἀγὼν ὅδε, *cette lutte* qui m'attend. La lutte qu'OEdipe entrevoit

à moi! Tout l'intervalle, ou tu l'oublies, ou tu n'en tiens nul compte.

OEDIPE.

C'est que, pour moi, tout est là.

THÉSÉE.

Une telle faveur, certes, est promptement accordée.

OEDIPE.

Prends garde!.. Non, elle n'est point à dédaigner, cette lutte.

THÉSÉE.

Quelle lutte? Est-ce de tes fils, est-ce de moi que tu parles?

OEDIPE.

Ils prétendent me contraindre de retourner à Thèbes.

THÉSÉE.

Qu'ils consultent ta volonté, et toi-même tu ne peux sans crime vivre aus l'exil.

———o—◇—o———

ΘΗΣ.—Πόια λέγεις τὰ τῶν σῶν ἐϟ/ων, ἢ ἐμοῦ;

ΟΙΔ.—Κεῖ ἀναγκάζουσί κομίζειν κεῖσ: [με 5

ΘΗΣ.—Ἀ.ε εἰ θέλοντά γε, οὐδὲ καλόν σε φεύγειν.

THÉS.—Lesquelles-des-deux dis-*tu*, les *choses* des tiens fils, ou *celles* de-moi?

ŒD.—Ceux-là forcent (veulent forcer) à *me transporter* là-*bas*.   [mo

THÉS.—Mais, si *c'est toi le* voulant donc, pas-même-*n'est-il* beau à-toi de fuir (de rester exilé).

contre ceux qⁱ'ont venir pour l'enlever. Au surplus, ce qui est clair pour lui l'eshoins pour Thésée, et de là cette nouvelle question : *Quelle lutte? la part de tes fils, ou de la mienne?*

5. Κομίζει ἀναγκάζουσί με, *me forcent* (veulent me forcer) *à me transporter* (ἰζειν, pour κομίζειν ἐμαυτόν) *là-bas*. OEdipe emploie le présent ἀ.άζουσι. parce qu'il est averti par Ismène et possédé lui-même d'uŋrte d'inspiration prophétique, en vertu de laquelle il voit déjà s'nplir les faits prochains.

6. Ἀλλ' εἰντά γε. Complétez l'idée en reprenant κομίζειν ἀναγκάζουσι, mai adoucisssant beaucoup l'ἀναγκάζουσι : *mais s'ils veulent que l transportes le voulant bien*, c'est-à-dire *mais s'ils ne veulent t'æner à Thèbes qu'avec ton libre consentement.*

ΟΙΔΙΠΟΥΣ.

Ἀλλ' οὐδ', ὅτ' αὐτὸς ἤθελον, παρίεσαν.

ΘΗΣΕΥΣ.

Ὦ μῶρε, θυμὸς ἐν κακοῖς οὐ ξύμφορον [1].

ΟΙΔΙΠΟΥΣ.

Ὅταν μάθῃς μου, νουθέτει · τὰ νῦν δ', ἔα.

ΘΗΣΕΥΣ.

Δίδασκ' · ἄνευ γνώμης γὰρ, οὔ με χρὴ λέγειν.

ΟΙΔΙΠΟΥΣ.

Πέπονθα, Θησεῦ, δεινὰ πρὸς κακοῖς κακά.   585

ΘΗΣΕΥΣ.

Ἦ τὴν παλαιὰν ξυμφορὰν γένους ἐρεῖς;

ΟΙΔΙΠΟΥΣ.

Οὐ δῆτ', ἐπεὶ πᾶς τοῦτό γ' Ἑλλήνων θροεῖ.

ΘΗΣΕΥΣ.

Τί γὰρ τὸ μεῖζον ἢ κατ' ἄνθρωπον νοσεῖς;

———◦—◆—◦———

ΟΙΔ.—Ἀλλὰ οὐδὲ παρίεσαν, ὅτε αὐτὸς ἤθελον.

OED.—Mais pas-même-ne permirent-ils quand moi-même le voulais [là-bas, non séjour

ΘΗΣ.—Ὦ μῶρε, θυμὸς ἐν κακοῖς οὐ ξύμφορον [1].

THÉS.—O insensé, la colère dans les maux point-n'est chose avantageuse.

ΟΙΔ.—Ὅταν μάθῃς μου, νουθέτει · τὰ δὲ νῦν, ἔα.

OED.—Quand tu auras appris de-moi, conseille ; mais en les choses de maintenant, laisse.

ΘΗΣ.—Δίδασκε · ἄνευ γνώμης γὰρ,

THÉS.—Instruis : sans connaissance en-cet,

———

1. Θυμὸς οὐ ξύμφορον. Quel que soit le genre du sujet, l'attribut se met souvent au neutre. De même en latin. Virgile (Égl., III, 80) : Triste lupus stabulis, maturis frugibus imbres, Arboribus venti,

OEDIPE.

Quand je tenais à rester, ils ne l'ont pas permis.

THÉSÉE.

Insensé! le ressentiment, dans le malheur, n'est pas sans danger.

OEDIPE.

Quand tu m'auras entendu, conseille-moi ; jusque-là, silence!

THÉSÉE.

Achève de m'instruire. En effet, je ne dois pas prononcer sans savoir.

OEDIPE.

J'ai souffert, ô Thésée, des maux sans nombre, des maux cruels.

THÉSÉE.

Parles-tu des anciennes douleurs de ta naissance ?

OEDIPE.

Non : celles-là, toute la Grèce en retentit encore.

THÉSÉE.

Quels sont donc ces maux, sous lesquels plient les forces humaines?

———◇———

οὐ χρή με λέγειν. | point-ne faut-*il* moi parler.

ΟΙΔ.—Πέπονθα, Θησεῦ, | ŒD.—*J'*ai-souffert, Thésée,
δεινὰ κακὰ πρὸς κακοῖς. | affreux maux sur maux.

ΘΗΣ.—Ἦ ἐρεῖς | THÉS.—Est-ce-que *tu* diras
τὴν παλαιὰν ξυμφορὰν γένους; | l'ancien accident de-*ta*-naissance ?

ΟΙΔ.—Οὐ δῆτα, | ŒD.—Non donc,
ἐπεὶ πᾶς Ἑλλήνων | puisque tout *homme* de-*les*-Grecs
θροεῖ τοῦτό γε. | répète-sans-cesse ceci du-moins.

ΘΗΣ.—Τί γὰρ νοσεῖς, | THÉS.—*En* quoi donc es-*tu*-malade,
τὸ μεῖζον | le *étant* (qui soit) plus-grand
ἢ κατὰ ἄνθρωπον; | que quant-à *un* homme ?

———

nobis Amaryllidis iræ. En français, nous sommes obligés, en pareil cas, d'exprimer le mot *chose : le ressentiment n'est pas chose avantageuse.*

ΟΙΔΙΠΟΥΣ.

Οὕτως ἔχει μοι · γῆς ἐμῆς ἀπηλάθην
πρὸς τῶν ἐμαυτοῦ σπερμάτων [1] · ἔστιν [2] δέ μοι   '590
πάλιν κατελθεῖν μήποθ', ὡς πατροκτόνῳ.

ΘΗΣΕΥΣ.

Πῶς δῆτά σ' ἂν πεμψαίαθ' [3], ὥστ' οἰκεῖν δίχα;

ΟΙΔΙΠΟΥΣ.

Τὸ θεῖον αὐτοὺς ἐξαναγκάζει στόμα [4].

ΘΗΣΕΥΣ.

Ποῖον πάθος δείσαντας ἐκ χρηστηρίων;

ΟΙΔΙΠΟΥΣ.

Ὅτι σφ' ἀνάγκη τῇδε πληγῆναι χθονί [5].   595

ΘΗΣΕΥΣ.

Καὶ πῶς γένοιτ' ἂν τἀμὰ κἀκείνων πικρά [6];

ΟΙΔΙΠΟΥΣ.

Ὦ φίλτατ' Αἰγέως παῖ, μόνοις οὐ γίγνεται
θεοῖσι γῆρας, οὐδὲ κατθανεῖν [7] ποτέ ·

ΟΙΔ.—Οὕτως ἔχει μοι ·
ἀπηλάθην ἐμῆς γῆς
πρὸς τῶν σπερμάτων [1] ἐμαυ-
ἔστι [2] δέ μοι,   [τοῦ ·
ὡς πατροκτόνῳ,
μήποτε πάλιν-κατελθεῖν.
   ΘΗΣ.—Πῶς δῆτα
ἂν-πεμψαίατό [3] σε,
ὥστε οἰκεῖν δίχα;
   ΟΙΔ.—Τὸ θεῖον στόμα [4]
ἐξαναγκάζει αὐτούς.

OED.—Ainsi *en* est-*il* à-moi :
je fus-repoussé-de ma terre
de-par les rejetons de-moi-même ;
*il n'*est *permis* d'-autre-part à-moi,
comme parricide,
de jamais *y* être-re-venu.
   THÉS.— Comment donc
auraient-*ils*-fait (feraient-ils)-venir toi,
de-manière-à habiter à-part *d'elle* ?
   OED.—La divine bouche (l'oracle)
contraint eux.

---

1. Σπερμάτων. C'est-à-dire παίδων.
2. Ἔστιν. Comme ἔνεστιν, *il n'est permis.*
3. Πεμψαίατο. Poétique et ionien, pour πέμψαιντο. Ce changement
du ν en α n'a lieu qu'aux troisièmes personnes du pluriel des indicatifs et optatifs moyens ou passifs.—De plus, πέμπεσθαι est pris ici au
sens du composé μεταπέμπεσθαι, *faire venir.* Sophocle a plusieurs

OEDIPE.

Les voici : j'ai été chassé de ma patrie par mes propres fils,
et, comme parricide, je n'y dois jamais rentrer.

THÉSÉE.

Eh quoi ! comment t'y rappelleraient-ils, si tu devais vivre loin
d'elle?

OEDIPE.

C'est un oracle qui les y force.

THÉSÉE.

Cet oracle, de quelle calamité les menace-t-il?

OEDIPE.

De se voir fatalement battus par cette contrée.

THÉSÉE.

Mais, entre eux et moi, d'où pourrait naître le désaccord ?

OEDIPE.

Cher hôte, noble fils d'Égée, pour les dieux seuls il n'est ni
vieillesse ni mort : le temps, dans sa toute-puissance, confond

---

ΘΗΣ. — Δείσαντας ποῖον ἐκ χρηστηρίων ; [πάθος

ΟΙΔ. — Ὅτι ἀνάγκη σφὲ πληγῆναι τῇδε χθονί [5].

ΘΗΣ. — Καὶ πῶς τὰ ἐμὰ καὶ ἐκείνων γένοιτο-ἂν πικρά [6];

ΟΙΔ. — Ὦ φίλτατε παῖ Αἰμόνοις θεοῖς [γέως,
οὐ γίγνεται γῆρας,
οὐδὲ κατθανεῖν [7] ποτε ·

THÉS. — *Eux* ayant-craint quelle souf- d'-après *les* oracles ? [france

OED. — Parce-que nécessité *est* eux avoir-été (*être*)-battus par-cette terre.

THÉS. — Et comment les *choses* miennes et *celles* de-ceux-là seraient-*elles*-devenues amères (hos-

OED. — O très-cher fils d'-Égée, [tiles)? à-*les*-seuls dieux ni n'advient *la* vieillesse ni *le* être-morts jamais;

---

fois employé de même στέλλειν ou στέλλεσθαι pour μεταστέλλειν ou
μεταστέλλεσθαι. (*OEdipe-Roi*, 423 et 845.)

4. Στόμα. La *bouche*, pour la *parole*, l'*oracle*. Comparez v. 130.

5. Τῇδε πληγῆναι χθονί. C'est-à-dire ὑπὸ τῆσδε πληγῆναι χθονός.
Allusion déjà relevée plusieurs fois, entr'autres à propos du vers 92.

6. Πικρά (sous-entendu ἀλλήλοις), *ennemies* entre elles. Attribut.

7. Κατθανεῖν. Poétique, pour καταθανεῖν.

τὰ δ' ἄλλα συγχεῖ πάνθ' ὁ παγκρατὴς χρόνος.

Φθίνει μὲν ἰσχὺς γῆς, φθίνει δὲ σώματος·   600

θνήσκει δὲ πίστις, βλαστάνει δ' ἀπιστία.

Καὶ πνεῦμα ταὐτὸν,[1] οὔποτ' οὔτ' ἐν ἀνδράσι

φίλοις βέβηκεν [2], οὔτε πρὸς πόλιν πόλει.

Τοῖς μὲν γὰρ ἤδη, τοῖς δ' ἐν ὑστέρῳ χρόνῳ,

τὰ τερπνὰ πικρὰ γίγνεται, καὖθις φίλα.   605

Καὶ ταῖσι Θήβαις εἰ τὰ νῦν εὐημερεῖ

καλῶς τὰ πρὸς σὲ, μυρίας ὁ μυρίος

χρόνος τεκνοῦται νύκτας ἡμέρας τ' ἰὼν,

ἐν αἷς τὰ νῦν ξύμφωνα δεξιώματα [3]

ἐν δορὶ [4] διασκεδῶσιν [5] ἐκ σμικροῦ λόγου [6]·   610

ἵν' [7] οὑμὸς εὕδων καὶ κεκρυμμένος νέκυς

ψυχρός ποτ' αὐτῶν θερμὸν αἷμα πίεται,

—o—◇—o—

ὁ δὲ παγκρατὴς χρόνος	mais le tout-souverain temps
συγχεῖ πάντα τὰ ἄλλα.	confond toutes les autres *choses*.
Φθίνει μὲν ἰσχὺς γῆς,	Et dépérit *la* force de-*la*-terre,
φθίνει δὲ σώματος·	et dépérit *celle* de-*le*-corps
πίστις δὲ θνήσκει,	et *la* bonne-foi meurt,
ἀπιστία δὲ βλαστάνει.	et *le* manque-de-foi germe.
Καὶ τὸ αὐτὸν 1 πνεῦμα	Et le même esprit
οὔποτε βέβηκεν 2	jamais-ne s'-est-tenu-ferme
οὔτε ἐν ἀνδράσι φίλοις,	ni entre hommes amis,
οὔτε πόλει πρὸς πόλιν·	ni à-cité envers cité :
τοῖς μὲν γὰρ ἤδη,	aux *uns* d'-une-part en-effet déjà,
τοῖς δὲ	aux *autres* d'-autre-part
ἐν χρόνῳ ὑστέρῳ,	en temps ultérieur,
τὰ τερπνὰ γίγνεται πικρά,	les *choses* agréables deviennent amères,
καὶ αὖθις φίλα.	et de-nouveau amies.

1. Πνεῦμα ταὐτόν (attique, pour τὸ αὐτό), *le même esprit.*

2. Βέβηκεν, *tient ferme, persiste.*

3. Δεξιώματα, *enlacements de mains droites* (Virg., *Én.*, I, 408: *dextræ jungere dextram*) en signe d'amitié; par suite, *accueils, bons rapports.*

tout le reste. La terre perd sa vigueur, le corps perd la sienne; la loyauté meurt, et sur ses ruines germe la perfidie. Jamais le même esprit n'anima longtemps ni les hommes les mieux unis, ni les cités entre elles. Un peu plus tôt, un peu plus tard, l'amitié fait place à la haine, puis de nouveau la haine à l'amitié. Entre Thèbes et toi, tout est calme aujourd'hui; mais le temps, dans sa marche infinie, enfante sans nombre et des nuits et des jours, qui verront enfin cette harmonie, cet accord du moment, se déchirer au moindre prétexte sous le fer du combat. Alors, du sein de la terre où il dormira, mon froid cadavre s'abreuvera des flots fumants de leur sang, si Jupiter est encore Jupiter, si Apollon, fils de Jupiter, est encore fidèle en ses oracles. — Mais quel charme y a-t-il à remuer des mys-

Καὶ εἰ ταῖσι Θήβαις	Et si à-la *ville de* Thèbes
τὰ νῦν	*en* les *circonstances de* maintenant
τὰ πρὸς σὲ	les *choses* relativement-à toi
εὐημερεῖ καλῶς,	sont-sereines bellement,
ὁ μυρίος χρόνος	l'infini temps
τεκνοῦται ἰὼν	enfante *en* allant (dans sa course)
μυρίας νύκτας ἡμέρας τε,	d'infinis nuits et jours,
ἐν αἷς,	en lesquels *les Thébains*,
ἐκ σμικροῦ λόγου [6],	d'-après *un* petit prétexte,
διασκεδῶσιν [5] ἐν δορὶ [4]	dissiperont dans *l'acte de la* lance (dans
τὰ δεξιώματα [3]	les accueils (les rapports)　　　[la mêlée)
ξύμφωνα νῦν ·	concordants maintenant;
ἵνα [7] ὁ ἐμὸς νέκυς	*là* où le mien cadavre
εὕδων καὶ κεκρυμμένος ψυχρὸς	dormant et caché froid
πίεταί ποτε	boira un-jour
θερμὸν αἷμα αὐτῶν,	*le* chaud sang d'-eux,

4. Δορί. La *lance* pour le *combat* : le signe pour la chose signifiée.

5. Διασκεδῶσιν. Futur attique, pour διασκεδάσουσιν. (Voy. p. 81, n. 4.) Sujet : Θῆβαι, Θηβαῖοι.

6. Λόγου. Au sens de *prétexte*.

7. Ἵνα. Adverbe de lieu : (là) *où* .

εἰ Ζεὺς ἔτι Ζεὺς, χὠ Διὸς Φοῖβος σαφής [1].
Ἀλλ' (οὐ γὰρ αὐδᾶν ἡδὺ τἀκίνητ' [2] ἔπη),
ἔα μ' [3] ἐν οἷσιν ἠρξάμην, τὸ σὸν μόνον   615
πιστὸν φυλάσσων · κοὔποτ' Οἰδίπουν ἐρεῖς
ἀχρεῖον οἰκητῆρα δέξασθαι τόπων
τῶν ἐνθάδ', εἴπερ μὴ θεοὶ ψεύσουσί με.

ΧΟΡΟΣ.

Ἄναξ, πάλαι καὶ ταῦτα καὶ τοιαῦτ' ἔπη
γῇ τῇδ' ὅδ' ἀνὴρ ὡς τελῶν [4] ἐφαίνετο.   620

ΘΗΣΕΥΣ.

Τίς δῆτ' ἂν ἀνδρὸς εὐμένειαν ἐκβάλοι
τοιοῦδ', ὅτου [5] πρῶτον μὲν ᾗ δορύξενος [6]

<table>
<tr><td>

εἰ Ζεὺς ἔτι Ζεὺς,
καὶ Φοῖβος ὁ Διὸς σαφής [1].
Ἀλλὰ
(οὐ γὰρ ἡδὺ αὐδᾶν
τὰ ἔπη ἀκίνητα [2]),
ἔα με [3]
ἐν οἷς ἠρξάμην,
φυλάσσων μόνον
τὸ σὸν πιστόν ·
καὶ οὔποτε ἐρεῖς
δέξασθαι Οἰδίπουν
ἀχρεῖον οἰκητῆρα

</td><td>

si Jupiter *est* encore Jupiter,
et *si* Phébus le *fils* de-Jupiter *est* clair
Mais   [(véridique).
(point-n'*est*-il en-effet agréable *de* dire
les paroles non-*bonnes*-à-remuer),
laisse moi *rester*
en les-*choses*-que *j*'ai-commencé *à dire*,
gardant seulement *envers moi*
la tienne fidèle *chose* (ta foi);
et jamais-ne diras-*tu*
avoir-reçu Œdipe
inutile habitant

</td></tr>
</table>

---

1. Χὠ (pour καὶ ὁ) Διὸς (sous-entendu υἱός) Φοῖβος σαφής. Sans
cesse, à propos des oracles d'Apollon, Sophocle nomme Jupiter. Il fait
plus : il nomme l'oracle émané d'Apollon *la voix de Jupiter* (*OEd.-*
Roi, 151 : ὦ Διὸς ἀδυεπὴς φάτι !). Comment ne pas reconnaître là
une altération d'un dogme antique, plus vieux que le paganisme, et en
vertu duquel Dieu le Fils est le *Verbe* du *Père*?— Σαφής a ici le sens
d'ἀληθής, comme en divers autres endroits.

2 Τἀκίνητα. *Parler* d'une chose, c'est en quelque sorte la *mou-*
voir par la parole (κινεῖν λόγῳ, v. 1516). *Les paroles qu'il ne faut*
pas remuer sont donc *celles qu'il ne faut pas prononcer*, les ἄῤῥητα.

3. Ἔα με, etc. Explicitement : ἔα με διαμεῖναι ἐν τοῖς λόγοις ὧν

tères que devrait ensevelir le silence? Permets que je m'en
tienne à ces débuts, et garde-moi seulement ta foi : jamais, à
moins que les dieux ne trahissent leurs promesses, tu ne te
plaindras d'avoir, en accueillant OEdipe, donné à ton pays un
hôte inutile.

LE CHOEUR.

Prince, dès l'abord cet étranger s'est annoncé par les mêmes
paroles, par les mêmes offres en faveur de cette contrée.

THÉSÉE.

Comment repousser la bienveillance d'un homme, qui, déjà
uni à nous par l'antique hospitalité du foyer, est encore de-

τῶν τόπων ἐνθάδε,	des lieux *d'ici,*
εἴπερ θεοὶ μὴ ψεύσουσί με.	si-donc *les* dieux ne tromperont *pas* moi,
ΧΟΡ.—"Αναξ,	LE CH.—Prince,
ὅδε-ὁ ἀνὴρ ἐφαίετο πάλαι	cet homme se-révélait dès-longtemps
ὡς τελῶν[4] τῇδε γῇ,	comme devant-accomplir à-cette terre
καὶ ταῦτα ἔπη καὶ τοιαῦτα.	et ces paroles et *d'autres* telles.
ΘΗΣ.—Τίς δῆτα	THÉS.—Qui donc
ἂν-ἐκβάλοι	eût-rejeté (rejetterait)
εὐμένειαν ἀνδρὸς τοιοῦδε;	*la* bienveillance d'-un-homme tel?
ὅτου[5] πρῶτον μὲν	duquel en-premier d'-une-part
ἡ ἑστία δορύξενος[6]	le foyer hospitalier

ἠρξάμην, *laisse-moi m'en tenir à ce que j'ai commencé à dire, n'exige
pas que j'achève.*

4. Τελῶν. Futur attique, pour τελέσων.

5. "Οτου. Attique, pour οὗτινος.

6. Δορύξενος. Se dit proprement de *l'hospitalité contractée à la
guerre.* Or, ce passage fait voir qu'il existait entre OEdipe et Thésée,
ou du moins entre leurs familles, de vieux liens d'hospitalité, qui
avaient pu, en effet, se contracter d'abord au milieu d'un combat.
Quoi qu'il en soit, il est évident qu'ici l'idée de δόρυ s'efface, et que
δορύξενος n'équivaut plus qu'à ξένη. (Voy. p. 22, n. 1.)

κοινὴ παρ' ἡμῖν αἰέν ἐστιν ἑστία ·
ἔπειτα δ', ἱκέτης δαιμόνων [1] ἀφιγμένος,
γῇ τῇδε κἀμοὶ δασμὸν οὐ σμικρὸν τίνει.   625
Ἁγὼ [2] σεβισθεὶς, οὔποτ' ἐκβαλῶ χάριν
τὴν τοῦδε, χώρα δ' ἔμπαλιν [3] κατοικιῶ [4].
Εἰ δ' ἐνθάδ' ἡδὺ τῷ ξένῳ μίμνειν, σέ νιν [5]
τάξω φυλάσσειν · εἰ δ' ἐμοῦ [6] στείχειν μέτα,
τόδ' ἡδύ. Τούτων [7], Οἰδίπους, δίδωμί σοι   630
κρίναντι χρῆσθαι · τῇδε γὰρ ξυνοίσομαι [8].

ΟΙΔΙΠΟΥΣ.

Ὦ Ζεῦ, διδοίης τοῖσι τοιούτοισιν εὖ !

ΘΗΣΕΥΣ.

Τί δῆτα χρῄζεις; ἢ δόμους στείχειν ἐμούς;

ΟΙΔΙΠΟΥΣ.

Εἴ [9] μοι θέμις γ' ἦν · ἀλλ' ὁ χῶρος ἔσθ' ὅδε...

ἐστὶν αἰὲν κοινὴ παρὰ ἡμῖν ·

est toujours commun chez nous ;

ἔπειτα δὲ,

ensuite d'-autre-part,

ἀφιγμένος ἱκέτης δαιμόνων [1],

arrivé suppliant de-*nos*-divinités,

τίνει τῇδε γῇ καὶ ἐμοὶ

il paye à-cette terre et à-moi

δασμὸν οὐ σμικρόν.

un tribut non petit.

Ἅ ἐγὼ [2] σεβισθεὶς,

Lesquelles *choses* moi ayant-prises-à-

οὔποτε ἐκβαλῶ

jamais-ne rejetterai-*je*   [égard,

τὴν χάριν τοῦδε,

la faveur de-celui-ci,

ἔμπαλιν [3] δὲ

et en-retour d'-autre-part

κατοικιῶ [4] χώρα.

je l' établirai en-*cette*-contrée.

Εἰ δὲ ἡδὺ τῷ ξένῳ

Si d'-autre-part *il est* agréable à-l'étran-

μίμνειν ἐνθάδε,

de rester ici,   [ger

τάξω σε φυλάσσειν νιν [5] ·

j'établirai toi *pour* garder lui ;

εἰ δὲ

si d'-autre-part *il lui est agréable*

---

1. Δαιμόνων. Les Euménides.
2. Ἁγώ. Crase, pour ἃ ἐγώ.
3. Ἔμπαλιν. *En retour* de ce bienfait promis par OEdipe.
4. Κατοικιῶ. Futur attique, pour κατοικίσω (Voy. p. 81, n. 4).
5. Σέ. Le Chœur. — Νιν. OEdipe.

venu le suppliant de nos divinités, et nous paye, à cette terre et à moi, un si précieux tribut? Amis, ces raisons m'ont touché: non, je ne rejetterai pas les bienfaits de cet étranger; je les reconnaîtrai en l'attachant à notre sol. S'il lui est agréable de demeurer ici même, je le confie à votre garde; s'il préfère me suivre, je l'emmène avec plaisir. Entre ces deux partis, OEdipe, je te laisse libre d'opter : ton choix sera le mien.

OEDIPE.

Puisse ta faveur, ô Jupiter, descendre sur des mortels si généreux!

THÉSÉE.

Eh bien, que veux-tu? venir dans mon palais?

OEDIPE.

Plût au ciel! Mais c'est en ce lieu même...

———o—◇—o———

στείχειν μετὰ ἐμοῦ 6,	de marcher avec moi,
τόδε ἡδύ.	ceci *m'est* agréable *aussi.*
Δίδωμί σοι, Οἰδίπους,	*Je* donne à-toi, OEdipe,
κρίναντι τούτων 7,	ayant-choisi *en fait* de-ces *choses,*
χρῆσθαι ·	*d'* user-de *celle que tu voudras ;*
ξυνοίσομαι 8 γὰρ τῇδε.	car *je* me-porterai-avec *toi* par-là.
ΟΙΔ.— Ὦ Ζεῦ,	œD.—O Jupiter
διδοίης εὖ τοῖσι τοιούτοισι!	pusses-*tu*-donner bien aux *étant* tels!
ΘΗΣ.—Τί δῆτα χρήζεις;	THÉS.—Quoi donc désires-*tu*?
ἢ στείχειν ἐμοὺς δόμους;	Est-ce aller *à* mes demeures?
ΟΙΔ.—Εἴ 9 γε	œD.—Si du-moins
θέμις ἦν μοι ·	destin était à-moi *d'y aller ;*
ἀλλὰ ὅδε ἐστὶν ὁ χῶρος.....	mais celui-ci est l'endroit.....

---

6. Εἰ δ' ἐμοῦ, etc. Explicitement : εἰ δ' αὐτῷ ἡδὺ μετ' ἐμοῦ στείχειν, τόδ' ἡδύ ἐστι καὶ ἐμοί.

7. Τούτων. Dépend de κρίναντι (Voy. p. 71, n. 3). — Avec χρῆσθαι, sous-entendez τῷ ἑτέρῳ.

8. Τῇδε ξυνοίσομαι, *je me porterai avec* toi *par là,* c'est-à-dire *ton choix sera le mien.*

9. Εἰ, etc. (Oui sans doute,) *si,* etc.

ΘΗΣΕΥΣ.

Ἐν ᾧ τί πράξεις; οὐ γὰρ ἀντιστήσομαι.   635

ΟΙΔΙΠΟΥΣ.

Ἐν ᾧ κρατήσω τῶν ἔμ' ἐκβεβληκότων.

ΘΗΣΕΥΣ.

Μέγ' ἂν λέγοις[1] δώρημα τῆς ξυνουσίας.

ΟΙΔΙΠΟΥΣ.

Εἴ σοί[2] γ' ἅπερ φῂς ἐμμενεῖ τελοῦντί μοι.

ΘΗΣΕΥΣ.

Θάρσει, τὸ τοῦδέ γ' ἀνδρός[3] · οὔ σε μὴ[4] προδῶ.

ΟΙΔΙΠΟΥΣ.

Οὔτοι σ' ὑφ' ὅρκου γ', ὡς κακόν, πιστώσομαι[5].   640

ΘΗΣΕΥΣ.

Οὔκουν πέρα γ' ἂν οὐδὲν ἢ λόγῳ[6] φέροις.

ΘΗΣ.—Ἐν ᾧ πράξεις τί; οὐ γὰρ ἀντιστήσομαι.

ΟΙΔ.—Ἐν ᾧ κρατήσω τῶν ἐκβεβληκότων ἐμέ.

ΘΗΣ.—Λέγοις[1]-ἂν μέγα δώρημα τῆς ξυνουσίας.

ΟΙΔ.—Εἰ ἅπερ φῂς ἐμμενεῖ σοί[2] γε τελοῦντί μοι.

ΘΗΣ.—Θάρσει,

THÉS.—En lequel *tu* feras quoi ? point en-effet *ne* m'-opposerai-*je*.

ŒD.—En lequel *je* vaincrai les ayant-rejeté moi.

THES.—*Tu* dirais *là* *un* grand don du séjour-avec *nous*.

ŒD.—Si lesquelles-*choses*-donc *tu* dis persisteront-en toi donc accomplissant *elles* pour-moi.

THÉS.—Aie-confiance,

---

1. Μέγ' ἂν λέγοις, etc. La pensée est probablement, en déplaçant le conditionnel : *le fruit que tu indiques* (λέγεις) *de tes relations avec nous serait* (ἂν εἴη) *certes important.* Cependant on peut aussi construire : *certes tu pourrais alors proclamer* (λέγοις ἄν) *important le fruit de*, etc.

2. Εἴ σοι, etc. Ici encore deux constructions possibles : *Si les choses que tu dis* (tes promesses) *persistent à toi les accomplissant pour moi;* ou bien : *Si tes promesses persistent en toi au profit de moi devant accomplir* (τελοῦντι, pour τελέσοντι) *ce que j'ai promis de mon côté.* Virgile, *Én.*, II, 160 : *Tu modo promissis maneas, servataque serves, Troja, fidem, si vera feram, si magna rependam.*

THÉSÉE.

Qu'y dois-tu accomplir? Achève : je ne m'opposerai à rien.

OEDIPE.

Que je triompherai de ceux qui m'ont banni.

THÉSÉE.

Ce serait là, certes, un fruit magnifique de ton séjour parmi nous!

OEDIPE.

Il est assuré, si tu tiens tes engagements envers moi.

THÉSÉE.

En ce qui me concerne, aie confiance; je ne te trahirai point.

OEDIPE.

Je n'exigerai point de toi, comme d'une âme vile, la garantie du serment.

THÉSÉE.

Le serment ne t'assurérait pas plus que ma simple parole.

———o—◇—o———

πό γε τοῦδε ἀνδρός [3] ·	*quant à* le *fait* donc de-cet homme (de
οὐ μὴ [4] προδῶ σε.	point-n'*est-il que je* n'aie-trahi toi. [moi):
ΟΙΔ.— Οὔτοι	œᴅ.——Point-certes
πιστώσομαί [5] σε,	*ne* m' -assurerai-*je* toi,
ὡς κακὸν,	comme *un* mauvais *homme*,
ὑπὸ ὅρκου γε.	par serment du-moins.
ΘΗΣ. —Οὔκουν	ᴛʜᴇ́s.—Point-donc
ἂν-φέροι; οὐδὲν πέρα γε	*n'emporterais-tu* rien au-delà donc
ἢ λόγῳ [6].	que par-*ma-simple*-parole.

3. Τὸ τοῦδέ γ' ἀνδρός, *en ce qui dépend de cet homme*, c'est-à-dire *de moi*. Cet ὅδε ἀνήρ, pour ἐγώ, revient souvent dans le dialogue de la tragédie : il suppose un geste de l'auteur se montrant lui-même. Horace (*Sat.*, 1, 9, 45) : *Haberes magnum adjutorem,.... hunc hominem (c'est-à-dire me) velles si tradere.* Un français se désigne quelquefois familièrement par *votre serviteur.*

4. Οὐ μή. Voyez, page 42, note 2.

5. Πιστώσομαι. Équivaut à πιστόν μοι παρέξομαι.

6. Ἢ λόγῳ. Devant, suppléez, ὅρκῳ, auquel λόγος s'oppose comme désignant la parole, l'affirmation pure et simple.

ΟΙΔΙΠΟΥΣ.

Πῶς οὖν ποιήσεις;

ΘΗΣΕΥΣ.

Τοῦ [1] μάλιστ᾽ ὄκνος σ᾽ ἔχει;

ΟΙΔΙΠΟΥΣ.

῞Ηξουσιν ἄνδρες...

ΘΗΣΕΥΣ.

᾽Αλλὰ τοῖσδ᾽ [2] ἔσται μέλον [3].

ΟΙΔΙΠΟΥΣ.

῞Ορα, με λείπων [4]...

ΘΗΣΕΥΣ.

Μὴ δίδασχ᾽ ἃ χρή με δρᾶν·

ΟΙΔΙΠΟΥΣ.

᾽Οκνοῦντ᾽ ἀνάγκη [5]...

ΘΗΣΕΥΣ.

Τοὐμὸν οὐκ ὀκνεῖ κέαρ.   645

ΟΙΔΙΠΟΥΣ.

Οὐκ οἶσθ᾽ ἀπειλὰς [6]...

ΘΗΣΕΥΣ.

Οἶδ᾽ ἐγώ σε μήτινα

———o—◇—o———

ΟΙΔ.—Πῶς οὖν ποιήσεις;	ŒD.—Comment donc feras-*tu?*
ΘΗΣ.—Τοῦ [1] μάλιστα	THÉS.—De-quoi *le*-plus
ὄκνος ἔχει σε;	*la* crainte a-*t-elle* (tient-elle) toi?
ΟΙΔ.—῞Ηξουσιν ἄνδρες....	ŒD.—Viendront *des* hommes....
ΘΗΣ.—᾽Αλλὰ	THÉS.—Mais
ἔσται μέλον [3] τοῖσδε [2].	ce sera étant-à-soin à-ceux-ci.
ΟΙΔ.—῞Ορα,	ŒD.—Vois (prends garde),
λείπων [4] με.....	*en* laissant moi....

1. Τοῦ. Attique, pour τίνος.
2. Τοῖσδε. Le Chœur.
3. ῞Εσται μέλον. Décomposition poétique, pour μελήσει.

OEDIPE.

Maintenant, quelles mesures comptes-tu prendre?

THÉSÉE.

Quel est l'objet précis de tes alarmes?

OEDIPE.

Il viendra des hommes...

THÉSÉE.

Ces citoyens y pourvoiront.

OEDIPE.

Prends garde, si tu me quittes...

THÉSÉE.

Laisse-moi, de grâce, aviser moi-même à ce que je dois faire.

OEDIPE.

C'est que nécessairement, quand on craint...

THÉSÉE.

Mon cœur, à moi, ne connaît point la crainte.

OEDIPE.

Tu ne sais pas les menaces...

THÉSÉE.

Je sais que nul mortel ne t'emmènera d'ici malgré moi. Eh!

—————o--◇--o—————

ΘΗΣ.—Μὴ δίδασκε ἃ χρή με δρᾷν.

ΟΙΔ.—Ἀνάγκη [5] ὀκνοῦντα....

ΘΗΣ.—Τὸ ἐμὸν κέαρ οὐκ

ΟΙΔ.—Οὐκ οἶσθα [ὀκνεῖ. ἀπειλάς [6]....

ΘΗΣ.—Ἐγὼ οἶδα

THÉS.—N'enseigne *point* lesquelles *choses* il faut moi faire.

œD.—Nécessité *est* qu'*un* homme hésitant....

THÉS.—Le mien cœur n'hésite *pas*.

œD.—Point-ne sais-*tu* *les* menaces....

THÉS.—Je sais

—————

4. Ὅρα, με λείπων. La pensée, interrompue, s'achèverait par μή μ' ἐκεῖνοι ἀπαγάγωσι.

5. Ὀκνοῦντ' ἀνάγκη. Se compléterait par διδάσκειν τί ὀκνεῖ.

6. Οὐκ οἶσθ' ἀπειλάς. Se compléterait par ἠπειλημένας μοι.

ἐνθένδ' ἀπάξοντ' ἄνδρα πρὸς βίαν[1] ἐμοῦ.
Πολλαὶ δ' ἀπειλαὶ πολλὰ δὴ μάτην ἔπη
θυμῷ[2] κατηπείλησαν · ἀλλ', ὁ νοῦς ὅταν
αὐτοῦ[3] γένηται, φροῦδα τἀπειλήματα.   650
Κείνοις δ' ἴσως, κεἰ δείν' ἐπερρώσθη[4] λέγειν
τῆς σῆς ἀγωγῆς[5], οἶδ' ἐγὼ, φανήσεται
μακρὸν τὸ δεῦρο πέλαγος[6], οὐδὲ πλώσιμον.
Θαρσεῖν μὲν οὖν ἔγωγε, κἄνευ τῆς ἐμῆς
γνώμης[7], ἐπαινῶ, Φοῖβος εἰ προὔπεμψέ σε ·   655
ὅμως δὲ κἀμοῦ μὴ παρόντος, οἶδ' ὅτι
τοὐμὸν φυλάξει σ' ὄνομα μὴ πάσχειν[8] κακῶς.

ΧΟΡΟΣ.

(Στροφὴ α'.)

Εὐίππου[9], ξένε, τᾶσδε χώρας

———o—◇—o———

μήτινα ἄνδρα ἀπάξοντά σε	pas-un homme *ne* devant-emmener toi
πρὸς βίαν[1] ἐμοῦ. [ἐνθένδε	en violence de-moi. [d'-ici
Πολλαὶ δὲ ἀπειλαὶ	D'-ailleurs maintes menaces
κατηπείλησαν δὴ μάτην	menacèrent donc vainement
πολλὰ ἔπη θυμῷ[2] ·	*en* maintes paroles par-colère ;
ἀλλὰ, ὅταν ὁ νοῦς	mais, quand l'esprit
γένηται αὐτοῦ[3],	est-redevenu *maître* de-soi-même,
φροῦδα τὰ ἀπειλήματα.	en-route (adieu) les menaces.
Κείνοις δὲ ἴσως,	Or à-ceux-là peut-être,
καὶ εἰ ἐπερρώσθη[4]	même si *il* fut-confirmé *en eux*
λέγειν δεινὰ	de dire *menaces* terribles
τῆς σῆς ἀγωγῆς[5],	*au sujet* du lien entraînement *hors d'ici*,
τὸ πέλαγος[6] δεῦρο	la mer *conduisant* ici

1. Πρὸς βίαν (en recourant) *à violence contre*, c'est-à-dire *en dépit de, malgré*.

2. Θυμῷ, dans la colère.

3. Αὐτοῦ, (maître) *de soi ;* en latin, *sui compos.*

4. Ἐπερρώσθη. Équivaut à τόλμα ἐγένετο.

5. Τῆς σῆς ἀγωγῆς. Équivaut à τοῦ ἐπαγαγεῖν σε εἰς Θήβας, et dépend de λέγειν (Voy. p. 71, n. 3).

6. Μακρὸν τὸ δεῦρο (sous-entendu ἄγον) πέλαγος. Expression pro-

que de menaces souvent formulées en vain par la colère, et qui, une fois l'âme rentrée dans son assiette, se sont aussitôt évanouies! Eux aussi, je n'en saurais douter, avec quelque violence qu'ils aient osé parler de te ramener à Thèbes, ils sentiront que la mer qui conduit ici est large et difficile à tenir. Rassure-toi donc, crois-moi, indépendamment même de ma promesse, si tu es véritablemnt l'envoyé d'Apollon. En tout cas, fussé-je absent, mon nom, je le sais, te préservera de toute injure.

LE CHOEUR.

Elle est riche en coursiers, la terre que tu viens habiter, ô

—o—◇—o—

φανήσεται μακρὸν οὐδὲ πλώ-	apparaîtra longue et-non navigable.
Ἔγωγε μὲν οὖν [σιμον.	Moi–du–moins d'–une–part donc
ἐπαινῶ θαρσεῖν,	je t'exhorte à avoir-confiance,
καὶ ἄνευ τῆς ἐμῆς γνώμης [7],	même sans la mienne décision,
εἰ Φοῖβος προὔπεμψέ σε ·	si Phébus envoya toi;
ὅμως δὲ	tout–de–même d'–autre–part
καὶ ἐμοῦ μὴ παρόντος,	même moi point-n'étant-là,
οἶδα ὅτι τὸ ἐμὸν ὄνομα	je sais que le mien nom
φυλάξει σε	gardera toi
μὴ πάσχειν [8] κακῶς.	quant à ne-pas souffrir mal.
XOP.—Ξένε,	LE CH. —Étranger,
ἵκου ἔπαυλα	tu es-venu vers les étables (demeurés)
τᾶσδε χώρας εὐίππου [9],	de-cette contrée à-bons-coursiers,

verbiale pour désigner une entreprise difficile : il n'y a point de mer à passer pour se rendre de Thèbes à Athènes.

7. Κἄνευ τῆς ἐμῆς γνώμης, *indépendamment même de ma résolution* de te protéger.

8. Μὴ πάσχειν. C'est-à-dire ὥστε σε μὴ πάσχειν.

9. Εὐίππου. On trouvait à Colone un temple de Neptune équestre, un temple ou une statue de Minerve équestre, une statue équestre de Colonus. D'ailleurs, Colone fait partie de l'Attique, terre essentiellement εὔιππος (Voy. v. 697-705).

ἵκου, τὰ κράτιστα γᾶς, ἔπαυλα [1],

     τὸν ἀργῆτα [2] Κολωνόν ·   660

ἔνθα λίγεια μινύρεται

θαμίζουσα μάλιστ' ἀηδὼν

χλωραῖς ὑπὸ βάσσαις,

τὸν οἰνῶπ' [3] ἀνέχουσα [4] κισσὸν,

     καὶ τὰν ἄβατον θεοῦ [5]   665

φυλλάδα [6] μυριόκαρπον, ἀνάλιον,

     ἀνήνεμόν τε πάντων

χειμώνων [7] · ἵν' ὁ βαχχιώτας ἀεὶ

     Διόνυσος ἐμβατεύει [8],

θεαῖς ἀμφιπολῶν [9] τιθήναις [10].   670

            (Ἀντιστροφὴ α'.)

Θάλλει [11] δ' οὐρανίας ὑπ' ἄχνας

ὁ καλλίβοτρυς κατ' ἦμαρ αἰεὶ [12]

τὰ κράτιστα γᾶς,	les meilleures de-*la*-terre *grecque*,
τὸν ἀργῆτα [2] Κολωνόν ·	*vers* le blanc *sol de* Colone;
ἔνθα λίγεια ἀηδὼν μινύρεται	où *le* mélodieux rossignol gazouille
θαμίζουσα μάλιστα	se-pressant *là le*-plus
ὑπὸ χλωραῖς βάσσαις,	sous (dans) *les* vertes vallées,
ἀνέχουσα [4]	ayant (habitant)
τὸν κισσὸν οἰνῶπα [3]	le lierre à-face-de-vin (sombre)
καὶ τὰν φυλλάδα [6] μυριόκαρ-	et la feuillée à-fruits-infinis
θεοῦ [5], [πον	d'-*un*-dieu,

---

1. Ἔπαυλα, *parcs, étables;* puis, *lieux de séjour* quelconques.

2. Ἀργῆτα. Comme λευκόγεων : la terre de Colone était argileuse, propre à la culture de l'olivier.

3. Οἰνῶπα. Il s'agit du lierre noir, à fleurs rouges.

4. Ἀνέχουσα. Au sens du simple ἔχουσα, *habitant.*

5. Θεοῦ. Bacchus.

6. Φυλλάδα. Développe κισσόν : le lierre, *la feuillée aux mille baies.* Avec ἄβατον, ἀνάλιον, etc., c'est le *bois* même, mais en tant que composé surtout de lierres.

7. Ἀνήνεμον χειμώνων, *sans vent* en fait *d'ouragans,* c'est-à-dire à *l'abri des ouragans.* Ἀνήνεμον est plus poétique, plus pittoresque

étranger ! c'est la première du pays, c'est la blanche Colone.

Ici se presse surtout le rossignol aux plaintes mélodieuses : il se plaît dans ces fonds toujours verts, sous ces sombres lierres, sous cette feuillée aux mille baies ; sanctuaire impénétrable aux pas de l'homme, impénétrable aux feux du soleil, impénétrable au souffle de l'ouragan ; retraite chère au dieu des joyeux transports, à Bacchus, toujours empressé autour de ses divines nourrices.

Ici s'épanouissent chaque jour, vivifiés par la rosée du ciel, le narcisse aux belles grappes, antique couronne des deux gran-

------ o ◇ o ------

ἄϐατον, ἀνάλιον,
ἀνήνεμόν τε πάντων χειμώ-
ἵνα ἐμϐατεύει 8 ἀεὶ   [νων 7,
Διόνυσος ὁ βακχιώτας
ἀμφιπολῶν 9
Θεαῖς τιθήναις 10.

   Ὑπὸ δὲ οὐρανίας ἄχνας
θάλλει 11 αἰεὶ 12 κατὰ ἦμαρ
ὁ νάρκισσος καλλίϐοτρυς,

feuillée sans-pas *d'hommes*, sans-soleil,
et sans-vent de-tous ouragans,
où marche constamment
Bacchus le bacchant
s'-empressant-autour-de
les déesses *ses* nourrices.

   Puis par *la* céleste rosée
fleurit constamment *jour* par jour
le narcisse à-belles-grappes,

------

qu'ἄνευ, mais pourrait se remplacer par cette simple préposition (Voy. p. 22, n. 1).

   8. Ἐμϐατεύει. Mot poétique, propre à la fréquentation habituelle d'un lieu par une divinité. Eschyle, *Perses*, 452 : Ἦν (νῆσον) ὁ φιλέγχωρος Πὰν ἐμϐατεύει.

   9. Ἀμφιπολῶν, *s'empressant auprès de.*

   10. Θεαῖς τιθήναις. C'était à des Nymphes que Jupiter avait confié l'enfance de Bacchus.

   11. Θάλλει. Sous-entendu ἐκεῖ, *là*, sur le territoire de Colone.

   12. Κατ' ἦμαρ αἰεί. Pléonasme fort ordinaire (Voy. v. 678).

νάρκισσος, μεγάλαιν θεαῖν [1]

ἀρχαῖον στεφάνωμ᾽, ὅ τε

χρυσαυγὴς κρόκος· οὐδ᾽ ἄϋπνοι   675

κρῆναι μινύθουσι

Κηφισοῦ [2] νομάδες ῥεέθρων,

ἀλλ᾽ αἰὲν ἐπ᾽ ἤματι

ὠκυτόκος [3] πεδίων [4] ἐπινίσσεται,

ἀκηράτῳ ξὺν ὄμβρῳ [5],   680

στερνούχου [6] χθονός· οὐδὲ Μουσᾶν χοροί

νιν [7] ἀπεστύγησαν, οὐδέ γ᾽

ἁ χρυσάνιος Ἀφροδίτα.

(Στροφὴ β΄.)

Ἔστιν δ᾽, οἷον ἐγὼ

γᾶς [8] Ἀσίας οὐκ ἐπακούω,   685

———o◇o———

ἀρχαῖον στεφάνωμα	antique couronnement
μεγάλαιν θεαῖν [1],	de-deux-grandes déesses,
ὅ τε κρόκος χρυσαυγής·	et le safran à-éclat-doré ;
οὐδὲ μινύθουσι	ni *ne* dépérissent *jamais*
κρῆναι ἄϋπνοι	*des* sources sans-sommeil
νομάδες ῥεέθρων Κηφισοῦ [2],	nourricières des-courants du-Céphise,
ἀλλὰ αἰὲν ἐπὶ ἤματι	mais constamment *jour* après jour
ὠκυτόκος [3]	fécondant-rapidement
ἐπινίσσεται πεδίων [4]	*il* vient-sur (il arrose) *les* plaines

1. Μεγάλαιν θεαῖν. Non les Euménides, mais bien Cérès et Proserpine, partout désignées ainsi. L'emploi du duel l'indique assez ; la mention du narcisse et du safran vient encore à l'appui : Proserpine, on le sait, cueillait le narcisse dans les plaines d'Enna quand Pluton l'enleva ; et Sophocle, dans sa *Niobé*, à ce que nous apprend le scholiaste, donnait formellement le safran comme consacré à Cérès.

2. Κηφισοῦ. Dépend de νομάδες ῥεέθρων : (sources) *nourricières des courants du Céphise*. — Plutarque et Strabon prétendent que le Céphise tarissait pendant les chaleurs ; mais la poésie n'a-t-elle pas ses priviléges pour voir tout en beau ?

des déesses, et le safran doré. Ici, jamais ne s'endorment, jamais ne tarissent les sources du Céphise, ce fleuve dont les
eaux limpides portent incessamment une rapide fécondité au
sein des plaines de notre fertile contrée. Ici les Muses ne dédai-
gnent pas de former des chœurs; ici ne se déplaît pas Vénus,
la déesse aux rênes d'or.

Il est une plante que la renommée n'accorde ni à la terre
d'Asie ni au sol dorien de la grande île de Pélops, une plante

---

χθονὸς στερνούχου 6   de-*ce*-sol ayant-*large*-sein
ξὺν ὄμβρῳ 5 ἀκηράτῳ ·   avec *sa* pluie sans-mélange (pure);
οὐδὲ χοροὶ Μουσᾶν   ni *les* chœurs de-muses
ἀπεστύγησάν νιν 7,   *ne* haïrent elle (cette terre),
οὐδέ γε Ἀφροδίτα   ni donc Vénus
ἀ χρυσάνιος.   la *déesse* à-rênes-d'-or.

   Ἔστιν δὲ φύτευμα,   *Il* est d'-autre-part *une* plante *telle*
οἶον ἐγὼ οὐκ ἐπακούω   quelle je n'entends-*pas-dire*
βλαστὸν πώποτε   germée (produite) jamais-encore
γᾶς 8 Ἀσίας,   *du fait* de-*la*-terre asiatique,

---

3. Ὠκυτόκος, *répandant une rapide fécondité*.

4. Πεδίων. Régi par l'ἐπί d'ἐπινίσσεται.

5. Ἀκηράτῳ ὄμβρῳ, onde pure, *limpide*.

6. Στερνούχου. Équivaut à πεδιούχου. Les poëtes appellent métaphoriquement στέρνα et νῶτα, *sein et dos*, les *plaines* de la terre,
comme ils appellent αὐχένες, *cols*, les *défilés*.

7. Νιν. Colone : les Muses y avaient un temple.

8. Οἶον ἐγὼ γᾶς, etc. Construisez : οἶον ἐγὼ ἐπακούω βλαστὸν οὐ
γᾶς Ἀσίας, οὐδ᾽ ἐν, etc. (c'est-à-dire οὔτε ἐν γᾷ Ἀσίᾳ, οὔτε ἐν, etc.).
Suivant Hérodote, on crut longtemps que l'Attique seule avait des
oliviers.

οὐδ' ἐν τᾷ μεγάλᾳ Δωρίδι νάσῳ [1]
Πέλοπος πώποτε βλαστὸν,
φύτευμ' ἀχείρωτον [2], αὐτόποιον,
ἐγχέων φόβημα [3] δαΐων,
ὃ τᾷδε θάλλει μέγιστα χώρᾳ,　　　　　　690
γλαυκᾶς παιδοτρόφου [4] φύλλον ἐλαίας·
τὸ [5] μέν τις οὔτε νέος [6], οὔτε γήρᾳ [7]
σημαίνων [8], ἁλιώσει [9] χερὶ πέρσας.
Ὁ γὰρ αἰὲν ὁρῶν κύκλος [10]
λεύσσει νιν Μορίου Διὸς [11],　　　　　　695
χἀ [12] γλαυκῶπις Ἀθάνα.

(Ἀντιστροφὴ β'.)
Ἄλλον δ' αἶνον ἔχω

———o—◇—o———

οὐδὲ ἐν τᾷ μεγάλᾳ νάσῳ 1	ni en la grande île dorienne
Πέλοπος, [Δωρίδι	de-Pélops, [d'homme),
ἀχείρωτον 2,	*plante* non-maniée (non plantée de main
αὐτόποιον,	faite (produite)-spontanément,
φόβημα 3 ἐγχέων δαΐων,	effroi de-*les*-lances ennemies,
ὃ θάλλει μέγιστα	laquelle pousse très-grandement
τᾷδε χώρᾳ,	en-cette contrée,
φύλλον ἐλαίας γλαυκᾶς	*la* feuille de-*l'*-olivier bleuâtre
παιδοτρόφου 4 ·	élevant-*les*-enfants;

1. Νάσῳ. *Île*, pour *presqu'île*. Le Péloponnèse, conquis par les Doriens et les Héraclides quatre-vingts ans après la prise de Troie.

2. Ἀχείρωτον, *non maniée, non plantée de main d'homme.*

3. Ἐγχέων φόβημα. L'olivier était l'arbre de la paix, le sauf-conduit des parlementaires en temps de guerre. Dans une invasion de l'Attique, les Lacédémoniens avaient tout ravagé sauf les oliviers!

4. Παιδοτρόφου. A la naissance d'un enfant mâle, les Athéniens le mettaient sous la protection de l'olivier en suspendant à leur porte une couronne faite des feuilles de l'heureux arbre. D'ailleurs, à **un** point de vue plus large, la paix, dont l'olivier est le symbole, favorise la naissance et l'éducation des enfants.

5. Τό. Poétique pour ὅ.

6. Οὔτε νέος. Allusion à Xerxès, qui était jeune quand il envahit la Grèce.

née spontanément et sans culture, l'effroi des lances ennemies :

ici, ici surtout elle prospère, la feuille bleuâtre de l'olivier, la

protectrice de l'enfant au berceau, et jamais chef d'armée, jeune

ou vieux, ne pourra ni l'arracher ni la détruire; car elle croît

sous le regard toujours actif de Jupiter Morios, de Minerve

aux yeux d'azur.

Je dirai, à la louange de cette métropole, une autre mer-

---o—◇—o---

τὸ [5] μὲν οὔτε τις νέος [6],	laquelle certes ni un *homme* jeune,
οὔτε σημαίνων [8] γήρᾳ [7],	ni *un homme* commandant en vieillesse,
ἁλιώσει [9]	*ne* détruira
πέρσας χερί.	ayant-ravagé *elle* par-*sa*-main.
Ὁ γὰρ αἰὲν ὁρῶν κύκλος [10]	Car le toujours voyant orbe (œil)
Διὸς [11] Μορίου	de-Jupiter Morios
λεύσσει νιν,	regarde (veille sur) elle,
καὶ Ἀθάνα ἁ [12] γλαυκῶπις.	et Minerve la *déesse* à-yeux-bleus.
῎Εχω δὲ εἰπεῖν	*J*'ai d'-autre-part *à* avoir-dit

---

7. Οὔτε γήρᾳ. Allusion à Archidamus, qui était vieux quand il envahit l'Attique à la tête des Péloponnésiens.

8. Σημαίνων, *commandant, chef*. Qualifié à la fois par νέος, et par γήρᾳ, équivalent de ἐν γήρᾳ ὤν ou γέρων.

9. Οὔτε.... ἁλιώσει. Hérodote raconte que l'olivier de la citadelle, brûlé par Xerxès, poussa dès le lendemain un rejeton d'une coudée de haut.

10. Κύκλος. Synonyme poétique d'ὀφθαλμός.

11. Μορίου Διός. Lorsque Minerve l'eut emporté sur Neptune par la grandeur du présent qu'elle venait de faire à Athènes en lui donnant l'olivier, le fils du dieu, Halirrhotius, voulut abattre le nouvel arbre; mais Jupiter détourna la hache, qui brisa les jambes du sacrilège. De là le surnom de Μόριος (dérivé de μόρος, *mort*) donné à Jupiter et même aux oliviers (μορίαι).

12. Χἁ. Crase, pour καὶ ἁ (καὶ ἡ).

ματροπόλει τᾷδε κράτιστον,

δῶρον τοῦ μεγάλου δαίμονος [1], εἰπεῖν,

χθονὸς αὔχημα μέγιστον,   700

εὔιππον, εὔπωλον [2], εὐθάλασσον [3],

ὦ παῖ Κρόνου [4] · σὺ γάρ [5] νιν [6] ἐς

τόδ' εἶσας αὔχημ', ἄναξ Ποσειδᾶν,

ἵπποισιν τὸν ἀκεστῆρα [7] χαλινὸν

πρώταισι ταῖσδε κτίσας ἀγυιαῖς.   705

Ἁ δ' εὐήρετμος ἔκπαγλ' [8] ἁλία [9] χερ-

σὶ [10] παραπτομένα [11] πλάτα [12]

θρώσκει, τῶν ἑκατομπόδων [13]

Νηρήδων ἀκόλουθος [14].

ἄλλον αἶνον κράτιστον	*un* autre éloge très-excellent
τᾷδε ματροπόλει,	pour-cette métropole,
δῶρον τοῦ μεγάλου δαίμονος [1],	*un* don du grand dieu,
αὔχημα μέγιστον χθονὸς,	vanterie très-grande de-*cette*-terre,
εὔιππον, εὔπωλον [2],	*don* à-bons-chevaux, à-bons-poulains,
εὐθάλασσον [3],	à-bonne-*exploitation-de-la*-mer,
ὦ παῖ Κρόνου [4] !	ô fils de-Saturne !
Σὺ γάρ [5], ἄναξ Ποσειδᾶν,	Toi-*même* en-effet, prince Neptune,
εἶσας νιν [6] ἐς τόδε αὔχημα,	plaças (amenas) elle à cette vanterie,

---

1. Τοῦ μεγάλου δαίμονος. Neptune.

2. Εὔιππον, εὔπωλον. De ces deux épithètes, la première fait surtout allusion à des chevaux formés, et, par conséquent, à l'habileté équestre des Athéniens ; la seconde, à l'excellence de la race.

3. Εὐθάλασσον. Les Athéniens étaient habiles marins.

4. Παῖ Κρόνου. Neptune, frère de Jupiter et de Pluton.

5. Σὺ γάρ, etc. Les vers 702-705 développent εὔιππον ; les suivants, εὐθάλασσον.

6. Νιν. Athènes, représentée plus haut par ματροπόλει τᾷδε.

7. Ἀκεστῆρα. Le frein *guérit* l'indocilité du cheval.

veille encore, le don précieux d'un dieu puissant, le plus magnifique sujet d'orgueil d'une terre devenue grâce à toi, fils de
Saturne, fameuse par ses coursiers, fameuse par ses poulains,
fameuse par sa marine. Oui, c'est toi, souverain Neptune, qui
portas si haut sa gloire, lorsque, pour dompter la fougueuse ca-
vale, tu produisis dans nos murs le premier frein; c'est par toi
aussi que, sur les mers étonnées, le navire bondit et vole au
gré de la rame habilement maniée, émule des Néréides aux
cent pieds.

--- o ◇ o ---

κτίσας ἵπποισι	ayant-fondé (fabriqué) pour-chevaux
τὸν χαλινὸν ἀκεστῆρα [7]	le frein modérateur
ταῖσδε ἀγυιαῖς πρώταισιν.	en-ces rues *les* premières.
ʹΑ δὲ πλάτα [12] εὐήρετμος,	Puis le navire à-bonnes-rames
παραπτομένα [11]	volant-le-long-de *la côte*
χερσὶ [10],	par-*les-efforts-des*-mains,
θρώσκει ἔκπαγλα [8] ἁλία [9],	bondit merveilleusement marin (en mer),
ἀκόλουθος [14]	compagnon
τῶν Νηρήδων ἑκατομπόδων [13].	des Néréïdes à-cent-pieds.

---

8. Ἔκπαγλα. Adverbialement, pour ἐκπάγλως.

9. ʹΑλία. Pour ἐν ἁλί. Modifie θρώσκει.

10. Χερσί, *par* l'effort des *bras* des rameurs.

11. Παραπτομένα. Pour παραπετομένα, *volant le long des* côtes.

12. Πλάτα. *Rame*, pour *navire :* la partie pour le tout.

13. Ἑκατομπόδων, *aux cent pieds, infatigables.* C'est ainsi que le
fort Briarée est ἑκατόγχειρ (*aux cent bras*), et qu'Érinnys, la *sûre et
rapide* déesse des châtiments, est πολύπους καὶ πολύχειρ.

14. Νηρήδων ἀκόλουθος. Euripide aussi (*Electre*, 432) fait bondir les
vaisseaux au milieu des chœurs des nymphes marines : πέμπουσαι
χοροὺς μετὰ Νηρήδων.

ΑΝΤΙΓΟΝΗ.

Ὦ πλεῖστ᾽ ἐπαίνοις εὐλογούμενον πέδον,   710
νῦν σοι τὰ λαμπρὰ ταῦτα δεῖ φαίνειν[1] ἔπη.

ΟΙΔΙΠΟΥΣ.

Τί δ᾽ ἔστιν, ὦ παῖ, καινόν;

ΑΝΤΙΓΟΝΗ.

Ἆσσον ἔρχεται
Κρέων ὅδ᾽ ἡμῖν οὐκ ἄνευ πομπῶν[2], πάτερ.

ΟΙΔΙΠΟΥΣ.

Ὦ φίλτατοι γέροντες, ἐξ ὑμῶν ἐμοὶ
φαίνοιτ᾽ ἂν ἤδη τέρμα τῆς σωτηρίας[3].   715

ΧΟΡΟΣ.

Θάρσει, παρέσται · καὶ γὰρ, εἰ γέρων κυρῶ,
τὸ τῆςδε χώρας οὐ γεγήρακε σθένος.

ΚΡΕΩΝ.

Ἄνδρες χθονὸς τῆςδ᾽ εὐγενεῖς οἰκήτορες,
ὁρῶ τιν᾽ ὑμᾶς ὀμμάτων εἰληφότας

ΑΝΤΙΓ.—Ὦ πέδον εὐλογούμενον πλεῖστα ἐπαί-νῦν δεῖ σοι φαίνειν[1] [νοις, ταῦτα-τὰ λαμπρὰ ἔπη.

ANTIG.—O sol vanté le-plus par-des-éloges, maintenant il faut à-toi démontrer ces (la vérité de ces) brillantes paroles.

ΟΙΔ.—Τί δέ ἐστι καινὸν, ὦ παῖ;

œD.—Quoi donc est de nouveau, ô enfant ?

ΑΝΤΙΓ.—Πάτερ, ὅδε Κρέων ἔρχεται ἡμῖν ἆσσον οὐκ ἄνευ πομπῶν[2].

ANTIG.—Père, ce Créon vient à-nous plus-près non sans compagnons.

ΟΙΔ.—Ὦ φίλτατοι γέρον-τέρμα τῆς σωτηρίας[3] [τες,

œD.—O très-chers vieillards, le terme précis du sâlut que vous me ré-

---

1. Φαίνειν, *montrer vraies, prouver par des faits la vérité de.*
2. Πομπῶν, *compagnons, satellites.*

ANTIGONE.

O sol, objet de tant d'éloges, le moment est venu de justifier ces magnifiques hommages.

OEDIPE.

Qu'y a-t-il dé nouveau, ma fille?

ANTIGONE.

Près de nous, mon père, s'avance Créon : il est suivi de gardes.

OEDIPE.

Amis, généreux vieillards, c'est maintenant que va se révéler ce que vous pouvez pour mon salut.

LE CHOEUR.

Ne crains rien, ton salut est certain. Si je suis vieux, les forces de cette contrée sont toujours jeunes.

CRÉON.

Nobles habitants de cette terre, je lis dans vos yeux l'effroi soudain causé par mon approche. Rassurez-vous, et épargnez-

———o—◇—o———

φαίνοιτο-ἂν ἤδη
ἐμοὶ ἐξ ὑμῶν.

se-révélerait (se révélera) déjà [servez à-moi de-par vous.

XOP.—Θάρσει,
παρέσται ·
καὶ γὰρ, εἰ κυρῶ γέρων,
τὸ σθένος τῆσδε χώρας
οὐ γεγήρακεν.

LE CH.—Aie-confiance,
il sera-là (il aura lieu) *pour toi;*
et en-effet, si *je* me-trouve vieux,
la force de-cette contrée
point-n'a-vieilli.

ΚΡΕΩΝ.—Ἄνδρες
οἰκήτορες εὐγενεῖς τῆσδε χθο-
ὁρῶ ὑμᾶς εἰληφότας   [νός,

CRÉON.—Hommes
habitants bien-nés de-cette terre,
je vois vous ayant–pris

3. Τέρμα τῆς σωτηρίας, *le degré exact de salut* que je puis atten-dre de vous.

φόβον [1] νεωρῆ τῆς ἐμῆς ἐπεισόδου,   720
ὃν [2] μήτ' ὀκνεῖτε, μήτ' ἀφῆτ' [3] ἔπος κακόν.
Ἥκω γὰρ οὐχ ὡς δρᾶν τι βουληθείς, ἐπεὶ
γέρων μέν εἰμι, πρὸς πόλιν δ' ἐπίσταμαι
σθένουσαν ἥκων [4], εἴ τιν' [5] Ἑλλάδος, μέγα.
Ἀλλ' ἄνδρα τόνδε τηλικόνδ' ἀπεστάλην [6]   725
πείσων ἕπεσθαι πρὸς τὸ Καδμείων πέδον,
οὐκ ἐξ ἑνὸς στείλαντος, ἀλλ' ἀστῶν ὕπο
πάντων κελευσθείς, οὕνεχ' [7] ἧκέ [8] μοι γένει [9]
τὰ τοῦδε πενθεῖν πήματ' ἐς πλεῖστον πόλεως [10].
Ἀλλ', ὦ ταλαίπωρ' Οἰδίπους, κλύων ἐμοῦ,   730

———◦—◊—◦———

τινὰ νεωρῆ φόβον [1]	quelque récente crainte
ὀμμάτων	*en fait* de (manifestée dans)-*vos-yeux*
τῆς ἐμῆς ἐπεισόδου ·	*à-propos* de-la mienne arrivée :
ὃν [2] μήτε ὀκνεῖτε,	lequel *moi* ni *ne* craignez,
μήτε ἀφῆτε [3] ἔπος κακόν.	ni n'ayez-émis *à mon sujet nulle* parole [funeste.
Ἥκω γὰρ	*Je* viens en-effet
οὐχ ὡς βουληθεὶς	non comme ayant-voulu (voulant)
δρᾶν τι,	faire quelque *chose*,
ἐπεί εἰμι μὲν γέρων,	vu-que et *je* suis vieux,
ἐπίσταμαι δὲ ἥκων [4]	et *je* sais venant (que je viens)
πρὸς πόλιν μέγα σθένουσαν,	vers *une* cité grandement forte,
εἴ τινα [5]	si *je pouvais venir vers* une *cité forte*
Ἑλλάδος.	de-*la*-Grèce.

---

1. Φόβον. Complété à la fois par ὀμμάτων dans le sens de *crainte manifestée par le trouble des regards;* et par τῆς ἐμῆς, etc., dans le sens de *crainte à propos de,* etc.

2. Ὃν. Antécédent : ἐμοῦ, impliqué dans ἐμῆς.

3. Μήτε ἀφῆτε. Pour καὶ περὶ οὗ μὴ ἀφῆτε (Voy. p. 90, n. 1).

4. Ἐπίσταμαι ἥκων. Voyez page 118, note 2.

5. Εἴ τινα. On attendrait plutôt εἴ τίς (ἐστι), *s'il en est une* qui soit puissante. Toutefois, l'accusatif τινα s'explique aisément, soit par une ellipse (εἰ πρός τινα Ἑλλάδος σθένουσαν πόλιν ἐξῆν ἥκειν), soit par une simple attraction du πόλιν précédemment exprimé. Le sexemples de

moi des paroles amères. Je ne viens pas ici avec des intentions
de violence : je suis vieux, et je sais que cette ville est puissante
entre toutes les villes de la Grèce. J'ai pour mission de décider
cet infortuné à me suivre aux champs thébains ; et ce n'est
point un seul homme, c'est tout un peuple qui m'envoie, parce
qu'il m'appartient, comme parent, de pleurer plus que personne
sur tant de misère. Entends donc ma voix, malheureux Œdipe,
et reviens vers tes foyers. Le peuple entier t'y rappelle à juste
titre, et moi le premier, moi qui, à moins d'être le plus pervers

---

Ἀλλὰ ἀπεστάλην [6]	Mais *je* fus-envoyé
πείσων τόνδε ἄνδρα τηλικόνδε ἕπεσθαι	devant-persuader cet homme tel *de* suivre *moi*
πρὸς τὸ πέδον Καδμείων,	vers le sol de-*les*-Cadméens,
οὐκ ἐξ ἑνὸς στείλαντος,	non de-par un-seul *m'*ayant-envoyé,
ἀλλὰ κελευσθεὶς	mais ayant-été-chargé *de venir*
ὑπὸ πάντων ἀστῶν ·	par tous *les* citoyens,
οὕνεκα [7] ἧκέ [8] μοι γένει [9]	parce-qu'*il* revenait à-moi par-naissance
πενθεῖν τὰ πήματα τοῦδε	*de* pleurer les maux de-celui-ci
ἐς πλεῖστον	à *le*-plus *haut degré*
πόλεως [10].	*des hommes* de-*la*-cité.
Ἀλλὰ, κλύων ἐμοῦ,	Mais, entendant moi,
ὦ ταλαίπωρε Οἰδίπους,	ô malheureux Œdipe,

---

cette construction sont assez communs. Aristophane, *Plutus*, 654 :
Ἄγοντες ἄνδρα, τότε μὲν ἀθλιώτατον, νῦν δ' εἴ τιν' ἄλλον, μακάριον.
Sophocle, *Ajax*, 485 : ἐξέφυν πατρός, εἴπερ τινός, σθένοντος ἐν πλούτῳ.

6. Ἀπεστάλην.—Ἀποστέλλειν, se dit des personnes que l'on envoie ;
ἐπιστέλλειν, des ordres que l'on expédie.

7. Οὕνεκα. Voyez page 16, note 4.

8. Ἧκε. Au sens du composé προσῆκε.

9. Γένει. Créon, frère de Jocaste, était beau-frère d'Œdipe.

10. Εἰς πλεῖστον πόλεως. Équivaut à πλεῖον ἢ τοῖς ἄλλοις τῶν
πολιτῶν.

ἵκου πρὸς οἴκους. Πᾶς σε Καδμείων λεὼς
καλεῖ δικαίως · ἐκ δὲ τῶν [1] μάλιστ᾽ ἐγὼ,
ὅσωπερ [2], εἰ μὴ πλεῖστον. ἀνθρώπων ἔφυν
κάκιστος, ἀλγῶ τοῖσι σοῖς κακοῖς, γέρον,
ὁρῶν σε τὸν δύστηνον, ὄντα μὲν ξένον,   735
ἀεὶ δ᾽ ἀλήτην, κἀπὶ [3] προσπόλου μιᾶς
βιοστερῆ χωροῦντα · τὴν [4] ἐγὼ τάλας
οὐκ ἄν ποτ᾽ ἐς τοσοῦτον αἰκίας πεσεῖν
ἔδοξ᾽, ὅσον [5] πέπτωκεν ἥδε δύσμορος,
ἀεί σε κηδεύουσα καὶ τὸ σὸν κάρα [6]   740
πτωχῇ διαίτῃ, τηλικοῦτος [7], οὐ γάμων
ἔμπειρος, ἀλλὰ [8] τοῦ 'πιόντος ἁρπάσαι.
Ἆρ᾽ ἄθλιον τοὔνειδος (ὦ τάλας ἐγώ!)

—○—◇—○—

ἵκου πρὸς οἴκους.	sois-venu vers *les* demeures.
Πᾶς λεὼς Καδμείων	Tout *le* peuple de-*les*-Cadméens
καλεῖ σε δικαίως ·	appelle toi justement;
ἐκ δὲ τῶν [1] ἐγὼ μάλιστα,	mais d'*entre* les *Cadméens* moi *le*-plus,
ὅσωπερ [2],	d'-autant-que-donc,
εἰ μὴ ἔφυν κάκιστος	si point-ne naquis-*je* très-mauvais
πλεῖστον ἀνθρώπων,	*le*-plus d'-*entre-les*-hommes,
ἀλγῶ τοῖσι σοῖς κακοῖς,	*je* souffre par-*les* tiens maux,
γέρον,	vieillard,
ὁρῶν σε τὸν δύστηνον	voyant toi le malheureux
ὄντα μὲν ξένον,	étant d'-une-part étranger *partout*,
ἀεὶ δὲ ἀλήτην,	constamment d'-autre-part errant,
καὶ χωροῦντα βιοστερῆ	et allant privé-*des-choses-de-la*-vie

---

1. Τῶν. Poétique, pour τούτων.
2. Ὅσωπερ. Reprenez l'idée complémentaire μᾶλλον τῶν ἄλλων dans le μάλιστα qui précède.
3. Κἀπί, *et* appuyé *sur*.
4. Τήν. Pour ἥν. Antigone.
5. Ὅσον. Pour ἐς ὅσον, en reprenant l'ἐς qui précède τοσοῦτον. Ellipse fort commune.

des hommes, souffre nécessairement le plus, ô vieillard, de tes souffrances, de cet état si triste où je te vois, étranger en tous lieux, sans cesse errant, dénué de tout, sans autre appui qu'une seule suivante. Et l'infortunée, pouvais-je penser (hélas!) qu'elle tombât jamais dans l'abaissement profond où je la trouve plongée, constamment auprès de toi, constamment occupée à veiller sur ta tête, réduite à partager ton dénûment, privée à son âge des douceurs de l'hymen et livrée d'avance au premier ravisseur? Hélas, hélas! est-il assez cruel, l'opprobre que mes paroles font peser sur toi, sur moi, sur toute notre famille? Mais comment cacher ce qui se produit à tous les regards? Ah! laisse-

---

ἐπὶ [3] μιᾶς προσπόλου ·	*appuyé* sur une-seule suivante :
τὴν [4] ἐγὼ τάλας	laquelle moi malheureux
οὐκ ἄν-ἔδοξα πεσεῖν ποτε	point-n'eussé-*je*-cru devoir-tomber un-
ἐς τοσοῦτον αἰκίας	en autant d'-indignité [jour
ὅσον [5] ἥδε δύσμορος πέπτωκε,	que cette infortunée est-tombée,
κηδεύουσα ἀεὶ	soignant constamment
σὲ καὶ τὸ σὸν κάρα [6]	toi et la tienne tête
πτωχῇ διαίτῃ,	avec-pauvre régime,
τηλικοῦτος [7],	*et cela, étant* telle (si jeune),
οὐκ ἔμπειρος γάμων,	non en-épreuve de-noces,
ἀλλὰ [8] τοῦ ἐπιόντος	mais *proie* du survenant
ἁρπάσαι.	*à* avoir-ravi *elle*.
Ἄρα ὠνείδισα ἄθλιον	Est-ce-que *j'ai-reproché* cruel
(ὦ ἐγὼ τάλας!)	(hélas, moi malheureux!)

---

6. Σὲ καὶ τὸ σὸν κάρα. Tautologie pleine de sentiment, plus apparente que réelle : c'est la tête d'Œdipe qui est le siége de sa plus grande infortune, de sa cécité.

7. Τηλικοῦτος. Attique et poétique, pour τηλικαύτη.

8. Ἀλλά, etc. Privée d'hymen, Antigone est livrée sans protecteur aux outrages du premier venu.

ὠνείδισ’ ἐς σὲ, κἀμὲ, καὶ τὸ πᾶν γένος;
’Αλλ’ (οὐ γὰρ ἔστι [1] τἀμφανῆ κρύπτειν), σύ νυν,   745
πρὸς θεῶν πατρῴων, Οἰδίπους, πεισθεὶς ἐμοὶ,
κρύψον, θελήσας ἄστυ καὶ δόμους μολεῖν
τοὺς σοὺς πατρῴους, τήνδε τὴν πόλιν φίλως
εἰπών [2] · ἐπαξία γάρ · ἡ δ’ οἴκοι [3] πλέον
δίκῃ σέβοιτ’ ἄν, οὖσα σὴ πάλαι τροφός.   750

ΟΙΔΙΠΟΥΣ.

Ὦ πάντα τολμῶν, κἀπὸ παντὸς [4] ἂν φέρων
λόγου δικαίου μηχάνημα ποικίλον,
τί ταῦτα πειρᾷ, κἀμὲ δεύτερον θέλεις
ἑλεῖν, ἐν οἷς μάλιστ’ ἂν ἀλγοίην ἁλούς ;
Πρόσθεν τε γάρ με τοῖσιν οἰκείοις κακοῖς   755

τὸ ὄνειδος ἐς σὲ καὶ ἐμὲ	le reproche relativement-à toi et moi
καὶ τὸ πᾶν γένος ; ζ	et l’entière famille *de nous?*
’Αλλὰ	Mais
(οὐ γὰρ ἔστι [1] κρύπτειν	(point en-effet *n’est-il possible de* cacher
τὰ ἐμφανῆ)	les *choses mises*-en-lumière)
σύ νυν, Οἰδίπου,	toi donc, OEdipe,
πρὸς θεῶν πατρῴων,	par *les* dieux paternels,
πεισθεὶς ἐμοὶ,	persuadé par-moi,
κρύψον,	aie-caché *nos hontes,*
θελήσας μολεῖν ἄστυ	ayant-voulu *être*-revenu *à la* ville
καὶ τοὺς σοὺς δόμους πατρώ-	et *à* les tiennes demeures paternelles,
εἰπὼν [2] φίλως [ους,	ayant-apostrophé amicalement
τήνδε-τὴν πόλιν ·	cette cité ;
ἐπαξία γάρ ·	digne *en est-elle* en-effet ;
ἡ δὲ οἴκοι [3]	la *cité* d’-autre-part *d’*à-*la*-maison

---

1. Οὐ γὰρ ἔστι, etc. Tant qu’OEdipe promène lui-même au grand jour de tous les pays les opprobres de sa race, comment les dissimuler (κρύπτειν)? Créon va donc insister pour qu’il vienne les cacher (κρύψον) à l’ombre de sa patrie.

2. Φίλως εἰπών. Moins banal que χαίρειν κελεύσας, et, par conséquent, disant plus, marquant mieux un adieu mêlé d’expression de

toi fléchir, Œdipe, au nom des dieux de la patrie, et cache-le,
toi , en consentant à rentrer dans la ville, dans le palais de tes
pères. Dis à cette cité un tendre adieu, elle le mérite ; mais
n'oublie pas que celle qui renferme tes foyers, celle qui t'a jadis
nourri, a plus de droits encore à tes hommages.

OEDIPE.

O le plus audacieux des mortels, ô le plus habile à tout revêtir d'une apparence de justice, pourquoi me tenter ainsi ?
pourquoi vouloir de nouveau me prendre dans un lacs, où je
verrais, une fois pris, ma détresse portée à son comble ? Qu'il

---

σέβοιτο-ἂν πλέον δίκη,	serait-vénérée plus avec-justice,
οὖσα σὴ τροφὸς πάλαι.	étant ta nourrice *de* jadis.
OIΔ. — Ὦ τολμῶν πάντα,	OED.—*ô homme* osant toutes *choses,*
καὶ φέρων-ἂν	et pouvant-*emporter* (tirer)
ἀπὸ παντὸς 4	de toute *chose*
μηχάνημα ποικίλον	*une* machination rusée
λόγου δικαίου,	de-discours juste,
τί πειρᾷ ταῦτα	*pourquoi* tentes-*tu moi en ces choses*
καὶ θέλεις δεύτερον	et veux-*tu une* deuxième *fois*
ἑλεῖν ἐμὲ, ·	avoir-pris moi *en des piéges,*
ἐν οἷς ἁλοὺς	en lesquels ayant-été-pris
ἂν-ἀλγοίην μάλιστα ;	*je* souffrirais très-grandement ?
Πρόσθεν τε γὰρ,	Précédemment aussi en-effet,
μὲ νοσοῦντα	*à l'égard de* moi étant-malade
τοῖσι κακοῖς οἰκείοις,	par-les *miens* maux domestiques,

---

reconnaissance pour cette Athènes qui a bien mérité d'Œdipe (ἐπαξία
γάρ).

3. Ἡ δ᾽ οἴκοι (sous-ent. πόλις). La patrie, Thèbes.

4. Κἀπὸ παντός, etc. *El pouvant tirer de tout une machination
rusée de discours juste; c'est-à-dire et habile à trouver partout de
spécieux prétextes, à tout revêtir des apparences de la justice.*

νοσοῦνθ᾽[1], ὅτ᾽ ἦν μοι τέρψις ἐκπεσεῖν χθονὸς,
οὐκ ἤθελες θέλοντι προσθέσθαι χάριν·
ἀλλ᾽, ἡνίκ᾽ ἤδη μεστὸς ἦν θυμούμενος[2],
καὶ τοὐν δόμοισιν ἦν διαιτᾶσθαι γλυκὺ,
τότ᾽ ἐξεώθεις κᾀξέβαλλες · οὐδέ σοι   760
τὸ συγγενὲς τοῦτ᾽[3] οὐδαμῶς τότ᾽ ἦν φίλον.
Νῦν τ᾽ αὖθις, ἡνίκ᾽ εἰσορᾷς πόλιν τέ μοι
ξυνοῦσαν εὔνουν τήνδε, καὶ γένος τὸ πᾶν[4],
πειρᾷ μετασπᾶν, σκληρὰ μαλθακῶς λέγων.
Καίτοι τίς αὕτη τέρψις, ἄκοντας φιλεῖν;   765
Ὥσπερ τις εἴ σοι λιπαροῦντι μὲν τυχεῖν
μηδὲν διδοίη, μηδ᾽ ἐπαρκέσαι θέλοι,
πλήρη δ᾽ ἔχοντι θυμὸν ὧν χρήζοις, τότε

ὅτε ἦν τέρψις μοι | quand c'était jouissance pour-moi
ἐκπεσεῖν χθονὸς, | d'être-déchu de-*ma*-terre *natale*,
οὐκ ἤθελες | point-ne voulais-tu
προσθέσθαι χάριν | avoir-ajouté (ajouter, accorder) *cette fa-*
θέλοντι · | à-*moi*-voulant *elle* ;   [veur
ἀλλὰ, ἡνίκα ἤδη | mais, quand déjà
ἦν μεστὸς θυμούμενος[2], | *j'étais* plein étant-irrité (rassasié de co-
καὶ τὸ διαιτᾶσθαι ἐν δόμοισιν | et *quand* le vivre en mes demeures [lère),
ἦν γλυκὺ, | m'était doux,
τότε ἐξεώθεις καὶ ἐξέβαλλες · | alors *tu* repoussais et rejetais *moi* ;
οὐδὲ τοῦτο[3]-τὸ συγγενὲς | ni cette parenté
ἦν τότε οὐδαμῶς φίλον σοι. | *n'était* alors nullement chère à-*toi*.
Νῦν τε αὖθις, | Maintenant encore de-nouveau,
ἡνίκα εἰσορᾷς | quand *tu* vois

---

1. Με νοσοῦντα. La proposition οὐκ ἤθελες προσθέσθαι χάριν, qui va
entraîner le datif θέλοντι, eût dû appeler aussi νοσοῦντί μοι. Il y a
donc anacoluthe. En écrivant με νοσοῦντα, l'auteur songeait déjà aux
verbes οὐκ ἐξεώθεις, οὐκ ἐξέβαλλες (v. 760).

te souvienne du passé : lorsque, abîmé sous le poids de mes infortunes domestiques, je n'aspirais qu'à l'exil, tu refusas cette
grâce à mes vœux ; puis, quand déjà j'étais las de mes propres
fureurs, quand la vie du foyer reprenait des charmes pour moi,
soudain tu me repoussas, tu me rejetas, sans attacher alors aucun
prix à ces liens du sang. Aujourd'hui, tu vois que cette cité, que
ce peuple entier m'accueille avec bienveillance, et tu veux, ca-
chant de cruels projets sous de douces paroles, m'attirer de
nouveau. Quelle jouissance est-ce donc, d'aimer les gens en dépit d'eux? Suppose un homme qui, sourd à tes instances, ne vou-
lût d'abord rien t'accorder, rien faire pour alléger tes peines, mais

———o—◇—o———

τήνδε τε πόλιν ξυνοῦσάν μοι	et cette cité étant–avec moi bienveillante
καὶ τὸ πᾶν[4] γένος,　　[εὔνουν	et *aussi* l'entière race *d'ici*,
πειρᾷ μετασπᾶν,	*tu* tentes *de m'en* retirer,
λέγων μαλθακῶς σκληρά.	disant doucereusement *choses* dures.
Καίτοι τίς αὕτη τέρψις,	Et–certes quelle *est* cette jouissance,
φιλεῖν ἄκοντας;	aimer *des gens* ne–voulant–pas?
Ὥσπερ εἴ τις	Comme–donc si quelqu'*un*
διδοίη μὲν μηδέν σοι	*ne* donnerait d'–une–part rien à–toi
λιπαροῦντι τυχεῖν,	priant–instamment *pour* avoir–obtenu,
μηδὲ θέλοι ἐπαρκέσαι,	ni *ne* voudrait subvenir *à toi*,
ἔχοντι δὲ	*puis qu'à–toi*–ayant d'–autre–part
θυμὸν πληρῆ	*le cœur plein* (rassasié)
ὧν χρήζοις	des–*choses–que tu* demanderais
δωροῖτο τότε,	*il* donnât alors,

---

2. Μεστὸς θυμούμενος, *plein étant irrité, plein à force d'être irrité,
rassasié de colère.*

3. Τὸ συγγενὲς τοῦτο. *Cette parenté,* que Créon vient d'invoquer
avec tant de perfidie.

4. Γένος τὸ πᾶν. Les Athéniens.

δωροῖθ᾽, ὅτ᾽ οὐδὲν [1] ἡ χάρις χάριν φέροι,
ἆρ᾽ [2] ἂν ματαίου τῆσδ᾽ ἂν [3] ἡδονῆς τύχοις;   770
Τοιαῦτα μέντοι καὶ σὺ προσφέρεις ἐμοί,
λόγῳ μὲν ἐσθλὰ, τοῖσι δ᾽ ἔργοισιν κακά.
Φράσω δὲ καὶ τοῖσδ᾽, ὥς σε δηλώσω [4] κακόν.
Ἥκεις ἔμ᾽ ἄξων, οὐχ ἵν᾽ ἐς δόμους ἄγῃς,
ἀλλ᾽ ὡς πάραυλον [5] οἰκίσῃς, πόλις δέ σοι   775
κακῶν ἄνατος [6] τῶνδ᾽ [7] ἀπαλλαχθῇ χθονός.
Οὐκ ἔστι [8] σοι ταῦτ᾽ · ἀλλά σοι τάδ᾽ [9] ἔστ᾽, ἐκεῖ
χώρας [10] ἀλάστωρ οὑμὸς [11] ἐνναίων ἀεί ·
ἔστιν δὲ παισὶ τοῖς ἐμοῖσι τῆς ἐμῆς

———o—◆—o———

ὅτε ἡ χάρις	quand la faveur
φέροι χάριν οὐδὲν [1],	n'apporterait *plus* faveur *en* rien,
ἄρα [2] ἂν-τύχοις-ἂν [3] ματαίου	est-ce-que *tu* n'aurais-pas-obtenu vaine
τῆσδε ἡδονῆς;	cette satisfaction?
Καὶ σὺ μέντοι	Aussi toi (toi aussi) certes-donc
προσφέρεις ἐμοὶ ταῦτα,	offres à-moi *de* telles *choses*,
ἐσθλὰ μὲν λόγῳ,	bonnes d'-une-part par-*le*-dire,
κακὰ δὲ τοῖσιν ἔργοισιν.	mauvaises d'-autre-part par-les actes.
Φράσω δὲ καὶ τοῖσδε,	Or *je* parlerai aussi à-ceux-ci
ὡς δηλώσω [4] σε κακόν.	afin-que *j'*aie-montré toi mauvais.
Ἥκεις ἄξων ἐμὲ,	*Tu* viens devant-emmener moi,

1. Οὐδέν, *en rien, nullement.*

2. Ἄρα. Au sens du latin *nonne.*

3. Ἄν.... ἄν. On trouve ἄν répété jusqu'à trois fois avec un même verbe : c'est, en général, une manière d'insister sur l'idée de ce verbe, à peu près comme si on le répétait lui-même autant de fois. Ici, par exemple : *n'aurais-tu pas obtenu vaine, obtenu, dis-je, vaine, cette satisfaction?*

4. Δηλώσω. Subjonctif aoriste premier.

5. Πάραυλον, *voisin.* Voy. v. 390, et page 140, note 1.

6. Ἄνατος (de ἀ priv., et ἄτη) forme tautologie avec κακῶν, ou, si l'on veut, équivaut à un simple ἄνευ (Voy. p. 140, n. 7). Seconde tautologie avec ἀπαλλαχθῇ, qui suffisait seul.

qui, voyant plus tard tes désirs pleinement satisfaits, te prodi-
guât les dons au moment où ses faveurs ne seraient plus des faveurs : n'estimerais-tu pas vaine une telle générosité? Telles
sont pourtant tes offres : belles en paroles, funestes au fond. Je
m'explique, afin d'éclairer ces vieillards sur ta perfidie : tu viens
me chercher, non pour me reconduire dans mon palais, mais
pour m'établir sur les confins de Thèbes et préserver ta ville des
calamités qu'elle redoute de la part de cette terre. Cet espoir,
tu ne le réaliseras pas; mais voici ce qui se réalisera pour toi : au
milieu de vous habitera désormais le génie de mes vengeances,

οὐχ ἵνα ἄγῃς ἐς δόμους,
ἀλλὰ ὡς οἰκίσῃς
πάραυλον 5,
πόλις δὲ ἀπαλλαχθῇ σοι
ἄνατος 6 κακῶν
χθονὸς τῶνδε 7.
Ταῦτα οὐκ ἔστι 8 σοι ·
ἀλλὰ τάδε 9 ἐστί σοι,
ὁ ἐμὸς 11 ἀλάστωρ
ἐνναίων ἀεὶ ἐκεῖ χώρας 10 ·
ἔστιν δὲ τοῖς ἐμοῖσι παισὶ
λαχεῖν τοσοῦτον

non pour-que *tu me* mènes à *mes* demeu-
mais pour-que *tu* aies-domicilié *moi* [res,
parquant-auprès-de *Thèbes*,
et *que la* cité ait-été-débarrassée à-toi
exempte de-maux
de la part de-*la*-terre de-ceux-ci.
Ces *choses* point-ne sont pour-toi;
mais celles-ci sont pour-toi,
à savoir, le mien *génie*-vengeur
résidant toujours là de-pays (à Thèbes);
il est d'-autre-part pour-les miens fils
d'avoir-obtenu autant *seulement*

---

7. Τῶνδε. Si l'on construit ce mot avec κακῶν, il faut y voir une
attraction pour τῆσδε qu'appelait logiquement χθονός : c'est probablement la vraie construction. Toutefois, on peut aussi construire : ἀπαλλαχθῇ ἄνατος κακῶν χθονὸς τῶνδε (*des Athéniens*), ce qui est plus
commode pour le mot-à-mot. — Quant à κακῶν χθονός, il équivaut à
κακῶν γενησομένων ὑπό τῆς χθονός.

8. Ἔστι. Au sens du futur ἔσται.

9. Τάδε, *ce qui suit*. Développé par ἐκεῖ χώρας ἀλάστωρ, etc.

10. Ἐκεῖ χώρας, *là en fait de pays*, à *Thèbes*.

11. Ἀλάστωρ ὁμός, *mon génie vengeur*. Un scholiaste définit ainsi
l'ἀλάστωρ : Ἔφορος δαίμων τῶν τὰ ἄλαστα πεποιηκότων καὶ τιμωρός.

χθονὸς λαχεῖν τοσοῦτον, ἐνθανεῖν [1] μόνον.   780

Ἆρ' οὐκ ἄμεινον ἢ σὺ τἀν Θήβαις φρονῶ [2];

Πολλῷ γ', ὅσῳπερ καὶ σαφεστέρων κλύω

Φοίβου τε καὐτοῦ Ζηνὸς, ὃς κείνου πατήρ.

Τὸ σὸν δ' ἀφῖκται δεῦρ' ὑπόβλητον [3] στόμα,

πολλὴν ἔχον στόμωσιν [4] · ἐν δὲ τῷ λέγειν,   785

κάκ' ἂν λάβοις τὰ πλείον' ἢ σωτήρια.

Ἀλλ' (οἶδα γάρ σε ταῦτα μὴ πείθων [5]) ἴθι,

ἡμᾶς δ' ἔα ζῆν ἐνθάδ' · οὐ γὰρ ἂν κακῶς,

οὐδ' ὧδ' ἔχοντες, ζῶμεν, εἰ τερποίμεθα [6].

ΚΡΕΩΝ.

Πότερα νομίζεις [7] δυστυχεῖν ἔμ' ἐς τὰ σά,   790

ἢ σ' ἐς τὰ σαυτοῦ μᾶλλον, ἐν τῷ νῦν λόγῳ;

— ◇ —

τῆς ἐμῆς χθονὸς,	de-la mienne terre,
ἐνθανεῖν [1] μόνον.	*de quoi y* avoir-péri seulement.
Ἆρα οὐ φρονῶ [2]	Est-ce-que *je ne sais pas*
ἄμεινον ἢ σὺ	mieux que toi
τὰ ἐν Θήβαις;	les *choses de* dans Thèbes?
Πολλῷ γε,	De-beaucoup donc,
ὅσῳπερ καὶ κλύω σαφεστέρων	d'-autant-que-donc aussi *j'*entends plus-
Φοίβου τε	et Phébus [clairs
καὶ Ζηνὸς αὐτοῦ,	et Jupiter même,
ὃς πατὴρ κείνου.	lequel *est* père de-celui-là.
Τὸ δὲ σὸν στόμα	Or la tienne bouche
ἀφῖκται δεῦρο ὑπόβλητον [3],	est-venue ici supposée (perfide),
ἔχον πολλὴν στόμωσιν [4]·	ayant abondante trempe (impudence);
ἐν δὲ τῷ λέγειν,	mais, dans le *tien* dire,
λάβοις-ἂν	*tu* aurais-pris (on surprend)

---

1. Ἐνθανεῖν. Équivaut à ὥστε ἐν αὐτῇ θανεῖν.

2. Τἀν Θήβαις φρονῶ. C'est-à-dire τὰ ἐν Θήβαις γενησόμενα οἶδα.

3. Ὑπόβλητον, *supposé*, et, par suite, *trompeur*.

4. Στόμωσιν, *trempe*, c'est-à-dire énergie spécieuse.

5. Οἶδα μὴ πείθων. Voyez page 118, note 2.

6. Εἰ τερποίμεθα, *si nous savons nous en contenter.* C'est presque la pensée stoïcienne : les choses, indifférentes en elles-mêmes, sont

et mes fils n'hériteront de ma terre que la place d'y mourir.
Réponds, n'en sais-je pas plus que toi sur les destinées de
Thèbes? Ah! mille fois plus, sans doute; car je lis plus clai-
rement dans les oracles d'Apollon, dans ceux de Jupiter même,
père d'Apollon. Pour toi, tu n'apportes ici que feinte, et tes
spécieux discours couvrent plus de périls que d'avantages pour
ceux qui en sont l'objet.—Assez : mes paroles, évidemment, ne
te persuadent point. Pars donc, et laisse-nous vivre ici : notre
vie, en l'état même où nous sommes, ne saurait être misérable,
si nous l'embrassons avec joie.

CRÉON.

Qui crois-tu le plus à plaindre de tes souffrances, de toi-même
ou de moi, quand tu tiens un tel langage ?

———o—◇—o———

τὰ πλείονα	les *choses* plus-nombreuses (plus de cho-
κακὰ ἢ σωτήρια.	funestes que salutaires. [ses]
Ἀλλὰ [ταῦτα]	Mais [*quant à ces choses*]
(οἶδα γὰρ μὴ πείθων 5 σε	(*je sais* en-effet ne persuadant *pas* toi
ἴθι, ἔα δὲ ἡμᾶς ζῆν ἐνθάδε ·	va, et laisse nous vivre ici ;
οὐ γὰρ ἂν-ζῷμεν κακῶς	point en-effet *ne* vivrions-*nous* mal
οὐδὲ ἔχοντες ὧδε,	pas-même ayant *nous-mêmes* (étant) ainsi,
εἰ τερποίμεθα 6.	si *nous* nous-*en*-réjouirions.
KP.—Πότερα	cr.—Lesquelles (laquelle)-des-deux
νομίζεις 7,	penses-tu, [choses]
ἐμὲ δυστυχεῖν	moi être-malheureux
ἐς τὰ σὰ,	relativement-à les tiennes *choses*,
ἢ σὲ μᾶλλον	ou toi davantage (plutôt)
ἐς τὰ σαυτοῦ,	relativement-à les *choses* de-toi-même,
ἐν τῷ λόγῳ νῦν;	dans le discours *de* maintenant?

pour nous heureuses ou malheureuses suivant la manière dont nous les
prenons.

7. Πότερα νομίζεις, etc. OEdipe vient d'insister pour demeurer à
Athènes. Créon, fidèle à son perfide rôle, feint de le plaindre d'une
résolution qui perpétuera ses infortunes, et lui demande *s'il s'imagine,
lorsqu'il fait de pareilles demandes* (ἐν τῷ νῦν λόγῳ), *que Créon
souffre plus qu'OEdipe lui-même des maux d'OEdipe*, c'est-à-dire s'il
croit punir beaucoup Créon en se frappant lui-même.

ΟΙΔΙΠΟΥΣ.

Ἐμοὶ μέν ἐσθ' ἥδιστον, εἰ σὺ μήτ' ἐμὲ
πείθειν οἷός τ' εἶ, μήτε τούσδε τοὺς πέλας [1].

ΚΡΕΩΝ.

Ὦ δύσμορ', οὐδὲ τῷ χρόνῳ φύσας φανεῖ [2]
φρένας [3] ποτ', ἀλλὰ λῦμα τῷ γήρᾳ [4] τρέφει.   795

ΟΙΔΙΠΟΥΣ.

Γλώσσῃ σὺ δεινός · ἄνδρα δ' οὐδέν' οἶδ' ἐγὼ
δίκαιον, ὅστις ἐξ ἅπαντος εὖ λέγει [5].

ΚΡΕΩΝ.

χωρὶς τό τ' εἰπεῖν πολλὰ, καὶ τὸ καίρια.

ΟΙΔΙΠΟΥΣ.

Ὡς δὴ σὺ βραχέα, ταῦτα δ' ἐν καιρῷ, λέγεις !

ΚΡΕΩΝ.

Οὐ δῆθ', ὅτῳ [6] γε νοῦς ἴσος καὶ σοὶ [7] πάρα [8].   800

ΟΙΔ.—Ἐμοὶ μὲν
ἐστὶν ἥδιστον,
εἰ σὺ εἶ οἷός τε
πείθειν μήτε ἐμὲ
μήτε τούσδε τοὺς πέλας [1].
  ΚΡ.—Ὦ δύσμορε,
οὐδὲ τῷ χρόνῳ
φανεῖ [2] φύσας ποτὲ φρένας [3],
ἀλλὰ τρέφει
λῦμα τῷ γήρᾳ [4] !
  ΟΙΔ.—Σὺ
δεινὸς γλώσσῃ ·

œD.—A-moi d'-une-part
est très-agréable,
si tu *n'es* tel-que même (si tu n'es capable)
de persuader ni moi
ni ceux-ci les *étant* près *de nous.*
  cR.—O infortuné,
pas-même par-le temps
*n'*apparaîtras-*tu* ayant-produit *jamais dn*
mais *tu* es-nôurri   [*bon-sens,*
opprobre pour-la vieillesse !
  œD.—Toi
tu es habile par-*la*-langue;

---

1. Τούσδε τοὺς πέλας. Le Chœur.

2. Φανεῖ, puis τρέφει. Deuxièmes personnes attiques, pour φανῇ, τρέφῃ.

3. Φύσας φρένας, *ayant produit* en toi *du bon sens,* c'est-à-dire *devenu plus sensé.*

4. Τῷ γήρᾳ. Un vieillard que les ans n'ont pas rendu plus sage est

OEDIPE.

Pour ma part, mon vœu le plus cher est que tu n'arrives à persuader ni moi ni ceux qui nous entourent.

CRÉON.

Infortuné! Ainsi, le temps même ne fera point germer la sagesse dans ton âme, et tu es né pour être l'opprobre de la vieillesse!

OEDIPE.

Créon, tu es habile à manier la parole; mais, à mes yeux, qui justifie tout ne sera jamais un homme juste.

CRÉON.

Autre chose est parler beaucoup ; autre, parler à point.

OEDIPE.

Que tu dis peu, toi, mais que d'à-propos dans ce peu !

CRÉON.

Si mes paroles manquent d'à-propos, c'est pour les esprits faits comme le tien.

———o◇o———

Ἐγὼ δὲ οἶδα δίκαιον	mais moi *je ne* connais *pour* juste
οὐδένα ἄνδρα	pas-un homme
ὅστις λέγει[5] εὖ ἐξ ἅπαντος.	qui parle bien d'-après tout.
KP.—Χωρὶς	CR.—A-part *sont*
τό τε εἰπεῖν πολλὰ	et le avoir-dit *choses* abondantes
καὶ τὸ καίρια.	et le *avoir-dit choses* opportunes.
OIΔ.—Ὡς δὴ σὺ	ŒD.—Comme donc toi
λέγεις βραχέα,	*tu* dis *choses* courtes,
ταῦτα δὲ ἐν καιρῷ!	mais celles-ci à propos !
KP.—Οὐ δῆτα,	CR.—Non donc *pour celui*
ὅτῳ[6] γε πάρα[8]	à-qui du-moins *est*-là (qui a)
νοῦς ἴσος καὶ σοί[7].	*un* esprit égal aussi à-toi (au tien).

————

in opprobre non-seulement pour sa propre vieillesse, mais, d'une manière absolue, *pour la vieillesse.*

5. Ὅστις ἐξ ἅπαντος εὖ λέγει. Comparez vers 751-752.

6. Οὐ δῆθ' ὅτῳ, etc. C'est-à-dire οὐ δῆτ' ἐν καιρῷ ὄντα τούτῳ, τῳ (pour ᾧτινι), etc.

7. Ἴσος καὶ σοί. Même sens qu'avec ἴσος τῷ σῷ.

8. Πάρα. Voyez page 115, note 4.

ΟΙΔΙΠΟΥΣ.

Ἄπελθ' (ἐρῶ γὰρ καὶ πρὸ[1] τῶνδε), μηδέ με
φύλασσ' ἐφορμῶν[2] ἔνθα χρὴ ναίειν ἐμέ.

ΚΡΕΩΝ.

Μαρτύρομαι τούσδ', οὐ σέ, πρὸς δὲ[3], τοὺς φίλους[4],
Οἳ' ἀνταμείβει ῥήματ', ἤν σ' ἕλω[5] ποτέ.

ΟΙΔΙΠΟΥΣ.

Τίς δ' ἄν με τῶνδε συμμάχων ἕλοι βίᾳ;   805

ΚΡΕΩΝ.

Ἦ μὴν σὺ, κἄνευ τῶνδε[6], λυπηθεὶς ἔσει[7].

ΟΙΔΙΠΟΥΣ.

Ποίῳ ξὺν ἔργῳ τοῦτ' ἀπειλήσας ἔχεις;

ΚΡΕΩΝ.

Παίδοιν δυοῖν σοι τὴν μὲν[8] ἀρτίως ἐγὼ
ξυναρπάσας ἔπεμψα, τὴν δ'[9] ἄξω τάχα.

ΟΙΔ.—Ἄπελθε
(ἐρῶ γὰρ καὶ πρὸ[1] τῶνδε),
μηδὲ φύλασσε με
ἐφορμῶν[2]
ἔνθα χρὴ ἐμὲ ναίειν.

     ΚΡ.—Μαρτύρομαι
τούσδε, οὐ σέ,
πρὸς δὲ[3], τοὺς φίλους[4],
οἷα ἀνταμείβει,
ἤν ποτε
ἕλω[5] σε.

ŒD.—Sois-parti (pars)
(*je le* dirai en-effet même devant ceux-ci),
et-point-n'observe moi
étant-en-panne *là*
où *il* faut moi habiter.

     CR.—*Je* prends-à-témoin
ceux-ci, non toi,
et, en-outre, les *miens* amis,
quelles *choses tu* réponds,
pour justifier ma vengeance si jamais
*il arrive que j'*aie-pris toi.

---

1. Πρό, *en présence de*. La parenthèse, avec ce sens de πρό, est suffisamment justifiée par la position d'OEdipe, donnant un ordre formel sur une terre où il n'a aucune autorité et *devant* ceux qui seuls auraient pouvoir pour le donner valablement. Rejetez donc le sens forcé d'*au nom de*.

2. Ἐφορμῶν, de ἐφορμέω.— Μὴ φύλασσε ἐφορμῶν, *n'épie pas en te tenant en panne* (*en observation, aux aguets*).

3. Πρὸς δὲ, *en outre*.

4. Τοὺς φίλους. Les Thébains qui accompagnent Créon.

OEDIPE.

Retire-toi, je te l'ordonne en présence de ces vieillards, et cesse de m'observer, de m'épier ainsi, aux lieux où je dois résider.

CRÉON.

Je prends à témoin de tes réponses, non pas toi, mais ces mêmes vieillards et les amis qui m'accompagnent, dans le cas où je me saisirais jamais de ta personne.

OEDIPE.

Et qui pourrait se saisir de ma personne contre le gré de tels alliés?

CRÉON.

Même sans cela, sois-en certain, ton cœur saignera.

OEDIPE.

Sur quel fait appuies-tu cette menace?

CRÉON.

Je viens de faire saisir, de faire emmener l'une de tes filles; l'autre la suivra bientôt.

———o—◇—o———

OIΔ.—Τίς δὲ ἄν-ἕλοι με βίᾳ τῶνδε συμμάχων;

ΚΡ.—Ἦ μὴν σὺ καὶ ἄνευ τῶνδε 6, ἔσει 7 λυπηθείς.

OIΔ.—Ξὺν ποίῳ ἔργῳ ἔχεις ἀπειλήσας τοῦτο;

ΚΡ.—Δυοῖν παίδοιν ἐγὼ ἔπεμψα τὴν μὲν 8, ξυναρπάσας σοι ἀρτίως · ἕξω δὲ 9 τὴν τάχα.

ŒD.—Mais qui eût-pris (pourrait pren-en-violence de-ces alliés? [dre) moi

CR.—Certes du-moins toi, même sans ces *choses* (sans être pris), *tu* seras-affligé.

ŒD.—Avec (au moyen de) quel acte as-*tu toi* (es-tu) ayant-menacé ceci?

CR.—De-*tes*-deux enfants (filles) j'ai-renvoyé l'*une* d'-une-part, *l'*ayant-ravie à-toi récemment; et *j'*emmènerai l'*autre* promptement.

———

5. Ἢν σ' ἕλω. Se rattache à μαρτύρομαι par une forte ellipse : *Je prends... à témoin*, afin de trouver dans leurs souvenirs la justification des traitements que tu éprouveras *si jamais je m'empare de toi.*

6. Κἄνευ τῶνδε, *même sans ces choses, même sans que je m'empare de toi.*

7. Ἔσει. Seconde personne attique, pour ἔσῃ. — Λυπηθεὶς ἔσῃ, pour λυπηθήσῃ (Voy. p. 136, n. 3).

8. Τὴν μέν. Ismène, qui se rendait au bois des Euménides pour y offrir des libations.

9. Τὴν δέ. Antigone, qui est restée auprès de son père.

ΟΙΔΙΠΟΥΣ.

Ὤ μοι !

ΚΡΕΩΝ.

Τάχ' ἕξεις μᾶλλον οἰμώζειν τάδε.　　　　810

ΟΙΔΙΠΟΥΣ.

Τὴν παῖδ᾽ [1] ἔχεις μου;

ΚΡΕΩΝ.

Τήνδε τ᾽ [2] οὐ μακροῦ χρόνου.

ΟΙΔΙΠΟΥΣ.

Ἰὼ ξένοι ! τί δράσετ᾽; ἢ προδώσετε,
κοὐκ ἐξελᾶτε [3] τὸν ἀσεβῆ τῆσδε χθονός;

ΧΟΡΟΣ.

Χώρει, ξέν᾽, ἔξω θᾶσσον· οὔτε γὰρ τὰ νῦν
δίκαια πράσσεις, οὔθ᾽ ἃ πρόσθεν εἴργασαι.　　　　815

ΚΡΕΩΝ.

Ὑμῖν [4] ἂν εἴη τήνδε [5] καιρὸς ἐξάγειν
ἄκουσαν, εἰ θέλουσα μὴ πορεύσεται,

———◇———

ΟΙΔ.—Ὤ μοι !	ŒD.—Hélas pour-moi !
ΚΡ.—Τάχα	CR.—bientôt
ἕξεις μᾶλλον οἰμώζειν ταῦτα.	tu auras plus à crier ces hélas.
ΟΙΔ.—Ἔχεις	ŒD.—As-tu en effet
τὴν παῖδά [1] μου ;	l'enfant de-moi ?
ΚΡ.—Τήνδε τε [2]	CR.—J'aurai celle-ci aussi
χρόνου οὐ μακροῦ.	au bout d'-un-temps non long.
ΟΙΔ.—Ἰὼ ξένοι !	ŒD.—Oh, étrangers !
τί δράσετε ;	que ferez-vous ?
Ἤ προδώσετε,	Est-ce-que vous trahirez moi,

1. Τὴν παῖδα. Isméne.
2. Τήνδε τε. Antigone. Dépend d'ἔξω sous-entendu, impliqué dans
ἔχεις.

OEDIPE.

Hélas! hélas!

CRÉON.

Tout à l'heure ces gémissements seront mieux fondés.

OEDIPE.

Quoi! tu t'es emparé de ma fille?

CRÉON.

Et dans peu j'aurai celle-ci encore.

OEDIPE.

O mes hôtes, qu'allez-vous faire? M'abandonnerez-vous donc, ou plutôt ne chasserez-vous pas cet impie de votre territoire?

LE CHOEUR.

Hors d'ici, étranger! hors d'ici à l'instant! toute ta conduite, et présente et passée, n'est qu'injustice.

CRÉON.

Gardes, qu'on l'entraîne de force, si elle refuse de marcher.

καὶ οὐκ ἐξελᾶτε [3] τὸν ἀσεβῆ
τῆσδε χθονός;
   ΧΟΡ.—Ξένε,
χώρει ἔξω θᾶσσον ·
πράσσεις γὰρ δίκαια
οὔτε τὰ νῦν,
οὔτε ἃ εἴργασαι πρόσθεν.
   ΚΡ.—Ὑμῖν [4]
καιρὸς ἂν-εἴη
ἐξάγειν τήνδε [5] ἄκουσαν,
εἰ μὴ πορεύσεται θέλουσά.

et ne chasserez *pas* l'impie
de-cette terre?
   LE CH.—Étranger,
va hors *d'ici* plus-vite;
tu ne fais en-effet justes
ni les *choses de* maintenant,
ni *celles* que *tu* as-faites avant.
   CR.—A-vous, *satellites,*
opportunité serait (il sera à propos)
d'emmener celle-ci ne-voulant-pas,
si *elle* ne marchera *pas le*-voulant.

---

3. Ἐξελᾶτε. Pour ἐξελάσετε (Voy. p. 81, n. 4).
4. Ὑμῖν. Créon s'adresse à ses satellites.
5. Τήνδε. Antigone.

ΑΝΤΙΓΟΝΗ.

Οἴ μοι! τάλαινα, ποῖ φύγω; ποίαν λάβω
θεῶν ἄρηξιν ἢ βροτῶν;

ΧΟΡΟΣ.

Τί δρᾷς, ξένε;

ΚΡΕΩΝ.

Οὐχ ἅψομαι τοῦδ᾽ ἀνδρὸς, ἀλλὰ τῆς ἐμῆς[1].   820

ΟΙΔΙΠΟΥΣ.

Ὦ γῆς ἄνακτες!

ΧΟΡΟΣ.

Ὦ ξέν᾽, οὐ δίκαια δρᾷς.

ΚΡΕΩΝ.

Δίκαια.

ΧΟΡΟΣ.

Πῶς δίκαια;

ΚΡΕΩΝ.

Τοὺς ἐμοὺς[2] ἄγω.

ΑΝΤΙΓΟΝΗ.
(Στροφή.)

Ἰὼ, πόλις!

ΧΟΡΟΣ.

Τί δρᾷς, ὦ ξέν᾽; οὐκ ἀφήσεις; τάχ᾽ ἐς
βάσανον εἶ[3] χερῶν[4].   825

———o—◇—o———

ΑΝΤΙΓ.—Οἴ μοι!	ANTIG.—Hélas pour-moi!
τάλαινα, ποῖ φύγω;	malheureuse, où *faut-il que j*'aie-fui?
ποίαν ἄρηξιν λάβω	quel secours *faut-il que j*'aie-pris
θεῶν ἢ βροτῶν;	de-dieux ou de-mortels?
ΧΟΡ.—Τί δρᾷς, ξένε;	LE CH.—Que fais-*tu*, étranger?
ΚΡ.—Οὐχ ἅψομαι	CR.—Point-ne toucherai-*je*
τοῦδε ἀνδρὸς,	cet homme,
ἀλλὰ τῆς ἐμῆς[1].	mais la *étant* mienne.
ΟΙΔ.—Ὦ ἄνακτες γῆς!	OED.—O chefs de-*cette*-terre!

---

1. Τῆς ἐμῆς. Antigone est nièce de Créon.

2. Τοὺς ἐμούς. Emphatique, pour τὴν ἐμήν ou τὰς ἐμάς, suivant que Créon songe à Antigone seule, ou à Ismène et à Antigone ensemble.

3. Εἶ. D'ἰέναι. Au sens futur.

ANTIGONE.

Hélas! hélas! Où fuir? De quel dieu, de quel mortel emprunter le secours?

LE CHOEUR.

Étranger, que fais-tu?

CRÉON.

Je ne toucherai point à cet homme; mais celle-ci est à moi.

OEDIPE.

O chefs de cette contrée!

LE CHOEUR.

Étranger, ta conduite est inique.

CRÉON.

Ma conduite est légitime.

LE CHOEUR.

Légitime! et comment?

CRÉON.

J'emmène qui m'appartient.

ANTIGONE.

A moi, noble cité!

LE CHOEUR.

Que fais-tu, étranger? Laisse-la, ou tu vas éprouver ce que peuvent nos bras.

XOP. — Ὦ ξένε, ὁρᾷς οὐ δίκαια.	LE CH. — O étranger, *tu fais choses non justes.*
KP. — Δίκαια.	CR. — *Je les fais justes.*
XOP. — Πῶς δίκαια;	LE CH. — Comment justes?
KP. — Ἄγω τοὺς ἐμούς[3].	CR. — *J'emmène les miens.*
ΑΝΤΙΓ. — Ἰὼ, πόλις!	ANTIG. — Oh, cité!
XOP. — Τί ὁρᾷς, ὦ ξένε; οὐκ ἀφήσεις; τάχα εἶ ἐς βάσανον χερῶν[4].	LE CH. — Que fais-tu, ô étranger? ne lâcheras-tu pas? bientôt tu iras à épreuve de-mains.

---

4. Ἐς βάσανον εἶ χερῶν, *tu en viendras avec nous à l'épreuve des mains, tu auras à lutter contre nous.* En prononçant ces mots, le Chœur se jette à la fois sur Créon pour le repousser, d'où l'εἴργου du vers suivant; et sur Antigone pour la lui arracher, d'où le μέθες τὴν παῖδα du v. 828.

ΚΡΕΩΝ.

Εἶργου.

ΧΟΡΟΣ.

Σοῦ μὲν οὔ [1], τάδε γε μωμένου.

ΟΙΔΙΠΟΥΣ.

Πόλει [2] μάχει [3] γὰρ, εἴ τι πημαίνεις ἐμέ.

ΧΟΡΟΣ.

Οὐκ ἠγόρευον ταῦτ' ἐγώ;

ΚΡΕΩΝ.

Μέθες χεροῖν

τὴν παῖδα θᾶσσον.

ΧΟΡΟΣ.

Μὴ 'πίτασσ' ἃ μὴ κρατεῖς.

ΚΡΕΩΝ.

Χαλᾶν λέγω σοι.

ΧΟΡΟΣ.

Σοὶ δ' ἔγωγ' ὁδοιπορεῖν.   83o

Προβᾶθ' ὧδε, βᾶτε, βᾶτ', ἔντοποι.

Πόλις ἐναίρεται, πόλις ἐμὰ, σθένει [4].

Προβᾶθ' ὧδέ μοι!

KP.—Εἶργου !

XOP.—Σοῦ μὲν οὔ [1],
μωμένου τάδε γε.

ΟΙΔ.—Μάχει[3] γὰρ πόλει[2],
εἰ πημαίνεις ἐμέ τι.

XOP.—'Εγὼ
οὐκ ἠγόρευον ταῦτα;

KP.—Θᾶσσον
μέθες χεροῖν τὴν παῖδα.

XOP.—Μὴ ἐπίτασσε

cr.—Abstiens-toi !

LE CH.—De-toi d'-une-part non,
voulant ces *choses* du-moins.

œd.—*Tu* combats en-effet *cette* cité,
si *tu* blesses moi *en* quelque *chose*.

LE CH.—Moi
ne disais-*je pas* ces *choses?*

cr.—Plus-vite
aie-lâché de-*tes*-deux-mains l'enfant.

LE CH.—Point-ne commande

---

1. Σοῦ μὲν οὔ. Prendre dans εἶργου l'idée d'ἀπείρξομαι, sous-entendu.

2. Πόλει. La ville dont il s'agit ici, est Athènes : c'est en son nom

CRÉON.

Lâche-moi.

LE CHOEUR.

Je ne te lâcherai pas, tant que tu persisteras dans un tel dessein.

OEDIPE.

C'est Athènes, sache-le, que tu attaques en m'outrageant.

LE CHOEUR.

Ne t'en ai-je pas prévenu moi-même?

CRÉON.

Retire à l'instant tes mains de dessus cette jeune fille.

LE CHOEUR.

Point d'ordres, là où tu n'es pas maître.

CRÉON.

Je te dis de la lâcher.

LE CHOEUR.

Et moi, je te dis de partir. — Au secours, habitants de Colone! au secours! Athènes, Athènes est en péril. A moi! au secours!

—o—◇—o—

ἃ μὴ κρατεῖς.	*en* lesquelles *choses tu* n'es-*pas*-maître.
ΚΡ.—Λέγω σοι χαλᾶν.	cr.—*Je* dis à-toi *de* lâcher.
ΧΟΡ.—῎Εγωγε δὲ σοὶ	le ch.—Et moi-donc à-toi
ἀποιπορεῖν.	*de* voyager.
Προβᾶτε ὧδε,	Ayez-marché-en-avant ici,
βᾶτε, βᾶτε, ἔντοποι!	ayez-marché, ayez-marché, indigènes!
Πόλις, πόλις ἐμὰ	*La* cité, *la* cité mienne
ἀναίρεται σθένει[4].	est-tuée par-violence.
Προβᾶτέ μοι ὧδε!	Ayez-marché-en-avant à-moi ici!

que Thésée et le Chœur ont pris fait et cause pour Œdipe.

3. Μάχει. Seconde personne attique, pour μάχῃ.

4. Σθένει. Au sens de βίᾳ.

ΑΝΤΙΓΟΝΗ.

Ἀφέλκομαι δύστηνος, ὦ ξένοι, ξένοι!

ΟΙΔΙΠΟΥΣ.

Ποῦ, τέκνον, εἶ μοι;

ΑΝΤΙΓΟΝΗ.

Πρὸς βίαν [1] πορεύομαι.   83

ΟΙΔΙΠΟΥΣ.

Ὄρεξον, ὦ παῖ, χεῖρας.

ΑΝΤΙΓΟΝΗ.

Ἀλλ᾽ οὐδὲν [2] σθένω.

ΚΡΕΩΝ.

Οὐκ ἄξεθ᾽, ὑμεῖς[3];

ΟΙΔΙΠΟΥΣ.

Ὦ τάλας ἐγώ! τάλας!

ΚΡΕΩΝ.

Οὔκουν ποτ᾽ ἐκ [4] τούτοιν γε μὴ [5] σκήπτροιν [6] ἔτι
ὁδοιπορήσῃς · ἀλλ᾽, ἐπεὶ νικᾶν θέλεις
πατρίδα τε τὴν σὴν καὶ φίλους, ὑφ᾽ ὧν ἐγὼ   84

———◦—◇—◦———

ΑΝΤΙΓ.—Ὦ ξένοι, ξένοι, δύστηνος ἀφέλκομαι !	ᴀɴᴛɪɢ.—O étrangers, étrangers, malheureuse *je* suis-entraînée !
ΟΙΔ.—Ποῦ εἶ μοι, τέκνον;	ᴏᴇᴅ.—Où es-*tu* à-moi, enfant?
ΑΝΤΙΓ.—Πορεύομαι πρὸς	ᴀɴᴛɪɢ.—*Je* marche en violence *de m(e)*
ΟΙΔ.—Ὦ παῖ, [βίαν [1]. ὄρεξον χεῖρας.	ᴏᴇᴅ.—O enfant, aie-tendu *les* mains *vers moi.*
ΑΝΤΙΓ.—Ἀλλὰ σθένω οὐ-	ᴀɴᴛɪɢ.—Mais *je ne* peux en rien.
ΚΡ.—Ὑμεῖς [3], [δέν [2]. οὐκ ἄξετε;	ᴄʀ.—Vous, n'emmènerez-*vous pas elle?*

1. Πρὸς βίαν. C'est-à-dire ἄκουσα (Voy. p. 138, n. 1).
2. Οὐδέν, *en rien, nullement.*
3. Ὑμεῖς. Les satellites de Créon.

ANTIGONE.

On m'entraîne, malheureuse !.. O étrangers, étrangers !

OEDIPE.

Où es-tu, mon enfant ?

ANTIGONE.

On me force de marcher.

OEDIPE.

Ma fille, donne-moi tes mains.

ANTIGONE.

Hélas ! je ne le puis.

CRÉON.

Gardes, l'emmènerez-vous enfin ?

OEDIPE.

O douleur ! ô désespoir !

CRÉON.

C'en est fait, ces deux appuis ne soutiendront plus ta marche.
maintenant, puisque tu le veux, triomphe et de ta patrie et
tes amis, dont je ne fais qu'exécuter les ordres, tout roi que

---

ΟΙΔ.—'Ω ἐγὼ τάλας, λας !

œD.—O moi malheureux, malheureux !

KP.—Οὔκουν ὁδοιπορήσῃς ποτὲ τούτοιν σκήπτροιν. λλὰ ἐπεὶ θέλεις νικᾶν [γε. τε σὴν πατρίδα καὶ φίλους ὧν ταχθεὶς

CR.—Point-donc-n'est-il à craindre que-*tu-n'aies-fait* (ne fasses)—route encore un-jour (jamais plus) d'-après *l'aide de* ces—deux bâtons donc. Mais, puisque *tu* veux vaincre et la tienne patrie et *tes* amis, par lesquels commandé (chargé d'agir)

---

4. 'Εκ, *avec l'appui de.*
5. Οὔκουν μή. Voyez page 42, note 2.
6. Τούτοιν σκήπτροιν. Antigone et Ismène sont les *bâtons de* illesse de leur père.

ταχθεὶς τάδ' ἔρδω, καὶ τύραννος ὢν[1] ὅμως,
νίκα. Χρόνῳ γὰρ, οἶδ' ἐγὼ, γνώσει[2] τάδε,
ὅθ' οὕνεχ'[3] αὐτὸς αὐτὸν οὔτε νῦν καλὰ[4]
δρᾷς, οὔτε πρόσθεν εἰργάσω βίᾳ φίλων,
ὀργῇ χάριν δοὺς[5], ἥ σ' ἀεὶ λυμαίνεται.   845

ΧΟΡΟΣ.

Ἐπίσχες[6] αὐτοῦ[7], ξεῖνε.

ΚΡΕΩΝ.

Μὴ ψαύειν λέγω.

ΧΟΡΟΣ.

Οὔ τοι σ' ἀφήσω, τῶνδέ[8] γ' ἐστερημένος.

ΚΡΕΩΝ.

Καὶ μεῖζον ἄρα ῥύσιον πόλει[9] τάχα
θήσεις[10]. ἐφάψομαι γὰρ οὐ ταύταιν μόναιν.

———o——◇——o———

ἐγὼ ἔρδω τάδε,	je fais ces *choses*,
καὶ ὢν[1] ὅμως τύραννος,	et étant en-même-temps roi,
νίκα.	vaincs.
Χρόνῳ γὰρ, ἐγὼ οἶδα,	Par-*le*-temps en-effet, je *le* sais,
γνώσει[2] τάδε,	*tu* reconnaîtras ces *choses*,
ὅτι-οὕνεκα[3] αὐτὸς	comme-quoi *toi*-même [lement,
οὔτε νῦν δρᾷς αὐτὸν καλὰ[4],	ni maintenant *ne* traites soi (*toi*)-même bel-
οὔτε πρόσθεν εἰργάσω	ni précédemment *ne le* traitas *bien*
βίᾳ φίλων,	en-violence de-*tes*-amis,
δοὺς[5] χάριν ὀργῇ	ayant-donné faveur à-*la*-colère
ἥ λυμαίνεταί σε ἀεί.	qui perd toi constamment.

1. Τύραννος ὤν. Roi de Thèbes depuis la déchéance d'Œdipe, Créon a, par cela seul, des droits sur le thébain Œdipe.
2. Γνώσει. Seconde personne attique, pour γνώσῃ.
3. Ὅθ' οὕνεκα. Voyez page 16, note 4.
4. Αὐτόν et καλά. Compléments à la fois de δρᾷς et d'εἰργάσω.
5. Χάριν δούς, *ayant cédé complaisamment à.*
6. Ἐπίσχες. Créon veut se retirer; le Chœur l'arrête. — Notez la

je suis. Avec le temps, je n'en doute pas, tu reconnaîtras que tu te perds aujourd'hui toi-même, comme tu te perdis jadis malgré tes amis, en cédant à cette colère qui te fut toujours funeste.

LE CHOEUR.

Halte-là, étranger!

CRÉON.

Retire tes mains, obéis.

LE CHOEUR.

Je ne te laisse pas partir, que je n'aie ces jeunes filles.

CRÉON.

S'il en est ainsi, apprête-toi à exercer dans peu contre Thèbes de bien autres représailles; car je ne me bornerai pas à ces deux captures.

—o—◇—o—

XOP.—Ξεῖνε, ἐπίσχες [6] αὐτοῦ [7].
 KP.—Λέγω μὴ ψαύειν.
 XOP.—Οὔ τοι ἀφήσω σε, ἐστερημένος γε τῶνδε [8].
 KP.—Τάχα ἄρα θήσεις [10] πόλει [9] ῥύσιον καὶ μεῖζον· ἐφάψομαι γὰρ οὐ ταύταιν μόναιν.

LE CH.—Étranger, aie-arrêté *toi ici*-même.
 CR.—*Je te* dis *de* ne-pas *me* toucher.
 LE CH.—Point certes *ne* lâcherai-*je* toi, privé du-moins de-celles-ci.
 CR.—*Bientôt* donc *tu* établiras à (contre)-*ma*-cité *des* représailles encore plus-grandes ; *je* toucherai en-effet non à-ces-deux-ci seules.

---

forme irrégulière σχές, seule usitée à la seconde personne de l'impératif aoriste second d'ἔχω et de ses composés.

 7. Αὐτοῦ. Adverbe de lieu.
 8. Τῶνδε. Antigone et Ismène.
 9. Πόλει. Thèbes.
 10. Ῥύσιον θήσεις, *tu établiras (tu auras à établir, à exercer) des représailles contre.*

ΧΟΡΟΣ.

Ἀλλ' ἐς τί τρέψει[1];

ΚΡΕΩΝ.

Τόνδ'[2] ἀπάξομαι λαβών.   850

ΧΟΡΟΣ.

Δεινὸν λέγεις.

ΚΡΕΩΝ.

Ὡς τοῦτο νῦν πεπράξεται[3],
ἢν μή μ' ὁ κραίνων τῆσδε γῆς ἀπειργάθῃ.

ΟΙΔΙΠΟΥΣ.

Ὦ φθέγμ' ἀναιδές! ἦ σὺ γὰρ ψαύσεις ἐμοῦ;

ΚΡΕΩΝ.

Αὐδῶ σιωπᾶν.

ΟΙΔΙΠΟΥΣ.

Μὴ γὰρ[4] αἴδε δαίμονες
θεῖέν μ' ἄφωνον τῆσδε[5] τῆς ἀρᾶς ἔτι,   855
ὅς μ', ὦ κάκιστε, ψιλὸν ὄμμ'[6] ἀποσπάσας

———o—◇—o———

ΧΟΡ.—Ἀλλὰ ἐς τί τρέ- | LE CH.—Mais vers quoi te-tourneras-*tu?*
ΚΡ.—Λαβὼν [ψει[1]; | CR.—Ayant-pris
ἀπάξομαι τόνδε[2]. | j'emmènerai celui-ci.
 ΧΟΡ.—Λέγεις δεινόν ! | LE CH.—*Tu* dis *chose* terrible !
 ΚΡ.— Ὡς νῦν | CR.—*Je dis* que présentement
τοῦτο πεπράξεται[3], | ceci aura-été-fait,
ἢν ὁ κραίνων τῆσδε γῆς | si le souverain de-cette terre
μὴ ἀπειργάθῃ με. | point-n'*en* empêche moi.
 ΟΙΔ.—Ὦ φθέγμα ἀναιδές! | ŒD.—O parole impudente !

---

1. Τρέψει. Seconde personne attique, pour τρέψῃ.

2. Τόνδε. Œdipe.

3. Πεπράξεται. Notez la force du futur antérieur : en disant que l'enlèvement d'Œdipe *va*, non *s'accomplir*, mais *être accompli*, Créon ne témoigne-t-il pas d'une confiance bien plus grande en l'exécution de sa menace et en la promptitude de cette exécution?

4. Μὴ γάρ, etc. Œdipe sait que la mort va pour jamais lui fermer la bouche, avant même qu'il puisse sortir du bois des Euménides : il

LE CHOEUR.

Quoi! que médites-tu encore?

CRÉON.

Je m'emparerai de cet homme, et l'entraînerai à son tour.

LE CHOEUR.

Voilà une rude menace!

CRÉON.

Qui s'exécutera sur-le-champ, si le roi de cette terre n'y met obstacle.

OEDIPE.

O parole pleine d'impudence! Toi, tu oserais me toucher!

CRÉON.

Tais-toi.

OEDIPE.

Ah! qu'avant d'éteindre ma voix, les déesses de ces lieux me permettent encore une imprécation contre toi, cruel, qui ne 'éloignes d'ici qu'après m'avoir violemment arraché ce dernier

———◦—◇—◦———

Ἦ σὺ γὰρ ψαύσεις ἐμοῦ;	Est-ce-que toi en-effet toucheras moi?
ΚΡ.— Αὐδῶ σιωπᾶν.	CR.—*Je le* dis *de* faire-silence.
ΟΙΔ.—Αἵδε δαίμονες γὰρ [4]	OED.—*Que* ces divinités donc
ιὴ θεῖέν με	point-n'eussent-posé (n'aient-rendu) moi
ἄφωνον	sans-voix
ῆσδε [5] τῆς ἀρᾶς ἔτι,	en fait de-cette malédiction en-sus
ς ἐξοίγει, ὦ κάκιστε,	*contre toi qui pars, ô très-méchant,*
ποσπάσας με βία	ayant-arraché-à moi par-force
ιλὸν ὄμμα [6]	*un* faible œil (Antigone)

ie refuse point de mourir, mais demande le temps de formuler encore ne dernière imprécation contre Créon.—Γάρ (γε ἄρα, *du moins donc, puisqu'il en est ainsi*) imprime à la phrase un mouvement assez semblable à celui de notre *ah!*

5. Ἄφωνον τῆσδε, etc., *sans voix* en fait *de cette imprécation* que e veux prononcer *encore* contre toi, *qui*, etc.

6. Ψιλὸν ὄμμα. Cet *œil faible* que Créon vient d'arracher à OEdipe n sus de ceux qu'il s'est déjà arrachés lui-même, c'est Antigone, qui oyait et pour elle et pour lui (Voyez v. 33).

πρὸς ὄμμασιν τοῖς πρόσθεν, ἐξοίχει [1], βίᾳ [2].
Τοίγαρ [3] σὲ καὐτὸν, καὶ γένος τὸ σὸν, θεῶν
ὁ πάντα λεύσσων Ἥλιος δοίη βίον
τοιοῦτον, οἷον κἀμὲ [4], γηρᾶναί ποτε.   860
ΚΡΕΩΝ.
Ὁρᾶτε ταῦτα, τῆσδε γῆς ἐγχώριοι;
ΟΙΔΙΠΟΥΣ.
Ὁρῶσι κἀμὲ καὶ σὲ, καὶ φρονοῦσ' ὅτι,
ἔργοις πεπονθὼς, ῥήμασίν σ' ἀμύνομαι.
ΚΡΕΩΝ.
Οὔτοι καθέξω θυμὸν, ἀλλ' ἄξω βίᾳ,
κεἰ μοῦνός [5] εἰμι, τόνδε, καὶ χρόνῳ [6] βραδύς.   865
ΟΙΔΙΠΟΥΣ.
('Αντιστροφή).
Ἰὼ τάλας!
ΧΟΡΟΣ.
Ὅσον λῆμ' ἔχων ἀφίκου, ξέν', εἰ
τάδε δοκεῖς τελεῖν [7]!

———o—◇—o———

πρὸς τοῖς ὄμμασι πρόσθεν!	outre les *miens* yeux d'avant !
Τοίγαρ [3] θεῶν	*Que* certes-donc d'-entre-*les*-dieux
ὁ λεύσσων πάντα	le voyant toutes *choses*
Ἥλιος δοίη	*le* Soleil ait-donné (donne, fasse)
καὶ σὲ αὐτὸν καὶ τὸ σὸν γένος	et toi même et la tienne race
γηρᾶναί ποτε βίον τοιοῦτον	avoir-vieilli un-jour *quant à une* vie telle
οἷον καὶ ἐμέ [4] !	quelle aussi moi !
ΚΡ.—Ὁρᾶτε ταῦτα, ἐγχώριοι τῆσδε γῆς;	CR.—*Vous* voyez ces *choses*, nationaux de-cette terre?
ΟΙΔ.—Ὁρῶσι καὶ ἐμὲ καὶ σὲ,	OED.—*Ils* voient et moi et toi,

---

1. Ἐξοίχει. Seconde personne attique, pour ἐξοίχῃ.
2. Βίᾳ. Retombe sur ἀποσπάσας.
3. Τοίγαρ, etc. OEdipe invoque le Soleil, parce que ce dieu, *voyant tout*, est nécessairement témoin des attentats de Créon, et il lui demande pour Créon et pour la famille de Créon non-seulement la cécité, mais une vieillesse aussi déplorable à tous égards que la sienne propre. —Βίον γηρᾶναι équivaut à γῆρας βιῶναι, γῆρας διαγαγεῖν.

œil, faible substitut des deux que je perdis autrefois. Fasse le dieu qui voit tout, fasse le Soleil que vous vous consumiez tous, toi et les tiens, dans une vieillesse semblable à la mienne !

CRÉON.

Vous voyez, habitants de cette contrée !

OEDIPE.

Ils nous voient tous deux, et ils remarquent qu'outragé par des actes je me venge par des paroles.

CRÉON.

Non, je ne puis contenir plus longtemps ma fureur : quoique seul et alourdi par les ans, il faut que j'entraîne ce misérable.

OEDIPE.

O ciel !

LE CHOEUR.

Certes, étranger, tu as apporté ici une singulière audace, si tu te flattes d'accomplir ton dessein.

--------o--◇--o--------

καὶ φρονοῦσιν ὅτι,
πεπονθὼς ἔργοις,
ἀμύνομαί σε ῥήμασιν.
  ΧΡ.—Οὔτοι
καθέξω θυμόν·
ἀλλὰ ἄξω βίᾳ τόνδε,
καὶ εἴ εἰμι μοῦνος 5
καὶ βραδὺς χρόνῳ 6.
  ΟΙΔ.—Ἰὼ τάλας!
  ΧΟΡ.—Ξένε,
ὅσον λῆμα ἔχων ἀφίκου,
εἰ δοκεῖς τελεῖν 7 τάδε!

et comprennent que,
ayant-souffert par-*des*-actes,
je repousse toi par-*des*-paroles.
  CR.—Point-certes
ne contiendrai-*je mon cœur irrité*;
mais *j'emmènerai* par-force celui-ci,
même si *je* suis seul
et *rendu* lent par-*le*-temps.
  ŒD.—Oh, malheureux !
  LE CH.—Étranger,
quelle-grande confiance ayant *tu* vins,
si *tu* crois devoir-accomplir ces *choses* !

---

4. Ἐμέ. Accusatif attiré par σε, etc. : régulièrement, il fallait οἷον κἀγὼ (ἐγήρανα).

5. Μοῦνος. Ionique, pour μόνος : Sophocle, seul des tragiques, emploie cette forme.

6. Χρόνῳ. L'*âge*, la *vieillesse*.

7. Τελεῖν. Futur attique, pour τελέσειν.

ΚΡΕΩΝ.

Δοκῶ.

ΧΟΡΟΣ.

Τάνδ' ἄρ' οὐκ ἔτι νέμω [1] πόλιν.

ΚΡΕΩΝ.

Τοῖς τοι δικαίοις [2] χὠ [3] βραχὺς νικᾷ μέγαν.   870

ΟΙΔΙΠΟΥΣ.

Ἀκούεθ' οἷα φθέγγεται;

ΧΟΡΟΣ.

Τά [4] γ' οὐ τελεῖ [5].

ΚΡΕΩΝ.

Ζεὺς ταῦτ' ἂν εἰδείη · σὺ δ' οὐ μάντις τάδε [6].

ΧΟΡΟΣ.

Ἆρ' οὐχ ὕβρις τάδ';

ΚΡΕΩΝ.

Ὕβρις · ἀλλ' ἀνεκτέα [7].

ΚΡ.—Δοκῶ.

ΧΟΡ.—Οὐκ ἔτι ἄρα νέμω [1] τάνδε πόλιν.

ΚΡ.—Τοῖς δικαίοις [2] τοι καὶ ὁ [3] βραχὺς νικᾷ μέγαν.

ΟΙΔ.—Ἀκούετε οἷα φθέγγεται;

ΧΟΡ.—Οὐ τελεῖ [5] τά [4] γε.

CR.—*Je le* crois.

LE CH.—Pas davantage donc, *s'il en est n'estimé-je* celle-ci *une* cité.   [*ainsi,*

CR.—*Par-les justes choses* certes même le petit vainc *un* grand.

OED.—*Entendez-vous* quelles *choses il* dit?   [*ci donc,*

LE CH.—Point-n'accomplira-*t-il* celles-

---

1. Νέμω. Au sens de νομίζω. Le Chœur *ne considère plus sa patrie* (τάνδε) *comme une cité* (πόλιν), la regarde comme déchue à jamais de son rang parmi les cités, *si Créon vient à bout d'accomplir ses menaces* (ἄρα).—Emploi de νέμω au sens de νομίζω. Sophocle, *OEd.-R.*, 1065 : Ἐγὼ δ', ἐμαυτὸν παῖδα τῆς Τύχης νέμων. *Électre*, 148 : Σὲ δ' ἔγωγε νέμω θεόν.

CRÉON.

Eh bien! oui, je m'en flatte.

LE CHOEUR.

A ce compte, je retranche Athènes du nombre des cités.

CRÉON.

Avec le droit pour lui, le faible triomphe aisément du fort.

OEDIPE.

Entendez-vous ce qu'il ose dire!

LE CHOEUR.

Ce dessein, il ne l'exécutera pas.

CRÉON.

Jupiter seul le sait : pour toi, ta science prophétique **ne** va pas jusque-là.

LE CHOEUR.

Ah! ne serait-ce pas là une insulte?

CRÉON.

Insulte, soit! mais insulte qu'il faut supporter.

* * *

KP.— Ζεὺς ἂν-εἰδείη ταῦτα· σὺ δὲ οὐ μάντις τάδε 6.

CR.—Jupiter eût-su (peut savoir) *seul ces choses*; toi *tu es* d'-autre-part non devin *quant à ces choses.*

XOP.—Ἆρα τάδε οὐχ ὕβρις;

LE CH.—Est-ce-que ces *choses* point-ne *sont une* insulte?

XP.—Ὕβρις, ἀλλὰ ἀνεκτέα 7.

CR.—Insulte *en effet*; mais *il* faut-supporter *elle.*

---

2. Τοῖς δικαίοις, *avec le droit, avec la justice* de son côté.

3. Χὠ. Crase, pour καὶ ὁ.

4. Τά. Poétique, pour ταῦτα.

5. Τελεῖ. Futur attique, pour τελέσει.

6. Μάντις τάδε. Conjecture : tous les manuscrits ont ici une lacune.

7. Ἀνεκτέα. Pour ἀνεκτέον (Voy. p. 104, n. 1). Sous-ent. αὐτήν : *il le faut* bien *la supporter.*

ΧΟΡΟΣ.

Ἰὼ, πᾶς λεώς! ἰὼ, γᾶς πρόμοι!
μόλετε σὺν τάχει, μόλετ᾽! ἐπεὶ πέραν   875
περῶσιν [1] δίκης.

ΘΗΣΕΥΣ.

Τίς ποθ᾽ ἡ βοή; τί τοὔργον; ἐκ τίνος φόβου ποτὲ
βουθυτοῦντά μ᾽ ἀμφὶ βωμὸν ἔσχετ᾽ [2] ἐναλίῳ θεῷ [3],
τοῦδ᾽ ἐπιστάτη Κολωνοῦ; Λέξαθ᾽, ὡς εἰδῶ τὸ πᾶν,
οὗ χάριν δεῦρ᾽ ᾖξα [4] θᾶσσον ἢ καθ᾽ ἡδονὴν ποδός.   880

ΟΙΔΙΠΟΥΣ.

Ὦ φίλτατ᾽ (ἔγνων γὰρ τὸ προσφώνημά σου),
πέπονθα δεινὰ τοῦδ᾽ ὑπ᾽ ἀνδρὸς ἀρτίως.

ΘΗΣΕΥΣ.

Τὰ ποῖα ταῦτα; τίς δ᾽ ὁ πημήνας; Λέγε.

ΧΟΡ.—Ἰὼ πᾶς λεώς!
Ἰὼ, πρόμοι γᾶς!
Μόλετε σὺν τάχει, μόλετε!
ἐπεὶ περῶσιν [1]
πέραν δίκης.

ΘΗΣ.—Τίς ποτε ἡ βοή;
τί τὸ ἔργον;
ἐκ τίνος φόβου ποτὲ
ἔσχετέ [2] με
βουθυτοῦντα ἀμφὶ βωμὸν
θεῷ [3] ἐναλίῳ,
ἐπιστάτη τοῦδε Κολωνοῦ;

LE CH.—Oh, tout *le* peuple!
Oh, chefs de-*cette*-terre!
Soyez-venus avec hâte, soyez-venus!
vu-que *ces gens* passent
au-delà de-*la*-justice.

THÉS.—Quel donc *est* le cri?
quel *est* l'acte *commis?*
d'-après quelle crainte donc
avez-*vous*-retenu (interrompu) moi
immolant-bœufs à *un* autel
pour-*le*-dieu marin,
protecteur de-ce *sol de* Colone?

---

1. Περῶσιν. Sujet : Créon et son escorte, ou peut-être notre indéterminé *on*, emphatique pour désigner Créon seul. Au surplus περῶσιν δίκης est une conjecture : les manuscrits portent περῶσιν δή, qui laisse le vers incomplet. — Autre correction : περῶσιν οἵδε δή. Avec cette

LE CHOEUR.

A moi, tous! A moi, chefs de cette terre! Accourez, accourez en toute hâte! Ces misérables passent les bornes.

THÉSÉE.

Pourquoi ces cris? qu'y a-t-il? qui a pu vous alarmer au point d'interrompre mes sacrifices au dieu des mers, au protecteur de Colone? Parlez, que je sache au juste ce qui a ainsi accéléré ma course plus que je n'eusse voulu.

OEDIPE.

Ami (car j'ai reconnu ta voix), je viens d'essuyer de la part de cet homme un cruel outrage.

THÉSÉE.

Quel outrage? Quel en est l'auteur? Parle.

Λέξατε,	Ayez-dit,
ὡς εἰδῶ τὸ πᾶν,	afin-que *je* sache le tout,
χάριν οὗ	*en* faveur (à cause) de-quoi
ᾖξα [4] δεῦρο θᾶσσον	je m'-élançai ici plus-vite
ἢ κατὰ ἡδονὴν ποδός.	que selon *la* joie de-*mon*-pied.
OIΔ.—'Ω φίλτατε	œD.—O très-cher
(ἔγνων γὰρ	(j'ai-reconnu en-effet
τὸ προςφώνημά σου),	l'allocution de-toi),
πέπονθα ἀρτίως δεινὰ	j'ai-subi récemment *choses* terribles
ὑπὸ τοῦδε ἀνδρός.	de-par cet homme.
ΘΗΣ.— Τὰ ποῖα ταῦτα ;	THÉS.—Les quelles celles-ci?
τίς δὲ ὁ πημήνας ;	et qui *est* le ayant-blessé *toi* ?
Λέγε.	Dis.

---

leçon, Créon et les siens se disposent à sortir de l'Attique, et c'est pour les en empêcher que le Chœur appelle du secours.

2. ᾿Εσχετε. Au sens d'*arrêter, interrompre.*

3. ᾿Εναλίῳ θεῷ. Neptune. — Dépend de βουθυτοῦντα.

4. ῏Ηξα. Pour ᾖξα, d'ἀΐσσω.

ΟΙΔΙΠΟΥΣ.

Κρέων ὅδ᾽, ὃν δέδορκας, οἴχεται τέκνων
ἀποσπάσας μου τὴν μόνην ξυνωρίδα[1].   885

ΘΗΣΕΥΣ.

Πῶς εἶπας;

ΟΙΔΙΠΟΥΣ.

Οἷάπερ πέπονθ᾽ ἀκήκοας.

ΘΗΣΕΥΣ.

Οὔκουν τις ὡς τάχιστα προσπόλων μολὼν
πρὸς τούσδε βωμούς[2], πάντ᾽ ἀναγκάσει λεὼν
ἄνιππον ἱππότην τε θυμάτων ἄπο
σπεύδειν ἀπὸ ῥυτῆρος[3], ἔνθα[4] δίστομοι   890
μάλιστα συμβάλλουσιν ἐμπόρων ὁδοί[5],
ὡς μὴ παρέλθωσ᾽ αἱ κόραι, γέλως δ᾽ ἐγὼ
ξένῳ γένωμαι[6] τῷδε, χειρωθεὶς βίᾳ;

ΟΙΔ.—Ὅδε Κρέων,
ὃν δέδορκας,
οἴχεται ἀποσπάσας μου
τὴν μόνην ξυνωρίδα[1]
τέκνων.

ΘΗΣ.—Πῶς εἶπας

ΟΙΔ.—᾽Ακήκοας
οἷάπερ πέπονθα.

ΘΗΣ.—Οὔκουν
τὶς προσπόλων,
μολὼν ὡς τάχιστα
πρὸς τούσδε βωμούς[2],

ŒD.—Ce Créon,
que *tu* as-regardé (que tu vois),
s᾽-en-va ayant-retiré-de moi
l᾽unique attelage (couple)
de-*mes*-enfants.

THÉS.—Comment as-*tu*-dit?

ŒD.—*Tu* as-entendu
quelles *choses* donc *j*᾽ai-subies.

THÉS.—Point-donc-n᾽*arrivera-t-il*
que quelqu᾽*un* de-*mes*-serviteurs,
étant-allé autant-que *possible le*-plus-vite
vers ces autels,

---

1. Ξυνωρίδα, *attelage au même joug,* et, par suite, *couple.* — Μόνην. OEdipe n᾽a plus que ses deux filles qui l᾽aiment et traînent en quelque sorte le char de sa vie.

2. Τούσδε βωμούς. L᾽autel de Neptune, où toute la population s᾽était portée pour le sacrifice interrompu par les cris du Chœur (v. 878).

OEDIPE.

Ce Créon, que tu vois, se retire en m'enlevant mes deux filles,
l'unique soutien de ma vie.

THÉSÉE.

Que dis-tu? qu'entends-je?

OEDIPE.

L'énoncé fidèle de mes douleurs.

THÉSÉE.

Holà, gardes! Qu'au plus vite on retourne à cet autel, et qu'on
enjoigne à tous nos citoyens, piétons et cavaliers, d'abandonner
aussitôt les sacrifices pour se porter à toute bride vers le point
de jonction des deux routes. Il importe que ces jeunes filles ne
passent point au delà, et que moi-même, vaincu par les violences de cet étranger, je ne devienne pas l'objet de ses risées.

ἀναγκάσει πάντα λεὼν	forcera tout *le* peuple
ἄνιππον ἱππότην τε	sans-cheval et cavalier
σπεύδειν ἀπὸ ῥυτῆρος [3]	*à se*-hâter sans frein (à toute bride)
ἀπὸ θυμάτων ,	*de s'éloigner* de *les* sacrifices,
ἔνθα [4] μάλιστα	*pour aller vers* où précisément
ὁδοὶ [5] δίστομοι ἐμπόρων	*des* voies à-deux-bouches (deux voies) de-
συμβάλλουσιν ,	aboutissent-ensemble, [voyageurs
ὡς μὴ αἱ κόραι	afin-que point-n'*advienne que* les jeunes-
παρέλθωσιν ,	aient-passé-outre, [filles
ἐγὼ δὲ, χειρωθεὶς βίᾳ,	et *que* moi, dompté par-violence,
γένωμαι [6] γέλως	*je* sois-devenu *un sujet de* risée
τῷδε ξένῳ ;	à-cet-étranger?

---

3. Ἀπὸ ῥυτῆρος, *sans frein, à toutes brides.*

4. Ἔνθα. Antécédent sous-entendu : ἐκεῖσε, dépendant de σπεύδειν.

5. Δίστομοι συμβάλλουσιν ὁδοί. Équivaut à ὁυοῖν στόματα συμβάλλει
ὁδοῖν.

6. Γένωμαι. Devant ce mot, reprenez le μή du vers précédent.

Ἴθ' [1], ὡς ἄνωγα, σὺν τάχει. Τοῦτον δ' ἐγὼ,
εἰ μὲν δι' ὀργῆς ἦκον, ἧς ὅδ' ἄξιος,   895
ἄτρωτον οὐ μεθῆκ' ἂν ἐξ ἐμῆς χερός·
νῦν δ', ὥσπερ αὐτὸς τοὺς νόμους [2] εἰσῆλθ' ἔχων,
τούτοισιν, οὐκ ἄλλοισιν, ἁρμοσθήσεται.
Οὐ γάρ ποτ' ἔξει [3] τῆσδε τῆς χώρας, πρὶν ἂν
κείνας ἐναργεῖς δεῦρό μοι στήσῃς ἄγων·   900
ἐπεὶ δέδρακας οὔτ' ἐμοῦ καταξίως,
οὔθ' ὧν πέφυκας αὐτὸς, οὔτε σῆς χθονὸς,
ὅστις, δίκαι' ἀσκοῦσαν εἰσελθὼν πόλιν
κἄνευ νόμου κραίνουσαν οὐδὲν, εἶτ', ἀφεὶς
τὰ τῆσδε τῆς γῆς κύρι' [4], ὧδ' ἐπεισπεσὼν,   905
ἄγεις θ' ἃ χρήζεις, καὶ παρίστασαι [5] βίᾳ,
καί μοι πόλιν κένανδρον ἢ δούλην τινὰ

—◦—◇—◦—

Ἴθι [1] σὺν τάχει, ὡς ἄνωγα.	Va avec hâte, comme *j'*ordonne.
Ἐγὼ δὲ,	Moi d'-autre-part,
εἰ μὲν ἦκον διὰ ὀργῆς	si d'-une-part *je* venais en *la* colère .
ἧς ὅδε ἄξιος,	dont celui-ci *est* digne,
οὐ μεθῆκα-ἂν τοῦτον ἄτρωτον	point-n'eussé-*je*-lâché celui-ci non-blessé
ἐξ ἐμῆς χερός·	de ma main ;
νῦν δὲ,	maintenant d'-autre-part,
ὥσπερ ἔχων τοὺς νόμους [2]	comme-donc ayant (arrangeant) les lois
αὐτὸς εἰσῆλθε,	*lui*-même entra *en ce pays*,
ἁρμοσθήσεται τούτοισιν,	*il* sera-accommodé à-celles-ci,
οὐκ ἄλλοισιν .	non à-*d'*-autres.
Οὔ-ποτε γὰρ ἔξει [3]	Jamais en-effet *tu* n'iras-hors
τῆσδε- τῆς χώρας,	dé-cette contrée,
πρὶν ἄγων	avant—que ramenant
ἂν-στήσῃς δεῦρό μοι	*tu* aies-placé ici à-moi

---

1. Ἴθ'. Ἴθι ou ἴτε, suivant que Thésée songe au προσπόλων τις du
v. 887, ou à l'ensemble des πρόσπολοι.

2. Ὥσπερ τοὺς νόμους. Équivaut à οὓς νόμους. On appliquera à Créon
les lois qu'il applique aux autres : il enlève les suppliants sur une
terre étrangère; sur une terre étrangère il sera enlevé malgré ses ré-
clamations et retenu jusqu'à ce qu'il ait rendu ses captifs.

Allez, et qu'on se hâte d'exécuter mes ordres. — Quant à lui,
si j'écoutais un courroux légitime, il ne sortirait pas d'ici que
son sang n'eût coulé sous ma main. Du moins, il en passera
strictement par les lois mêmes qu'il a apportées avec lui. En-
tends-le bien, tu ne quitteras pas ce territoire que tu n'y aies
ramené, replacé sous mes yeux ces deux infortunées : ta conduite
est par trop indigne, et de moi, et de ceux dont tu sors, et
du sol qui t'a vu naître! Quoi? tu entres dans une cité où la
justice est en honneur, où rien ne se fait en dehors de la
loi; et là, au mépris des principes qui la régissent, tu fonds
sur qui il te plaît, tu l'enlèves, tu le retiens de force! Tu as
cru sans doute avoir affaire à une cité de femmes ou d'esclaves;

κείνας ἐναργεῖς·	celles-là évidentes :
ἐπεὶ δέδρακας καταξίως	vu-que *tu n'*as-agi dignement
οὔτε ἐμοῦ,	ni de-moi,
οὔτε ὧν αὐτὸς πέφυκας,	ni de-*ceux*-dont *toi*-même es-né,
οὔτε σῆς χθονὸς ,	ni de-ta terre,
ὅστις, εἰσελθὼν πόλιν	*toi* qui, étant-venu-dans *une* cité
ἀσκοῦσαν δίκαια	exerçant *choses* justes
καὶ κραίνουσαν οὐδὲν ἄνευ	et *n'*accomplissant rien sans loi,
εἶτα, [νόμου,	ensuite,
ἀφεὶς τὰ κύρια [4] τῆςοὺς-τῆς	ayant-mis-de-côté les *lois* souveraines de-
ἐπεισπεσὼν ὧδε, [γῆς,	étant-tombé-sus ainsi, [cette terre,
ἄγεις τε ἃ χρήζεις,	et entraînes les-*choses*-que *tu* désires,
καὶ παρίστασαι [5] βίᾳ,	et *te les* adjoins par-violence,
καὶ ἔδοξας	et as-cru
τινὰ πόλιν κένανδρον ἢ δούλην	une cité vide-d'-hommes ou esclave

3. Ἔξει. Seconde personne d'ἔξειμι, au sens futur. Thésée, ici,
s'adresse directement à Créon.

4. Τὰ κύρια, *les principes, les institutions, les lois en vigueur.*

5. Παρίστασαι. Au sens de *placer près de soi, faire passer à soi,*
enlever et retenir.

ἔδοξας εἶναι, κἄμ' ἴσον τῷ μηδενί.
Καίτοι σε Θῆβαί γ' οὐκ ἐπαίδευσαν κακόν·
οὐ γὰρ φιλοῦσιν [1] ἄνδρας ἐκδίκους τρέφειν·   910
οὐδ' ἄν σ' ἐπαινέσειαν, εἰ πυθοίατο [2]
συλῶντα·τἀμὰ καὶ τὰ τῶν θεῶν, βίᾳ
ἄγοντα φωτῶν ἀθλίων ἱκτήρια [3].
Οὔκουν ἔγωγ' ἂν, σῆς ἐπεμβαίνων·χθονὸς,
οὐδ' εἰ τὰ πάντων εἶχον ἐνδικώτατα,   915
ἄνευ γε τοῦ κραίνοντος, ὅστις ἦν, χθονὸς,
οὔθ' εἷλκον, οὔτ' ἂν ἦγον· ἀλλ' ἠπιστάμην
ξένον παρ' ἀστοῖς ὡς διαιτᾶσθαι χρεών.
Σὺ δ' ἀξίαν οὐκ οὖσαν [4] αἰσχύνεις πόλιν
τὴν αὐτὸς αὐτοῦ, καί σ' ὁ πληθύων χρόνος [5]   920
γέρονθ' ὁμοῦ τίθησι καὶ τοῦ νοῦ κενόν.

———o—◇—o———

εἶναί μοι,	être à-moi,
καὶ ἐμὲ ἴσον τῷ μηδενί.	et moi *être* égal au *étant* nul.
Καίτοι Θῆβαί γε	Et-certes, Thèbes du-moins
οὐκ ἐπαίδευσάν σε κακόν·	point-n'éleva toi mauvais ;
οὐ γὰρ φιλοῦσι [1]	point en-effet *n'aime-t-elle*
τρέφειν ἄνδρας ἐκδίκους·	à nourrir hommes injustes ;
οὐδὲ ἂν-ἐπαινέσειάν σε,	ni *n'*eût-elle-loué toi,
εἰ πυθοίατο [2]	si *elle* eût-appris
συλῶντα τὰ ἐμὰ	*toi* profanant les miennes *choses*
καὶ τὰ τῶν θεῶν,	et les *choses* des dieux,
ἄγοντα βίᾳ	emmenant par-violence
ἱκτήρια [3]	des *choses* (*des personnes*) suppliantes
φωτῶν ἀθλίων.	de-mortels misérables.
Οὔκουν ἔγωγε,	Point-donc moi-du-moins,
ἐπεμβαίνων σῆς χθονὸς,	marchant-sur ta terre,

---

1. Φιλοῦσι. Voy. p. 64, n. 8. Sujet : Thèbes.
2. Πυθοίατο. Pour πύθοιντο. (Voy. p. 126, n. 3.)
3. Φωτῶν ἀθλίων ἱκτήρια. Poétique, pour φῶτας ἀθλίους ἱκτηρίους.
Les Latins disaient de même *opaca locorum, strata viarum*, etc. Mais
cette construction est fort rare avec un nom de personne.

et moi-même, tu ne m'as compté pour rien! Thèbes, cependant, ne t'a pas dressé au crime : Thèbes ne nourrit guère de scélérats, et certes elle ne t'approuverait point, si elle apprenait que tu violes mes droits ou que tu arraches de malheureux suppliants à la protection des dieux. Ah! ce n'est pas moi qui jamais, avec les motifs les plus légitimes, aurais envahi ton territoire pour en rien détourner, pour y rien enlever, sans l'aveu du souverain, quel qu'il fût : j'aurais su comment un étranger doit en agir avec des citoyens. Pour toi, tu déshonores ta propre patrie qui n'a point mérité cette honte, et les années, en s'accumulant sur ta tête, t'apportent à la fois la vieillesse et la démence. — Quoi qu'il en soit, je l'ai dit et je le répète, qu'on ramène

---

οὐδὲ εἰ εἶχον	pas-même si *j'*avais
τὰ ἐνδικώτατα πάντων,	les plus-justes de-tous *les motifs,*
οὔτε ἀν-εῖλχον,	ni *je n'*entraînais (n'eusse entraîné),
οὔτε ἀν-ἦγον,	ni *je n'*emmenais (n'eusse emmené),
ἄνευ γε τοῦ κραίνοντος γῆς,	sans du-moins le chef de-*la*-terre,
ὅστις ἦν·	quelconque était-*il* (quel qu'il fût) ;
ἀλλὰ ἠπιστάμην	mais *je* savais (j'aurais su)
ὡς χρεὼν διαιτᾶσθαι	comment nécessité *est de* vivre
ξένον παρὰ ἀστοῖς.	étranger chez *des* citoyens.
Σὺ δὲ αἰσχύνεις	Toi d'-autre-part *tu* déshonores
αὐτὸς τὴνπόλιν αὐτοῦ	*toi*-même la cité de-soi (toi)-même
οὐκ οὖσαν [4] ἀξίαν,	point-n'étant digne (ne le méritant),
καὶ ὁ χρόνος [5] πληθύων	et le temps s'-accumulant
τίθησί σε γέροντα ὅμου	place (rend) toi vieux à-la-fois
καὶ κενὸν τοῦ νοῦ.	et vide *en fait* de-l'esprit.

---

4. Ἀξίαν οὐκ οὖσαν, *ne le méritant pas* (en bonne part). Même emploi d'*indignus* en latin. Horace, *Sat.*, II, 2, 103 : *Cur eget indignus quisquam, te divite?*

5. Ὁ πληθύων χρόνος, *le temps s'accumulant,* c'est-à-dire *le temps.*

Εἶπον μὲν οὖν καὶ πρόσθεν, ἐννέπω δὲ νῦν,
τὰς παῖδας ὡς τάχιστα δεῦρ' ἄγειν τινά,
εἰ μὴ μέτοικος[1] τῆσδε τῆς χώρας θέλεις
εἶναι βίᾳ τε κοὐχ ἑκών. Καὶ ταῦτά σοι   925
τῷ νῷ θ' ὁμοίως κἀπὸ τῆς γλώσσης λέγω.

ΧΟΡΟΣ.

Ὁρᾷς ἵν' ἥκεις, ὦ ξέν'; ὡς[2], ἀφ' ὧν[3] μὲν εἶ,
φαίνει δίκαιος, δρῶν δ' ἐφευρίσκει[4] κακά.

ΚΡΕΩΝ.

Ἐγὼ οὔτ' ἄνανδρον τήνδε τὴν πόλιν λέγων,
ὦ τέκνον Αἰγέως, οὔτ' ἄβουλον, ὡς σὺ φῄς,   930
τοὔργον τόδ' ἐξέπραξα, γιγνώσκων δ' ὅτι
οὐδείς ποτ' αὐτοὺς[5] τῶν ἐμῶν ἂν ἐμπέσοι
ζῆλος ξυναίμων, ὥστ' ἐμοῦ τρέφειν[6] βίᾳ.

———o—◇—o———

Εἶπον μὲν οὖν	J'ai-dit d'-une-part donc
καὶ πρόσθεν,	même auparavant,
ἐννέπω δὲ νῦν,	j'ordonne d'-autre-part maintenant,
τινὰ ἄγειν δεῦρο τὰς παῖδας	quelqu'un amener ici les filles
ὡς τάχιστα,	autant-que *possible le*-plus-vite,
εἰ μὴ θέλεις εἶναι	si *tu* ne veux être
μέτοικος[1] τῆσδε -τῆς χώρας	métèque de-cette contrée
βίᾳ τε καὶ οὐχ ἑκών.	et par-violence et point-ne voulant.
Καὶ λέγω σοι ταῦτα	Et *je* dis à-toi ces *choses*
τῷ τε νῷ ὁμοίως	et par-l'esprit pareillement
καὶ ἀπὸ τῆς γλώσσης .	et de la langue.
ΧΟΡ.— Ὦ ξένε,	LE CH.—O étranger,
ὁρᾷς ἵνα ἥκεις ;	vois-*tu* où *tu en* viens ?
ὡς[2] φαίνει μὲν δίκαιος	vu-que *tu* es-vu d'-une-part juste

---

1. Μέτοικος. Se dit de l'émigré *qui a changé de lieu d'habitation*, qui habite une contrée dont il n'est point originaire. Les spectateurs de notre pièce ont pu, malgré l'anachronisme, sourire à l'idée de ce *métèque involontaire*; car, de leur temps, les *métèques volontaires* formaient à Athènes une classe nombreuse.

2. Ὡς, *vu que, car.*

promptement ici ces jeunes filles, si tu ne veux être contraint à habiter cette terre malgré toi : songes-y bien, c'est
ma pensée même qui s'exprime ici par ma bouche.

LE CHOEUR.

Tu vois où tu en es venu, étranger : ta naissance annonce un
homme vertueux, et ta conduite trahit un pervers.

CRÉON.

Crois-moi, fils d'Égée, je n'ai jamais prétendu, comme tu l'a-
vances, que cette cité fût dépourvue de courage ou de prudence.
En agissant comme je l'ai fait, j'étais persuadé que nul ne se

—◦—◆—◦—

ἀπὸ ὧν [3] εἶ,
à considérer ceux de lesquels *tu es né*,
ἐφευρίσκει [4] δὲ
et *tu* es-trouvé d'-autre-part
δρῶν κακά.
faisant mauvaises *choses*.

ΚΡ.—Ἐγὼ,
CR.—Moi,
ὦ τέκνον Αἰγέως,
ô enfant d'-Égée,
ἐξέπραξα τόδε ἔργον
*j'*accomplis cet acte
λέγων τήνδε-τὴν πόλιν
ne disant cette cité
οὔτε ἄνανδρον οὔτε ἄβουλον,
ni sans-hommes-ni sans-conseils,
ὡς σὺ φῂς,
comme tu dis,
γιγνώσκων δὲ ὅτι οὐδεὶς ζῆλος
mais décidant (pensant) que nul zèle
τῶν ἐμῶν ξυναίμων
en faveur des miens consanguins
ἂν-ἐμπέσοι αὐτούς [5] ποτε,
ne serait-tombé-en eux (en les Athéniens)
ὥστε τρέφειν [6]
de-façon-à nourrir *eux*   [jamais,
βίᾳ ἐμοῦ.
en-violence de-moi.

---

3. Ὧν. Les Thébains. La pensée « ἀφ' ὧν εἶ, φαίνει δίκαιος » est
à l'avance commentée par les vers 909-910.

4. Φαίνει, ἐφευρίσκει. Secondes personnes attiques, pour φαίνῃ,
ἐφευρίσκῃ.

5. Αὐτούς, régi par ἐμπέσοι, représente τοὺς πολίτας (les Athéniens), logiquement contenu dans le τήνδε τὴν πόλιν du v. 929.

6. Οὐδεὶς τῶν ἐμῶν ζῆλος ὥστε τρέφειν. Équivaut à οὐδεὶς ζῆλος τοῦ
τοὺς ἐμοὺς τρέφειν.

Ἤδη[1] δ' ὅθ' οὕνεχ'[2] ἄνδρα καὶ πατροκτόνον
κἄναγνον οὐ δεξαίατ'[3], οὐδ' ὅτῳ γάμοι[4]   935
ξυνόντες εὑρέθησαν ἀνόσιοι τέκνων.
Τοιοῦτον αὐτοῖς Ἄρεος εὔβουλον Πάγον
ἐγὼ ξυνῄδη χθόνιον[5] ὄνθ', ὃς οὐκ ἐᾷ
τοιούσδ' ἀλήτας τῇδ' ὁμοῦ[6] ναίειν πόλει.
Ὦ πίστιν ἴσχων, τήνδ' ἐχειρούμην ἄγραν.   940
Καὶ ταῦτ' ἂν οὐκ ἔπρασσον, εἰ μή μοι πικρὰς
αὑτῷ τ' ἀρὰς ἠρᾶτο καὶ τῷ 'μῷ γένει·
ἀνθ' ὧν πεπονθὼς ἠξίουν τάδ' ἀντιδρᾶν.
Θυμοῦ γὰρ[7] οὐδέν ἐστι γῆρας ἄλλο πλὴν
θανεῖν· θανόντων δ' οὐδὲν ἄλγος ἅπτεται.   945

———o—◇—o———

Ἤδη[1] δὲ	Je savais d'-autre-part
ὅτι-οὕνεκα[2] οὐ δεξαίατο[3]	comme-quoi point-n'auraient-*ils*-reçu
ἄνδρα καὶ πατροκτόνον καὶ	homme et parricide et impur,
οὐδὲ ὅτῳ ξυνόντες [ἄναγνον,	ni avec-lequel étant
εὑρέθησαν	furent-trouvées
γάμοι[4] ἀνόσιοι τέκνων.	noces impies d'-enfants *avec leur mère.*
Τοιοῦτον ἐγὼ ξυνῄδη	Tel je savais
Ἄρεος-Πάγον εὔβουλον	*un* Aréopage à-bons-conseils
ὄντα χθόνιον[5] αὐτοῖς,	étant national à-eux,
ὃς οὐκ ἐᾷ	lequel nt-ne permet
τοιούσδε ἀλήτας	*de* tels vagabonds
ναίειν ὁμοῦ τῇδε πόλει.	habiter avec cette cité.
Ὦ ἴσχων πίστιν,	A-quoi ayant foi,

---

    1. Ἤδη, et, plus bas, ξυνῄδη. Attique, pour ᾔδειν, συνῄδειν, de οἶδα, σύνοιδα. A l'imitation des Ioniens, qui formaient les plus-que-parfaits en εα, εας, εε, les Attiques en forment quelques-uns en η, ης, η (formes ioniques contractées).

    2. Ὅθ' οὕνεκα. Voyez page 16, note 4.

    3. Δεξαίατο. Pour δέξαιντο (Voy. p. 126, n. 3).

    4. Οὐδ' ὅτῳ γάμοι, etc. *Ni avec qui des noces impies d'enfants* (avec leur mère) *furent trouvées étant.* Le pluriel τέκνων, pour le singulier : *d'enfant* (avec sa mère). En français : *ni un homme con-*

prendrait pour les miens d'un zèle assez ardent pour les vouloir
retenir malgré moi ; j'admettais qu'on n'accueillerait point un
parricide, un infâme, un fils convaincu d'inceste ; je savais à
cette contrée un conseil plein de sagesse, l'Aréopage, qui ne
permet point à de tels vagabonds le séjour de votre ville. De là
ma confiance à saisir cette proie. Encore n'en eussé-je rien fait,
s'il n'eût vomi les imprécations les plus odieuses contre moi et
contre les miens ; mais, ainsi attaqué, je crus devoir répondre.
La colère, hélas ! ne connaît d'autre vieillesse que le trépas, et
les morts seuls sont insensibles à l'outrage.—Après cela, agis

ἐχειρούμην τήνδε ἄγραν.	je prenais-en-main cette proie.
Καὶ οὐκ ἂν-ἔπρασσον ταῦτα,	Et point-ne faisais-*je* ces *choses*,
εἰ μὴ ἡρᾶτο	si *il* ne maudissait (n'eût maudit)
πικρὰς ἀρὰς	d'amères malédictions
μοί τε αὐτῷ	et contre-moi même
καὶ τῷ ἐμῷ γένει ·	et contre-la mienne race :
ἀντὶ ὦν,	en-échange-de lesquelles,
πεπονθὼς,	ayant-souffert,
ἠξίουν ἀντιδρᾶν τάδε .	je trouvais-juste *de* faire-en-échange ces *choses*.
Ἔστι γὰρ [7]	Il n'est en-effet
οὐδὲν ἄλλο γῆρας θυμοῦ	nulle autre vieillesse de-*la*-colère
πλὴν θανεῖν ·	hormis avoir-péri ;
οὐδὲν δὲ ἄλγος	mais nulle souffrance
ἅπτεται θανόντων .	ne s'-attache-à *les* ayant-péri.

vaincu *de s'être uni à sa propre mère par un incestueux hymen.*

5. Χθόνιον , *national.* Dans l'*Ajax*, v. 102 : Χθονίων ἀπ' Ἐρε-
χθειδᾶν.

6. Ὁμοῦ (c'est-à-dire σύν). Pour ἐν.

7. Θυμοῦ γάρ, etc. Suivant un scholiaste, on disait proverbialement :
« La colère est ce qui vieillit en dernier. » Lorsque Créon, paraphrasant
ce proverbe, dit que *la colère ne connaît d'autre vieillesse que la
mort,* que *les morts seuls sont insensibles,* il cherche à justifier ses
actes par l'irrésistible entraînement de cette passion.

Πρὸς ταῦτα, πράξεις οἶον ἂν θέλῃς, ἐπεὶ
ἐρημία με, κεἰ δίκαι' ὅμως λέγω,
σμικρὸν τίθησι· πρὸς δὲ τὰς πράξεις ὅμως,
καὶ τηλικόσδ' ὤν, ἀντιδρᾶν πειράσομαι.

ΟΙΔΙΠΟΥΣ.

Ὦ λῆμ' ἀναιδές ! τοῦ[1] καθυβρίζειν δοκεῖς,   950
πότερον ἐμοῦ γέροντος, ἢ σαυτοῦ, τόδε;
Ὅστις φόνους μοι καὶ γάμους καὶ ξυμφορὰς
τοῦ σοῦ διῆκας στόματος[2], ἃς ἐγὼ τάλας
ἤνεγκον[3] ἄκων· θεοῖς γὰρ ἦν οὕτω φίλον,
τάχ' ἄν τι μηνίουσιν ἐς γένος πάλαι·   955
ἐπεὶ καθ' αὑτόν[4] γ' οὐκ ἂν ἐξεύροις ἐμοὶ
ἁμαρτίας ὄνειδος οὐδὲν, ἀνθ' ὅτου
τάδ' εἰς ἐμαυτὸν τοὺς ἐμούς θ' ἡμάρτανον[5].
Ἐπεὶ δίδαξον, εἴ τι θέσφατον πατρὶ

Πρὸς ταῦτα,
πράξεις οἶον ἂν-θέλῃς,
ἐπεὶ ἐρημία
τίθησί με σμικρὸν,
καὶ εἰ λέγω ὅμως δίκαια·
ὅμως δὲ,
καὶ ὢν τηλικόσδε,
πειράσομαι ἀντιδρᾶν
πρὸς τὰς πράξεις.

ΟΙΔ.— Ὦ λῆμα ἀναιδές!
τοῦ[1] δοκεῖς καθυβρίζειν τόδε;
πότερον ἐμοῦ γέροντος,
ἢ σαυτοῦ;
Ὅστις μοι
διῆκας τοῦ σοῦ στόματος[2]

D'-après ces *choses*,
tu feras quelle *chose tu* voudras,
vu-que *la* solitude
place (rend) moi petit,
même si *je* dis pourtant *choses* justes;
pourtant d'-autre-part,
même étant tel,
je tenterai d'-agir-en-réponse
contre les actes.

ŒD.—O audace impudente!
contre-qui crois-*tu* invectiver ceci?
lequel-des-deux, contre-moi vieux,
ou contre-toi-même?
Toi qui contre-moi
as-émi-par la tienne bouche

---

1. Τοῦ. Attique, pour τίνος. Dépend du κατά de καθυβρίζειν.
2. Τοῦ σοῦ διῆκας στόματος. C'est-à-dire ἦκας διὰ τοῦ σοῦ στόματος.
3. Ἃς ἤνεγκον. Voyez vers 258; 513 et suiv.; 529 et suiv.
4. Καθ' αὑτόν. Pour κατ' ἐμαυτόν. Joignez avec ἐμοί.

comme il te plaira. Si juste que soit ma cause, l'isolement me fait petit devant toi ; cependant, en cet état même, je m'efforcerai encore de te rendre acte pour acte.

OEDIPE.

Ciel ! quelle impudence ! Qui crois-tu donc insulter, du vieil OEdipe ou de toi-même, quand ta bouche m'objecte ces meurtres, ces hymens, ces calamités que j'ai subies (hélas !) malgré moi ? Ainsi le voulurent les dieux, irrités contre nous sans doute pour quelque antique offense ; car, en ma personne, tu ne saurais trouver un seul crime, une seule honte, qui m'ait pu mériter ces funestes erreurs envers moi et envers les miens. Je te le demande, s'il est vrai qu'un oracle ait annoncé à mon père qu'il

<hr>

φόνους καὶ γάμους	*des* meurtres et *des* noces
καὶ συμφοράς,	et *des* calamités,
ἃς ἐγὼ τάλας ἤνεγκον [3] ἄκων·	que moi malheureux supportai ne-voulant-car ainsi était-*il* agréable au *x*-dieux, [pas:
οὕτω γὰρ ἦν φίλον θεοῖς,	car ainsi était-*il* agréable au *x*-dieux, [pas:
τάχα ἂν-μηνίουσί τι πάλαι	peut-être irrités *en* quelque *chose* dès-
ἐς γένος ·	contre *ma* race ; [longtems
ἐπεὶ ἐμοὶ	vu-que à-moi
κατὰ αὐτόν [4] γε	en soi-même (en moi-même) du-moins
οὐκ ἂν-ἐξεύροις	point-n'aurais-*tu*-trouvé
οὐδὲν ὄνειδος ἁμαρτίας,	aucun opprobre de-faute,
ἀντὶ ὅτου	en-échange-de lequel
ἡμάρτανον [5] τάδε	*j*'errais *en* ces *choses*
εἰς ἐμαυτὸν	contre moi-même
τούς τε ἐμούς.	et les miens.
Ἐπεὶ δίδαξον,	Vu-que aie-enseigné *à nous,*
εἴ τι θέσφατον	si quelque *chose de* divinement-dit

<hr>

5. Τάδ' ἡμάρτανον. OEdipe est fondé à traiter d'*erreurs* ce parricide et cet inceste dont il n'a pas eu conscience, et à dire qu'il n'a point mérité par sa vie antérieure que les dieux l'aient condamné à de telles erreurs.

χρησμοῖσιν ἱκνεῖθ’, ὥστε πρὸς παίδων θανεῖν,   960
πῶς ἂν δικαίως τοῦτ’ ὀνειδίζοις ἐμοί,
ὃς οὔτε βλάστας πω γενεθλίους πατρὸς,
οὐ[1] μητρὸς εἶχον, ἀλλ’, ἀγέννητος τότ’ ἦν;
Εἰ δ’ αὖ φανεὶς δύστηνος, ὡς ἐγὼ ’φάνην,
ἐς χεῖρας ἦλθον πατρὶ καὶ κατέκτανον,   965
μηδὲν ξυνιεὶς ὧν ἔδρων ἐς οὕς τ’ ἔδρων,
πῶς γ’ ἂν τό γ’ ἆκον[2] πρᾶγμ’ ἂν[3] εἰκότως ψέγοις ;
Μητρὸς δὲ, τλῆμον, οὐκ ἐπαισχύνει[4] γάμους,
οὔσης ὁμαίμου σῆς, μ’ ἀναγκάζων[5] λέγειν,
οἵους ἐρῶ τάχ’ ; οὐ γὰρ οὖν σιγήσομαι,   970
σοῦ γ’ ἐς τόδ’ ἐξελθόντος ἀνόσιον στόμα[6].
Ἔτικτε γάρ μ’, ἔτικτεν (ᾧ μοί μοι κακῶν[7]!)

—◦—◆—◦—

ἱκνεῖτο πατρὶ χρησμοῖσιν,	venait (vint) à-*mon*-père par-oracles,
ὥστε θανεῖν	en-sorte-que *falloir lui* avoir-péri
πρὸς παίδων,	de-par *ses* enfants,
πῶς δικαίως	comment justement
ἂν-ὀνειδίζοις τοῦτο ἐμοὶ,	reprocherais-*tu* ceci à-moi,
ὃς εἶχόν πω	qui *n’*avais encore
βλάστας γενεθλίους	*de* germes générateurs
οὔτε πατρὸς, οὐ[1] μητρὸς,	ni de-père, non (ni) de-mère,
ἀλλὰ ἦν τότε ἀγέννητος;	mais *qui* étais alors non-engendré?
Εἰ δὲ αὖ	Si d’-autre-part encore
φανεὶς δύστηνος,	ayant-été-vu malheureux,
ὡς ἐγὼ ἐφάνην,	comme je fus-vu,
ἦλθον ἐς χεῖρας πατρὶ	*j’en* vins aux mains avec-*mon*-père
καὶ κατέκτανον,	et tuai *lui*, [sais,
ξυνιεὶς μηδὲν ὧν ἔδρων,	*ne* comprenant rien des-*choses*-que je fai-

1. Οὐ. Pour un second οὔτε, par licence de construction poétique.
2. Ἄκον. Pour ἀκούσιον (Voyez p. 54, n. 4).
3. Ἄν....ἂν. Voyez page 158, n. 3.
4. Ἐπαισχύνει. Seconde personne attique, pour ἐπαισχύνῃ.

mourrait de la main de son fils, de quel droit m'imputer à crime
ce qui se passa avant que j'eusse reçu de ce père le germe de
l'existence, avant que ma mère m'eût conçu dans ses flancs,
avant que je fusse sorti du néant? Que si plus tard, par un malheur
trop réel, je combattis et tuai en effet mon père, mais sans savoir
ni ce que je faisais, ni à qui je m'attaquais, de quel droit encore
me blâmer d'un acte involontaire? Quant à ma mère, misérable,
songes-tu qu'elle fut ta propre sœur, quand tu ne rougis pas de
me contraindre à rappeler l'hymen que je vais dire? Car, hélas!
je ne puis rien taire, après les infamies qu'a proférées ta bouche
impure. Oui, elle m'enfanta (ô douleur! ô désespoir!), elle m'enfanta sans que je susse qui m'avait reçu dans ses flancs, sans sa-

——◇——

ἔς τε οὒς ἔδρων,	et (ni) envers qui *je les* faisais,
πῶς γε εἰκότως	comment donc raisonnablement
ἂν ψέγοις-ἂν [3] τὸ πρᾶγμα	blâmerais-*tu* le *mien* acte
ἄκόν [2] γε ;	involontaire donc ?
Οὐκ ἐπαισχύνει [5] δὲ,	Ne rougis-*tu-pas*-en-outre d'-ailleurs,
τλῆμον,	malheureux,
ἀναγκάζων [5] με λέγειν γάμους	forçant moi *à* dire *les* noces de-*ma*-mère,
οὔσης σῆς ὁμαίμου, [μητρὸς,]	étant (qui fut) ta *sœur* consanguine,
οἵους ἐρῶ τάχα;	quelles *je les* dirai *bientôt*?
Οὐ γὰρ οὖν σιγήσομαι,	Point en-effet donc *ne* me-tairai-je,
σοῦ γε ἐξελθόντος	toi donc étant-sorti-de *toutes bornes*
ἐς τόδε ἀνόσιον στόμα [6].	jusqu'-à cette impie bouche (mention).
῎Ετικτε γὰρ	*Elle* enfantait en-effet
(ὤ μοί μοι κακῶν [7] !)	(hélas pour-moi, pour-moi, *en fait de-*
ἔτικτεν οὐκ εἰδυῖα	*elle* enfantait ne sachant *pas* [maux !),

---

5. Οὐκ ἐπαισχύνει ἀναγκάζων. Voy. p. 118, n. 2.—Γάμους dépend
de λέγειν, non d'ἐπαισχύνει.

6. Στόμα, *langage* (Voy. p. 34, n. 2).

7. ῎Ω μοι κακῶν. Sur ce génitif après ὤ, Voy. p. 71, n. 3.

οὐκ εἰδότ’ οὐκ εἰδυῖα¹· καὶ, τεκοῦσά με,
αὑτῆς ὄνειδος παῖδας ἐξέφυσέ μοι.
Ἀλλ’ ἓν γὰρ οὖν ἔξοιδα· σὲ μὲν ἑκόντ’ ἐμὲ   975
κείνην τε ταῦτα δυστομεῖν· ἐγὼ δέ νιν
ἄκων² ἔγημα, φθέγγομαί τ’ ἄκων τάδε.
Ἀλλ’ οὐ γὰρ οὔτ’ ἐν τοῖσδ’ ἀκούσομαι³ κακὸς
γάμοισιν, οὔθ’⁴ οὓς αἰὲν ἐμφέρεις σύ μοι
φόνους⁵ πατρῴους, ἐξονειδίζων πικρῶς.   980
Ἓν γάρ μ’ ἄμειψαι μοῦνον⁶, ὧν σ’ ἀνιστορῶ·
εἴ τις σὲ, τὸν δίκαιον, αὐτίχ’ ἐνθάδε
κτείνοι⁷ παραστάς, πότερα πυνθάνοι’ ἂν εἰ
πατήρ σ’ ὁ καίνων, ἢ τίνοι’ ἂν εὐθέως;

———◇———

μὲ οὐκ εἰδότα¹·	moi ne sachant *pas;*
καὶ, τεκοῦσά με,	et, ayant-enfanté moi,
ἐξέφυσέ μοι παῖδας,	*elle* enfanta à-moi *des* enfants,
ὄνειδος αὑτῆς.	opprobre de-soi (d’elle)-même.
Ἀλλὰ γὰρ οὖν	Mais en-effet donc
ἔξοιδα ἕν,	*je* sais-à-fond une *chose*,
σὲ μὲν ἑκόντα	toi d’-une-part *le*-voulant
δυστομεῖν ταῦτα	outrager-de-bouche *en* ces *choses*
ἐμὲ κεινήν τε·	moi et celle-là;
ἐγὼ δὲ	moi d’-autre-part
ἄκων² ἔγημά νιν,	ne-voulant-pas *j’*épousai elle,
ἄκων τε φθέγγομαι τάδε.	et ne-voulant-pas *je* dis ces *choses.*
Ἀλλὰ	Mais [tendrai-je traiter de) mauvais
οὐ γὰρ ἀκούσομαι³ κακὸς	point en-effet *n’*entendrai-*je* (ne m’en-

---

1. Οὐκ εἰδότ’ οὐκ εἰδυῖα. Complément sous-entendu de ces deux
participes: τὰ συμβησόμενα. Il va sans dire qu’εἰδότα est le complément d’ἔτικτε, et non d’εἰδυῖα.

2. Ἄκων, *sans le vouloir;* équivaut réellement ici à οὐκ εἰδώς,
sans le savoir.

3. Ἀκούσομαι. Au sens de *s’entendre traiter de*. Cet hellénisme
a quelquefois passé en latin. Horace, *Épit.*, I, 7, 37 : *Rexque, pa-
terque* audisti.

4. Οὐ γὰρ οὔτε... οὔτε... Rien de plus commun, en grec et en

voir elle-même à qui elle donnait le jour ; puis, après m'avoir
enfanté, elle eut de moi, pour sa honte, d'autres enfants. Mais
ce que je sais fort bien, c'est que volontairement tu me salis
ainsi qu'elle de tes outrages, tandis que moi, c'est sans le vouloir que je l'épousai, sans le vouloir que je redis son opprobre.
Un mot encore, pour établir qu'innocent de cet hymen je ne le
suis pas moins du parricide dont tu m'accuses avec tant d'insi-
stance, avec tant d'amertume ! Réponds à une seule question :
que ferais-tu, toi l'homme vertueux, si quelqu'un à l'instant, ici
même, s'approchait pour te tuer ? Rechercherais-tu si l'assassin
est ton père, ou le châtierais-tu sur-le-champ ? Sans aucun doute,

οὔτε ἐν τοῖσδε γάμοισιν,	ni à-propos-de ces noces,
οὔτε [4]	ni *à propos des meurtres*
οὓς φόνους [5] πατρῴους	lesquels meurtres paternels
σὺ ἐμφέρεις μοι αἰὲν,	tu objectes à-moi constamment,
ἐξονειδίζων πικρῶς.	*me les* reprochant amèrement.
Ἄμειψαι γάρ με	Aie-répondu en-effet *à* moi
ἓν μοῦνον [6]	*quant à* une seule *des choses*
ὧν ἀνιστορῶ σε	au sujet desquelles *j'*interroge toi :
εἴ τις παραστὰς	si quelqu'*un* s'-étant-tenu-près
κτείνοι [7] αὐτίκα ἐνθάδε	tuerait (voulait tuer) sur-le-champ ici
σὲ, τὸν δίκαιον,	toi, le juste,
πότερα	lesquelles (laquelle)-des-deux *choses*,
πυνθάνοιο – ἂν	*t'*-informerais-*tu*
εἰ ὁ κτείνων σε πατὴρ,	si le tuant toi *est ton* père,
ἢ τίνοιο - ἂν εὐθέως ;	ou punirais-*tu lui* immédiatement ?

latin, que ces phrases franchement attaquées par une négation, laquelle
se développe ensuite par deux οὔτε, ou deux *neque*, sans qu'il y ait
lieu d'appliquer l'axiome : deux négations valent une affirmation. Mais
on ne trouverait jamais la négation dominante construite *après* les οὔτε
ou les *neque*.

5. Οὔθ' οὓς φόνους. Équivaut à οὔτ' ἐν τοῖς φόνοις οὓς

6. Μοῦνον. Sur cette forme, Voy. p. 179, n. 5.

7. Κτείνοι. Pour κτείνειν ἐπιχειρήσειε.

Δοκῶ μὲν, εἴπερ ζῆν φιλεῖς, τὸν αἴτιον   985
τίνοι’ ἂν, οὐδὲ τοὔνδικον περιβλέποις.
Τοιαῦτα μέντοι καὐτὸς εἰσέβην κακὰ,
θεῶν ἀγόντων. Οἷς [1] ἐγὼ οὐδὲ τὴν πατρὸς
ψυχὴν ἂν οἶμαι ζῶσαν [2] ἀντειπεῖν ἐμοί [3] ·
σὺ δ’ (εἰ γὰρ οὐ δίκαιος, ἀλλ’ ἅπαν καλὸν   990
λέγειν νομίζων, ῥητὸν ἄρῥητόν τ’ ἔπος),
τοιαῦτ’ ὀνειδίζεις με τῶνδ’ [4] ἐναντίον !
Καί σοι τὸ Θησέως ὄνομα θωπεῦσαι καλὸν,
καὶ τὰς Ἀθήνας, ὡς [5] κατῴκηνται [6] καλῶς ·
κᾆθ’ [7], ὧδ’ ἐπαινῶν πολλὰ, τοῦδ’ ἐκλανθάνει [8],   995
ὅθ’ οὕνεχ’ [9], εἴ τις γῆ θεοὺς ἐπίσταται

———◦—◇—◦———

Δοκῶ μὲν,	*Je le* crois d’-une-part,
εἴπερ φιλεῖς ζῆν,	si-donc *tu* aimes vivre,
τίνοιο-ἂν τὸν αἴτιον,	*tu* punirais le *étant*-en-cause,
οὐδὲ περιβλέποις τὸ ἔνδικον .	et-point-ne considérerais le juste.
Καὶ αὐτός μέντοι	Aussi *moi*-même certes-donc
εἰσέβην τοιαῦτα κακὰ,	vins-en *de* tels maux,
θεῶν ἀγόντων.	*les* dieux *m’y* conduisant.
Οἷς [1] ἐγὼ οἶμαι	Lesquels *dires* je pense
οὐδὲ τὴν ψυχὴν πατρὸς	pas-même l’âme de-*mon*-père
ζῶσαν [2]	vivante (si elle revenait à la vie)
ἂν-ἀντειπεῖν ἐμοί [3] ·	*n*’avoir-contredit (ne devoir contredire)
σὺ δὲ	toi d’-autre-part [à moi ;
(εἰ γὰρ οὐ δίκαιος,	(*tu* es en-effet non juste,

---

1. Οἷς. Au neutre.
2. Ζῶσαν, *vivante* : c'est-à-dire *si elle* (l'âme de mon père) *vivait, si mon père revenait à la vie*.
3. Οἷς, ἐμοί. Double complément d'ἀντειπεῖν ; équivaut à οἷς λόγοις μου, ou ἃ λέγοντί μοι.
4. Τῶνδε. Thésée et le Chœur.
5. Ὡς. Dépend de λέγοντι, impliqué dans θωπεῦσαι.

pour peu que tu tiennes à la vie, tu châtierais tout d'abord l'a-
gresseur, sans trop peser la justice de ton acte. Eh bien ! telle
est l'affreuse extrémité où m'ont réduit les dieux. Je ne pense
pas que mon père lui-même, s'il pouvait revivre, me contredît
en rien ; et toi, le plus inique des mortels, toi qui te fais gloire de
tout dire et dont la bouche ne respecte rien, tu viens, à la face
de ces étrangers, m'adresser de pareils reproches ! Il te sied,
certes, d'exalter le nom de Thésée, de vanter Athènes et la sagesse de ses institutions, quand parmi tant d'éloges tu oublies
que, s'il est une terre qui s'entende à honorer les dieux, c'est
surtout celle d'où tu prétends soustraire un vieillard suppliant,

———o—◇—o———

ἀλλὰ νομίζων καλὸν λέγειν	mais croyant belle *à dire*
ἅπαν ἔπος	toute parole
ῥητὸν ἄῤῥητόν τε)	à-dire et non-à-dire)
ὀνειδίζεις με τοιαῦτα	*tu* outrages moi *quant à de telles choses*
ἐναντίον τῶνδε 4 !	en-face de-ceux-ci !
Καὶ καλόν σοι	Et *il semble* beau à-toi
θωπεῦσαι τὸ ὄνομα Θησέως,	d'avoir-flatté le nom de-Thésée,
καὶ τὰς Ἀθήνας,	et la *cité* d'Athènes,
ὡς κατῴκηνται 6 καλῶς ·	*disant* qu'*elle* a-été (est)-administrée bien ;
καὶ εἶτα 7,	et ensuite,
ἐπαινῶν ὧδε πολλὰ ,	louant ainsi maintes *choses*,
ἐκλανθάνει 8 τοῦδε,	*tu* oublies ceci,
ὅτι-οὕνεκα 9,	comme-quoi,
εἴ τις γῆ ἐπίσταται	si quelque terre sait

---

6. Κατῴκηνται. De l'idée de *maison*, l'on est passé facilement à
celle d'*administration*, qui est souvent celle des verbes οἰκεῖν,
διοικεῖν, κατοικεῖν, surtout lorsqu'ils sont déterminés par quelque
adverbe.

7. Κᾆθ'. Crase, pour καὶ εἶτα.

8. Ἐκλανθάνει Seconde personne attique, pour ἐκλανθάνῃ·

9. Ὅθ' οὕνεκα. Voyez page 16, note 4.

τιμὰς σεβίζειν [1], ἥδε τοῦδ' ὑπερφέρει [2],
ἀφ' ἧς σὺ κλέψας τὸν ἱκέτην γέροντ' ἐμὲ,
αὐτόν τ' ἐχείρου, τὰς κόρας τ' οἴχει [3] λαβών.
'Ανθ' ὧν ἐγὼ νῦν τάσδε τὰς θεὰς [4] ἐμοὶ   1000
καλῶν ἱκνοῦμαι [5] καὶ κατασκήπτω λιταῖς
ἐλθεῖν ἀρωγοὺς, ξυμμάχους, ἵν' ἐκμάθῃς
οἵων ὑπ' ἀνδρῶν ἥδε φρουρεῖται πόλις.

ΧΟΡΟΣ.

'Ο ξεῖνος, ὦ 'ναξ, χρηστός· αἱ δὲ συμφοραὶ
αὐτοῦ πανώλεις, ἄξιαι δ' ἀμυνάθειν [6].   1005

ΘΗΣΕΥΣ.

"Αλις λόγων· ὡς οἱ μὲν ἐξηρπασμένοι [7]
σπεύδουσιν, ἡμεῖς δ' οἱ παθόντες ἕσταμεν.

— ◇ —

σεβίζειν [1] θεοὺς τιμὰς,	vénérer *les* dieux *quant à des* honneurs,
ἥδε ὑπερφέρει [2] τοῦδε,	celle-ci l'emporte *en fait* de-ceci,
ἀπὸ ἧς σὺ κλέψας ἐμὲ	de laquelle toi ayant-dérobé moi
τὸν ἱκέτην γέροντα,	le suppliant vieillard,
ἐχείρου τε αὐτὸν,	et saisissais *moi*-même,
οἴχει [3] τε λαβὼν τὰς κόρας.	et t'-en-vas ayant-pris les filles.
'Αντὶ ὧν ἐγὼ νῦν	En-revanche-de lesquelles *choses* moi
καλῶν τάσδε-τὰς θεὰς [4]	appelant ces déesses [maintenant
ἱκνοῦμαι [5]	*je* supplie
καὶ κατασκήπτω λιταῖς	et conjure par-*mes*-prières
ἐλθεῖν ἐμοὶ ἀρωγοὺς,	*elles* être-venues à-moi secourables,
ξυμμάχους,	alliées,

---

1. Τιμὰς σεβίζειν, *vénérer* quant à *des honneurs, honorer.* Pourquoi changer en τιμαῖς le τιμάς de tous les manuscrits? Nul doute qu'on ne puisse dire τιμᾶν τιμάς, et par conséquent σεβίζειν τιμάς; d'autre part, on dit σεβίζειν θεούς; or, quoi de plus ordinaire en grec que de construire, en pareil cas, deux accusatifs avec un même verbe?

2. Τοῦδ' ὑπερφέρει, *l'emporte* en fait *de ceci* sur les autres.

3. Οἴχει. Seconde personne attique, pour οἴχῃ.

4. Τάσδε τὰς θεάς. Les Euménides.

5. 'Ικνοῦμαι. Ce verbe signifie proprement *aller*, et s'est joint à

celle où tu portes la main sur lui, celle où tu lui as ravi ses filles.
— Ah ! puissent les déesses de ces lieux entendre ma voix qui
les implore ! puissent-elles se rendre à mes vœux, se faire mes
protectrices, mes auxiliaires, et t'apprendre à connaître le peuple qui veille sur cette cité !

LE CHOEUR.

Cet étranger, prince, est digne d'estime : ses malheurs sont
effroyables et méritent bien d'être secourus.

THÉSÉE.

Assez de paroles : les ravisseurs se hâtent, tandis que nous,
leurs victimes, nous demeurons inactifs.

Ἵνα ἐκμάθῃς
ὑπὸ οἵων ἀνδρῶν
ἥδε πόλις φρουρεῖται.
   ΧΟΡ.—Ὦ ἄναξ,
ὁ ξεῖνος χρηστός ·
αἱ δὲ συμφοραὶ αὐτοῦ
πανώλεις,
ἄξιαι δὲ ἀμυνάθειν[6] ·
   ΘΗΣ.—Ἅλις λόγων ·
ὡς οἱ μὲν ἐξηρπασμένοι [7]
σπεύδουσιν,
ἡμεῖς δὲ οἱ παθόντες
ἕσταμεν.

afin-que *tu* aies-appris
par quels hommes
cette cité est-gardée.
   LE CH.—O prince,
l'étranger *est* vertueux ;
d'-autre-part les malheurs de-lui
sont à-complète-ruine,
et dignes (méritant) *quelqu'un* repousser [eux.
   THÉS.—Assez de-paroles ;
vu-que les d'-une-part ayant-ravi
font-hâte, [fert,
et *que* nous d'-autre-part, les ayant-souf-
nous-sommes-tenus (restons) *immobiles*.

---

l'accusatif de la personne par l'intermédiaire sous-entendu de πρός
(*vers*), avec l'idée accessoire d'un motif, celui de la *supplication* ;
puis il a fini par devenir quelquefois synonyme de *supplier*, comme
ici. — Ce sens est seul resté à ἱκετεύω, autre forme du même verbe ;
et, pour peu qu'on y fasse attention, l'on remarquera qu'en général les
mots qui emportent cette idée de *supplication* (ἄντομαι, v. 241,
προστάτης, v. 1161 ; etc.) ne l'ont qu'accessoirement.

  6. Ἄξιαι ἀμυνάθειν. Voyez page 96, note 2.

  7. Ἐξηρπασμένοι. Forme passive, sens moyen : *les ravisseurs*.

KPΕΩΝ.

Τί δῆτ' ἀμαυρῷ[1] φωτὶ προστάσσεις ποιεῖν;

ΘΗΣΕΥΣ.

Ὁδοῦ κατάρχειν[2] τῆς ἐκεῖ, πομπὸν δέ με
χωρεῖν, ἵν', εἰ μὲν ἐν τόποισι τοῖσδ' ἔχεις   1010
τὰς παῖδας ἡμῶν, αὐτὸς ἐκδείξης ἐμοί.
Εἰ δ' ἐγκρατεῖς[3] φεύγουσιν[4], οὐδὲν δεῖ πονεῖν·
ἄλλοι γὰρ οἱ σπεύδοντες, οὓς οὐ μήποτε[5]
χώρας φυγόντες τῆσδ' ἐπεύχωνται θεοῖς.
'Αλλ' ἐξυφηγοῦ· γνῶθι δ' ὡς ἔχων ἔχει[6],   1015
καί σ' εἷλε θηρῶνθ' ἡ τύχη· τὰ γὰρ δόλῳ
τῷ μὴ δικαίῳ κτήματ'[7] οὐχὶ σώζεται.

———○◇○———

KP.— Τί δῆτα προστάσσεις ποιεῖν φωτὶ ἀμαυρῷ[1];	cr.—Quoi donc ordonnes-*tu de* faire *à un* mortel émoussé (impuissant)?
ΘΗΣ.— Κατάρχειν[2] τῆς ὁδοῦ ἐκεῖ, μὲ δὲ χωρεῖν πομπὸν, ἵνα, εἰ μὲν ἔχεις ἐν τοῖσδε τόποισι τὰς παῖδας ἡμῶν, αὐτὸς ἐκδείξης ἐμοί· εἰ δὲ ἐγκρατεῖς[3] φεύγουσιν[4],	тнés.—*Toi* commencer (aller en tête) *en fait* de-la route *menant* là-*bes*, moi d'-autre-part marcher *ton* compagnon, afin-que, si d'-une-part *tu* as en ces lieux les enfants de-nous, *toi*-même aies-indiqué *elles* à-moi: si d'-autre-part *les-étant-en-possession* furent, [*d'elles*

---

1. 'Αμαυρῷ, *obscur*, et, par extension, *faible*. Créon, faisant allusion a son isolement (ἐρημία, v. 947) et à son âge (χρόνῳ βραδύς, v. 865), s'est déjà dit dans le même sens βραχύς (v. 870) et σμικρός (v. 948). Il est clair, d'ailleurs, par la réponse de Thésée, qu'ἀμαυρῷ φωτί ne désigne pas ici Œdipe.

2. Ὁδοῦ κατάρχειν, etc. (Je t'enjoins) *de marcher en tête* en fait *de la route* qui va *là* où sont les captives, *et moi aller comme ton compagnon*. Évidemment cette dernière proposition, quoique grammaticalement dépendante de προστάσσεις, doit logiquement s'en affranchir, et il faut entendre comme s'il y avait πομπὸς δ' ἐγὼ χωρήσω.

3. Ἐγκρατεῖς, *les ravisseurs qui ont en leur pouvoir* les jeunes filles.

CRÉON.

Eh bien! qu'ordonnes-tu à un homme sans défense?

THÉSÉE.

D'ouvrir la marche, de guider mes pas, de me découvrir toi-même ces jeunes filles, si tu les tiens cachées dans les environs. Si au contraire les ravisseurs sont en fuite, qu'on ne s'en trouble point : d'autres les serrent de près, et il n'est pas à craindre qu'échappant à leur poursuite ils aient jamais à remercier les dieux de cette terre. Allons, marche à notre tête ! Surtout n'oublie pas que, si tu as pris, tu es pris à ton tour, et que la fortune t'a enveloppé dans tes propres filets : le fruit de la per-

--------◇--------

οὐδὲν δεῖ πονεῖν ·	en rien *ne* faut-*il* être-en-peine ;
ἄλλοι γὰρ οἱ σπεύδοντες,	autres en-effet *sont* les se-hâtant,
οὓς	lesquels [évités
οὐ μήποτε 5 φυγόντες	point-n'est-il à craindre que jamais ayant-
ἐπεύχωνται θεοῖς	ils *(les gens)* ne remercient *les* dieux
τῆσδε χώρας.	de-cette contrée.
Ἀλλὰ ἐξυφηγοῦ ·	Mais guide-*nous* ;
γνῶθι δὲ ὡς ἔχων ἔχει 6,	aie-su d'-autre-part que ayant *tu* es-eu,
καὶ ἡ τύχη	et *que* la fortune
εἷλέ σε θηρῶντα ·	a-pris toi étant-en-chasse ;
τὰ κτήματα 7 γὰρ	les acquisitions en-effet
τῷ δόλῳ μὴ δικαίῳ	*acquises* par-la ruse non juste
οὐχὶ σώζεται ·	point-ne sont-conservées.

4. Φεύγουσιν. Complétez par ἔκ τῶνδε τόπων, impliqué dans l'ἐν τόποισι τοῖσδε du v. 1010.

5. Οὓς οὐ μήποτε, etc. *Lesquels* poursuivants *point n'est-il qu'ayant évités ils* (les poursuivis, les ravisseurs) *rendent jamais grâces aux dieux de cette terre.* Ce qui veut dire que les fuyards seront inévitablement rejoints par ceux qui les poursuivent, et n'auront jamais lieu de remercier ironiquement les dieux d'Athènes d'avoir favorisé leur fuite. — D'autres font de χώρας τῆσδε un complément de φυγόντες, qui se trouve alors en avoir deux, tandis que θεοῖς désigne les dieux en général. — Sur οὐ μή, Voy. p. 42, n. 2.

6. Ἔχει. Seconde personne attique, pour ἔχῃ.

7. Κτήματα. Complété par δόλῳ τῷ μὴ δικαίῳ, comme le serait son équivalent κτηθέντα.

Κοὐκ ἄλλον [1] ἕξεις ἐς τάδ'· ὡς ἔξοιδά σε
οὐ ψιλὸν οὐδ' ἄσκευον ἐς τοσήνδ' ὕβριν
ἥκοντα τόλμης τῆς παρεστώσης τὰ νῦν·   1020
ἀλλ' ἔσθ' ὅτῳ σὺ πιστὸς ὢν ἔδρας τάδε.
Ἃ δεῖ μ' ἀθρῆσαι, μηδὲ τήνδε τὴν πόλιν
ἑνὸς ποιῆσαι φωτὸς ἀσθενεστέραν.
Νοεῖς τι τούτων, ἢ μάτην τὰ νῦν τέ σοι
δοκεῖ λελέχθαι χὤτε [2] ταῦτ' ἐμηχανῶ;   1025

ΚΡΕΩΝ

Οὐδὲν σὺ μεμπτὸν, ἐνθάδ' ὢν [3], ἐρεῖς ἐμοί·
οἴκοι δὲ χἠμεῖς [4] εἰσόμεσθ' [5] ἃ χρὴ ποιεῖν.

Καὶ οὐχ ἕξεις ἄλλον [1] ἐς τάδε·	Et *tu* n'auras *pas un autre avec toi* pour *l'exécution de ces choses :*
ὡς ἔξοιδά σε οὐ ψιλὸν οὐδὲ ἄσκευον	vu-que *je* sais-à-fond toi non seul ni sans-équipement
ἥκοντα ἐς τοσήνδε ὕβριν τῆς τόλμης παρεστώσης τὰ νῦν·	venant à si-grande insolence de-l'audace s'-étant-tenue-là (présente) *en* les *circonstances de* maintenant;
ἀλλὰ ἔστιν ὅτῳ σὺ ὢν πιστὸς ἔδρας τάδε.	mais *il est quelqu'un* en-qui toi étant confiant faisais ces *choses.*
Ἃ δεῖ με ἀθρῆσαι, μηδὲ ποιῆσαι τήνδε-τὴν πόλιν	Lesquelles *il* faut moi avoir-considérées, et-ne-pas avoir-fait cette cité

---

1. Κοὐκ ἄλλον, etc. Thésée croit que Créon a caché quelque part des gens prêts à le seconder : il lui dit donc qu'il ne doit compter sur aucun appui, qu'on saura se faire accompagner de façon à ne rien redouter.

2. Μάτην τὰ νῦν τε χὤτε (pour καὶ ὅτε), etc. *Vainement et maintenant et quand*, etc. ; c'est-à-dire *aussi vainement maintenant que quand*, etc. Sans doute Créon, au moment où il a tramé son forfait, n'a pas entendu les menaces de Thésée (elles n'étaient pas, ne pouvaient pas être encore prononcées); mais, comme il n'a pu croire qu'on le laissât librement agir, il a dû les prévoir et les peser. —

fidie ne reste point au coupable. Et ne te flatte pas d'être secondé. Je sais parfaitement que tu ne t'es pas engagé seul et sans armes dans une entreprise de cette insolence et de cette audace : pour agir de la sorte, tu comptais sur quelque appui; mais c'est à moi d'y songer, et de veiller à ce que cette cité ne soit pas vaincue par un seul homme. Me comprends-tu, ou te semble-t-il encore entendre de vaines paroles, comme au moment où tu méditais ces violences?

CRÉON.

Ici, tu ne saurais avoir tort contre moi; à Thèbes, nous saurons, nous aussi, ce que nous avons à faire.

—o—◇—o—

ἀσθενεστέραν ἑνὸς φωτός.	plus-faible qu'-un-*seul* homme.
Νοεῖς τι τούτων,	Comprends-*tu* quelqu'*une* de-ces *choses*,
ἢ δοκεῖ σοι	ou semblent-*elles* à-toi
λελέχθαι μάτην	avoir-été-dites vainement
τά τε νῦν	et *en* les *circonstances de* maintenant
καὶ ὅτε [2] ἐμηχανῶ ταῦτα;	et quand *tu* machinais ces *choses?*
KP.— Σὺ, ὢν [3] ἐνθάδε,	CR.—Toi, étant ici,
ἐρεῖς ἐμοὶ	*ne* diras à-moi
οὐδὲν μεμπτόν ·	rien de blâmable (que je puisse blâmer);
οἴκοι δὲ,	à-*la*-maison d'-autre-part
καὶ ἡμεῖς [4] εἰσόμεσθα [5]	aussi nous *nous* saurons
ἃ χρὴ ποιεῖν .	lesquelles *choses il* faut faire.

Nous repoussons complétement le sens de ceux qui entendent χὤτε comme s'il y avait καὶ τὰ εἰλεγμένα ὑπὸ τοῦ χοροῦ ὅτε . Thésée n'était pas là quand le Chœur a fait ses remontrances à Créon, et il les ignore; puis τὰ νῦν équivaut à un simple νῦν, et le sujet de δοκεῖ est ταῦτα (contenu dans τούτων): puis enfin ἐμηχανῶ nous reporte à un temps plus éloigné que la lutte de Créon avec le Chœur.

3. Σὺ, ἐνθάδ' ὢν. Un roi a toujours raison *chez lui*.

4. Χἠμεῖς. Crase, pour καὶ ἡμεῖς.

5. Εἰσόμεσθα. La terminaison dorienne μεσθα, pour μεθα, est très-commune en poésie,

ΘΗΣΕΥΣ.

Χωρῶν ἀπείλει νῦν· σὺ δ' ἡμῖν[1], Οἰδίπους,
ἕκηλος αὐτοῦ[2] μίμνε, πιστωθεὶς ὅτι,
ἢν μὴ θάνω 'γὼ πρόσθεν, οὐχὶ παύσομαι,   1030
πρὶν ἄν σε τῶν σῶν κύριον στήσω[3] τέκνων[4].

ΟΙΔΙΠΟΥΣ.

Ὄναιο[5], Θησεῦ, τοῦ τε γενναίου χάριν
καὶ τῆς πρὸς ἡμᾶς ἐνδίκου προμηθίας.

ΧΟΡΟΣ.

(Στροφὴ α'.)

Εἴην ὅθι[6] δαΐων
ἀνδρῶν τάχ' ἐπιστροφαὶ·   1035
τὸν χαλκοβόαν[8] Ἄρη
μίξουσιν[9], ἢ πρὸς Πυθίαις[10],

<hr>

ΘΗΣ. — Χωρῶν ἀπείλει	THÉS.—Marchant menace maintenant.
Σὺ δὲ, Οἰδίπους, [νῦν·	Toi d'-autre-part, OEdipe,
μίμνε ἡμῖν[1] αὐτοῦ ἕκηλος,	reste à-nous *ici*-même tranquille,
πιστωθεὶς ὅτι,	assuré que,
ἢν ἐγὼ μὴ θάνω πρόσθεν,	si je n'ai-péri auparavant,
οὐχὶ παύσομαι .	point-ne cesserai-*je*
πρὶν ἄν-στήσω[3] σε	avant-que *j'aie*-établi toi
κύριον τῶν σῶν τέκνων[4].	possesseur des tiens enfants.
ΟΙΔ.—Θησεῦ,	OED.—Thésée,

<hr>

1. Ἡμῖν. Explétif. Racine, *Plaid.*, I, 5 : *Il* vous *eût arrêté le car-*
rosse d'un prince, etc.

2. Αὐτοῦ. Adverbe de lieu.

3. Στήσω. Subjonctif aoriste, comme après toutes les locutions con-
jonctives où entre ἄν.

4. Τῶν σῶν τέκνων. Antigone et Ismène.

5. Ὄναιο. *Puisses-tu jouir* de toutes prospérités !— Dans l'*OEdipe-
Roi*, Créon, faisant des imprécations contre lui-même, s'écrie de
même : μὴ νῦν ὀναίμην ! En un mot, cet optatif est consacré dans ce
sens, même sans complément exprimé.

6. Εἴην ὅθι, etc. Thésée est parti à la poursuite des ravisseurs. Le

THÉSÉE.

Jusque-là, menace, j'y consens, mais marche. — Pour toi,
ŒEdipe, reste-nous ici sans crainte, et compte que, si la mort
ne me prévient, je n'aurai point de repos que je ne t'aie rendu
tes filles.

OEDIPE.

Puisses-tu recevoir, ô Thésée, la récompense de ta générosité
et du juste intérêt que tu prends à nous !

LE CHOEUR.

Que ne suis-je où bientôt des guerriers ennemis engageront
la lutte de Mars à la voix d'airain, soit aux bords pythiens,

———o—◇—o———

ὄναιο [5],
χάριν τοῦ τε γενναίου
καὶ τῆς ἐνδίκου προμηθίας
πρὸς ἡμᾶς !
   ΧΟΡ. — Εἴην
ὅθι [6] ἐπιστροφαὶ [7] ἀνδρῶν
τάχα μίξουσιν [9] Ἄρη [δαίων
τὸν χαλκοβόαν [8]
ἢ πρὸς ἀκταῖς Πυθίαις [10],

cusses-*tu*-profité (puisses-tu prospérer),
en faveur (à cause) et du généreux *de toi*
et de-la juste sollicitude
envers nous !
   LE CH. — Fussé-*je là*
où *des* chocs d'-hommes ennemis
bientôt mêleront Mars
le *dieu* à-voix-d'-airain,
soit près-de *les* bords pythiens,

Chœur, composé de vieillards qui ne peuvent aller au combat, regrette
de n'y pas être, se représente les chances probables de la lutte, et, par
l'enthousiasme de son chant, nous y fait en quelque sorte assister.

7. Ἐπιστροφαί, *conversions* militaires, *chocs* d'ennemis s'attaquant
en tout sens.

8. Χαλκοβόαν, *à voix d'airain.* A cause du bruit des armes qui
s'entrechoquent.

9. Ἄρη μίξουσιν. Stace, *Thébaïde*, XII, 718 : *Martemque secundum miscuit.*

10. Πυθίαις (ἀκταῖς), *OEnoé*, sur les confins de l'Attique et de la
Béotie, célèbre par un temple d'Apollon Pythien.

ἢ λαμπάσιν ἀκταῖς,
οὗ[1] Πότνιαι[2] σεμνὰ τιθη-
νοῦνται τέλη[3]   1040
θνατοῖσιν, ὦν[4] καὶ χρυσέα
κλὴς ἐπὶ γλώσσᾳ βέβακε
προσπόλων Εὐμολπιδᾶν[5].
Ἔνθ᾽ οἶμαι τὸν ἐγρεμάχαν
Θησέα καὶ τὰς διστόλους   1045
ἀδμῆτας ἀδελφὰς[6]
αὐτάρκει τάχ᾽ ἐμμίξειν[7] βοᾷ[8]
τούσδ᾽ ἀνὰ χώρους[9].

(Ἀντιστροφὴ α΄.)

Ἦ που τὸν ἐφέσπερον[10]
πέτρας νιφάδος[11] πελῶσ᾽[12]   1050

ἢ λαμπάσιν	soit *près des bords* brillants
οὗ 1 Πότνιαι 2	où d'Augustes *déesses*
τιθηνοῦνται σεμνὰ τέλη 3	sont-honorées *quant à* d'augustes rites
θνατοῖσιν ἐπὶ γλώσσᾳ ὦν 4	par-*des*-mortels sur *la* langue de-qui
βέβακε καὶ κλὴς χρυσέα	a-marché aussi *la* clef d'-or
προσπόλων Εὐμολπιδᾶν 5.	de-ministres Eumolpides !
Ἔνθα οἶμαι Θησέα	Là *je* pense Thésée
τὸν ἐγρεμάχαν	l'éveille-combats
καὶ τὰς ἀδελφὰς 6	et les sœurs (le parti qui ravit les sœurs)

---

1. Λαμπάσιν ἀκταῖς οὗ, etc. *Éleusis,* brillante de la lueur des torches qui éclairaient les mystères nocturnes. Sur ces mystères fameux, lisez Barthélemy, Voy. d'Anach., LXVIII.

2. Πότνιαι (sous-entendu θεαί). Cérès et Proserpine.

3. Σεμνὰ τιθηνοῦνται τέλη, *sont honorées quant à d'augustes rites par,* etc.

4. Θνατοῖσιν ὦν. Les initiés.

5. Χρυσέα κλὴς Εὐμολπιδᾶν. Les Eumolpides étaient les ministres des deux déesses : la clef d'or qu'ils faisaient passer sur les lèvres des initiés était le symbole du secret exigé pour les mystères.

6. Τὰς ἀδελφάς. *Les sœurs,* pour le parti qui les retient captives,

soit près des rives aux mille feux où se célèbrent les redou-

tables mystères, où d'augustes déesses reçoivent l'hommage des

mortels sur les lèvres desquels a passé la clef d'or des prêtres

Eumolpides! Là, là sans doute vont se mêler avec un horrible

tumulte et le belliqueux Thésée et les ravisseurs des deux

vierges.

Ne sera-ce point encore vers l'occident de la roche neigeuse

qu'au sortir des pâcages d'Œa les emporteront à l'envi

————o—◇—o————

ἀδμήτας	indomptées (vierges)
διστόλους	doubles (au nombre de deux)
ἐμμίξειν⁷ τάχα	devoir-mêler *Mars bientôt*
βοᾷ ⁸ αὐταρκεῖ	avec-cri suffisant (affreux)
ἀνὰ τούσδε χώρους ⁹ .	dans ces régions. ,
Ἦ που πελῶσι ¹⁰	Est-ce-que en-quelque-façon *ils* appro-
τὸν ἐφέσπερον ¹¹	*vers* le *point* occidental [cheront
πέτρας νιφάδος ¹²	de-*la*-roche neigeuse

pour *les ravisseurs* qui les entraînent.—Διστόλους (de δὶς et στέλλω),
à deux plis (*duplices*), *à deux robes* (?), pour le simple ἄμτω. (Voy.
p. 22, n. 1).

7. Ἐμμίξειν. Sous-entendez Ἄρη (Voy. v. 1036-1037).

8. Αὐταρκεῖ βοᾷ. *Suffisant*, au sens emphatique d'*immense, affreux*.
Le *cri* de la mêlée, pour la *mêlée* même.

9. Τούσδ' ἀνὰ χώρους. Développe simplement l'ἔνθα du v. 1044.

10. Τὸν ἐφέσπερον. C'est-à-dire πρὸς τὸν ἐφέσπερον χῶρον, *vers l'occident de*.

11. Πέτρας νιφάδος. Probablement le mont Ægalée.

12. Πελῶσι. Pour πελάσουσι. (Voy. p. 81, n. 4.)

Οἰάτιδος ἐκ νομοῦ [1]
πώλοισιν ἢ ῥιμφαρμάτοις [2]
φεύγοντες ἀμίλλαις;
Ἁλώσεται [3]. Δεινὸς ὁ προσ-
   χώρων [4] Ἄρης,   1055
δεινὰ δὲ Θησειδᾶν [5] ἀκμά.
Πᾶς γὰρ ἀστράπτει χαλινός,
πᾶσα δ' ὁρμᾶται κατ' ἀμ-
πυκτήρια φάλαρα [6] πώλων
ἄμβασις [7], οἳ τὰν Ἱππίαν   1060
τιμῶσιν Ἀθάναν,
καὶ τὸν πόντιον γαιάοχον
Ῥέας φίλον υἱόν [8].

(Στροφὴ β'·)

Ἔρδουσ' [9], ἢ μέλλουσιν; ὡς

———o—◇—o———

ἐκ νομοῦ [1] Οἰάτιδος,	*à partir* de *le* pâturage d'-Œa,
φεύγοντες πώλοισιν	fuyant avec-coursiers
ἢ ἀμίλλαις ῥιμφαρμάτοις [2];	ou par-rivalités à-chars-rapides?
Ἁλώσεται [3].	*Il* sera-pris.
Δεινὸς ὁ Ἄρης προσχώρων [4],	Terrible *est* le Mars de-*nos*-nationaux,
δεινὰ δὲ ἀκμὰ	terrible d'-autre-part *la* vigueur
Θησειδᾶν [5].	de-*les*-Théséïdes (Athéniens).
Πᾶς γὰρ χαλινὸς ἀστράπτει,	En-effet tout frein étincelle;

1. Οἰάτιδος ἐκ νομοῦ, *en quittant les pacages d'Œa* (dème de la tribu Œnéide, au pied de l'Ægalée).

2. Πώλοισιν ἢ ῥιμφαρμάτοις, etc. Équivaut à πώλων ἢ ῥιμφαλέων ἁρμάτων φεύγοντες ἀμίλλαις, et ἀμίλλαις ne représente ici que des *rivalités* de rapidité. Mais quel est le sujet de φεύγοντες et de πελῶσι? Peut-être à la fois les poursuivis et les poursuivants, si l'on veut prendre φεύγοντες au sens très-large de *courant précipitamment*; plus probablement les poursuivis seuls, ce qui, d'ailleurs, revient au même, puisque ceux-ci entraînent nécessairement les autres à leur poursuite.

3. Ἁλώσεται. Le Chœur a dans l'esprit le sujet Créon, représentant, non pas la personne même de Créon, déjà en la possession de Thésée, mais bien son parti, les ravisseurs.

leurs coursiers et leurs chars? Oui, il succombera : terrible
est la valeur de nos citoyens ; terrible l'élan des Théséides !
A la fois étincellent tous les freins : à la fois s'élancent à toute
bride, sur des coursiers aux brillants harnais, tous les cavaliers
qui honorent et Minerve Équestre, et le dieu des mers, le fils
chéri de Rhéa.

Sont-ils aux prises, ou vont-ils se heurter! J'en ai le pres-

---

ὁρμᾶται δὲ	déjà s'-élance d'-autre-part
κατὰ φάλαρα 6	suivant *les* harnais (lâchant les rênes),
ἀμπυκτήρια	qui-enveloppent *les chevaux*
πᾶσα ἄμβασις 7 πώλων ,	toute *la* montée des-poulains (la cavale-
οἳ τιμῶσιν	lesquels *cavaliers* honorent [rie),
᾿Αθάναν τὰν ῾Ιππίαν,	Minerve l'Équestre,
καὶ τὸν φίλον υἱὸν ῾Ρέας 8,	et le cher fils de-Rhéa,
πόντιον, γαιάοχον.	marin, tenant (enveloppant)-*la*-terre.
῍Ερδουσιν 9, ἢ μέλλουσιν ;	Agissent-*ils*, ou tardent-*ils ?*

---

4. Προσχώρων. Les habitants de Colone.

5. Θησειδᾶν. Les sujets de Thésée, les Athéniens.

6. Κατὰ φάλαρα, *au gré des harnais, à toutes brides.* — ᾿Αμπυκτήρια. On appelait ἄμπυκες ou ἀμπυκτῆρες les courroies entrelacées sur le front du cheval pour soutenir le frein. Ici φάλαρα représente le frein et ses appendices, et ἀμπυκτήρια le qualifie au sens d'ἀμπέχοντα τῶν πώλων τὰς κεφαλάς.

7. Πᾶσα πώλων ἄμβασις. Équivaut à πάντες οἱ ἐπὶ πώλους ἀναβάντες, c'est-à-dire à πάντες οἱ ἱππεῖς, et l'οἳ suivant s'accorde logiquement avec cet ἱππεῖς que le Chœur a dans l'esprit.

8. ῾Ρέας υἱόν. Le fils de Rhéa (ou Cybèle) : Neptune.

9. ῍Ερδουσιν ; *Agissent-ils? sont-ils aux prises?*

προμνᾶταί [1] τί μοι   1065

γνώμα, τάχ’ ἂν δώσειν [2]

τὰν [3] δεινὰ τλᾶσαν, δεινὰ δ’

εὑροῦσαν πρὸς αὑθαίμων πάθη.

Τελεῖ [4], τελεῖ Ζεύς τι κατ’ ἆμαρ [5].

μάντις εἴμ’ ἐσθλῶν ἀγώνων.   1070

Εἴθ’ [6], ἀελλαία ταχύρρωστος πελειάς,

αἰθερίας νεφέλας

κύρσαιμ’, αὐτῶν δ’ ἀγώνων,

θεωρήσασα τοὐμὸν ὄμμα!

(’Αντιστροφὴ β’.)

Ἰὼ Ζεῦ, θεῶν παντάρχα,   1075

παντόπτα, πόροις

γᾶς τᾶσδε δαμούχοις

ἐπινικίῳ σθένει τὸν

εὔαγρον τελειῶσαι λόχον [7],

—◦—◇—◦—

ὡς γνώμα	vu-que *la* pensée
προμνᾶταί [1] τί μοι	présage *en-quelque* *chose* à-moi
ἂν-δώσειν [2] τάχα	*Créon* devoir-donner *bientôt*
τὰν [3] τλᾶσαν δεινὰ πάθη,	la ayant-enduré *d’*affreux maux
εὑροῦσαν δὲ δεινὰ	et ayant-trouvé *d’*affreux *maux*
πρὸς αὑθαίμων .	de-par *les étant* de-son—sang-même.
Ζεὺς τελεῖ [4],	Jupiter accomplira,
τελεῖ τι κατὰ ἆμαρ [5].	accomplira quelque *chose* en *ce* jour :
εἰμὶ μάντις ἐσθλῶν ἀγώνων.	*je* suis devin *d’*-heureux combats.
Εἴθε 6, πελειὰς	Ah-si, colombe

---

1. Προμνᾶται, *présage, fait pressentir à.*
2. Δώσειν. Pour ἀποδώσειν. Sujet : Créon, les ravisseurs.
3. Τάν, etc. Antigone.
4. Τελεῖ. Futur attique, pour τελέσει.
5. Κατ’ ἆμαρ (sous-entendu τοῦτο), *en ce jour.*
6. Εἴθε, etc. L’explication de ces vers, généralement réputés difficiles, nous semble fort simple : le Chœur voudrait pouvoir, rapide co-

sentiment : il ne tardera pas à la rendre, cette vierge si cruellement éprouvée, si cruellement maltraitée par ceux de son
propre sang. Jupiter, en ce jour, Jupiter accomplira de grandes
choses : j'augure de glorieux combats. Que ne puis-je, colombe
au vol rapide comme la tempête, atteindre au plus haut de la
nue, assister à la lutte même, la contempler de mes yeux !

Grand Jupiter, souverain des dieux, toi qui vois tout, accorde
aux chefs de notre terre de sortir de cette poursuite victorieux

—◦—◆—◦—

ταχύρρωστος ἀελλαία
κύρσαιμι νεφέλας αἰθερίας,
ἀγώνων δὲ αὐτῶν,
θεωρήσασα τὸ ἐμὸν ὄμμα !
   Ἰὼ Ζεῦ,
παντάρχα θεῶν,
παντόπτα,
πόροις
δαμούχοις τᾶσδε γᾶς
τελειῶσαι σθένει ἐπινικίῳ
τὸν λόχον [7] εὔαγρον,

à-rapide-élan, à-*impétuosité-d'*-ouragan,
j'eusse-rencontré *une* nue aérienne,
puis *les* combats mêmes,
ayant-contemplé *eux quant à* le mien œil !
   Oh ! Jupiter,
tout-souverain de-*les*-dieux,
tout-voyant,
que tu eusses-fourni (puisses-tu donner)
à-*les*-ayant-*le*-peuple de-cette terre
d'avoir-accompli par-force victorieuse
l'embuscade (cette chasse) à-bonne-proie,

lombe, atteindre la nue et le combat, c'est-à-dire la partie des nues
qui plane au-dessus du lieu du combat, afin de le contempler de ses
yeux. Κύρσαιμι régit à la fois les deux génitifs νεφέλας et ἀγώνων.
Κύρσαιμι θεωρήσασα équivaut à κύρσασα θεωρήσαιμι. Τοὐμὸν ὄμμα
dépend de θεωρήσασα par l'intermédiaire sous-entendu de κατά, au
sens du datif d'instrument τῷ ἐμῷ ὄμματι.

   7. Λόχον, *embuscade* ; et, par suite, *chasse guerrière, poursuite.*

σεμνά τε[1] παῖς Παλλὰς ᾿Αθάνα.   1080
Καὶ τὸν ἀγρευτὰν[2] ᾿Απόλλω,
καὶ κασιγνήταν[3], πυκνοστίκτων ὀπαδὸν
ὠκυπόδων ἐλάφων,
στέργω διπλᾶς ἀρωγὰς
μολεῖν[4] γᾷ τᾷδε καὶ πολίταις.   1085

᾿Ω ξεῖν᾿ ἀλῆτα, τῷ σκοπῷ[5] μὲν οὐκ ἐρεῖς
ὡς ψευδόμαντις[6] · τὰς κόρας γὰρ εἰσορῶ
τάσδ᾿ ἆσσον αὖθις ὧδε προσπολουμένας.

ΟΙΔΙΠΟΥΣ.

Ποῦ; ποῦ; τί φής; πῶς εἶπας;

ΑΝΤΙΓΟΝΗ.

᾿Ω πάτερ, πάτερ,
τίς ἂν θεῶν σοι τόνδ᾿[7] ἄριστον ἄνδρ᾿ ἰδεῖν   1090
δοίη, τὸν ἡμᾶς δεῦρο προσπέμψαντά σοι;

----o--◇--o----

σεμνά τε[1] παῖς	et (ainsi que) *toi, son* auguste enfant,
Παλλὰς ᾿Αθάνα !	Pallas Minerve !
Στέργω	J'aime (je prie avec amour)
καὶ τὸν ἀγρευτὰν[2] ᾿Απόλλω,	aussi le chasseur Apollon,
καὶ κασιγνήταν[3],	et *sa* sœur,
ὀπαδὸν ἐλάφων	poursuivante de-biches
πυκνοστίκτων ὠκυπόδων,	à-nombreuses-taches, à-rapides-pieds,
μολεῖν[4] διπλᾶς ἀρωγὰς	d'être-venus *comme* doubles secours
τᾷδε γᾷ καὶ πολίταις.	à-cette terre et à-ces-citoyens.
᾿Ω ξεῖνε ἀλῆτα,	O étranger errant,
οὐκ ἐρεῖς τῷ σκοπῷ[5] μὲν	point-ne diras-*tu* à-l'observateur certes

---

1. Σεμνά τε, etc. C'est-à-dire : καὶ σὺ σεμνὰ παῖς (Διὸς), Παλλὰς ᾿Αθάνα.

2. ᾿Αγρευτάν, *chasseur*. Nom donné à Apollon après qu'il eut tué le serpent Python.

3. Κασιγνήταν. La sœur d'Apollon, Diane.

4. Στέργω... μολεῖν. Aimer *quelqu'un pour qu'il vienne* (μολεῖν dépend de στέργω par l'intermédiaire sous-entendu d'ὥστε), c'est *le prier avec amour de venir*. Même construction du latin *amare*. Plaute,

et fiers de leur proie. Protége-les aussi, toi son auguste fille, belliqueuse Minerve. J'invoque également Apollon, dieu de la chasse, et sa divine sœur, l'effroi des cerfs tachetés, des biches aux bonds rapides : puissent-ils tous deux apporter leur appui à cette contrée et à ses habitants!

Étranger, tu ne diras pas que j'observe mal ou que mes prédictions soient fausses. J'aperçois tes filles : les voici qui reviennent vers nous.

OEDIPE.

Où sont-elles? où sont-elles? Quoi? Qu'as-tu dit?

ANTIGONE.

Mon père, ô mon père, qui des dieux t'accordera de voir le plus vertueux des mortels, celui à qui nous devons de nous retrouver ici, auprès de toi?

— o — ◇ — o —

ὡς ψευδόμαντις [6] ·
εἰσορῶ γὰρ τάσδε – τὰς κόρας
προσπολουμένας ὧδε αὖθις
ἆσσον.
  ΟΙΔ.— Ποῦ; ποῦ;
Τί φῄς; πῶς εἶπας;
  ΑΝΤΙΓ.—Ὦ πάτερ, πάτερ,
τίς θεῶν ἂν– δοίη σοι
ἰδεῖν τόνδε [7] ἄριστον ἄνδρα,
τὸν προσπέμψαντά σοι δεῦρο
ἡμᾶς;

qu'*il est* faux-devin;
je vois en-effet ces jeunes-filles
approchant-vers ici de-nouveau
plus-près.
  ŒD.—Où? où?
Que dis-*tu?* comment as-*tu*-dit?
  ANTIG.—O père, père,
qui *des*-dieux eût-donné (donnera) à-toi
d'avoir-vu cet excellent homme,
le ayant-envoyé-à toi ici
nous?

Ménechmes, II, 3, 71 : *Scin' quid te amabo ut façias?* — Διπλᾶς ἀρωγάς. Apposition à 'Απόλλω καὶ κασιγνήταν : (venir comme) *double secours, venir tous deux secourir.*

5. Τῷ σκοπῷ. C'est-à-dire τῷ σκοποῦντι. Le Chœur parle de lui-même.

6. Ὡς ψευδόμαντις. Sous-entendez ἐστί.

7. Τόνδε. Ce mot et l'αἵδε du v. 1092 indiquent la réapparition simultanée sur la scène de Thésée, d'Antigone, et d'Ismène.

ΟΙΔΙΠΟΥΣ.

Ὦ τέκνον, ἦ πάρεστον;

ΑΝΤΙΓΟΝΗ.

Αἵδε γὰρ[1] χέρες

Θησέως ἔσωσαν, φιλτάτων τ' ὀπαόνων.

ΟΙΔΙΠΟΥΣ.

Προσέλθετ', ὦ παῖ[2], πατρὶ, καὶ τὸ μηδαμὰ

ἐλπισθὲν ἥξειν σῶμα βαστάσαι[3] δότε.   1095

ΑΝΤΙΓΟΝΗ.

Αἰτεῖς ἃ τεύξει[4]· ξὺν πόθῳ γὰρ ἡ χάρις[5].

ΟΙΔΙΠΟΥΣ.

Ποῦ δῆτα, ποῦ 'στον;

ΑΝΤΙΓΟΝΗ.

Αἵδ' ὁμοῦ πελάζομεν.

ΟΙΔΙΠΟΥΣ.

Ὦ φίλτατ' ἔρνη.

———◇———

ΟΙΔ.— Ὦ τέκνον,	ŒD.—O enfant,
πάρεστον;	est-ce-que *vous* êtes-toutes-deux-là?
ΑΝΤΙΓ.— Αἵδε χέρες γὰρ[1]	ANTIG.—Ces mains en-effet de-Thésée
ἔσωσαν, [Θησέως	sauvèrent *nous*,
φιλτάτων τε ὀπαόνων.	et *celles* de-ses-très-chers compagnons.
ΟΙΔ.—Ὦ παῖ[2],	ŒD.—O enfant,
προσέλθετε πατρὶ,	soyez-venues-à *votre* père,
καὶ δότε βαστάσαι[3]	et ayez-donné *à* avoir-touché
τὸ σῶμα	le *vôtre* corps [nir.
ἐλπισθὲν μηδαμὰ ἥξειν.	n'ayant-été-espéré nullement devoir-reve-

1. Αἵδε γὰρ, etc. Équivaut à : πάρεσμεν· αἵδε γὰρ, etc.

2. Προσέλθετε, ὦ παῖ. On vient déjà de trouver : ὦ τέκνον, ἦ πάρεστον; Qu'on ne s'étonne pas trop de cette alliance du pluriel ou du duel avec le singulier : tout en s'adressant spécialement à Antigone, qui seule a parlé, Œdipe a en vue ses deux filles, et leur parle réellement à toutes deux à la fois.

3. Βαστάσαι. Chez les Attiques, dit Suidas, ce verbe signifie moins *porter* (ἄραι) que *manier, toucher* (ψηλαφῆσαι), *examiner avec la*

OEDIPE.

Ma fille, êtes-vous bien toutes deux là ?

ANTIGONE.

Oui , grâce au bras de ce prince et de ses généreux compagnons.

OEDIPE.

Approchez de votre père, ô mon enfant, et donnez-lui à toucher ces corps dont il n'espérait plus le retour.

ANTIGONE.

Tes désirs seront satisfaits : y accéder, c'est satisfaire les nôtres.

OEDIPE.

Où donc, où donc êtes-vous ?

ANTIGONE.

Ici toutes deux, à tes côtés.

OEDIPE.

O rejetons chéris !

ΑΝΤΙΓ.— Αἰτεῖς ἃ τεύξει [4] · ἡ χάρις [5] γὰρ ξὺν πόθῳ.

ΟΙΔ.— Ποῦ δῆτα, ποῦ ἔστον ;

ΑΝΤΙΓ.— Αἵδε πελάζομεν ὁμοῦ.

ΟΙΔ.— Ὦ φίλτατα ἔρνη !

ANTIG.—*Tu* demandes *choses quant* à lesquelles *tu* réussiras : la faveur *à accorder* en-effet *est d'accord* avec *notre* désir.

OED.—Où donc, où êtes-*vous-toutes-deux*?

ANTIG.—Celles-ci (nous que voici) *nous* approchons ensemble.

OED.— O très-chers rejetons !

---

main (διασκέψασθαι τῇ χειρί). Homère disait déjà (*Odyss.*,XXI, 405) : Αὐτίκ' ἐπεὶ μέγα τόξον ἐβάστασε καὶ ἴδε πάντῃ.

4. °Α τεύξει. Cette construction de l'accusatif avec τυγχάνω n'est possible qu'avec des neutres : elle est, du reste, logique ; c'est *réussir quant à une chose* (κατά τι) substitué à *réussir à propos d'une chose* (περί τινος).—Τεύξει, seconde personne attique pour τεύξῃ.

5. Ξὺν πόθῳ ἡ χάρις, *la faveur* que tu sollicites est d'accord *avec notre désir*.

ΑΝΤΙΓΟΝΗ.

Τῷ τεχόντι πᾶν φίλον.

ΟΙΔΙΠΟΥΣ.

Ὦ σκῆπτρα [1] φωτὸς....

ΑΝΤΙΓΟΝΗ.

Δυσμόρου γε δύσμορα!

ΟΙΔΙΠΟΥΣ.

Ἔχω τὰ φίλτατ᾽· οὐδ᾽ ἔτ᾽ ἂν πανάθλιος   1100
θανὼν ἂν [2] εἴην, σφῷν παρεστώσαιν ἐμοί.
Ἐρείσατ᾽, ὦ παῖ, πλευρὸν ἀμφιδέξιον [3]·
ἐμφῦτε [4] τῷ φύσαντι, κἀναπαύσατον
τοῦ [5] πρόσθ᾽ ἐρήμου τοῦ τε δυστήνου πλάνου.
Καί μοι τὰ πραχθέντ᾽ εἴπαθ᾽ ὡς βράχιστ᾽, ἐπεὶ   1105
ταῖς τηλικαῖσδε σμικρὸς ἐξαρκεῖ λόγος.

ΑΝΤΙΓ.— Πᾶν φίλον τῷ τεχόντι.   [τὸς...

ΟΙΔ.—Ὦ σκῆπτρα [1] φω-

ΑΝΤΙΓ.— Δύσμορα δυσμόρου γε !

ΟΙΔ.— Ἔχω τὰ φίλτατα· οὐδὲ ἂν-εἴην-ἂν [2] τι πανά-θανὼν,   [θλιος
σφῷν παρεστώσαιν ἐμοί. Ἐρείσατε, ὦ παῖ,

ΑΝΤΙG.—Tout *est* cher au ayant-engendré *cela*.

ŒD.—O bâtons d'-*un*-mortel....

ΑΝΤΙG.—*Bâtons* infortunés d'-*un-mortel*-infortuné donc !

ŒD.—*J*'ai les plus-chers *objets;* ni *ne* serais-*je* plus tout-misérable ayant-péri *maintenant,* vous-deux *vous*-étant-tenues-là à-moi. Ayez-étayé, enfant,

---

1. Σκῆπτρα. Voyez page 173, note 6.

2. Ἄν.... ἄν. (Voy. p. 158, n. 3). Ces ἄν retombent tous deux sur εἴην.

3. Ἀμφιδέξιον. Ἀμφιδέξιος se dit ordinairement de celui qui est *ambidextre,* c'est-à-dire qui se sert de sa gauche aussi bien que de sa droite. Ici, il perd évidemment cette idée de dextérité égale : par *flanc ambidextre,* il faut entendre *les deux flancs,* rien de plus, c'est-à-dire ne tenir compte que d'ἀμφί et négliger δεξιά (Voy. p. 22, n. 1).

ANTIGONE.

Tout est cher au cœur d'un père.

OEDIPE.

O soutiens d'un mortel...

ANTIGONE.

D'un mortel infortuné soutiens infortunés !

OEDIPE.

J'ai recouvré mes trésors les plus précieux : avec vous auprès de moi, je ne saurais mourir tout à fait misérable. Soutenez, ma fille, soutenez votre père des deux côtés, attachez-vous à lui, reposez-le du triste abandon dans lequel il errait naguère. Puis aussi, contez-moi ce qui s'est passé, mais en le moins de mots possible, avec cette brièveté qui sied à votre âge.

———o—◇—o———

πλευρὸν ἀμφιδέξιον [3.]	*mon* flanc ambidextre (mes deux flancs);
ἔμφυτε [4] τῷ φύσαντι,	ayez-uni-*vous* au ayant-engendré *vous*,
καὶ ἀναπαύσατον	et ayez-toutes-deux-fait-cesser
τοῦ [5] πρόσθε ἐρήμου	la précédemment solitaire
τοῦ τε δυστήνου πλάνου.	et la malheureuse course-errante.
Καὶ, ὡς τάχιστα,	Et, autant-que *possible* très-vite,
εἴπατέ μοι τὰ πραχθέντα,	ayez-dit à-moi les *choses* faites,
ἐπεὶ σμικρὸς λόγος	puisque *un* court récit
ἐξαρκεῖ ταῖς τηλικαῖσδε.	suffit aux *étant* telles (si jeunes).

C'est ainsi que, dans l'*OEdipe-Roi* (1229), Sophocle nous présente déjà Jocaste s'arrachant les cheveux ἀμφιδεξίοις ἀκμαῖς (*des deux mains à la fois*).

4. Ἔμφυτε, *adhérez à*. Il est probable qu'ἔμφυτε joue avec φύσαντι; mais comment rendre compte en français de cette quasi-réincorporation de l'enfant dans le père *qui a produit son corps?*

5. Ἀναπαύσατον τοῦ, etc. *Faites cesser* moi en fait *du*, etc.; *faites cesser mon*, etc.

ΑΝΤΙΓΟΝΗ.

Ὅδ' ἔσθ' ὁ σώσας· τοῦδε χρὴ κλύειν, πάτερ,
καὶ σοίγε τοὔργον τοὐμὸν ἔσται δὴ βραχύ.

ΟΙΔΙΠΟΥΣ.

Ὦ ξεῖνε, μὴ θαύμαζε, πρὸς τὸ λιπαρὲς [1]
τέκν' εἰ φανέντ' ἄελπτα [2] μηκύνω λόγον.   1110
Ἐπίσταμαι [3] γὰρ τήνδε σὴν ἐς τάσδε μοι
τέρψιν παρ' ἄλλου μηδενὸς πεφασμένην.
Σὺ γάρ νιν ἐξέσωσας, οὐκ ἄλλος βροτῶν.
Καὶ σοὶ θεοὶ πόροιεν ὡς ἐγὼ θέλω
αὐτῷ τε καὶ γῇ τῇδ'! ἐπεὶ τό γ' εὐσεβὲς   1115
μόνοις παρ' ὑμῖν εὗρον ἀνθρώπων ἐγὼ,
καὶ τοὐπιεικὲς, καὶ τὸ μὴ ψευδοστομεῖν.
Εἰδὼς δ', ἀμύνω [4] τοῖσδε τοῖς λόγοις τάδε·
ἔχω γὰρ ἄχω [5] διὰ σὲ, κοὐκ ἄλλον βροτῶν.

———◇———

ΑΝΤΙΓ.— Ὅδε
ἐστὶν ὁ σώσας·
χρὴ κλύειν τοῦδε, πάτερ,
καὶ τὸ ἔργον τὸ ἐμὸν
ἔσται δὴ βραχὺ σοί γε.
ΟΙΔ.— Ὦ ξεῖνε,
μὴ θαύμαζε
εἰ μηκύνω λόγον
πρὸς τὸ λιπαρὲς [1]
τέκνα φανέντα ἄελπτα [2].
Ἐπίσταμαι [3] γὰρ
τήνδε τέρψιν ἐς τάσδε
σὴν
πεφασμένην μοι
παρὰ μηδενὸς ἄλλου.

ΑΝΤΙΓ.—Celui-ci
est le ayant-sauvé *nous* :
il faut entendre celui-ci, père,
et l'œuvre la *étant* mienne
sera certes courte à-toi donc.
ŒD.—O étranger,
point-n'admire (ne sois surpris)
si *je* prolonge *mon* discours
à l'infini
quant à mes enfants vus inespérés.
Je sais en-effet
cette jouissance concernant celles-ci
tienne (me venant de toi)
ne s'-étant-manifestée à-moi
de-par aucun autre.

---

1. Πρὸς τὸ λιπαρές, *indéfiniment.*
2. Τέκνα φανέντ' ἄελπτα. Paraît dépendre, comme accusatif de mouvement et par l'intermédiaire sous-entendu de πρός, de μηκύνω λόγον. On peut aussi y voir un accusatif absolu.

ANTIGONE.

Voici notre sauveur : c'est lui, mon père, qu'il faut écouter,
et dès lors mon rôle se réduit à peu de mots en effet.

OEDIPE.

Ne t'étonne pas, ô mon hôte, que je prolonge indéfiniment
cet entretien avec mes filles, après les avoir retrouvées d'une
manière si inespérée. Je le sais, je ne dois qu'à toi la jouissance
de les ravoir ; c'est toi, toi seul, qui les as sauvées. Puissent
donc les dieux t'accorder ce que tu leur demandes et pour toi-
même et pour ton pays, puisque nulle autre part que chez vous
je n'ai rencontré la piété, l'humanité, la loyauté ! Sciemment
donc je réponds par de tels vœux à de tels bienfaits, puisque
c'est par toi, je le répète, par toi seul, que je possède ce que je

Σὺ γὰρ ἐξέσωσάς νιν,	Toi *seul* en-effet sauvas elles,
οὐκ ἄλλος βροτῶν.	non *un* autre d'-*entre-les*-mortels.
Καὶ θεοὶ πόροιεν	Et *que les* dieux eussent-fourni (donnent)
ὡς ἐγὼ θέλω	selon-que je veux
σοί τε αὐτῷ καὶ τῇδε γῇ !	et à-toi même et à-cette terre !
ἐπεὶ ἐγὼ εὗρον	puisque je trouvai
παρὰ ὑμῖν μόνοις ἀνθρώπων	chez vous seuls d'-*entre-les*-hommes
τὸ εὐσεβές γε,	le pieux donc,
καὶ τὸ ἐπιεικές,	et le doux (l'humain, l'équitable),
καὶ τὸ μὴ ψευδοστομεῖν .	et le ne-pas avoir-bouche-trompeuse.
Εἰδὼς δὲ, ἀμύνω [4] τάδε	Or, sachant, *je* paie-de-retour ces *faits*
τοῖσδε-τοῖς λόγοις·	par-ces paroles-*ci* :
ἔχω γὰρ ἃ ἔχω [5]	j'ai en-effet les-*choses*-que j'ai
διὰ σὲ,	par toi,
καὶ οὐκ ἄλλον βροτῶν.	et non *par un* autre de-*les*-mortels.

3. Ἐπίσταμαι, etc. *Je sais cette jouissance que j'éprouve relati-*
vement à celles-ci qui me sont rendues être de toi (σήν au sens passif :
Voy. p. 72, n. 1).

4. Ἀμύνω, *je récompense, je paye de retour.*

5. Ἄχω. Crase, pour ἃ ἔχω.

Καί μοι χέρ᾽, ὦ ᾽ναξ, δεξιὰν ὄρεξον, ὡς   1120
ψαύσω, φιλήσω θ᾽, ᾗ θέμις, τὸ σὸν κάρα.
Καίτοι τί φωνῶ; πῶς δ᾽ ἂν, ἄθλιος γεγὼς,
θιγεῖν[1] θελήσαιμ᾽ ἀνδρὸς, ᾧ τίς οὐκ ἔνι
κηλὶς κακῶν ξύνοικος; Οὐκ ἔγωγέ σε[2],
οὐδ᾽ οὖν ἐάσω. Τοῖς γὰρ ἐμπείροις βροτῶν   1125
μόνοις οἷόν τε συνταλαιπωρεῖν τάδε.
Σὺ δ᾽ αὐτόθεν[3] μοι χαῖρε, καὶ τὰ λοιπά μου
μέλου δικαίως, ὥσπερ ἐς τόδ᾽ ἡμέρας.
ΘΗΣΕΥΣ.

Οὔτ᾽ εἴ τι μῆκος τῶν λόγων ἔθου[4] πλέον[5],
τέκνοισι τερφθεὶς τοῖσδε, θαυμάσας ἔχω[6],   1130
οὐδ᾽ εἰ πρὸ τοῦ ᾽μοῦ προὔλαβες τὰ τῶνδ᾽ ἔπη.

Καὶ, ὦ ἄναξ,	Et, ô prince,
ὄρεξόν μοι χέρα δεξιὰν,	aie-tendu à-moi *ta* main droite,
ὡς ψαύσω,	afin-que j'aie-touché *elle*,
φιλήσω τε τὸ σὸν κάρα,	et que j'aie-baisé la tienne tête,
ᾗ θέμις.	par-où (comme) *c'est* justice.
Καίτοι τί φωνῶ ;	Et-certes que dis-*je?*
πῶς δὲ ἂν-θελήσαιμι,	comment donc aurais-*je*-voulu,
γεγὼς ἄθλιος,	né misérable,
θιγεῖν[1] ἀνδρὸς	*toi* avoir-touché *un* homme
ᾧ τίς κηλὶς κακῶν	à-qui quelle souillure de-maux
οὐκ ἔνι ξύνοικος;	point-n'-est-*elle*-en *lui* cohabitante?
Οὐκ ἔγωγέ σε[2],	Point-ne *voudrais*-je-donc toi *toucher*
οὐδὲ οὖν ἐάσω.	ni donc *ne le* permettrai-*je*. [*moi,*
Βροτῶν γὰρ	D'-*entre-les*-mortels en-effet
τοῖς ἐμπείροις μόνοις	aux expérimentés seuls
οἷόν-τε	possible *est-il*

---

1. Θιγεῖν. Sujet sous-entendu : σε.
2. Σε. Dépend d'ἂν θελήσαιμι, sous-entendu dans cette première proposition, avant de dépendre de l'ἐάσω de la suivante.
3. Αὐτόθεν, *du lieu même* où tu es.
4. Μῆκος ἔθου. Comme ἐμήκυνας, suivant l'usage perpétuel des

possède. Ah! donne-moi ta main, prince, que je la presse dans
la mienne; donne-moi ton front, que j'y imprime un baiser suivant l'usage. Mais que dis-je? Comment un misérable tel que
moi, entaché de toutes les souillures, consentirait-il à se laisser
toucher? Non, je n'y consentirai point, je ne le souffrirai point.
Ceux-là seuls peuvent porter avec moi mes souffrances, qui ont
longtemps appris à souffrir. Pour toi, reçois mes vœux de l'endroit où tu es, et continue-moi toujours, comme par le passé,
cet intérêt auquel j'ai tant de droits.

THÉSÉE.

Que, dans la joie de posséder tes filles, tu aies prolongé tes
entretiens avec elles, que tu aies tenu à entendre leur voix avant
la mienne, rien là qui nous surprenne, rien là qui nous offense.

———o—◇—o———

συνταλαιπωρεῖν τάδε.	de souffrir-avec *moi quant à ces maux.*
Σὺ δὲ,	Mais toi,
χαῖρέ μοι αὐτόθεν[3],	réjouis-toi à-moi (sois salué par moi) d'-*ici*
καὶ μέλου μου δικαίως	et aie-soin de-moi justement ' [même,
τὰ λοιπὰ,	*en* les restantes *choses* (désormais)
ὥσπερ ἐς τόδε ἡμέρας.	comme-donc jusqu'-à ceci de-jour.
ΘΗΣ.— Οὔτε εἰ ἔθου [4]	THÉS.—Ni si *tu* plaças (fis)
τὶ μῆκος τῶν λόγων	quelque longueur des *tiens* discours
πλέον [5],	plus-grande *qu'autrement,*
τερφθεὶς τοῖσδε τέκνοισιν,	charmé *que tu étais* par-ces enfants,
ἔχω [6]	*n'ai-je moi-même* (ne suis-je)
θαυμάσας,	ayant-admiré (étant surpris de) *cela,*
οὐδὲ εἰ προὔλαβες	ni-même si *tu* reçus-de-préférence
τὰ ἔπη τῶνδε	les paroles de-celles-ci
πρὸ τοῦ ἐμοῦ .	avant la mienne *chose.*

poëtes attiques d'employer τίθεσθαι avec un substantif comme équivalent du verbe qui correspond à ce substantif.

5. Μῆκος πλέον, *une longueur plutôt grande* qu'autrement, *une
certaine longueur.*

6. Θαυμάσας ἔχω. Pour ἐθαύμασα. Les Attiques affectionnent cette
décomposition.

Βάρος γὰρ ἡμᾶς οὐδὲν ἐκ τούτων ἔχει·
οὐ γὰρ λόγοισι τὸν βίον σπουδάζομεν
λαμπρὸν ποιεῖσθαι μᾶλλον ἢ [1] τοῖς δρωμένοις.
Δείκνυμι δ᾽· ὧν γὰρ ὤμοσ᾽, οὐκ ἐψευσάμην   1135
οὐδέν σε, πρέσβυ. Τάσδε γὰρ πάρειμ᾽ ἄγων
ζώσας, ἀκραιφνεῖς [2] τῶν κατηπειλημένων.
Χὤπως ἀγὼν [3] μὲν οὗτος ᾑρέθη, τί δεῖ
κομπεῖν, ἅ γ᾽ εἴσει [4] καὐτὸς ἐκ ταύταιν ξυνών [5];
Λόγος δ᾽ [6], ὃς ἐμπέπτωκεν ἀρτίως ἐμοὶ   1140
στείχοντι δεῦρο, συμβαλοῦ γνώμην· ἐπεὶ
σμικρὸς μὲν εἰπεῖν, ἄξιος δὲ θαυμάσαι·
πρᾶγος δ᾽ ἀτίζειν οὐδὲν ἄνθρωπον χρεών.

᾽Εκ τούτων γὰρ	D᾽-après *ces* choses en-effet
οὐδὲν βάρος ἔχει ἡμᾶς·	nul poids (ennui) n᾽a (ne tient) nous :
σπουδάζομεν γὰρ	*nous* avons-à-cœur en-effet
ποιεῖσθαι λαμπρὸν τὸν βίον	*de* faire illustre la vie *de nous*
οὐ λόγοισι	non par-*des*-dires
μᾶλλον ἢ [1] τοῖς δρωμένοις.	plus que par-les *choses* se-faisant.
Δείκνυμι δέ·	Or *je le* montre :
ὧν γὰρ ὤμοσα,	des-*choses*-qu᾽en-effet *je* jurai,
οὐκ ἐψευσάμην σε οὐδὲν,	point-ne trompai-*je* toi *en* aucune,
πρέσβυ.	vieillard.
Πάρειμι γὰρ	*Je* suis-là en-effet
ἄγων τάσδε ζώσας, [μένων.	amenant celles-ci vivantes,
ἀκραιφνεῖς [2] τῶν κατηπειλη-	pures des *maux* menacés-contre *elles*.

---

1. Οὐ μᾶλλον ἢ. Attention à cette locution, qui a sa traduction exacte en latin (*non magis quam*), mais non en français, sous peine de donner un plein contresens. Traduisez toujours par: *moins encore par.... que par...*; ou, en intervertissant l'ordre des termes de la comparaison : *autant par.... que par....*

2. ᾽Ακραιφνεῖς, *sans mélange de, pures de, exemptes de.*

3. Χὤπως (καὶ ὅπως) ἀγών, etc. *Et comment fut emportée cette lutte* contre les gens de Créon au sujet de tes filles.

C'est moins par des paroles que par des actes que nous aspirons à jeter quelque éclat sur notre vie : je l'ai prouvé, vieillard, en ne manquant à aucune de mes promesses. Ne te ramené-je pas, en effet, tes filles vivantes, arrachées aux périls dont on les menaçait? Je ne te ferai point un pompeux récit des circonstances qui ont décidé la victoire : à quoi bon? De leur bouche tu l'apprendras à loisir. Mais, comme je me rendais ici, un bruit est venu jusqu'à moi, sur lequel j'appellerai tes réflexions. C'est un rien, mais un rien fait pour surprendre, et il n'est détail si mince qu'on le doive jamais dédaigner.

Καὶ ὅπως μὲν	Et comment d'-une-part
ὁ ἀγὼν ³ ἠρέθη,	la lutte fut-emportée,
τί δεῖ κόμπειν ;	*en* quoi faut–*il le* dire-avec-jactance ?
ἅ γε καὶ αὐτὸς εἴσει ⁴ ἐκ ταύ-	*choses* que donc aussi *toi*-même sauras
ξυνών ⁵ . [ταιν	étant-avec *elles.* [de celles-ci
Λόγος δὲ ⁶,	*Le* dire d'-autre-part,
ὃς ἀρτίως ἐμπέπτωκεν ἐμοὶ	qui récemment est-échu (advenu) à-moi
στείχοντι δεῦρο,	marchant *vers* ici,
συμβαλοῦ γνώμην ·	aie-agité *lui en ta* pensée :
ἐπεὶ σμικρὸς μὲν εἰπεῖν,	vu-qu'*il est* et petit *à* avoir-dit,
ἄξιος δὲ θαυμάσαι ·	et digne *à* avoir-admiré (surprenant);
χρεὼν δὲ [γος.	or nécessité *est*
ἄνθρωπον ἀτίζειν οὐδὲν πρᾶ-	*un* homme *ne* dédaigner nul fait.

4. Εἴσει. Seconde personne attique, pour εἴσῃ.

5. Ξυνών, *étant avec elles.* A peu près explétif.

6. Λόγος δέ. Nominatif sans verbe : il y a anacoluthe. En attaquant par λόγος, l'auteur songeait sans doute à terminer sa proposition par le vers 442 ; puis il a intercalé συμβαλοῦ γνώμην, qui eût dû appeler λόγον (*agite en ta pensée le bruit qui,* etc.). Le français, du reste, se prête ici à la même anacoluthe : *le bruit qui..., agite-le en ta pensée, réfléchis et pèse-le bien.*

ΟΙΔΙΠΟΥΣ.

Τί δ' ἔστι, τέκνον Αἰγέως; δίδασκέ με,
ὡς μὴ εἰδότ' αὐτὸν μηδὲν ὧν σὺ πυνθάνει[1].   1145

ΘΗΣΕΥΣ.

Φασίν τιν' ἡμῖν ἄνδρα, σοὶ μὲν ἔμπολιν
οὐκ ὄντα[2], συγγενῆ δὲ, προσπεσόντα πως
βωμῷ καθῆσθαι τῷ Ποσειδῶνος, παρ' ᾧ
θύων ἔκυρον, ἡνίχ' ὡρμώμην ἐγώ.

ΟΙΔΙΠΟΥΣ.

Ποδαπόν; τί προσχρήζοντα τῷ θακήματι[3];   1150

ΘΗΣΕΥΣ.

Οὐκ οἶδα πλὴν ἕν · σοῦ γὰρ, ὡς λέγουσί μοι,
βραχύν τιν' αἰτεῖ μῦθον, οὐκ ὄγκου πλέων.

ΟΙΔΙΠΟΥΣ.

Ποῖόν τιν'; οὐ γὰρ ἥδ' ἕδρα σμικροῦ λόγου[4].

ΟΙΔ.— Τί δέ ἔστι,
τέκνον Αἰγέως ;
δίδασκέ με,
ὡς μὴ εἰδότα αὐτὸν
μηδὲν ὧν σὺ πυνθάνει[1].

ΘΗΣ.— Φασὶ
τινὰ ἄνδρα,
οὐκ ὄντα[2] μὲν
ἔμπολίν σοι,
συγγενῆ δὲ,
καθῆσθαι ἡμῖν πως
προσπεσόντα βωμῷ
τῷ Ποσειδῶνος,

œᴅ.—Quel donc est-*il*,
enfant d'-Ègée ?
instruis moi,
comme point-ne sachant *moi*-même
nulle des-*choses*-que tu apprends.

ᴛʜÉꜱ.—*Ils* disent (on dit)
un-certain bomme,
point-n'étant d'-une-part
en-*même*-cité (concitoyen) à-toi,
mais parent d'-autre-part,
s'-être-assis à-nous en-quelque-façon
etant-tombé-*prosterné*-à l'autel
le *étant celui* de-Neptune,

---

1. Πυνθάνει. Seconde personne attique, pour πυνθάνῃ. Le présent pour l'aoriste.

2. Σοὶ ἔμπολιν οὐκ ὄντα. Polynice s'est fait Argien en épousant la fille d'Adraste, roi d'Argos.

OEDIPE.

Qu'y a-t-il, fils d'Égée? Instruis-moi : je ne sais rien encore de
ce que tu as appris.

THÉSÉE.

On m'annonce qu'un étranger, qui n'appartient pas à ta cité,
mais qui t'est parent, est venu, après mon départ, s'asseoir à
l'autel de Neptune, où je sortais de sacrifier.

OEDIPE.

D'où est-il? Que prétend-il par cette démarche?

THÉSÉE.

Je ne sais qu'une chose, une seule : il réclame de toi, dit-on,
une grâce légère, sans importance.

OEDIPE.

Laquelle? Non, ce n'est pas pour un léger intérêt qu'il vient
s'asseoir à cet autel.

παρὰ ᾧ ἔκυρον θύων
ἡνίκα ἐγὼ ὡρμώμην.
  ΟΙΔ.—Ποδαπόν ;
προσχρήζοντα τί
τῷ θακήματι [3];
  ΘΗΣ.—Οὐκ οἶδα
πλὴν ἕν·
αἰτεῖ γάρ σου,
ὡς λέγουσί μοι,
τινὰ μῦθον βραχὺν,
οὐ πλέων ὄγκου.
  ΟΙΔ.—Ποῖόν τινα ;
ἥδε ἕδρα γὰρ
οὐ σμικροῦ λόγου [4].

prés-de lequel *je* me-trouvais sacrifiant,
quand je m'-élançais *ici*.
  ŒD.—*Un homme* de-quel-pays?
désirant quoi
par-le *sien* asseoiment?
  THÉS.—Point-ne sais-*je*
hormis une-*seule chose;*
il demande en-effet de-toi,
comme *ils* disent (à ce qu'on dit) à-moi,
un dire (objet de demande) petit,
non plein d'-importance.
  ŒD.—Quel un (lequel) ?
Cet asseoiment en-effet
point-ne *semble* de-petite importance.

---

3. Θακήματι, *asseoiment* sur les marches de l'autel, *pose suppliante.*
Entendez de même ἕδρα au v. 1153 et au v. 1156.
  4. Λόγου, *considération, importance.*

ΘΗΣΕΥΣ.

Σοὶ φασὶν[1] αὐτὸν ἐς λόγους ἐλθεῖν μολόντ'
αἰτεῖν ἀπελθεῖν ἀσφαλῶς τῆς δεῦρ' ὁδοῦ.   1155

ΟΙΔΙΠΟΥΣ.

Τίς δῆτ' ἂν εἴη τήνδ' ὁ προσθακῶν ἕδραν;

ΘΗΣΕΥΣ.

Ὅρα κατ' Ἄργος εἴ τις ὑμῖν ἐγγενὴς
ἔσθ', ὅστις ἄν σου τοῦτο προσχρῄζοι τυχεῖν.

ΟΙΔΙΠΟΥΣ.

Ὦ φίλτατ', ἐπίσχες οὗπερ εἶ[2].

ΘΗΣΕΥΣ.

Τί δ' ἔστι σοι;

ΟΙΔΙΠΟΥΣ.

Μή μου δεηθῇς.....

ΘΗΣΕΥΣ.

Πράγματος ποίου; Λέγε.   1160

ΟΙΔΙΠΟΥΣ.

Ἔξοιδ', ἀκούων τῶνδ', ὅς ἐσθ' ὁ προστάτης[3].

ΘΗΣ.— Φασὶν[1]	ΤΗÉS.—*Ils* disent (ou dit)
αὐτὸν μολόντα	lui étant-venu
ἐλθεῖν ἐς λόγους σοι	*pour* être-allé à paroles à-toi
αἰτεῖν ἀπελθεῖν ἀσφαλῶς	demander *à* être-reparti en-sûreté
τῆς ὁδοῦ δεῦρο.	de-la route *menant* ici.
ΟΙΔ.—Τίς δῆτα ἂν-εἴη	ŒD.—Qui donc serait
ὁ προσθακῶν τήνδε ἕδραν;	le asseyant cet asseoiment?
ΘΗΣ.—Ὅρα	ΤΗÉS.—Vois
εἰ τίς ἐστιν ἐγγενὴς ὑμῖν	si quelqu'*un* est en-*la*-race à-vous
κατὰ Ἄργος,	dans Argos,
ὅστις ἂν-προσχρῄζοι σου	lequel désirerait de-toi

---

1. **Σοὶ φασίν, etc.** Construisez : φασὶν αὐτὸν μολόντα (ὥστε) ἐλθεῖν ἐς λόγους σοι, αἰτεῖν (παρὰ σοῦ) ἀπελθεῖν ἀσφαλῶς, etc. *S'en aller sûrement* en fait *de la route* l'ayant amené *ici*, c'est *reprendre sans être inquiété la route par laquelle il est venu.*

THÉSÉE.

Il ne demande, assure-t-on, qu'à t'entretenir, puis à reprendre sans être inquiété la route qui l'a conduit ici.

OEDIPE.

Ciel! qui peut-il être, ce suppliant?

THÉSÉE.

Vois si vous n'auriez pas dans Argos quelque parent qui pût désirer de toi une telle faveur.

OEDIPE.

Arrête, ami! Pas un mot de plus?

THÉSÉE.

Qu'as-tu?

OEDIPE.

Assez! N'insiste pas...

THÉSÉE.

Sur quoi? Parle.

OEDIPE.

Je ne sais que trop, d'après ce que je viens d'entendre, quel est cet homme ainsi prosterné.

τυχεῖν τοῦτο.

ΟΙΔ.— Ὦ φίλτατε, ἐπίσχες οὗπερ εἶ [2].

ΘΗΣ.— Τί δέ ἐστί σοι;

ΟΙΔ.— Μὴ δεηθῇς μου ....

ΘΗΣ.— Τίνος πράγματος; Λέγε.

ΟΙΔ.— Ἔξοιδα, ἀκούων τῶνδε, ὅς ἐστιν ὁ προστάτης [3].

avoir-réussi *en* ceci.

ŒD.—O trés-cher, aie-arrêté *toi* où-donc *tu* es.

THÉS.—Quoi donc est à-toi?

ŒD.—Point-n'aie-prié moi....

THÉS.—*A propos* de-quelle chose? Parle.

ŒD.—*Je* sais-à-foud, entendant ces *choses*, qui est le suppliant.

---

2. Ἐπίσχες οὗπερ εἶ, *reste où tu* en *es* de ton dire, *n'achève pas.* Sur la forme ἐπίσχες, Voy. p. 174, n. 6.

3. Ὁ προστάτης (ὁ πρὸς τῷ βωμῷ στάς), *le suppliant.*

ΘΗΣΕΥΣ.

Καὶ τίς ποτ' ἐστὶν, ὅν γ' ἐγὼ ψέξαιμί τι;

ΟΙΔΙΠΟΥΣ.

Παῖς οὑμὸς, ὦ 'ναξ, στυγνὸς, οὗ λόγων ἐγὼ
ἄλγιστ' ἂν ἀνδρῶν ἐξανασχοίμην κλύων[1].

ΘΗΣΕΥΣ.

Τί δ'; οὐκ ἀκούειν ἔστι, καὶ μὴ δρᾶν ἃ μὴ   1165
χρήζεις; Τί σοι τοῦτ' ἐστὶ λυπηρὸν, κλύειν[2];

ΟΙΔΙΠΟΥΣ.

Ἔχθιστον, ὦ 'ναξ, φθέγμα τοῦθ' ἥκει πατρί·
καὶ μή μ' ἀνάγκῃ προσβάλῃς τάδ' εἰκάθειν.

ΘΗΣΕΥΣ.

Ἀλλ', εἰ τὸ θάκημ'[3] ἐξαναγκάζει, σκόπει
μή[4] σοι πρόνοι' ᾖ τοῦ θεοῦ φυλακτέα.   1170

———○—◇—○———

ΘΗΣ.—Καὶ τίς ποτέ ἐστιν,	THÉS.—Et quel donc est-*il*,
ὅν γε ἐγὼ	lequel donc moi
ψέξαιμί τι;	j'eusse-blâmé *en* quelque *chose?*
ΟΙΔ.— Ὦ ἄναξ,	œD.—O prince,
ὁ ἐμὸς παῖς στυγνὸς,	c'est le mien enfant odieux,
οὗ ἀνδρῶν	duquel d'*entre-les*-hommes
ἐγὼ ἂν-ἐξανασχοίμην ἄλγι-	j'eusse-supporté *le-plus-péniblement*
κλύων[1] λόγων. [στα	entendant (entendre) *les* paroles.
ΘΗΣ.— Τί δέ;	THÉS.—Mais quoi?
οὐκ ἔστιν ἀκούειν,	Point-n'est-*il possible d'*entendre.
καὶ μὴ δρᾶν	et *de* ne-point faire
ἃ μὴ χρήζεις;	les-*choses*-que *tu* ne veux *pas?*

---

1. Ἂν ἐξανασχοίμην κλύων. Voyez page 118, note 2.

2. Κλύειν. Développe τοῦτο : *ceci*, à savoir *la seule audition.*

3. Τὸ θάκημα. *La pose suppliante,* pour *le respect dû à cette pose,* dû au dieu même dont Polynice s'est constitué le suppliant.

4. Σκόπει μή, etc. Nous entendons : *prends garde que tu ne doives observer une prévision du dieu* (c'est-à-dire *prévoir les vengeances du dieu*) qui le protége ; ce πρόνοια τοῦ θεοῦ nous rappelle le *sperate deos memores nefandi* du poëte latin. — D'autres entendent, *prends*

THÉSÉE.

Quel est-il donc, et que dois-je blâmer en lui?

OEDIPE.

C'est mon fils, prince, un fils que j'abhorre, celui de tous les hommes dont l'entretien me serait le plus pénible à supporter.

THÉSÉE.

Eh quoi! ne peux-tu l'entendre, sans agir pour cela contre ta volonté? L'entendre! qu'y a-t-il là de si cruel pour toi?

OEDIPE.

Sa voix seule, prince, est odieuse à son père. Ah! ne m'impose pas l'obligation de céder sur ce point.

THÉSÉE.

Et si sa qualité de suppliant t'y contraint? Prends garde, ne dois-tu pas prévoir les vengeances du dieu?

———o—◇—o———

Τί τοῦτο, κλύειν [2],	*En* quoi ceci, entendre,
ἐστὶ λυπηρόν σοι;	est-*il* chagrinant à-toi?
ΟΙΔ.—Ὦ ἄναξ,	œD.—O prince,
τοῦτο φθέγμα	cette parole (sa seule voix)
ἥκει ἔχθιστον πατρί ·	vient très-odieuse à-*son*-père,
καὶ μὴ προσβάλῃς με	et point-n'aie-lancé moi
ἀνάγκη εἰκάθειν τάδε .	dans-*la*-nécessité *de* céder *en ces choses.*
ΘΗΣ.—Ἀλλὰ,	THÉs.—Mais,
εἰ τὸ θάκημα [3] ἐξαναγκάζει,	si l'asseoiment *te* force-absolument,
σκόπει	avise (prends garde)
μὴ [4] ᾖ φυλακτέα σοι	que-ne soit à-être-observée par-toi
πρόνοια	*la* prévoyance
τοῦ θεοῦ .	du dieu (des vengeances du dieu).

garde que *tu ne doives respecter le soin dont il est devenu l'objet de la part du dieu*; ou, en prenant φυλακτέα au sens de φυλάσσεσθαί τι : *prends garde que tu ne doives te garder de la protection du dieu, c'est-à-dire te garder du dieu qui te protège.* Au fond, tout cela se rapproche pour le sens général; mais il nous semble que notre construction est plus simple, et que le πρόνοια s'y explique plus aisément. Comparez d'ailleurs ce πρόνοια φυλακτέα, entendu par nous au sens de προνοητέον, avec le σκαιοσύναν φυλάσσων du v. 1203.

ΑΝΤΙΓΟΝΗ.

Πάτερ, πιθοῦ μοι, κεἰ νέα παραινέσω.

Τὸν ἄνδρ᾽ ἔασον τόνδε¹ τῇ θ᾽ αὑτοῦ φρενὶ

χάριν παρασχεῖν, τῷ θεῷ θ᾽, ἃ βούλεται²·

καὶ νῷν ὕπεικε τὸν κασίγνητον μολεῖν.

Οὐ γάρ σε³ (θάρσει) πρὸς βίαν παρασπάσει   1175

γνώμης ἃ μή σοι ξυμφέροντα λέξεται.

Λόγων δ᾽ ἀκοῦσαι τίς βλάβη; Τά τοι καλῶς

εὑρημέν᾽ ἔργα τῷ λόγῳ μηνύεται.

Ἔφυσας αὐτόν· ὥστε⁴ μηδὲ δρῶντά σε

τὰ τῶν κακίστων, δυσσεβεστάτων, πάτερ,   1180

θέμις σέ γ᾽ ἦν ἐκεῖνον ἀντιδρᾶν κακῶς.

ΑΝΤΙΓ.—Πάτερ,	ANTIG.—Père,
πιθοῦ μοι,	aie-été-persuadé par-moi,
καὶ εἰ νέα παραινέσω .	même si *étant* jeune *je* conseillerai.
Ἔασον τόνδε-τὸν ἄνδρα ¹	Aie–laissé cet homme (Thésée)
παρασχεῖν χάριν	avoir-fourni faveur (céder, obéir)
τῇ τε φρενὶ αὑτοῦ,	et au sentiment de-soi-même,
τῷ τε θεῷ	et au dieu,
ἃ βούλεται² ·	*en* les-*choses*-qu'*il* veut;
καὶ ὕπεικε νῷν	et cède à–nous-deux
τὸν κασίγνητον μολεῖν .	*quant à* le *nôtre* frère être-venu.
Οὐ γὰρ παρασπάσει σε ³	Point en-effet *n*'arracheront toi *d'ici*

---

1. Τὸν ἄνδρα τόνδε. Thésée, et non Polynice.

2. Βούλεται. Sujet : soit Thésée, soit le dieu ; nous optons pour le dieu, mais sans autre motif que la nécessité d'opter pour traduire.

3. Οὐ γάρ σε, etc. Construisez : Ἃ γὰρ (ὑπὸ Πολυνείκους) λέξεται (Voy. p. 120, n. 2) μὴ ξυμφέροντά σοι (*ne se portant pas de ton côté, ne te convenant pas* : Voy. p. 133, n. 8) οὐ παρασπάσει σε ἐντεῦθεν πρὸς βίαν (Voy. p. 138, n. 1) γνώμης (τῆς σῆς).

4. Ἔφυσας αὐτόν· ὥστε, etc. Phrase singulièrement amphibologique. A partir d'ὥστε, tous les accusatifs peuvent être ou sujets ou compléments, en sorte qu'on ne sait trop si Antigone dit à Œdipe : *Tu es son père, et, comme tel, tu ne saurais légitimement* (ἦν pour ἂν εἴη) *lui rendre mal pour mal, si coupable et si impie qu'ait été sa conduite envers toi ;* ou si elle lui dit : *Tu es son père, il est vrai, et, comme tel, il ne pouvait légitimement te rendre mal pour mal, à*

ANTIGONE.

Mon père, malgré ma jeunesse, **rends-toi à mes conseils.**
Souffre que ce prince satisfasse à la fois à son propre désir et aux
volontés du dieu, et accorde-nous de laisser venir notre frère.
Aussi bien, rassure-toi, tout ce qu'il dira sans ton aveu ne saurait t'arracher de force à tes propres sentiments. Des paroles!
Eh! que risque-t-on à les entendre? D'autre part, que d'heureuses suggestions dues à la parole! Tu lui as donné le jour:
si coupable, si impie que soit sa conduite à ton égard, ce n'est
pas à toi, ô mon père, de lui rendre le mal pour le mal. De
grâce, laisse-le venir. D'autres aussi ont de coupables fils, de
vifs ressentiments : ils ne s'en laissent pas moins charmer par

πρὸς βίαν γνώμης	en violence de-*ton*-sentiment
(θάρσει)	(aie-confiance *à cet égard*)
ἃ λέξεται	les-*choses*-qui seront-dites
μὴ ξυμφέροντά σοι .	point-ne convenant à-toi.
Τίς βλάβη δὲ	Quel préjudice d'-autre-part
ἀκοῦσαι λόγων ;	à avoir-entendu *des* paroles?
Τῷ λόγῳ τοι μηνύεται	Par-la parole certes sont-indiqués
τὰ ἔργα καλῶς εὑρημένα .	les actes *à accomplir* bien trouvés.
Ἔφυσας αὐτόν ·	*Tu* engendras lui :
ὥστε 4 μηδὲ ἦν θέμις	en-sorte-que pas-même *n*'était-*il* (ne se -
σέ γε, πάτερ,	toi donc, père, [rait-ce) justice
κακῶς ἀντιδρᾷν ἐκεῖνον	mal traiter-en-retour celui-là

*supposer même que la conduite ait été celle du plus scélérat et du
plus impie des hommes.* Quoique cette supposition soit un peu dure de
la part d'une fille, il ne nous est pas prouvé que ce second sens ne soit
pas le véritable. Autre difficulté : comme pour mieux dérouter le lec-
teur, arrive bientôt un Ἀλλ' αὐτόν (v. 1182) isolé entre deux points!
Vainement nous avons tenté de ne séparer que par une virgule κακῶς
et ἀλλά : nous n'avons pu tirer de là aucun sens net et plausible, et le
mieux est encore de garder le point. Alors il faut sous-entendre un
verbe, par exemple l'ὕπεικε μολεῖν du v. 1174, peut-être assez présent
encore à la pensée d'Antigone pour justifier l'ellipse. Puis, selon qu'on
aura adopté l'un ou l'autre des deux sens proposés pour les vers 1179-
1181, on traduira Ἀλλ' αὐτόν par : *Donc, laisse-le venir* ; ou par :
Quoi qu'il en soit, laisse-le venir. Nul doute qu'ἀλλά ne se prête également bien aux deux traductions.

Ἀλλ' αὐτόν. Εἰσὶ χἀτέροις[1] γοναὶ κακαὶ,
καὶ θυμὸς ὀξύς· ἀλλὰ, νουθετούμενοι,
φίλων ἐπῳδαῖς ἐξεπᾴδονται φύσιν.
Σὺ δ' εἰς ἐκεῖνα, μὴ τὰ νῦν, ἀποσκόπει   1185
πατρῷα καὶ μητρῷα[2] πήμαθ', ἄπαθες[3]·
κἂν κεῖνα λεύσσῃς[4], οἶδ' ἐγὼ, γνώσει[5] κακοῦ
θυμοῦ τελευτὴν, ὡς κακὴ προσγίγνεται[6].
Ἔχεις γὰρ οὖν βίαια τἀνθυμήματα[7],
τῶν σῶν ἀδέρκτων[8] ὀμμάτων τητώμενος.   1190
Ἀλλ' ἡμίν[9] εἶκε· λιπαρεῖν γὰρ[10] οὐ καλὸν
δίκαια προσχρήζουσιν, οὐδ' αὐτὸν μὲν εὖ
πάσχειν, παθόντα δ'[11] οὐκ ἐπίστασθαι τίνειν.

δρῶντά σε	traitant toi
τὰ τῶν κακίστων,	*quant à* les *actes* des plus-pervers,
δυσσεβεστάτων.	*des* plus-impies.
Ἀλλὰ αὐτόν.	Mais *laisse venir* lui.
Καὶ ἑτέροις[1]	Aussi à-*d'*-autres
εἰσὶ γοναὶ κακαὶ	sont *des* progénitures méchantes
καὶ θυμὸς ὀξύς·	et *un* cœur vif (irascible) ;
ἀλλὰ, νουθετούμενοι,	mais, étant-conseillés, [ture]
ἐξεπᾴδονται φύσιν	*ils* sont-charmés (calmés) *quant à leur* na-
ἐπῳδαῖς φίλων.	par-les charmes (par les douces paroles)
Σὺ δὲ,	Or toi, [de-*leurs*-amis.
ἀποσκόπει εἰς ἐκεῖνα πήματα	regarde vers ces *vieilles* souffrances
πατρῷα καὶ μητρῷα[2],	*venant* de-père et de-mère,
ἃ ἔπαθες[3],	lesquelles *tu* souffris *jadis*,
μὴ τὰ νῦν·	non vers les *souffrances* de maintenant;

---

1. Χἀτέροις. Crase, pour καὶ ἑτέροις.

2. Πατρῷα καὶ μητρῷα, *soufferts* par toi *à propos de ton père et de la mère.*

3. Ἄπαθες. Crase, pour ἃ ἔπαθες.

4. Λεύσσῃς. Correction de λύσῃς, qui ne donne aucun sens plausible.

5. Γνώσει. Seconde personne attique, pour γνώσῃ.

6. Γνώσει τελευτήν, ὡς κακὴ προσγίγνεται. Pour γνώσει ὡς κακὴ προσγίγνεται τελευτή (Voy. p. 35, n. 4).

les sages conseils, par les douces remontrances de l'amitié. Pour toi, oublie tes griefs actuels, et reporte ta pensée vers les maux que tu souffris jadis à propos de ton père, à propos de ta mère : en y réfléchissant, je n'en doute pas, tu reconnaîtras à quel point sont funestes les suites d'un fâcheux emportement. N'en as-tu donc pas une preuve assez terrible, hélas! dans la perte de tes yeux? Encore une fois, cède à nos prières: il ne convient pas de laisser demander longtemps ceux qui ne demandent rien que de juste; il ne convient pas davantage, quand on a reçu un bienfait, de n'en point savoir témoigner sa reconnaissance.

καὶ, ἂν λεύσσῃς [4] κεῖνα,	et, si *tu* regardes celles-là,
γνώσει [5], ἐγὼ οἶδα,	*tu* reconnaîtras, je *le* sais,
τελευτὴν κακοῦ θυμοῦ,	*l'*issue d'-*une*-mauvaise colère,
ὡς προσγίγνεται [6] κακή.	comme *elle* s'-ajoute mauvaise.
Ἔχεις γὰρ οὖν βίαια	*Tu* as en-effet donc fortes
τὰ ἐνθυμήματα [7],	les preuves *de mon dire*,
τητώμενος τῶν σῶν ὀφθαλ-	étant-privé des tiens yeux
ἀδέρκτων [8]. [μῶν	*devenus* sans-vue.
Ἀλλὰ εἶκε ἡμίν· [9]	Mais cède à-nous :
λιπαρεῖν γὰρ [10]	*avoir à* insister en-effet
οὐ καλὸν	point-n'*est* beau
προσχρήζουσι δίκαια,	à-*ceux*-demandant *choses* justes,
οὐδὲ αὐτὸν μὲν	ni *soi*-même d'-*une*-part
πάσχειν εὖ,	éprouver bien (des bienfaits),
παθόντα δὲ [11]	puis, ayant-éprouvé *du bien*
οὐκ ἐπίστασθαι τίνειν.	point-ne savoir *le* payer.

---

7. Τὰ ἐνθυμήματα, *les preuves* de ce que je dis des funestes effets de la colère.

8. Ἀδέρκτων (sous-entendu γενομένων). Développe la pensée de τητώμενος.

9. Ἡμίν. Pour ἡμῖν, par abréviation poétique de la longue finale.

10. Λιπαρεῖν γὰρ, etc. *Insister n'est pas beau pour qui demande choses justes.* La véritable pensée est qu'*il n'est pas beau de laisser demander longtemps celui qui demande des choses justes.*

11. Παθόντα δέ. Complétez en reprenant l'εὖ du premier πάσχειν.

ΟΙΔΙΠΟΥΣ.

Τέκνον, βαρεῖαν ἡδονὴν[1] νικᾶτέ με
λέγοντες· ἔστω δ᾽ οὖν ὅπως ὑμῖν φίλον.　　　　1195
Μόνον, ξέν᾽, εἴπερ κεῖνος ὧδ᾽ ἐλεύσεται,
μηδεὶ κρατείτω τῆς ἐμῆς ψυχῆς[2] ποτέ.

ΘΗΣΕΥΣ.

Ἅπαξ τὰ τοιαῦτ᾽, οὐχὶ δὶς, χρῄζω κλύειν,
ὦ πρέσβυ. Κομπεῖν δ᾽ οὐχὶ βούλομαι· σὺ δὲ
σῶς ἴσθ᾽[3], ἐάν περ κἀμέ τις σώζῃ θεῶν.　　　　1200

ΧΟΡΟΣ.

(Στροφή.)

Ὅστις τοῦ πλέονος μέρους[4]
χρῄζει, τοῦ μετρίου παρεὶς[5],
ζώειν, σκαιοσύναν φυλάσσων[6]
ἐν ἐμοὶ[7] κατάδηλος ἔσται[8]·
ἐπεὶ πολλὰ μὲν αἱ μακραὶ　　　　1205

ΟΙΔ.— Τέκνον,	ŒD.—Enfant,
λέγοντες νικᾶτέ με	en parlant *vous* triomphez-de moi
ἡδονὴν 1 βαρεῖαν ·	quant à une joie lourde *pour moi;*
ἔστω δὲ οὖν	qu'il en soit d'-ailleurs donc
ὅπως φίλον ὑμῖν.	comme *il est* agréable à-vous.
Μόνον, ξένε,	Seulement, étranger,
εἴπερ κεῖνος ἐλεύσεται ὧδε,	si-donc celui-là viendra ici,
μηδεὶς ποτε κρατείτω	que nul jamais *ne* soit—maître
τῆς ἐμῆς ψυχῆς 2.	de-la mienne âme (personne).
ΘΗΣ.— Ὦ πρέσβυ,	THÉS.—O vieillard,
χρῄζω κλύειν τὰ τοιαῦτα	*je* désire entendre les *choses* telles

---

1. Βαρεῖαν ἡδονήν. La grâce qu'accorde enfin Œdipe va être une *joie* pour ses filles, mais *il lui en coûte* de la leur accorder.

2. Τῆς ἐμῆς ψυχῆς. C'est-à-dire ἐμοῦ.

3. Σῶς ἴσθι. Sous-entendez ἐσόμενος.

4. Τοῦ πλέονος μέρους. Génitif de durée, dépendant de ζώειν, qui dépend de χρῄζει : *pendant une portion de* temps *plus grande* qu'il ne faut, c'est-à-dire *trop longtemps.*

OEDIPE.

Ma fille, vos paroles m'arrachent une concession dont je gémis : qu'il soit fait, toutefois, selon votre désir. Seulement, ô
mon hôte, si ce misérable doit venir jusqu'ici, que nul n'ait jamais pouvoir sur ma personne.

THÉSÉE.

Pourquoi revenir sur une telle demande, vieillard ? Il suffit
que je l'aie entendue une fois. Je ne veux point faire de jac-
tance ; mais sache que tu es en toute sûreté, tant qu'un dieu
veillera sur mon propre salut.

LE CHOEUR.

Peu content d'une carrière bornée, aspirer à de longs jours,
c'est à mes yeux une folie, une folie évidente. Le long âge

<hr>

ἄπαξ, οὐχὶ δίς.	une-seule-fois, non deux-fois.
Οὐχὶ δὲ βούλομαι κομπεῖν·	Point d'-ailleurs *je-ne* veux *me*-vanter ;
σὺ δὲ ἴσθι [3] σῶς,	toi d'-autre-part sache *que tu es* sauf,
ἐάνπερ τις θεῶν	si-donc quelqu'*un* de-*les*-dieux
σώζῃ καὶ ἐμέ.	sauve aussi moi.
ΧΟΡ. — Ὅστις χρῄζει ζώ-	LE CH. —Qui désire vivre
τοῦ μέρους [4] [ειν	*durant* la portion *de temps*
πλέονος,	plus-abondante *qu'il ne faut*,
παρεὶς [5] τοῦ μετρίου,	ayant-omis (dédaignant) la modérée,
ἔσται [8] κατάδηλος ἐν ἐμοὶ [7]	sera évident selon moi [droit, fou) ;
φυλάσσων [6] σκαιοσύναν·	gardant gaucherie (étant gauche, mala ·
ἐπεὶ αἱ μακραὶ ἡμέραι μὲν	vu-que les longs jours d'-une-part

<hr>

5. Τοῦ μετρίου παρείς, *dédaignant une vie de longueur modérée.*

6. Σκαιοσύναν φυλάσσων. *C'est-à-dire* σκαιὸς, ἀνόητος ὤν.

7. Ἐν ἐμοί, *selon moi, à mes yeux.*

8. Φυλάσσων κατάδηλος ἔσται. *Pour* κατάδηλον ἔσται αὐτὸν
φυλάσσειν. Tour très-familier aux Grecs, tant en prose qu'en vers,
quand l'adjectif qui serait au neutre dans la construction ordinaire
peut à la rigueur qualifier un nom de personne.

ἀμέραι κατέθεντο[1] δὴ
λύπας ἐγγυτέρω· τὰ τέρπον-
τα δ’ οὐκ ἂν ἴδοις ὅπου[2],
ὅτ’ ἄν τις ἐς πλέον πέσῃ
τοῦ θέλοντος[3], οὐδ’ ἔπι[4] κόρος[5],   1210
ἰσοτέλεστος[6] Ἄϊδος
ὅτε μοῖρ’[7] ἀνυμέναιος,
ἄλυρος, ἄχορος, ἀναπέφηνε,
θάνατος, ἐς τελευτάν.

(’Αντιστροφή.)

Μὴ φῦναι[8] τὸν ἅπαντα νι-   1215
κᾷ λόγον· τὸ δ’, ἐπεὶ φανῇ[9],
βῆναι κεῖθεν[10] ὅθεν περ ἥκει,
πολὺ δεύτερον, ὡς τάχιστα.
Ὥς, εὖτ’ ἂν τὸ νέον[11] παρῇ

κατέθεντο[1] δὴ πολλὰ	placèrent *toujours* certes maintes *choses*
ἐγγυτέρω λύπας·	plus-près-de *la* douleur ;
οὐ δὲ ἂν-ἴδοις τὰ τέρποντα	ni *n’*eusses-*tu*-vu (ne saurais-tu voir) les
ὅπου[2],	où *elles* sont, [*choses* réjouissantes
ὅτε τις ἂν-πέσῃ	quand un *homme* sera (est une fois)-
ἐς πλέον	en plus *qu’il ne faut* [tomb'
τοῦ θέλοντος[3],	du voulant (du désir de) *vivre*,
οὐδὲ ἔπι[4] κόρος[5],	et-pas-*encore*-n’est *la* satiété,
ὅτε μοῖρα Ἄϊδος	quand *le* destin de-Pluton
ἰσοτέλεστος[6],	à-égale-fin *pour tous les mortels*,
ἀνυμέναιος, ἄλυρος, ἄχορος,	sans-hymen, sans-lyre, sans-chœurs,

---

1. Κατέθεντο. Aoriste d’habitude : *ont* toujours *placé*, c’est-à-dire *placent d’ordinaire*, *placent*.

2. Ὅπου. Sous-entendez τυγχάνει ὄντα.

3. Ἐς πλέον τοῦ θέλοντος. C’est-à-dire ἐς τὸ θέλειν πλέον (ἢ δεῖ), ou, comme au début de ce chœur, ἐς τὸ τοῦ πλέονος μέρους χρήζειν ζώειν.

4. Ἔπι. Pour ἔπεστι (Voyez page 115, note 4).

5. Κόρος, *la satiété* de la vie et de ses jouissances.

6. Ἰσοτέλεστος, *à égale fin* pour tous ; finissant par frapper tous les mortels, quelle qu’ait été la durée de leur existence.

(hélas!) nous rapproche incessamment de la douleur. Quant aux joies, vous les chercheriez vainement chez l'homme aux désirs infinis. Il n'est point encore rassasié quand devant lui se dresse enfin, par l'ordre fatal de Pluton, la Mort égale pour tous, la Mort qui ne connaît ni l'hymen, ni la lyre, ni les chœurs.

Ne naître point, voilà la félicité suprême! Heureux en seconde ligne, et bien avant tous les autres, celui qui ne se montre à la terre que pour rentrer au plus tôt d'où il sort! Dès qu'a paru la jeunesse avec son cortége de légèreté et de folies,

---

θάνατος,	*la* mort *en un mot,*
ἀναπέφηνεν ἐς τελευτάν.	a-paru en fin (enfin).
Μὴ φῦναι 8	Ne-pas être-né
νικᾷ τὸν ἅπαντα λόγον ·	vainc le total dire (passe tout ce qu'on
τὸ δὲ,	le d'-autre-part, [peut dire);
ἐπεὶ φανῇ 9,	quand *un mortel* a-paru *en la vie,*
βῆναι ὡς τάχιστα	être-allé autant-que *possible* très-vite
κεῖθεν 10 ὅθεν περ ἥκει,	de-ce-côté d'-où donc *il* vient,
πολὺ δεύτερον.	*est de* beaucoup *le* second *lot.*
Ὡς,	Vu-que,
εὖτε τὸ νέον 11 ἂν-παρῇ	quand la jeunesse aura-été-là

---

7. Ἄϊδος μοῖρα. Équivaut à θανάτου μοῖρα, ou θάνατος, repris sous cette forme trois vers plus bas.

8. Μὴ φῦναι, etc. Théognis, v. 425 : Πάντων μὲν μὴ φῦναι ἐπιχθονίοισιν ἄριστον, Μηδ' ἐσιδεῖν αὐγὰς ἠελίου· φύντα δ' ὅπως ὤκιστα πύλας Ἀΐδαο περῆσαι. La tradition attribuait cette pensée à Silène.

9. Φανῇ. Sujet sous-entendu : τις.

10. Κεῖθεν. Pour ἐκεῖσε. Nous disons de même *aller du côté d'où,* etc., pour *aller vers le côté d'où,* etc.

11. Τὸ νέον, *la jeunesse.*

κούφας ἀφροσύνας φέρον,   1220
τίς πλάγχθη πολύμοχθος ἔξω[1];
τίς οὐ καμάτων ἔνι[2];
φόνοι, στάσεις, ἔρις, μάχαι,
καὶ φθόνος· τό τε κατάμεμπτον[3]
ἐπιλέλογχε πύματον,   1225
ἀκρατές, ἀπροσόμιλον,
γῆρας ἄφιλον, ἵνα πρόπαντα
κακὰ κακῶν ξυνοικεῖ[4].

(Ἐπῳδός.)

Ἐν ᾧ[5] τλάμων ὅδ᾽[6], οὐκ ἐγὼ μόνος.
Πάντοθεν βόρειος ὥς τις ἀκτὰ   1230
κυματοπλὴξ χειμερία κλονεῖται,
ὣς καὶ τόνδε κατάκρας
δειναὶ κυματοαγεῖς[7]

φέρον κούφας ἀφροσῦνας,	*apportant les* légères déraisons,
τίς πολύμοχθος	quel *mortel* à-nombreux-maux
πλάγχθη ἔξω[1];	erra (sortit) *jamais* hors-de *là?*
τίς καμάτων οὐκ ἔνι[2];	quelle des-peines n'est-en *lui?*
φόνοι, στάσεις,	meurtres, séditions,
ἔρις, μάχαι, καὶ φθόνος ·	querelle, combats, et envie ;
τό τε κατάμεμπτον[3] πύματον	et le blâmé (i'odieux) suprême
ἐπιλέλογχε,	*a-toujours*-échu-en-outre,
ἀκρατές, ἀπροσόμιλον,	*chose* impuissante, insociable,
γῆρας ἄφιλον,	*la* vieillesse sans-amis,

---

1. Ἔξω. Sous-entendez : τῶν μοχθηριῶν.

2. Ἔνι. Pour ἔνεστι (Voy. p. 115, n. 4). Complément sous-entendu : τῷ νέῳ.

3. Κατάμεμπτον, (toujours) *blamé* ; donc, *odieux.*

4. Ἵνα ξυνοικεῖ, *où* (avec laquelle) *habitent simultanément, qui réunit en elle.*

qui peut échapper aux mille angoisses de la vie? Est-il une peine qui ne vienne l'assaillir? Des meurtres, des dissensions, des querelles, des combats, des jalousies; puis, pour combler la mesure, l'odieuse vieillesse, impuissante, insociable, sans amis, concentrant en elle tous les maux les plus affreux.

La vieillesse! Ainsi que moi, cet infortuné en connaît les horreurs. Tel un rivage exposé aux aquilons est battu de tous côtés par les vagues que soulève la tempête : tel, lui aussi, il est brisé sans relâche par le flot terrible des calamités qui

ἵνα ξυνοικεῖ [4]	où habitent-ensemble
πρόπαντα κακὰ κακῶν.	tous *les* maux d'-*entre-les*-maux.
Ἐν ᾧ [5] ὅδε [6] τλάμων,	En laquelle *est* ce malheureux,
οὐκ ἐγὼ μόνος.	non moi seul.
Ὥς τις ἀκτὰ βόρειος	Comme un rivage boréal
κλονεῖται πάντοθεν	est-ébranlé de-toutes-parts
κυματοπλὴξ	battu-par-*les*-flots
χειμερία,	en-butte-à-*la*-tempête,
ὣς ἆται δειναὶ	ainsi *des* calamités terribles
κυματοαγεῖς [7]	à-flots-se-brisant *avec fracas*

5. Ἐν ᾧ. Sous-entendez τυγχάνει ὤν.

6. Ὅδε. OEdipe.

7. Κυματοαγεῖς, *à flots brisés,* c'est-à-dire *égales en violence aux flots qui se brisent avec fracas.*

ἆται κλονέουσιν ἀεὶ ξυνοῦσαι,

αἱ μὲν ἀπ' ἀελίου δυσμᾶν,   1235

αἱ δ' ἀνατέλλοντος [1],

αἱ δ' ἀνὰ μέσσαν ἀκτῖν' [2],

αἱ δὲ νυχιᾶν ἀπὸ ῥιπᾶν [3].

ΑΝΤΙΓΟΝΗ.

Καὶ μὴν ὅδ' ἡμῖν, ὡς ἔοικεν, ὁ ξένος,

ἀνδρῶν γε μοῦνος [4], ὦ πάτερ, δι' ὄμματος   1240

ἀστακτὶ [5] λείβων δάκρυον ὧδ' ὁδοιπορεῖ.

ΟΙΔΙΠΟΥΣ.

Τίς οὗτος;

ΑΝΤΙΓΟΝΗ.

Ὅνπερ καὶ πάλαι κατείχομεν

γνώμῃ, πάρεστι δεῦρο Πολυνείκης ὅδε.

ΠΟΛΥΝΕΙΚΗΣ.

Οἴ μοι! τί δράσω [6]; πότερα τἀμαυτοῦ κακὰ

———◇———

κλονέουσι καὶ τόνδε	ébranlent aussi celui-ci
ξυνοῦσαι ἀεὶ,	étant-avec *lui* constamment,
αἱ μὲν	les *unes* d'-une-part
ἀπὸ δυσμᾶν ἀελίου,	*venant* de *les* couchants de-*le*-soleil,
αἱ δὲ	les *autres* d'-autre-part
ἀνατέλλοντος [1],	*du côté* du-*soleil*-levant,
αἱ δὲ	les *autres* d'-autre-part
ἀνὰ ἀκτῖνα [2] μέσσαν,	de vers *son* rayon milieu (du midi),
αἱ δὲ	les *autres* d'-autre part
ἀπὸ ῥιπᾶν [3] νυχιᾶν.	du-côté-de *les* souffles nocturnes (du
ΑΝΤΙΓ.— Καὶ μὴν,	ΑΝΤΙG.—Et certes, [nord).
ὡς ἔοικεν,	comme a-semblé (semble) *à moi*,
ὅδε-ὁ ξένος, ὦ πάτερ,	cet étranger, ô père,

---

1. Ἀνατέλλοντος. Équivaut à ἀφ' ἡλίου ἀνατέλλοντος, *du côté de*
l'orient.

2. Μέσσαν ἀκτῖνα (sous-entendu ἀελίου). Le *midi.*

3. Νυχιᾶν ῥιπᾶν. Les *souffles nocturnes*, le *nord.*

fondent sur sa tête et du couchant et de l'aurore, et du midi aux rayons brûlants, et du nord aux souffles glacés.

ANTIGONE.

Si je ne me trompe, mon père, j'aperçois cet étranger qui s'achemine vers nous : il est seul, et de ses yeux coulent d'abondantes larmes.

OEDIPE.

Quel est-il?

ANTIGONE.

Celui-là même sur qui s'était d'avance arrêtée votre pensée. Le voici : c'est bien Polynice.

POLYNICE.

Hélas ! que faire? Enfants, que pleurer d'abord? mes propres

μοῦνός [4] γε ἀνδρῶν,	seul donc *en fait* d'-hommes,
ὁδοιπορεῖ ἡμῖν ὧδε	voyage à-nous *vers* ici
λείβων δάκρυον ἀστακτὶ [5]	versant larme non-*goutte-à-goutte*
διὰ ὄμματος.	à-travers *son* œil.
ΟΙΔ.—Τίς οὗτος ;	OED.—Quel celui-ci?
ΑΝΤΙΓ.—Ὅνπερ	ANTIG.—*Celui* lequel-donc
καὶ πάλαι	même dès-longtemps
κατείχομεν γνώμῃ,	*nous* tenions par-*la*-pensée,
ὅδε Πολυνείκης	ce Polynice
πάρεστι δεῦρο.	est-près (est présent) ici.
ΠΟΛΥΝΕΙΚΗΣ.—Οἴ μοι!	POLYNICE.—Hélas pour-moi !
τί δράσω [6] ;	que *faut-il que j'*aie-fait ?
Πότερα,	Lesquelles (laquelle)-des-deux *choses*,

---

4. Ἀνδρῶν μοῦνος (Voy. p. 179, n. 5), *isolé d'hommes, seul, sans escorte.*

5. Ἀστακτί, *non par goulles,* c'est-à-dire *abondamment.*

6. Δράσω, puis δακρύσω. Au subjonctif aoriste (Voy. p. 14, n. 3).

πρόσθεν δακρύσω, παῖδες, ἢ τὰ τοῦδ' ὁρῶν   1245
πατρὸς γέροντος; Ὅν ξένης ἐπὶ χθονὸς
ξὺν σφῷν ἐφεύρηκ' ἐνθάδ' ἐκβεβλημένον,
ἐσθῆτι σὺν τοιᾷδε, τῆς[1] ὁ δυσφιλὴς
γέρων γέροντι συγκατώκηκεν πίνος,
πλευρὰν μαραίνων · κρατὶ δ' ὀμματοστερεῖ   1250
κόμη δι' αὔρας ἀκτένιστος ᾄσσεται ·
ἀδελφὰ[2] δ', ὡς ἔοικε, τούτοισιν φορεῖ
τὰ τῆς ταλαίνης νηδύος θρεπτήρια.
Ἁγὼ[3] πανώλης ὄψ' ἄγαν ἐκμανθάνω ·
καὶ μαρτυρῶ[4] κάκιστος ἀνθρώπων τροφαῖς   1255
ταῖς σαῖσιν ἥκειν · τἄλλα[5] μὴ 'ξ ἄλλων πύθῃ.

―――⟡⟡⟡―――

παῖδες,	enfants ? [même,
δακρύσω τὰ κακὰ ἐμαυτοῦ,	faut-il que j'aie-pleuré les maux de-moi-
ἢ ὁρῶν	ou que j'aie-pleuré voyant
τὰ τοῦδε γέροντος πατρός ;	les maux de-ce vieux père ?
Ὅν ἐφεύρηκα ἐνθάδε	Lequel j'ai-trouvé ici
ἐπὶ χθονὸς ξένης	sur terre étrangère
ἐκβεβλημένον ξὺν σφῷν,	rejeté avec vous-deux,
σὺν τοιᾷδε ἐσθῆτι,	avec un tel vêtement,
τῆς[1] ὁ δυσφιλὴς πίνος	duquel la désagréable saleté
γέρων	vieille
συγκατώκηκεν γέροντι,	a-toujours-habité-avec lui vieux,
μαραίνων πλευράν ·	flétrissant son flanc ;
κρατὶ δὲ ὀμματοστερεῖ	puis à-sa-tête privée-d'-yeux
κόμη ἀκτένιστος	une chevelure non-peignée

---

1. Τῆς. Poétique, pour ἧς.

2. Ἀδελφά. C'est-à-dire παραπλήσια, *analogues*. Complément : τούτοισιν.—Φορεῖ, équivaut à peu près à ἔχει.

3. Ἁγώ: Crase, pour ἃ ἐγώ.

4. Μαρτυρῶ, etc. *Je déclare venir* (c'est-à-dire en venir à être, ou simplement être) *le plus scélérat des hommes par le fait de ta condition* (c'est-à-dire *pour l'avoir réduit à cette déplorable condi-*

infortunes, ou les maux d'un père, les maux que ce vieillard
étale à ma vue? C'est donc ici que je le retrouve avec vous, re-
légué au fond d'une terre étrangère, couvert d'un indigne vête-
ment qui a vieilli sur ses vieux flancs et les flétrit de ses lam-
beaux infects! Sur cette tête privée d'yeux, une chevelure en
désordre, ballottée au gré des airs, et sans doute, pour soutenir
ce triste corps, des aliments dignes du reste! Misérable que je
suis! J'apprends trop tard tant de souffrances, et l'état où je te
vois fait de moi le plus pervers des hommes! Oui, j'avoue mon
crime : point d'inutile appel à des témoignages étrangers. Mais

ᾄσσεται διὰ αὔρας ·	s'-élance à-travers *l'*air ;
φορεῖ δὲ,	puis *il* porte (il a),
ὡς ἔοικεν,	comme a-semblé (semble) *à moi,*
τὰ θρεπτήρια	les aliments
τῆς ταλαίνης νηδύος	du *sien* malheureux estomac
ἀδελφὰ [2] τούτοισιν.	frères *en misère* à-ces *choses.*
Ἃ ἐγὼ [3] πανώλης	Lesquelles *choses* moi tout-misérable
ἐκμανθάνω ἄγαν ὀψέ ·	j'apprends trop tard ;
καὶ μαρτυρῶ [4]	et *j'*atteste (je déclare)
ἥκειν κάκιστος ἀνθρώπων	venir (être) *le* pire des-hommes
ταῖς σαῖσι τροφαῖς ·	par-les tiennes nourritures (pour t'avoir
μὴ πύθῃ	point-n'aie-demandé [mis en cet état);
τὰ ἄλλα [5]	les autres détails
ἐξ ἄλλων.	d'autres (à d'autres).

tion. Voy. p. 70, n. 2). — Sophocle emploie volontiers ἥκω, ἐξήκω,
ἐξέρχομαι, au sens du latin *evadere* (c'est-à-dire *fieri*). Nous en avons
relevé d'assez nombreux exemples dans notre *OEdipe-Roi.*

5. Τἆλλα, etc. *Ne demande pas à d'autres les autres détails* sur
ma scélératesse ; c'est-à-dire, ma scélératesse est assez attestée par ton
état et mes aveux pour qu'il soit *inutile de recourir à des témoi-*
gnages étrangers.

Ἀλλ᾽ (ἔστι γὰρ καὶ Ζηνὶ σύνθακος θρόνων
Αἰδὼς[1] ἐπ᾽ ἔργοις πᾶσι), καὶ πρὸς σοὶ, πάτερ,
παρασταθήτω[2]· τῶν γὰρ ἡμαρτημένων[3]
ἄκη μέν ἐστι, προσφορὰ δ᾽ οὐκ ἔστ᾽ ἔτι.   1260
          Τί σιγᾷς;
Φώνησον, ὦ πάτερ, τι· μή μ᾽ ἀποστραφῇς.
Οὐδ᾽ ἀνταμείβει[4] μ᾽ οὐδέν; ἀλλ᾽ ἀτιμάσας
πέμψεις, ἄναυδος, οὐδ᾽ ἃ μηνίεις φράσας;
Ὦ σπέρματ᾽[5] ἀνδρὸς τοῦδ᾽, ἐμαὶ δ᾽ ὁμαίμονες,   1265
πειράσατ᾽ ἀλλ᾽ ὑμεῖς γε κινῆσαι πατρὸς
τὸ δυσπρόσοιστον κἀπροσήγορον στόμα,
ὡς μή μ᾽ ἄτιμον[6], τοῦ θεοῦ γε προστάτην[7],
οὕτως ἀφῇ γε, μηδὲν ἀντειπὼν ἔπος.

———o—◇—o———

Ἀλλὰ	Mais
(ἔστι γὰρ καὶ Ζηνὶ	(*il* est en-effet aussi à-Jupiter
ἐπὶ πᾶσιν ἔργοις	à-propos-de tous actes
Αἰδὼς[1]	*la* Pitié
σύνθακος θρόνων),	siégeant-avec *lui en fait* de-trônes),
παρασταθήτω[2]	*que la Pitié* se-soit-tenue-là
καὶ πρὸς σοὶ, πάτερ!	aussi près-de toi, père!
τῶν γὰρ ἡμαρτημένων[3]	car des *choses* faites-à-tort *par moi*
ἄκη μέν ἐστι,	remède d᾽-une-part est *encore possible,*
προσφορὰ δὲ	aggravation d᾽-autre-part
οὐκ ἔστιν ἔτι.	n᾽est plus *possible.*
Τί σιγᾷς;	Pourquoi te-tais-*tu*?
Φώνησόν τι, ὦ πάτερ·	Aie-dit quelque *chose*, ô père;
μὴ ἀποστραφῇς με.	point-n᾽aie-détourné-toi de-moi.
Οὐδὲ ἀνταμείβει[4] με	Pas-même-ne réponds-*tu*-à moi

---

1. Αἰδώς. Voyez page 55, note 8.
2. Παρασταθήτω. Reprenez dans la parenthèse le sujet Αἰδώς.
3. Τῶν ἡμαρτημένων. Sous-entendez μοι : la pensée n'est pas générale.
4. Ἀνταμείβει. Seconde personne attique, pour ἀνταμείβῃ.

près du trône de Jupiter siége la Pitié, la main toujours pleine
de pardons. Qu'elle trouve place à tes côtés aussi, mon père :
songe que je puis encore réparer mes torts, et que rien ne saurait les aggraver. Quoi ! tu gardes le silence ! Dis-moi quelque
chose, ô mon père ; ne te détourne pas de moi. Ne répondras-tu
donc rien à ton fils ? Le renverras-tu sans l'honorer d'une parole,
sans même donner une forme à ton courroux ? O vous du moins,
filles de cet homme, vous mes sœurs, efforcez-vous de rendre le
mouvement à cette bouche cruelle, inexorable ; obtenez d'un
père qu'il ne me renvoie pas avec cette ignominie, sans un seul
mot de réponse, moi le suppliant de Neptune !

οὐδέν ;	en rien ? [tu moi,
ἀλλὰ ἀτιμάσας πέμψεις,	mais ayant-traité-sans-ègards renverras-
ἄναυδος,	sans-voix (sans m'avoir parlé),
οὐδὲ φράσας	pas-même-n'ayant-dit
ἃ μηνίεις ;	en lesquelles *choses tu* es-furieux ?
Ὦ σπέρματα [5] τοῦδε ἀνδρὸς,	O rejetons de-cet homme,
ἐμαὶ δὲ ὁμαίμονες,	et mes *sœurs* consanguines,
ἀλλὰ ὑμεῖς γε	mais vous du-moins
πειράσατε κινῆσαι τὸ στόμα	ayez-tenté d'avoir-mu la bouche
δυσπρόσοιστον καὶ ἀπροσήγο-	difficilement-abordable et inapostropha-
πατρὸς, [ρον	de-*notre*-père, [ble
ὡς μὴ ἀφῇ γε	afin-que point-n'ait-*il*-renvoyé donc
οὕτως ἄτιμον [6]	ainsi déshonoré (dédaigné)
μὲ, προστάτην [7] γε τοῦ θεοῦ,	moi, suppliant donc du dieu,
ἀντειπὼν οὐδὲν ἔπος.	ne m'ayant-répondu aucun mot.

---

5. Σπέρματα, *rejetons, enfants*. Ici, *filles*.

6. Ἄτιμον, *déshonoré* en fait de réponse, *dédaigneusement privé
de réponse*. Comparez p. 20, n. 2.

7. Προστάτην. Voyez page 231, note 3.

ΑΝΤΙΓΟΝΗ.

Λέγ’, ὦ ταλαίπωρ’, αὐτὸς ὢν χρείᾳ πάρει. 1270

Τὰ πολλὰ γάρ τοι ῥήματ’, ἢ τέρψαντά τι,

ἢ δυσχεράναντ’, ἢ κατοικτίσαντά πως,

παρέσχε φωνὴν τοῖς ἀφωνήτοις τινά.

ΠΟΛΥΝΕΙΚΗΣ.

’Αλλ’ ἐξερῶ (καλῶς γὰρ ἐξηγεῖ [1] σύ μοι),

πρῶτον μὲν αὐτὸν τὸν θεὸν ποιούμενος 1275

ἀρωγόν, ἔνθεν [2] μ’ ὧδ’ ἀνέστησεν [3] μολεῖν

ὁ τῆσδε τῆς γῆς κοίρανος, διδοὺς ἐμοὶ [4]

λέξαι τ’ ἀκοῦσαί τ’ ἀσφαλεῖ ξὺν ἐξόδῳ·

καὶ ταῦτ’ [5] ἀφ’ ὑμῶν, ὦ ξένοι, βουλήσομαι [6],

καὶ ταῖνδ’ ἀδελφαῖν, καὶ πατρὸς, κυρεῖν ἐμοί. 1280

Ἃ δ’ ἦλθον, ἤδη σοι θέλω λέξαι [7], πάτερ.

———— ◦◇◦ ————

ΑΝΤΙΓ.— Λέγε αὐτὸς χρείᾳ ὦν πάρει, ὦ ταλαίπωρε. Τὰ πολλὰ ῥήματα γάρ τοι, ἢ τέρψαντά τι, ἢ δυσχεράναντα, ἢ κατοικτίσαντά πως, παρέσχε τινὰ φωνὴν τοῖς ἀφωνήτοις.

ΠΟΛΥΝ.— ’Αλλὰ ἐξερῶ (σὺ γὰρ ἐξηγεῖ [1] μοι καλῶς), ποιούμενος ἀρωγὸν πρῶτον μὲν τὸν θεὸν αὐτόν,

ANTIG.—Dis *toi*-même *les choses* par-besoin desquelles *tu* es-là, ô malheureux.　　　[en-effet certes, les nombreuses (la plupart des) paroles ou ayant-réjoui *en* quelque *chose*, ou ayant-fâché, ou ayant-apitoyé en-quelque-façon, fournirent *toujours* quelque voix aux *étant* sans-voix.

POLYN.—Mais *je* parlerai (toi en-effet guides moi bien), faisant (prenant pour) auxiliaire *en* premier d’-une-part le dieu même,

———

1. ’Εξηγεῖ. Seconde personne attique, pour ἐξηγῇ.

2. ”Ενθεν, *d’où, des autels duquel.*

3. ’Ανέστησεν, *a fait lever* : comme suppliant, Polynice s’était assis sur les degrés de l’autel. — Μολεῖν dépend d’ἀνέστησεν par l’intermédiaire sous-entendu de ὥστε.

4. Διδοὺς ἐμοί, etc. Entendez : διδοὺς ἐμοὶ ἀσφαλῆ ἔξοδον μετὰ τὸ λέξαι, etc. Ce qu’a donné Thésée, c’est la promesse que le départ de Polynice après l’entrevue ne serait point inquiété.

ANTIGONE.

Toi-même, infortuné, dis les motifs qui t'amènent : souvent un mot, soit qu'il éveille la joie, l'indignation, ou la pitié, suffit pour redonner de la voix à des lèvres muettes.

POLYNICE.

Soit ! je parlerai : ton conseil est bon à suivre. Mais d'abord j'invoquerai la protection du dieu dont je n'ai quitté les autels, pour me rendre ici, que sur la foi du roi de cette terre et à la condition de me retirer librement après l'échange de quelques paroles. Cette condition, étrangers, je demanderai qu'elle soit

ἔνθεν [2]	d'-où (de l'autel duquel)
ὁ κοίρανος τῆσδε-τῆς γῆς	le souverain de-cette terre
ἀνέστησέ [3] με μολεῖν ὧδε,	fit-lever moi *pour* être-venu ici,
διδοὺς ἐμοὶ [4]	donnant à-moi
λέξαι τε ἀκοῦσαί τε	et *d*'avoir-parlé et *d*'avoir-entendu
ξὺν ἐξόδῳ ἀσφαλεῖ ·	avec départ sûr (garanti) ;
καὶ βουλήσομαι [6]	et *je* voudrai (je demanderai)
ταῦτα [5] κυρεῖν ἐμοὶ	ces *choses* se-trouver pour-moi
ἀπὸ ὑμῶν, ὦ ξένοι,	de *la part de* vous, ô étrangers,
καὶ ταῖνδε ἀδελφαῖν,	et *de* ces-deux sœurs,
καὶ πατρός.	et *de* ce père.
Ἃ δὲ ἦλθον,	Or, lesquelles *choses je* vins *pour dire*,
ἤδη θέλω λέξαι [7] σοι,	déjà *je* veux avoir-dit *elles* à-toi,
πάτερ.	père.

5. Ταῦτα. Le libre départ.

6. Βουλήσομαι. Le moment d'exiger l'accomplissement de la promesse n'est pas encore venu, et ce futur marque mieux qu'un présent une volonté qui persistera après l'entrevue. Comparez *OEdipe-Roi*, v. 1062.

7. Λέξαι. En même temps qu'il dépend directement de θέλω, ce λέξαι semble dépendre aussi d'ἦλθον par l'intermédiaire sous-entendu de ὥστε, et régir l'accusatif ἅ. Toutefois on peut aussi entendre ἃ δ' ἦλθον comme s'il y avait δι' ἃ δ' ἦλθον.

Γῆς ἐκ πατρῴας ἐξελήλαμαι φυγάς,
τοῖς σοῖς πανάρχοις οὕνεχ' [1] ἐνθακεῖν θρόνοις
γονῇ πεφυκὼς ἠξίουν γεραιτέρα [2].
'Ανθ' ὧν μ.' 'Ετεοκλῆς, ὢν φύσει νεώτερος,   1285
γῆς ἐξέωσεν, οὔτε νικήσας λόγῳ,
οὔτ' εἰς ἔλεγχον χειρὸς οὔτ' ἔργου μολὼν,
πόλιν δὲ πείσας. ῝Ων ἐγὼ μάλιστα μὲν
τὴν σὴν 'Ερινύν [3] αἰτίαν εἶναι λέγω·
ἔπειτα κἀπὸ μάντεων ταύτῃ [4] κλύω.   1290
'Επεὶ γὰρ ἦλθον 'Αργος ἐς τὸ Δωρικὸν [5],
λαβὼν 'Αδραστον πενθερὸν, ξυνωμότας
ἔστησ' ἐμαυτῷ γῆς ὅσοιπερ 'Απίας [6]
πρῶτοι καλοῦνται καὶ τετίμηνται δορί,
ὅπως, τὸν ἑπτάλογχον [7] ἐς Θήβας στόλον   1295

—○—◇—○—

'Εξελήλαμαι φυγὰς	J'ai-été-expulsé fugitif (banni)
ἐκ γῆς πατρῴας,	de *la* terre paternelle,
οὕνεκα [1] ἠξίουν,	à-cause-de-*ce*-que *j'*estimais-juste,
πεφυκὼς γονῇ γεραιτέρα [2],	étant-né par-naissance plus-vieille,
ἐνθακεῖν τοῖς σοῖς θρόνοις	*de* siéger-en les tiens trônes
πανάρχοις.	tout-souverains.
'Αντὶ ὧν 'Ετεοκλῆς,	En-échange-de lesquels *désirs* Étéocle,
ὢν νεώτερος φύσει,	étant plus-jeune par-naissance,
ἐξέωσέν με γῆς	repoussa moi de-*ma*-terre,
οὔτε νικήσας λόγῳ,	ni *n'*ayant-vaincu par-raisonnement,
οὔτε μολὼν	ni *n'*étant-venu
εἰς ἔλεγχον χειρὸς	à preuve de-main (d'exploits)
οὔτε ἔργου,	ni d'-acte *quelconque*,
πείσας δὲ πόλιν.	mais ayant-persuadé *la* cité.
῝Ων ἐγὼ μάλιστα μὲν	Desquels *faits* moi surtout d'-une-part

1. Οὕνεκα. Voyez page 16, note 4.
2. Γονῇ πεφυκὼς γεραιτέρα. Voyez page 79, note 6.
3. Τὴν σὴν 'Ερινύν. Les poëtes échangent volontiers ἀρά et 'Ερινύς, la *malédiction* qui invoque la Furie, et la *Furie* qui s'attache à l'objet de la malédiction.
4. Ταύτῃ, les choses être *de celle* façon. Ce ταύτῃ équivaut à οὕτως (ἔχειν).

respectée de vous, de mes sœurs, de mon père. Et maintenant, j'aborde sans plus tarder l'objet de ma venue. — Mon père, je suis banni, exclu du sol de mes aïeux, pour avoir voulu, en qualité d'aîné, m'asseoir au trône de ta souveraineté. Irrité de mes prétentions, Étéocle, quoique plus jeune, m'a repoussé de ma patrie. Ce n'est pas qu'il **m**'ait confondu par des arguments victorieux, ou qu'il ait dans une lutte essayé contre moi la force de son bras; mais il a su gagner le peuple. Or, pour ma part, je le proclame hautement, c'est à tes imprécations que je dois ces échecs; les oracles, d'ailleurs, s'expriment dans le même sens.—Je m'explique. Réfugié à Argos la dorienne,

———◦◆◦———

λέγω τὴν σὴν Ἐρινὺν [3]	*je* dis la tienne Furie
εἶναι αἰτίαν·	être cause ;
ἔπειτα κλύω ταύτῃ [4]	ensuite *j'*entends *choses* en-ce *sens*
καὶ ἀπὸ μάντεων.	aussi de *les* devins.
Ἐπεὶ γὰρ ἦλθον	Après-que en-effet *je* vins
ἐς Ἄργος τὸ Δωρικὸν [5],	à Argos la dorienne,
λαβὼν Ἄδραστον πενθερὸν,	ayant-pris Adraste *pour* beau-père,
ἔστησα ἐμαυτῷ	*je* plaçai (donnai) à-moi-même
ξυνωμότας	*comme associés* coassermentés
ὅσοιπερ καλοῦνται πρῶτοι	*ceux* qui-tous-donc sont-appelés premiers
γῆς Ἀπίας [6]	de-*la*-terre apienne (du Péloponnèse)
καὶ τετίμηνται δορὶ,	et ont-été-appréciés par-*la*-lance,
ὅπως, ἀγείρας ἐς Θήβας	afin-que, ayant-réuni contre Thèbes
ξὺν τοῖσδε	avec ceux-ci
τὸν στόλον ἑπτάλογχον [7],	l'expédition à-sept-lances,

5. Τὸ Δωρικόν. Il y avait en Thessalie une autre Argos, une Argos pélasgique.

6. Γῆς Ἀπίας. Le Péloponnèse. Les savants se perdent en conjectures plus ou moins improbables sur l'origine de ce nom de *Terre apienne.*

7. Ἑπτάλογχον, *à sept lances.* Allusion aux sept chefs de l'expédition.

ξὺν τοῖσδ' ἀγείρας, ἢ θάνοιμι πανδίκως [1],
ἢ τοὺς τάδ' ἐκπράξαντας ἐκβάλοιμι γῆς.
Εἶεν [2]! Τί δῆτα νῦν ἀφιγμένος κυρῶ;
Σοὶ προστροπαίους, ὦ πάτερ, λιτὰς ἔχων,
αὐτός γ' ἐμαυτοῦ, ξυμμάχων τε [3] τῶν ἐμῶν,   1300
οἳ νῦν ξὺν ἑπτὰ τάξεσι, ξὺν ἑπτά τε
λόγχαις τὸ Θήβης πεδίον ἀμφεστᾶσι πᾶν.
Οἷος [4] δορυσσοῦς Ἀμφιάρεως, τὰ πρῶτα μὲν
δορὶ κρατύνων, πρῶτα δ' οἰωνῶν ὁδοῖς [5]·
ὁ δεύτερος δ' Αἰτωλὸς, Οἰνέως τόκος,   1305
Τυδεύς· τρίτος δ' Ἐτέοκλος [6], Ἀργεῖος γεγώς·
τέταρτον Ἱππομέδοντ' ἀπέστειλεν πατὴρ
Ταλαός· ὁ πέμπτος δ' εὔχεται κατασκαφῇ
Καπανεὺς τὸ Θήβης ἄστυ δηώσειν τάχα.

———◦◆◦———

ἢ θάνοιμι πανδίκως [1],	ou j'eusse-péri complétement,
ἢ ἐκβάλοιμι γῆς	ou j'eusse-rejeté-de terre *thébaine*
τοὺς ἐκπράξαντας τάδε.	les ayant-accompli ces *choses*.
Εἶεν [2] !	Soit (passons) !
Τί δῆτα κυρῶ	*Pourquoi donc* me-trouvé-je
ἀφιγμένος νῦν;	étant-venu maintenant?
Ἔχων σοι, ὦ πάτερ,	Ayant pour-toi, ô père,
λιτὰς προστροπαίους,	des prières suppliantes,
αὐτός γε ἐμαυτοῦ,	*moi-même donc en vue* de-moi-même,
τῶν τε [3] ἐμῶν ξυμμάχων,	et *en vue* des miens alliés,
οἳ νῦν, ξὺν ἑπτὰ τάξεσι,	qui maintenant, avec sept bataillons,
ξύν τε ἑπτὰ λόγχαις,	et avec sept lances *de chefs*,
ἀμφεστᾶσι	se-sont-tenus-autour-de (entourent)
πᾶν τὸ πεδίον Θήβης.	toute la plaine de-Thèbes.
Οἷος [4]	Quel (comme, par exemple ; à savoir)

1. Πανδίκως. Équivaut au simple πάνυ (Voy. p. 22. n. 1).
2. Εἶεν! Formule attique de transition, équivalant à *ἄγε! Passons!*
3. Ἐμαυτοῦ ξυμμάχων τε. Régi par ἕνεκα, sous-entendu.

j'y pris Adraste pour beau-père, et j'attachai à ma cause tout ce que le Péloponnèse compte de plus élevé, de plus illustre dans les combats. Avec leur concours, je réunis contre Thèbes la fameuse armée des Sept, bien résolu à périr sans ressource ou à bannir à leur tour les auteurs de mon exil. — Passons. Pourquoi suis-je ici en ce moment? Pour t'adresser une instante prière, ô mon père, tant en mon nom qu'au nom de ces alliés, qui présentement, distribués en sept corps aux ordres de sept chefs principaux, occupent toute la plaine de Thèbes. C'est d'abord le belliqueux Amphiaraüs, le premier des guerriers comme le premier des augures; c'est ensuite l'Étolien Tydée, fils d'OE-

---

Ἀμφιάρεως δορυσσοῦς,	Amphiaraüs agitant–lance,
κρατύνων	dominant (excellant) [lance,
τὰ πρῶτα μὲν δορί,	*en* les premiers *rangs* d'–une-part par-*la-*
πρῶτα δὲ	*en les* premiers d'–autre-part
ὁδοῖς [5] οἰωνῶν·	par-*la-science-des-*voies d'–oiseaux;
ὁ δεύτερος δὲ	le deuxième d'–autre-part
Αἰτωλὸς Τυδεὺς,	*est l'*Étolien Tydée,
τόκος Οἰνέως·	engendrement (fils) d'–OEnée;
τρίτος δὲ Ἐτέοκλος [6],	troisième d'–autre-part *est* Étéoclus,
γεγὼς Ἀργεῖος·	né Argien;
Ταλαὸς πατὴρ [ταρτον·	Talaüs, père *d'Hippomédon,*
ἀπέστειλεν Ἱππομέδοντα τέ–	envoya Hippomédon *comme* quatrième;
ὁ πέμπτος δὲ, Καπανεὺς,	le cinquième d'–autre-part, Capanée,
εὔχεται δῃώσειν τάχα	se–vante *de* devoir–ravager *bientôt*
κατασκαφῇ	par–complète-démolition
τὸ ἄστυ Θήβης.	la ville de-Thèbes.

---

4. Οἶος. L'adjectif, pour l'adverbe οἶον : *ainsi, à savoir.*

5. Ὁδοῖς, *par les routes,* c'est-à-dire *par le vol, par l'interprétation du vol.*

6. Ἐτέοκλος. Ne confondez pas avec Ἐτεοκλῆς, frère de Polynice.

Ἕκτος δὲ Παρθενοπαῖος Ἀρκὰς ὄρνυται,   1310
ἐπώνυμος τῆς[1] πρόσθεν ἀδμήτης χρόνῳ[2]
μητρός, λοχευθεὶς πιστὸς[3] Ἀταλάντης γόνος.
Ἐγὼ δὲ σός (κεἰ μὴ σός, ἀλλὰ τοῦ κακοῦ
πότμου φυτευθείς, σός γέ τοι καλούμενος)
ἄγω τὸν Ἄργους ἄφοβον ἐς Θήβας στρατόν.   1315
Οἵ[4] σ' ἀντὶ[5] παίδων τῶνδε[6] καὶ ψυχῆς[7], πάτερ,
ἱκετεύομεν ξύμπαντες, ἐξαιτούμενοι
μῆνιν βαρεῖαν εἰκάθειν ὁρμωμένῳ
τῷδ' ἀνδρὶ[8] τοῦ 'μοῦ πρὸς κασιγνήτου τίσιν,
ὅς μ' ἐξέωσε κἀπεσύλησεν πάτρας.   1320
Εἰ γάρ τι πιστόν ἐστιν ἐκ χρηστηρίων,
οἷς[9] ἂν σὺ προσθῇ, τοῖσδ' ἔφασχ' εἶναι κράτος.

Ἕκτος δὲ ὄρνυται	Comme sixième d'-autre-part s'-élance
Παρθενοπαῖος Ἀρκὰς,	Parthénopée *l'*Arcadien,
ἐπώνυμος μητρὸς	nommé-d'-après *l'état de sa* mère
τῆς[1] ἀδμήτης	la *étant restée* indomptée (vierge)
πρόσθεν χρόνῳ[2],	précédemment pendant-*long*-temps,
λοχευθεὶς γόνος Ἀταλάντης	enfanté rejeton d'-Atalante
πιστός[3].	sûr *allié.*
Ἐγὼ δὲ σός	Moi d'-autre-part *étant* tien
(καὶ, εἰ μὴ σός,	(et, si non *réellement* tien,
ἀλλὰ φυτευθεὶς	mais engendré
τοῦ κακοῦ πότμου,	du funeste destin,
καλούμενός γέ τοι σός,)	étant-appelé du-moins certes tien),
ἄγω ἐς Θήβας	je conduis contre Thèbes
τὸν ἄφοβον στρατὸν Ἄργους.	l'intrépide armée d'-Argos.

---

1. Ἐπώνυμος τῆς, etc. *Parthénopée* dérive de παρθένος, *vierge.*

2. Ἀδμήτης χρόνῳ. C'est-à-dire ἀδμήτης πολὺν χρόνον γεγονυίας. Atalante porta le premier coup au sanglier de Calydon et épousa Méléagre. — Notez ἀδμήτης, pour ἀδμήτου. Ce composé, essentiellement poétique, reçoit quelquefois la terminaison féminine, contrairement à la règle.

3. Πιστός, *sûr allié* pour Polynice. Sens nettement déterminé par le vers 1385.

née; puis Étéoclus d'Argos; puis Hippomédon, fils de Talaüs.
Le cinquième est Capanée, qui se fait fort de ruiner, de saccager bientôt la ville ennemie. Le sixième sort de l'Arcadie : c'est le fidèle Parthénopée, dont le nom rappelle la longue virginité d'Atalante sa mère. Enfin, moi ton fils, ou du moins, si ce n'est pas à toi, mais au génie même de l'infortune que je dois le jour, moi réputé ton fils, je conduis sur Thèbes les intrépides cohortes d'Argos. Mon père, nous t'en supplions, nous t'en conjurons tous par ces jeunes filles, par ta propre tête, renonce à ton funeste courroux au moment où je cours me venger du frère qui m'a indignement expatrié. S'il faut ajouter quelque foi aux oracles, heureux le parti auquel tu t'adjoindras : c'est à lui qu'est promis le succès. De grâce donc, au nom des sources thébaines, au nom

—o—◇—o—

Οἵ[4] ξύμπαντες	Lesquels tous-ensemble
ἱκετεύομέν σε, πάτερ,	conjurons toi, père,
ἀντὶ[5] τῶνδε[6] παίδων	par ces enfants (par tes filles)
καὶ ψυχῆς[7],	et *par la propre* âme (personne),
ἐξαιτούμενοι εἰκάθειν	*demandant-instamment toi* céder
μῆνιν βαρεῖαν	*quant à ta* fureur lourde (terrible)
τῷδε ἀνδρὶ[8]	pour-cet homme (en faveur de moi)
ὁρμωνένῳ πρὸς τίσιν	*m'*-élançant à *la* punition
τοῦ ἐμοῦ κασιγνήτου,	du mien frère,
ὃς ἐξέωσε	qui repoussa
καὶ ἀπεσύλησέ με πάτρας.	et dépouilla moi de-*ma*-patrie.
Εἰ γάρ ἐστί τι πιστὸν	Si en-effet *il* est quelque *chose de* sûr
ἐκ χρηστηρίων,	d'-après *des* oracles,
ἔφασκε	*ils* disaient (ils ont dit)
κράτος εἶναι τοῖσδε	force (victoire) être (devoir être) à ceux-
οἷς[9] σὺ ἂν-προσθῇ.	auxquels tu te-seras-adjoint. [là

4. Οἵ. Équivaut à ἡμεῖς οὖν : de là ἱκετεύομεν.
5. Ἀντί. Au sens de πρός, *au nom de*.
6. Παίδων τῶνδε. Antigone et Ismène.
7. Ψυχῆς (sous-entendu σῆς). C'est-à-dire σεαυτοῦ.
8. Τῷδ' ἀνδρί. Pour ἐμοί (Voy. p. 135, n. 3).
9. Οἷς. Au masculin : *ceux à qui* s'adjoindra OEdipe.

Πρός νύν σε κρηνῶν [1], πρὸς θεῶν ὁμογνίων,
αἰτῶ πιθέσθαι καὶ παρεικάθειν, ἐπεὶ
πτωχοὶ μὲν ἡμεῖς [2] καὶ ξένοι, ξένος δὲ σύ·   1325
ἄλλους δὲ θωπεύοντες οἰκοῦμεν [3] σύ τε
κᾀγὼ, τὸν αὐτὸν δαίμον' [4] ἐξειληχότες.
Ὁ δ' ἐν δόμοις τύραννος [5] (ὦ τάλας ἐγώ!)
κοινῇ καθ'ἡμῶν ἐγγελῶν ἀβρύνεται.
Ὃν, εἰ σὺ τῇ 'μῇ ξυμπαραστήσει [6] φρενὶ,   1330
βραχεῖ ξὺν ὄγκῳ [7] καὶ χρόνῳ διασκεδῶ [8].
Ὥστ' ἐν δόμοισι τοῖσι σοῖς στήσω σ' ἄγων,
στήσω δ' ἐμαυτὸν, κεῖνον ἐκβαλὼν βίᾳ.
Καὶ ταῦτα, σοῦ μὲν ξυνθέλοντος, ἔστι μοι
κομπεῖν· ἄνευ σοῦ δ', οὐδὲ σωθῆναι σθένω.   1335

———o—◇—o———

Πρὸς κρηνῶν [1] νυν,	De-par *nos* sources *nationales* donc,
πρὸς θεῶν ὁμογνίων,	de-par *les* dieux de-même-race *que nous*,
αἰτῶ σε πιθέσθαι	*je* demande toi avoir–obtempéré
καὶ παρεικάθειν,	et céder *à nous*,
ἐπεὶ ἡμεῖς [2] μὲν	puisque nous d'–une–part
πτωχοὶ καὶ ξένοι,	*sommes* pauvres et étrangers,
σὺ δὲ ξένος·	*et* toi d'–autre–part étranger *aussi*;
οἰκοῦμεν [3] δὲ,	*et que nous* habitons d'–autre–part,
σύ τε καὶ ἐγὼ,	et toi et moi,
θωπεύοντες ἄλλους,	flattant (courtisant) d'–autres,
ἐξειληχότες	ayant–eu–en–partage
τὸν αὐτὸν δαίμονα [4].	la même fortune.
Ὁ δὲ τύραννος [5] ἐν δόμοις	D'–autre–part le tyran en *nos* demeures
ὦ ἐγὼ τάλας !	(oh, moi ma heureux !)

1. Κρηνῶν. Est qualifié, aussi bien que θεῶν, par ὁμογνίων, synonyme de πατρῴων.

2. Ἡμεῖς. Pluriel emphatique, pour ἐγώ : les attributs ne conviennent qu'à Polynice.

3. Οἰκοῦμεν. Sous-entendez τὴν ξένην, impliqué dans ἄλλους et dans tout le vers précédent.

des dieux que nous révérons en commun, laisse-toi persuader et fléchir. Si je suis pauvre et exilé, tu l'es aussi ; comme moi, tu es réduit pour vivre à courtiser autrui ; notre fortune est la même, et celui qui règne à notre place (ô désespoir !) se rit de tous deux avec une égale insolence. Ah ! rallie-toi à ma pensée, et bientôt, sans grand effort, j'aurai brisé son orgueil. Alors je te ramènerai, je te rétablirai dans ton palais ; j'y rentrerai avec toi, après avoir chassé l'usurpateur par la force.— Tel est mon projet. Avec ton concours, je puis triompher d'avance ; sans toi, je ne puis même sauver mes jours.

------◦–◇–◦------

ἁβρύνεται	s'-enorgueillit
ἐγγελῶν κοινῇ κατὰ ἡμῶν.	riant en-commun contre nous.
Ὃν, [ἐμῇ φρενὶ,	Lequel, [la mienne pensée,
εἰ σὺ ξυμπαραστήσει [6] τῇ	si tu te-tiendras-avec-moi-du-côté-de
διασκεδῶ [8]	je dissiperai (renverserai)
ξὺν βραχεῖ ὄγκῳ [7] καὶ χρόνῳ.	avec petit effort et temps.
Ὥστε ἄγων στήσω σε	En-sorte-que menant je placerai toi
ἐν τοῖσι σοῖς δόμοις,	en les tiennes demeures,
στήσω δὲ ἐμαυτὸν,	et j'y placerai d'-autre-part moi-même,
ἐκβαλὼν κεῖνον βίᾳ.	ayant-rejeté celui-là par-force.
Καὶ, σοῦ μὲν ξυνθέλοντος,	Et, toi d'-une-part voulant-avec moi,
ἔστι μοι κομπεῖν ταῦτα ·	il est possible à-moi de vanter ces ran-
ἄνευ δὲ σοῦ,	d'-autre-part sans toi, [teries ;
οὐδὲ σθένω σωθῆναι.	pas-même-ne puis-je avoir-été-sauvé.

---

4. Δαίμονα, sort, fortune.

5. Ὁ ἐν δόμοις τύραννος. Étéocle.

6. Ξυμπαραστήσει. Seconde personne attique, pour ξυμπαραστήσῃ.

7. Ὄγκῳ, difficulté, peine.

8. Διασκεδῶ. Pour διασκεδάσω (Voy. p. 81, n. 4).

ΧΟΡΟΣ.

Τὸν ἄνδρα, τοῦ πέμψαντος [1] οὔνεχ’ [2], Οἰδίπου,
εἰπὼν ὁποῖα ξύμφορ’ [3], ἔκπεμψαι πάλιν.

ΟΙΔΙΠΟΥΣ.

’Αλλ’ εἰ μὲν, ἄνδρες, τῆσδε δημοῦχος χθονὸς
μὴ ’τύγχαν’ αὐτὸν δεῦρο προσπέμψας ἐμοὶ
Θησεὺς, δικαιῶν ὥστ’ ἐμοῦ κλύειν λόγους,   1340
οὔ τ’ ἄν ποτ’ ὀμφῆς τῆς ἐμῆς ἐπήσθετο ·
νῦν δ’ ἀξιωθεὶς εἶσι [4], κἀκούσας γ’ ἐμοῦ
τοιαῦθ’, ἃ τὸν τοῦδ’ [5] οὔποτ’ εὐφρανεῖ βίον.
῞Ος [6] γ’, ὦ κάκιστε, σκῆπτρα καὶ θρόνους ἔχων
ἃ νῦν ὁ σὸς ξύναιμος ἐν Θήβαις ἔχει,   1345
τὸν αὐτὸς αὑτοῦ πατέρα τόνδ’ ἀπήλασας,

--- o ◇ o ---

ΧΟΡ.—Οἰδίπου,
ἔκπεμψαι πάλιν τὸν ἄνδρα,
εἰπὼν,
οὔνεκα [2] τοῦ πέμψαντος [1],
ὁποῖα ξύμφορα [3].

LE CH.—Œdipe,
aie-renvoyé en-arrière l’homme,
ayant-dit à *lui*,
à-cause-de le ayant-envoyé *lui*,
toutes-*les-choses*-qui *sont* convenables.

ΟΙΔ.—’Αλλὰ, ἄνδρες,
εἰ μὲν δημοῦχος τῆσδε χθονὸς,
Θησεὺς,
μὴ ἐτύγχανε
προσπέμψας ἐμοὶ αὐτὸν δεῦρο,
δικαιῶν
ὥστε κλύειν λόγους ἐμοῦ,
οὔ τε ἂν-ἐπήσθετό ποτε

ŒD.—Mais, ô hommes,
si d’-une-part *le* chef-du-peuple de-cette
Thésée,   [terre,
point-ne se-trouvait
ayant-envoyé à-moi lui ici,
jugeant-digne *lui*
de-façon-à entendre discours de-moi,
et point-n’eût-*il*-entendu jamais

---

1. Τοῦ πέμψαντος. Thésée.
2. Οὔνεκα. Forme poétique, pour ἕνεκα.
3. ‘Οποῖα ξυμφορά, *ce qu’il te conviendra* (Voy. p. 234, n. 3) de lui dire. Le Chœur ne demande pas pour Polynice une réponse favorable, mais simplement une réponse.
4. ’Αξιωθεὶς εἶσι, *il s’en ira jugé digne* (c’est-à-dire *honoré*) d’une réponse.

LE CHOEUR.

Par égard pour celui qui l'a fait venir près de toi, Œdipe, quoi qu'il te plaise de lui dire, ne le renvoie qu'avec une réponse.

OEDIPE.

Amis, si ce n'était le souverain de cette terre, Thésée lui-même, qui me l'a envoyé, estimant qu'il avait droit à quelques mots de ma bouche, jamais il n'eût entendu ma voix. Quoi qu'il en soit, il ne partira qu'après avoir obtenu cette faveur ; mais les paroles qu'il aura de moi ne tourneront point à la joie de sa vie. — Eh quoi ! scélérat, quand tu tenais le sceptre, quand tu occupais à Thèbes ce trône où ton frère est maintenant assis, n'as-

---

τῆς ἐμῆς ὀμφῆς ·	la mienne voix ;
νῦν δὲ	*et* maintenant d'-autre-part
εἶσιν [4] ἀξιωθεὶς	*il s'-en*-ira jugé-digne *de l'entendre*
καὶ ἀκούσας γε ἐμοῦ	et ayant-entendu donc de-moi
τοιαῦτα ἃ οὔποτε εὐφρανεῖ	telles *choses* qui jamais-ne réjouiront
τὸν βίον τοῦδε [5].	la vie de-celui-ci (de lui).
Ὅς [6] γε, ὦ κάκιστε,	*Toi* qui donc, ô très-méchant,
ἔχων σκῆπτρα καὶ θρόνους	ayant *les* sceptres et *les* trônes
ἃ ὁ σὸς ξύναιμος	que le tien *frère* consanguin
ἔχει νῦν ἐν Θήβαις,	a maintenant dans Thèbes,
αὐτὸς ἀπήλασας	*toi*-même expulsas
τόνδε-τὸν πατέρα αὐτοῦ,	ce père de-soi (de toi)-même,

---

5. Τοῦδε. Comme s'il y avait αὐτοῦ : Polynice.

6. Ὅς. Après τοῦδε, cet ὅς devait amener des troisièmes personnes ; mais OEdipe, dans son indignation, passe brusquement au langage direct, et ce n'est pas sans un grand effet que le conjonctif, contre toute attente, se trouve suivi des secondes personnes ἀπήλασας, ἔθηκας, etc. Comparez le mouvement marqué par οἵτινες ἐλαύνετε au v. 254, et par οὐ γάρ ποτ' ἕξει au v. 899.

κἄθηκας ἄπολιν, καὶ στολὰς ταύτας φορεῖν,[1]
ἃς νῦν δακρύεις εἰσορῶν, ὅτ' ἐν πόνῳ
ταὐτῷ βεβηκὼς τυγχάνεις κακῶν ἐμοί.[2]
Οὐ[3] κλαυστὰ δ' ἐστὶν, ἀλλ' ἐμοὶ μὲν οἰστέα   1350
τάδ', ὥσπερ ἂν ζῶ[4] σοῦ φονέως μεμνημένος.
Σὺ γάρ με μόχθῳ τῷδ' ἔθηκας ἔντροφον,
σύ μ' ἐξέωσας· ἐκ σέθεν δ' ἀλώμενος
ἄλλους ἐπαιτῶ τὸν καθ' ἡμέραν βίον·
εἰ δ' ἐξέφυσα τάσδε μὴ[5] 'μαυτῷ τροφοὺς   1355
τὰς παῖδας, ἦτ' ἂν[6] οὐκ ἂν ἦν, τὸ σὸν μέρος.[7]
Νῦν δ' αἵδε μ' ἐκσώζουσιν, αἵδ' ἐμαὶ τροφοί,
αἵδ' ἄνδρες, οὐ γυναῖκες, ἐς τὸ συμπονεῖν·

———o—◇—o———

καὶ ἔθηκας ἄπολιν,	et plaças (rendis) *lui* sans- cité,
καὶ φορεῖν [1] ταύτας στολὰς	et *tel que de* porter ces vêtements,
ἃς εἰσορῶν δακρύεις νῦν,	lesquels voyant *tu* pleures maintenant,
ὅτε τυγχάνεις βεβηκὼς	quand *tu* te-trouves ayant-marché
ἐν τῷ αὐτῷ πόνῳ κακῶν	en la même souffrance de-maux
ἐμοί.[2]	à-moi (que moi).
Τάδε δέ ἐστιν	Or ces *choses* sont
οὐ[3] κλαυστὰ,	non *seulement* à-être-pleurées,
ἀλλὰ οἰστέα ἐμοὶ μὲν,	mais à-être-*supportées* par-moi certes,
ὥσπερ ἂν-ζῶ [4]	de-quelque-manière-que-donc *je* vive
μεμνημένος σου φονέως.	me-souvenant de-toi *mon* meurtrier.
Σὺ γὰρ ἔθηκάς με	Toi en-effet plaças (rendis) moi
ἔντροφον τῷδε μόχθῳ,	nourri (vivant)-dans cette misère,

---

1. Φορεῖν. Pour rattacher cet infinitif à ἔθηκας, dont il dépend nécessairement, prenez dans ἄπολιν l'idée d'un second adjectif, et supposez la proposition : κἄθηκας ἄπολιν καὶ τοσοῦτον ὥστε στολὰς ταύτας
φορεῖν.

2. Ταὐτῷ ἐμοί. Équivaut à τῷ αὐτῷ ἐν ᾧ καὶ ἐγὼ βέβηκα.

3. Οὐ. Au sens emphatique d'οὐ μόνον.

4. Ὥσπερ ἂν ζῶ, etc. Cet ὥσπερ doit se prendre au sens le plus
large, comprenant à la fois ὁπωςδήποτε et ὁπουδήποτε (*en quelque état*

tu pas toi-même chassé ton père? ne l'as-tu pas réduit à n'avoir plus de cité, à porter ces haillons dont la vue t'arrache des larmes aujourd'hui que tu partages mes peines et mes souffrances? Il ne s'agit pas de pleurer sur de tels maux : il faut que je les supporte, moi, et que chaque phase de ma triste vie me rappelle ton parricide. Car c'est toi, je le répète, qui m'as plongé dans cette misère, qui m'as banni, qui m'as réduit à errer, à mendier auprès d'autrui mon pain de chaque jour ; et si je n'eusse engendré ces deux filles pour assurer ma subsistance, par ton fait je n'existerais plus. Elles seules me conservent l'être, elles seu-

σὺ ἐξέωσάς με;	toi repoussas moi ;
ἐκ σέθεν δὲ ἀλώμενος	de-par toi d'-autre-part errant
ἐπαιτῶ ἄλλους	je demande-à d'autres
τὸν βίον κατὰ ἡμέραν ·	la vie *de jour* par jour ;
εἰ δὲ μή[5] ἐξέφυσα	et si *je* n'engendrai (n'eusse engendré)
τάσδε-τὰς παῖδας	ces enfants (ces filles)
τροφοὺς ἐμαυτῷ,	*comme futures* nourrices à-moi-même,
ἤτοι οὐκ ἄν [6]-ἦν-ἄν,	certes-donc point-n'étais-*je* (ne vivrais-
τὸ σὸν μέρος [7].	*en ce qui touche* la tienne part. [je),
Νῦν δὲ αἵδε ἐκσώζουσί με,	Mais maintenant celles-ci sauvent moi,
αἵδε ἐμαὶ τροφοί,	celles-ci mes nourrices,
αἵδε ἄνδρες, οὐ γυναῖκες,	celles-ci hommes, non femmes,
ἐς τὸ συμπονεῖν ·	pour le prendre-peine-avec *moi* ;

et en quelque lieu que). — Φονέως. Exagéré à dessein; expliqué, d'ailleurs, par les vers suivants. — Μεμνημένος. Semble être attiré au nominatif par la place qu'il occupe après (ἐγὼ) ζῶ : le sens est le même que s'il y avait une virgule après ζῶ, puis le datif μεμνημένῳ accordé avec ἐμοί.

5. Εἰ δ' ἐξέφυσα μή. Pour εἰ δὲ μὴ ἐξέφυσα.

6. Ἦτ' ἄν. C'est-à-dire ἤτοι ἄν. — Sur les deux ἄν, Voy. p. 158, n. 3.

7. Τὸ σὸν μέρος, *pour la part, par ton fait.*

ὑμεῖς δ' ἀπ' ἄλλου, κοὐκ ἐμοῦ, πεφύκατον.

Τοιγάρ σ' ὁ δαίμων [1] εἰσορᾷ μὲν οὔ τί πω   1360

ὡς αὐτίκ' [2], εἴπερ οἴδε κινοῦνται λόχοι

πρὸς ἄστυ Θήβης. Οὐ γὰρ ἔσθ' ὅπως πόλιν

κείνην ἐρείψεις· ἀλλὰ πρόσθεν αἵματι

πεσεῖ [3] μιανθεὶς, χὠ [4] ξύναιμος ἐξ ἴσου.

Τοιάσδ' ἀρὰς σφῷν πρόσθε τ' ἐξανῆκ' ἐγὼ,   1365

νῦν τ' ἀνακαλοῦμαι ξυμμάχους [5] ἐλθεῖν ἐμοί,

ἵν' ἀξιῶτον τοὺς φυτεύσαντας [6] σέβειν,

καὶ μὴ 'ξατιμάζητον, εἰ τυφλοῦ πατρὸς

τοιώδ' ἔφυτον. Αἵδε γὰρ [7] τάδ' οὐκ ἔδρων.

Τοιγὰρ τὸ σὸν θάκημα καὶ τοὺς σοὺς θρόνους   1370

---o--◇--o---

ὑμεῖς δὲ	vous d'-autre-part
πεφύκατον ἀπὸ ἄλλου,	êtes-tous-deux-nés d'*un* autre,
καὶ οὐκ ἐμοῦ.	et non de-moi.
Τοιγὰρ ὁ δαίμων [1]	Certes-donc la fortune
οὔπω μὲν	pas encore d'-une-part
εἰσορᾷ σέ τι	*ne* regarde toi *en* quelque *chose*
ὡς αὐτίκα [2],	comme *elle te regardera* sur-le-champ,
εἴπερ οἴδε λόγοι	si-donc ces cohortes
κινοῦνται πρὸς ἄστυ Θήβης.	sont-mues vers *la* ville de-Thèbes.
Οὐκ ἔστι γὰρ	Point-n'est-*il* en-effet
ὅπως ἐρείψεις κείνην πόλιν·	que *tu* renverseras cette cité ;
ἀλλὰ πρόσθεν πεσεῖ [3]	mais auparavant *tu* tomberas
μιανθεὶς αἵματι,	souillé par-*le*-sang,
καὶ ὁ [4] ξύναιμος	et le *tien frère* consanguin

---

1. Ὁ δαίμων, *la fortune* vengeresse. Cette idée accessoire de *vengeresse* résulte non-seulement de l'ensemble, mais aussi de l'emploi d'εἰσορᾶν, spécialement affecté au regard d'une divinité surveillant les crimes pour les punir (Voy. v. 1526).

2. Ὡς αὐτίκα. Complétez par εἰσόψεται, sous-entendu.

3. Πεσεῖ. Seconde personne attique, pour πέσῃ.

4. Χὠ. Crase, pour καὶ ὁ.

5. Ξυμμάχους. Nous avons déjà parlé de l'échange perpétuel chez les poëtes des ἀραί et des ἐριννύες (p. 252, n. 3). Ici ἀρὰς représente

les me nourrissent ; elles ne sont plus femmes, elles sont hommes, pour souffrir avec moi. Quant à vous, vous êtes nés de quelque autre, vous n'êtes point nés de moi. Aussi n'es-tu point encore ce que tu seras bientôt sous l'œil de la fortune, si ces phalanges se meuvent contre Thèbes. Non, tu ne renverseras point cette cité: tu succomberas auparavant noyé dans ton sang, et ton frère avec toi. Tel est l'effet des imprécations que j'ai dès longtemps lancées contre vous, et que j'appelle de nouveau à mon aide pour vous apprendre à révérer ceux dont vous tenez la vie, à ne point outrager un père aveugle qui vous a faits tous deux ce que vous êtes. Ainsi n'ont point agi vos sœurs. Tremble

---

ἐξ ἴσου.	d'égale *façon*.
Τοιάσδε ἀρὰς	Telles imprécations
ἐγὼ πρόσθε τε	moi et précédemment
ἐξανῆκα σφῷν	lançai à-vous-deux
νῦν τε ἀνακαλοῦμαι	et maintenant re-invoque
ἐλθεῖν ξυμμάχους 5 ἐμοί,	*pour* être-venues *comme* alliées à-moi,
ἵνα ἀξιῶτον	afin-que *vous* tous-deux-jugiez-juste
σέβειν τοὺς φυτεύσαντας 6,	*de* vénérer les ayant-engendré *vous*,
καὶ μὴ ἐξατιμάζητον,	et point-ne dédaigniez-tous-deux,
εἰ ἔφυτον τοιῶδε	si tous-deux-naquîtes tels
πατρὸς τυφλοῦ.	d'-*un*-père aveugle.
Αἵδε γὰρ 7	Celles-ci (vos sœurs) du-moins-donc
οὐκ ἔδρων τάδε.	point-ne faisaient (ne firent) ces *choses*.
Τοιγὰρ	Certes-donc [de le tien siége
κρατοῦσι τὸ σὸν θάκημα	*elles* (les imprécations) sont-maîtresses-

---

à la fois les *imprécations* avec ἐξανῆκα, et les *Furies* avec ἀνακαλοῦμαι ξυμμάχους ἐλθεῖν.

6. Τοὺς φυτεύσαντας. Évidemment Œdipe ne songe pas à Jocaste, morte depuis longtemps, mais à lui seul : l'emploi du pluriel n'est donc ici, comme en une foule d'autres endroits, qu'une figure de grammaire, destinée à donner plus de solennité et d'ampleur à la pensée en paraissant l'étendre.

7. Αἵδε γὰρ (αἵδε γε ἄρα), *celles-ci du moins donc, ah ! celles-ci du moins* (Antigone et Ismène).

κρατοῦσιν [1], εἴπερ ἐστὶν ἡ παλαίφατος [2]
Δίκη ξύνεδρος Ζηνὸς ἀρχαίοις νόμοις.
Σὺ δ' ἔρρ', ἀπόπτυστός τε κἀπάτωρ ἐμοῦ [3],
κακῶν κάκιστε, τάσδε συλλαβὼν ἀρὰς,
ἅς σοι καλοῦμαι, μήτε [4] γῆς ἐμφυλίου   1375
δορὶ κρατῆσαι, μήτε νοστῆσαί ποτε
τὸ κοῖλον [5] Ἄργος, ἀλλὰ συγγενεῖ χερὶ
θανεῖν, κτανεῖν θ' ὑφ' οὗπερ ἐξελήλασαι.
Τοιαῦτ' ἀρῶμαι, καὶ καλῶ τοῦ Ταρτάρου
στυγνὸν πατρῷον [6] Ἔρεβος, ὥς σ' ἀποικίσῃ [7]·   1380
καλῶ δὲ τάσδε δαίμονας [8], καλῶ δ' Ἄρη,
τὸν σφῷν τὸ δεινὸν μῖσος ἐμβεβληκότα.
Καὶ, ταῦτ' ἀκούσας, στεῖχε, κἀξάγγελλ' ἰὼν
καὶ πᾶσι Καδμείοισι, τοῖς σαυτοῦ θ' ἅμα

καὶ τοὺς σοὺς θρόνους,	et de les tiens trônes,
εἴπερ ἡ παλαίφατος [2] Δίκη	si-donc l'antique Justice
ἐστὶ ξύνεδρος	est *toujours* siégeant–avec
ἀρχαίοις νόμοις Ζηνός.	*les* vieilles lois de–Jupiter.
Σὺ δὲ ἔρρε,	Toi d'–autre-part va-t'-*en*,
ἀπόπτυστός τε	et conspué (maudit)
καὶ ἀπάτωρ ἐμοῦ [8],	et sans–père *en fait* de–moi,
κάκιστε κακῶν,	ô *le*-plus-méchant de-*les*-méchants,
συλλαβὼν τάσδε ἀρὰς	ayant-pris-avec *toi* ces imprécations
ἅς καλοῦμαί σοι,	que *j'*appelle contre-toi,
μήτε [4] κρατῆσαι δορὶ	*toi* ni *n'*avoir-vaincu par-*la*-lance
γῆς ἐμφυλίου,	*la* terre natale,
μήτε νοστῆσαί ποτε	ni *n'*être-retourné jamais
τὸ κοῖλον [5] Ἄργος,	*à* la creuse Argos,
ἀλλὰ θανεῖν χερὶ συγγενεῖ,	mais avoir-péri par-main parente,

---

1. **Κρατοῦσιν.** Sujet : les ἀραὶ personnifiées (la réflexion αἵδε γάρ, etc., n'est qu'une parenthèse). Notez la force du présent κρατοῦσιν, employé au lieu du futur : Œdipe est tellement certain de ce qu'il prédit, qu'il voit déjà le trône de ses fils au pouvoir des Furies!

2. **Παλαίφατος.** Pour le simple παλαία (Voy. p. 22, n. 1).

3. **Ἀπάτωρ ἐμοῦ,** *sans père* en fait *de moi, ne m'ayant plus pour père.*

donc ; car ton asile et ton trône sont déjà sous la main des Furies, si toutefois l'antique Justice, par une immuable loi, siége toujours à côté de Jupiter. Va, je te rejette, je te renonce pour mon fils : va, infâme, et emporte avec toi les malédictions que j'appelle sur ta tête. Puisses-tu ne jamais t'emparer par le fer du sol qui t'a vu naître, et ne jamais non plus rentrer dans la creuse Argos ! puisses-tu périr de la main de ton frère, et donner à ton tour la mort à ce frère qui t'a banni ! Voilà mes vœux : je les confie au Tartare, odieux séjour de mon père, pour qu'il te retire bientôt en ses noirs abîmes ; je les confie aux déesses de ces lieux ; je les confie à Mars, qui a soufflé dans vos cœurs cette effroyable haine.— Et maintenant que tu

———o—◇—o———

κτανεῖν τε	et avoir-tué *celui*
ὑπὸ οὗπερ ἐξελήλασαι.	par qui-donc *tu* as-été-expulsé.
Ἀρῶμαι τοιαῦτα,	*Je* profère-malédictions telles,
καὶ καλῶ στυγνὸν Ἔρεβος	et *j'appelle l'*odieux Érèbe
τοῦ Ταρτάρου	du Tartare,
πατρῷον [6],	*séjour* paternel (de mon père),
ὡς ἀποικίσῃ [7] σε ·	afin-qu'*il* ait-délogé toi *d'ici* ;
καλῶ δὲ	*j'*appelle d'-autre-part
τάσδε δαίμονας [8] ·	ces divinités (les Euménides) ;
καλῶ δὲ Ἄρη,	*j'*appelle d'-autre-part Mars,
τὸν ἐμβεβληκότα σφῷν	le ayant-jeté-en vous-deux
τὸ δεινὸν μῖσος.	la *vôtre* terrible haine.
Καὶ, ἀκούσας ταῦτα, στεῖχε,	Et, ayant-entendu ces *choses,* va,
καὶ ἰὼν ἐξάγγελλε	et allant dénonce
καὶ πᾶσι Καδμείοις,	et à-tous *les* Cadméens,
ἅμα τε	et en-même-temps

4. Μήτε. Devant, sous-entendez ὥστε σε.
5. Κοῖλον. Voyez page 80, note 1.
6. Πατρῷον. En ce sens que l'Érèbe a reçu Laïus, père d'OEdipe.
7. Ὡς σ' ἀποικίσῃ, *pour qu'il te déloge* d'ici.
8. Τάσδε δαίμονας. Les Euménides.

πιστοῖσι συμμάχοισιν, οὕνεχ[1] Οἰδίπους 1385
τοιαῦτ᾽ ἔνειμε παισὶ τοῖς αὑτοῦ γέρα.
ΧΟΡΟΣ.
Πολύνεικες, οὔτε ταῖς παρελθούσαις ὁδοῖς
ξυνήδομαί[2] σοι ,νῦν τ᾽ ἴθ᾽ ὡς τάχος [3] πάλιν.
ΠΟΛΥΝΕΙΚΗΣ.

Οἴ μοι κελεύθου [4] τῆς τ᾽ ἐμῆς δυσπραξίας!
οἴ μοι δ᾽ ἑταίρων! οἷον ἆρ᾽ ὁδοῦ τέλος[5] 1390
Ἄργους ἀφωρμήθημεν; Ὦ τάλας ἐγώ!
Τοιοῦτον, οἷον οὐδὲ φωνῆσαί τινα
ἔξεσθ᾽ ἑταίρων, οὐδ᾽ ἀποστρέψαι πάλιν,
ἀλλ᾽[6], ὄντ᾽ ἄναυδον, τῇδε συγκῦρσαι τύχῃ.
Ὦ τοῦδ᾽ ὅμαιμοι[7] παῖδες, ἀλλ᾽ ὑμεῖς, ἐπεὶ 1395
τὰ σκληρὰ πατρὸς κλύετε τοῦδ᾽ ἀρωμένου,

τοῖς πιστοῖσι συμμάχοισι οὕνεκα [1] Οἰδίπους [σαυτοῦ, ἔνειμε τοιαῦτα γέρα τοῖς παισὶν αὑτοῦ.

aux fidèles alliés de-toi-même, comme-quoi OEdipe octroya de tels présents aux enfants de-soi-même.

ΧΟΡ.—Πολύνεικες, οὔτε ξυνήδομαί [2] σοι ταῖς ὁδοῖς παρελθούσαις, νῦν τε ἴθι πάλιν ὡς τάχος[3].

LE CH.—Polynice, ni *je ne* me-réjouis-avec toi pour-les *tiennes* routes passées, et maintenant va en-arrière autant-que vitesse *est possible*.

ΠΟΛΥΝ.— Οἴ μοι κελεύθου [4] τῆς τε ἐμῆς δυσπραξίας! Οἴ μοι δὲ ἑταίρων !

POLYN.—Hélas pour-moi *à propos* de-ce-chemin et du mien insuccès ! Hélas pour-moi d'-autre-part *à propos* de-*mes*-compagnons !

---

1. Οὕνεχα. Voyez page 16, note 4.
2. Οὐ ξυνήδομαί σοι, *je ne me réjouis pas avec toi, je te plains.*
3. Ὡς τάχος, *autant que vitesse* est possible, *au plus vite.*
4. Οἴ μοι κελεύθου, etc. (Voy. p. 71, n. 3). La route faite par Polynice est vraiment déplorable par les résultats qu'elle a eus: insuccès (δυσπραξία) et malédictions pour lui et pour son parti!
5. Οἷον ὁδοῦ τέλος. Dépend d'ἀφωρμήθημεν par l'intermédiaire sous-

m'as entendu, pars: va annoncer à tous les fils de Cadmus, ainsi qu'à tes fidèles alliés, quels sont les dons qu'Œdipe a octroyés à ses fils!

LE CHOEUR.

Polynice, je ne puis que te plaindre d'être venu : à présent, hâte-toi de retourner sur tes pas.

POLYNICE.

Hélas! route sinistre! désappointement cruel! Hélas! infortunés alliés! Est-ce donc pour un tel résultat que nous sommes sortis d'Argos? Et je ne puis (malheureux que je suis!) ni le révéler à aucun de mes compagnons, ni les rappeler en arrière : il faut qu'en silence j'affronte un tel destin!— Filles d'Œdipe, ô mes sœurs, vous venez d'entendre les terribles imprécations

Οἷον τέλος; ὁδοῦ ἄρα	*Vers* quel résultat de-route donc
ἀφωρμήθημεν Ἄργους;	nous-élançâmes-*nous*-de Argos?
Ὦ ἐγὼ τάλας!	O moi malheureux!
Τοιοῦτον, οἷον	*Vers un résultat* tel *quant au* quel
οὐδὲ ἔξεστι	ni *il ne m'*est-possible
φωνῆσαί τινα	*d'*avoir-apostrophé quelqu'*un*
ἑταίρων,	de-*mes*-compagnons,
οὐδὲ πάλιν-ἀποστρέψαι,	ni *d'*avoir-détourné-eux-en-arrière,
ἀλλὰ [6], ὄντα ἄναυδον,	mais *il faut moi*, étant sans-voix,
συγκῦρσαι τῇδε τύχῃ.	avoir-rencontré (affronté) cette fortune.
Ὦ παῖδες ὅμαιμοι [7] τοῦδε,	O enfants de-même-sang *que moi* de-ce
ἀλλὰ ὑμεῖς,	du-moins vous, [*père,*
ἐπεὶ κλύετε τοῦδε πατρὸς	puisque *vous* entendez ce père
ἀρωμένου	maudissant (émettant contre moi)
τὰ σκληρὰ,	les dures *malédictions que voilà,*

entendu de πρός. Supposez la même préposition devant le τοιοῦτον de la réponse (v. 1392).

6. Ἀλλ', etc. Prenez dans l'ἔξεστι du v. 1393 l'idée accessoire d'un χρή, seul juste avec la seconde proposition infinitive, et entendez : ἀλλὰ χρὴ, ὄντα, etc.

7. Ὅμαιμοι, *de même sang que moi, mes sœurs.*

μή τοί με, πρὸς θεῶν, σφῷν [1] γ᾽ ἐὰν αἱ τοῦδ᾽ ἀραὶ
πατρὸς τελῶνται, καί τις ὑμῖν ἐς δόμους
νόστος γένηται, μή μ᾽ ἀτιμάσητέ γε,
ἀλλ᾽ ἐν τάφοισι θέσθε κἂν κτερίσμασι·   1400
καὶ σφῷν ὁ νῦν ἔπαινος, ὃν [2] κομίζετον
τοῦδ᾽ ἀνδρὸς, οἷς πονεῖτον, οὐκ ἐλάσσονα
ἔτ᾽ ἄλλον οἴσει τῆς ἐμῆς ὑπουργίας.

ΑΝΤΙΓΟΝΗ.

Πολύνεικες, ἱκετεύω σε πεισθῆναί τί μοι.

ΠΟΛΥΝΕΙΚΗΣ.

Ὦ φιλτάτη, τὸ ποῖον, Ἀντιγόνη; λέγε.   1405

ΑΝΤΙΓΟΝΗ.

Στρέψαι στράτευμ᾽ ἐς Ἄργος ὡς τάχιστά γε,
καὶ μὴ σέ γ᾽ αὐτὸν καὶ πόλιν διεργάσῃ.

μὴ ἀτιμάσητέ τοί με,	point-n'ayez-dédaigné certes moi,
μή μέ γε,	point moi du-moins,
πρὸς θεῶν,	par *les* dieux,
ἐὰν αἱ ἀραὶ τοῦδε πατρὸς	si les imprécations de-ce père
τελῶνται σφῷν [1] γε,	s'-accomplissent à-vous-deux donc,
καί τις νόστος ἐς δόμους	et *qu'*un retour à vos demeures
γένηται ὑμῖν,	soit-advenu à-vous,
ἀλλὰ θέσθε ἐν τάφοισι	mais ayez-placé *moi* en sépultures
καὶ ἐν κτερίσμασι·	et en funérailles;
καὶ ὁ ἔπαινος νῦν,	et la louange *de* maintenant,
ὃν [2] κομίζετον	que toutes-deux-emportez (obtenez)
τοῦδε ἀνδρὸς,	*à propos* de-cet homme,
οἷς πονεῖτον,	par-les-*peines*-que toutes-deux-souffrez,

---

1. Σφῷν. A peu près explétif (Voy. p. 208, n. 1). *Si les imprécations de mon père s'accomplissent à vous, c'est-à-dire si vous voyez
s'accomplir*, etc.

2. Ὁ νῦν ἔπαινος, ὅν, etc *L'éloge de maintenant, que vous obtenez
à l'occasion* (Voy. p. 71, n. 3) *de cet homme par ce que* (οἷς pour
τούτοις ἅ) *vous souffrez à son sujet, vous en apportera encore un*

de mon père. Ah! vous du moins, au nom des dieux, si ces imprécations s'accomplissent, mais qu'il vous soit donné de revoir vos foyers, ne me refusez point une tombe! daignez ensevelir Polynice, et, à la gloire qui vous est acquise par tout ce que vous souffrez pour ce vieillard, s'en ajoutera une autre non moins éclatante, prix du service que vous m'aurez rendu.

ANTIGONE.

Polynice, je t'en conjure, écoute-moi.

POLYNICE.

Que faut-il faire, chère Antigone? Parle.

ANTIGONE.

Reconduis au plus tôt tes cohortes dans Argos : ne consomme point ta propre ruine et celle de ta cité!

———o—◆—o———

οἴσει σφῷν ἔτι ἄλλον οὐκ ἐλάσσονα τῆς ὑπουργίας ἐμῆς. — *en apportera à-vous-deux encore une* non moindre [autre *à propos* du service mien (envers moi).

ΑΝΤΙΓ.— Πολύνεικες, ἱκετεύω σε πεισθῆναί τί μοι. — ΑΝΤΙG.—*Polynice, je* conjure toi *d'avoir-été-persuadé en* quelque *chose* [par-moi.

ΠΟΛΥΝ.—Τὸ ποῖον, ὦ φιλτάτη Ἀντιγόνη; Λέγε. — POLYN.—*En* la quelle, ô très-chère Antigone? Dis. [vite donc

ΑΝΤΙΓ.—Ὡς τάχιστά γε στρέψαι στράτευμα ἐς Ἀρχαὶ μὴ διεργάσῃ [γος, σὲ αὐτόν γε καὶ πόλιν. — ΑΝΤΙG.—Autant-que *possible le*-plus-aie-tourné *ton* armée vers Argos, et point-n'aie-achevé (ruiné) toi même donc et *la* cité.

—————————

autre non moindre à l'occasion du vôtre service envers moi (ἐμῆς au sens passif : Voy. p. 72, n. 1). *C'est-à-dire : à la gloire qui vous est acquise déjà par tout ce que vous souffrez pour ce vieillard s'en ajoutera une autre, non moins éclatante, pour prix du service que vous m'aurez rendu.*

ΠΟΛΥΝΕΙΚΗΣ.

'Αλλ' οὐχ οἷόν τε. Πῶς γὰρ αὖθις αὖ πάλιν [1]
στράτευμ' ἄγοιμι ταὐτὸν [2], εἰσάπαξ τρέσας;

ΑΝΤΙΓΟΝΗ.

Τί δ' αὖθις, ὦ παῖ, δεῖ σε θυμοῦσθαι; τί σοι   1410
πάτραν κατασκάψαντι κέρδος ἔρχεται;

ΠΟΛΥΝΕΙΚΗΣ.

Αἰσχρὸν τὸ φεύγειν, καὶ τὸ πρεσβεύοντ' ἐμὲ [3]
οὕτω γελᾶσθαι τοῦ κασιγνήτου πάρα.

ΑΝΤΙΓΟΝΗ.

Ὁρᾷς τὰ τοῦδ' οὖν ὡς ἐς ὀρθὸν ἐκφέρει [4]
μαντεύμαθ', ὃς σφῷν θάνατον ἐξ ἀμφοῖν θροεῖ;   1415

ΠΟΛΥΝΕΙΚΗΣ.

Χρῄζει γάρ [5]· ἡμῖν δ' οὐχὶ συγχωρητέα.

—◦—◈—◦—

ΠΟΛΥΝ.—'Αλλὰ	POLYN.—Mais
οὐχ οἷόν-τε.	point-n'est-ce possible.
Πῶς γὰρ	Comment en-effet
ἄγοιμι αὖθις αὖ πάλιν [1]	mènerais-je de-nouveau encore en-arrière
τὸ αὐτὸν [2] στράτευμα,	la même armée,
τρέσας εἰσάπαξ;	ayant-tremblé pour-une-fois?
ΑΝΤΙΓ.—Τί δὲ, ὦ παῖ,	ANTIG.—Mais *pourquoi*, ô enfant,
δεῖ σε θυμοῦσθαι αὖθις;	faut-*il* toi t'-irriter de-nouveau?
Τί κέρδος ἔρχεταί σοι	Quel gain *revient* à-toi
κατασκάψαντι πάτραν; [γειν,	ayant-sapé *ta* patrie?
ΠΟΛΥΝ.—Αἰσχρὸντὸφεύ-	POLYN.—Honteux *est* le fuir,

1. Αὖθις αὖ πάλιν. Comme cette accumulation d'adverbes de même signification peint bien les mouvements successifs de cette armée menée à Thèbes, puis ramenée à Argos, puis reramenée à Thèbes! Polynice, en effet, n'a pas compris, ou feint de n'avoir pas compris la portée de l'avis de sa sœur, de n'y avoir vu qu'un conseil d'ajournement, de retour superstitieux à Argos pour briser l'effet des malédictions lancées par Œdipe contre l'expédition actuelle, sauf à s'engager aussitôt après dans une expédition nouvelle à laquelle ces malédictions ne s'appliqueront plus.

POLYNICE.

Impossible. Comment, après avoir une fois tremblé, ramener
jamais de nouveau la même armée?

ANTIGONE.

Mais à quoi bon, ami, de nouveaux emportements? Que te
reviendra-t-il d'avoir saccagé ta patrie?

POLYNICE.

Honteuse est la fuite : honteux est, pour un aîné, d'être ainsi
la risée de son frère.

ANTIGONE.

Eh! ne vois-tu donc pas se réaliser les prédictions de ce
vieillard, qui vous annonce que vous périrez tous deux de la
main l'un de l'autre?

POLYNICE.

Quoi qu'il prédise, nous ne devons point céder.

———o—◇—o———

καὶ τὸ	et le
ἐμὲ[3] πρεσβεύοντα	moi étant-plus-âgé
γελᾶσθαι οὕτω	être-bafoué ainsi
παρὰ τοῦ κασιγνήτου.	de-par le *mien* frère.
ΑΝΤΙΓ.—Ὁρᾷς οὖν	ANTIG.—Vois-*tu* donc
τὰ μαντεύματα τοῦδε,	les oracles de-celui-ci,
ὡς ἐκφέρει[4] ἐς ὀρθόν,	comme *ils* portent en droite *ligne,*
ὅς θροεῖ σφῷν	lequel annonce à-vous-deux
θάνατον ἐξ ἀμφοῖν;	*la* mort de-par tous-deux ?
ΠΟΛΥΝ.—χρῄζει γάρ[5]·	POLYN.—*Il le* prédit en-effet ;
ἡμῖν δὲ	par-nous d'-autre-part
οὐχὶ συγχωρητέα.	point-n'*est-il* devant-être-cédé.

2. Ταὐτόν. Neutre attique, pour ταὐτό (τὸ αὐτό).

3. Πρεσβεύοντ' ἐμέ. Voyez page 79, note 6.

4. Ἐς ὄρθον ἐκφέρει, (se) *portent en droite ligne, portent juste,
sont sur le point de se réaliser.*

5. Χρῄζει γάρ, etc. *Il le prédit, en effet, mais,* etc.; c'est-à-dire
quelles que soient ses prédictions, etc. Nul doute qu'il ne faille, avec
le scholiaste, entendre ici χρῄζει au sens de χρησμῳδεῖ.

ΑΝΤΙΓΟΝΗ.

Οἴ μοι τάλαινα! τίς δὲ τολμήσει[1] κλύων
τὰ τοῦδ' ἕπεσθαι τἀνδρός, οἷ' ἐθέσπισεν;

ΠΟΛΥΝΕΙΚΗΣ.

Οὐδ' ἀγγελοῦμεν φλαῦρ'· ἐπεὶ στρατηλάτου
χρηστοῦ[2] τὰ κρείσσω, μηδὲ τἀνδεᾶ[3], λέγειν.   1420

ΑΝΤΙΓΟΝΗ.

Οὕτως ἄρ', ὦ παῖ, ταῦτά σοι δεδογμένα;

ΠΟΛΥΝΕΙΚΗΣ.

Καὶ μή μ' ἐπίσχῃς γ'. Ἀλλ' ἐμοὶ μὲν ἥδ' ὁδὸς
ἔσται μέλουσα[4], δύσποτμός τε καὶ κακὴ
πρὸς τοῦδε πατρὸς τῶν τε τοῦδ' Ἐριννύων[5].
Σφῷν δ' εὐοδοίη[6] Ζεὺς, τάδ' εἰ τελεῖτέ[7] μοι   1425
θανόντ'· ἐπεὶ οὔ μοι ζῶντί γ' αὖθις ἕξετον[8].

———◇———

ΑΝΤΙΓ.—Οἴ μοι,
τάλαινα!
Τίς δὲ τολμήσει[1] ἕπεσθαι,
κλύων τὰ τοῦδε-τοῦ ἀνδρὸς,
οἷα ἐθέσπισεν;
ΠΟΛΥΝ.—Οὐδὲ
ἀγγελοῦμεν φλαῦρα·
ἐπεὶ χρηστοῦ[2] στρατηλάτου
λέγειν τὰ κρείσσω,
μηδὲ τὰ ἐνδεᾶ[3].
ΑΝΤΙΓ.—Ταῦτα ἄρα,
ὦ παῖ,
δεδογμένα σοι οὕτω;

ANTIG.—Hélas pour-moi,
malheureuse *que je suis!*
Qui d'-autre-part osera suivre *toi,*
entendant les *dires* de-cet homme,
quels *il les* prophétisa?
POLYN.—Mais-point
*n'*annoncerons-*nous* fâcheuses *choses;*
vu-qu'*il est* d'-*un*-bon chef-d'-armée
de dire les *choses* meilleures,
mais-non les inférieures.
ANTIG.—Ces *choses* donc,
ô enfant,   [ainsi?
sont pensées-*bonnes* (arrêtées) par-toi

---

1. Τίς δὲ τολμήσει, etc. Construisez : τίς δὲ, κλύων τὰ τοῦδε τοῦ ἀνδρὸς οἷα ἐθέσπισε (c'est-à-dire κλύων οἷα ὅδε ὁ ἀνὴρ ἐθέσπισε : Voy. p. 35, n. 4), τολμήσει ἕπεσθαι (sous-entendu σοι).

2. Στρατηλάτου χρηστοῦ. Sous-entendez ἐστί.

3. Τἀνδεᾶ. Dans ἐνδεέα, la portion έα, étant précédée d'une voyelle, èst régulièrement contractée en ᾶ.

4. Ἔσται μέλουσα. Voyez page 136, note 3.

ANTIGONE.

Hélas ! hélas ! Et qui osera te suivre, en apprenant le fatal oracle émané de ses lèvres ?

POLYNICE.

Nous ne répandrons point de fâcheuses nouvelles : il est d'un bon général d'annoncer le bien, de taire le mal.

ANTIGONE.

Ainsi, ami, c'est là ta résolution ?

POLYNICE.

Oui : cesse de me retenir. A moi cette route funeste, avec tous les désastres qu'y ont attachés et mon père et les Furies déchaînées par mon père ! Vous, puisse la faveur de Jupiter accompagner vos pas, si vous devez honorer après sa mort celui pour qui désormais vous ne pouvez rien de son vivant ! Ne m'ar-

---

ΠΟΛΥΝ.—Καί γε	POLYN.—Et donc
μὴ ἐπίσχῃς με.	point-n'aie-retenu moi.
Ἀλλὰ ἐμοὶ μὲν	Mais à-moi d'-une-part
ἔσται μέλουσα [4] ἥδε ὁδός,	sera étant-à-souci cette route,
δύσποτμός τε καὶ κακὴ	*rendue à-triste-sort et funeste*
πρὸς τοῦδε πατρὸς	de-par ce père
τῶν τε Ἐριννύων [5] τοῦδε.	et les Furies de (invoquées par)-lui.
Σφῷν δὲ	*Qu'a-vous-deux d'-autre-part*
Ζεὺς εὐοδοίη [6],	Jupiter fît (fasse)-faire-bonne-route,
εἰ τελεῖτε [7] τάδε	si *vous* accomplirez (devez accomplir)
μοὶ θανόντι !	à-moi ayant-péri ! [ces *choses*
ἐπεὶ οὐχ ἕξετον [8] αὖθις	vu-que point-n'aurez-*vous* de-nouveau
μοὶ ζῶντί γε.	*à rien accomplir* à-moi vivant donc.

5. Τῶν τοῦδ' Ἐριννύων. Voyez page 252, note 3.

6. Εὐοδοίη. Pour εὐοδοῖ (Voyez page 77, note 6).

7. Εἰ τελεῖτε (pour τελέσετε : Voy. p. 81, n. 4), *si vous devez accomplir, si vous êtes résolues à accomplir.* — Τάδε. Le service réclamé au v. 1400.

8. Ἕξετον. Complétez par τελεῖν τι, à reprendre dans τάδ' εἰ τελεῖτε.

Μέθεσθε[1] δ' ἤδη, χαίρετόν τ'· οὐ γάρ μ' ἔτι
βλέποντ' ἐσόψεσθ' αὖθις.

ΑΝΤΙΓΟΝΗ.

Ὦ τάλαιν' ἐγώ !

ΠΟΛΥΝΕΙΚΗΣ.

Μή τοί μ' ὀδύρου.

ΑΝΤΙΓΟΝΗ.

Καὶ τίς ἄν σ' ὁρμώμενον

ἐς προῦπτον Ἅδην οὐ καταστένοι, κάσι;   1430

ΠΟΛΥΝΕΙΚΗΣ.

Εἰ χρή, θανοῦμαι.

ΑΝΤΙΓΟΝΗ.

Μὴ σύ γ'· ἀλλ' ἐμοὶ πιθοῦ.

ΠΟΛΥΝΕΙΚΗΣ.

Μὴ πεῖθ' ἃ μὴ δεῖ.

ΑΝΤΙΓΟΝΗ.

Δυστάλαινά τἄρ'[2] ἐγὼ,

εἴ σου στερηθῶ !

ΠΟΛΥΝΕΙΚΗΣ.

Ταῦτα δ' ἐν[3] τῷ δαίμονι,

Μέθεσθε[1] δὲ ἤδη,	Mais ayez-laissé-partir *moi* déjà,
χαίρετόν τε·	et toutes-deux-réjouissez-vous (soyez heu-
οὐκ ἔτι γὰρ αὖθις	non plus en-effet de-nouveau [reuses)!
ἐσόψεσθέ με βλέποντα.	*ne* verrez-*vous* moi voyant (vivant).
ΑΝΤΙΓ.—Ὦ ἐγὼ τάλαινα!	ANTIG.—O moi malheureuse !
ΠΟΛΥΝ.—Μή τοι	POLYN.—Point certes
ὀδύρου με.	*ne* plains moi.
ΑΝΤΙΓ.—Καὶ τίς, κάσι,	ANTIG.—Et qui, frère,
οὐκ ἄν-καταστένοι σε	point-*ne* gémirait-sur toi
ὁρμώμενον	*t*'-élançant
ἐς Ἅδην προῦπτον;	à *un* Pluton (à une mort) manifeste?

---

1. Μέθεσθε (sous-entendez με). Ses sœurs s'attachent sans doute à
lui pour le retenir.

2. Τἄρ'. Crase, pour τοι ἄρα.

3. Ταῦτα δ' ἐν, etc. *Ces choses sont en la fortune quant à le être*

rêtez plus : adieu ; pour la dernière fois vous voyez mes yeux ouverts à la lumière.

ANTIGONE.

O ciel ! ô désespoir !

POLYNICE.

Assez ! ne pleure point sur moi.

ANTIGONE.

Eh ! qui ne gémirait, ô mon frère, en te voyant courir à un trépas assuré ?

POLYNICE.

S'il le faut, je saurai mourir.

ANTIGONE.

Ne meurs pas ! Ah plutôt, suis mes conseils.

POLYNICE.

Point de conseils contraires au devoir !

ANTIGONE.

Quelle ne sera pas ma douleur, s'il faut que je sois privée de toi !

POLYNICE.

De la Fortune dépendent et ma mort et ma vie.—Pour vous,

————o—◇—o————

ΠΟΛΥΝ.—Εἰ χρὴ, θανοῦμαι.

POLYN.—Si *il le* faut, *je* mourrai.

ΑΝΤΙΓ.—Μὴ σύ γε· ἀλλὰ πιθοῦ ἐμοί.

ANTIG.—Pas toi du-moins ; mais aie-obéi à-moi.

ΠΟΛΥΝ.—Μὴ πεῖθε ἅ μὴ δεῖ.

POLYN.—Point-ne persuade *choses* que point-ne faut.

ΑΝΤΙΓ.—Ἐγώ τοι-ἄρα [2] δυστάλαινα, εἰ στερηθῶ σου !

ANTIG.—Moi certes-donc horriblement-malheureuse, si *il faut que j'aie-été-privée de-toi* !

ΠΟΛΥΝ.—Ταῦτα δὲ ἐν [3] τῷ δαίμονι,

POLYN.—Mais ces *choses* sont en (au pouvoir de) la fortune,

de ce côté et de l'autre ; c'est-à-dire *il dépend de la fortune que les choses tournent ainsi ou autrement.* Φῦναι se rattache à l'ἔστι sous-entendu de la proposition principale par l'intermédiaire sous-entendu de ὥστε. Χἀτέρᾳ est pour καὶ ἑτέρᾳ. Les καί sont pour des ἤ, suivant l'usage perpétuel des Grecs.

καὶ τῇδε φῦναι χἀτέρᾳ. Σφῷν δ' οὖν ἐγὼ
Θεοῖς ἀρῶμαι μή ποτ' ἀντῆσαι κακόν·   1435
ἀνάξιαι [1] γὰρ πᾶσίν[2] ἐστε δυστυχεῖν.

ΧΟΡΟΣ.

(Στροφὴ α').

Νέα τάδε [3] νεόθεν ἦλθέ μοι
βαρύποτμα κακὰ
παρ' ἀλαοῦ ξένου,
εἴ τι μοῖρα μὴ κιγχάνει.   1440
Μάτην [4] γὰρ οὐδὲν ἀξίωμα [5] δαιμόνων
ἔχω φράσαι.
Ὁρᾷ, ὁρᾷ ταῦτ' ἀεὶ [6]
χρόνος, ἐπεὶ μὲν ἕτερα
τάδε παρ' ἦμαρ αὖθις αὔξων ἄνω....   1445
Ἔκτυπεν αἰθήρ, ὦ Ζεῦ!

<hr>

φῦναι	*quant à le* être-nées (se produire)
καὶ τῇδε	et par-cette *voie* (soit d'une façon)
καὶ ἑτέρᾳ.	et par-*une*-autre (soit d'une autre).
Ἐγὼ δὲ οὖν	Moi d'-autre-part donc
ἀρῶμαι θεοῖς	*je prie les* dieux
κακὸν μήποτε ἀντῆσαι σφῷν·	mal ne-jamais advenir à-vous-deux;
ἐστὲ γὰρ πᾶσιν[2]	*vous* êtes en-effet pour-tous
ἀνάξιαι[1]	indignes (ne méritant pas)
δυστυχεῖν.	d'avoir-mauvaise-fortune.
ΧΟΡ.— Νεόθεν	LE CH.— De-*date*-récente (soudain)
ἦλθέ μοι	sont-venus à-moi
τάδε[3] νέα κακὰ βαρύποτμα	ces nouveaux maux à-lourd-destin

<hr>

1. Ἀνάξιαι. Voyez page 189, note 4.

2. Πᾶσιν, *pour tous, au jugement de tous.*

3. Νέα τάδε, etc. Le temps s'est soudain mis à l'orage : le Chœur, épouvanté de ce présage, craint que la présence de l'étranger n'attire de nouveaux malheurs, si la mort (μοῖρα) ne l'atteint au plus vite.

4. Μάτην. Sous-entendez γίγνεσθαι εἰωθέναι.

5. Ἀξίωμα, *volonté, désir.* Ici peut-être : *indice de volonté, présage* (la chose signifiée, pour le signe).

fassent les dieux qu'aucun mal ne vous atteigne! J'en appelle à tous: non, vous n'avez pas mérité de souffrir.

LE CHOEUR.

Encore de nouveaux maux, des maux terribles, attirés sur ma tête par cet étranger aveugle, si le destin ne se hâte de le frapper! Je ne sache pas que la volonté des immortels soit jamais demeurée sans effet. Le Temps, le Temps y a constamment l'œil; lui qui, chaque jour, soit qu'il relève ce qui était abattu, soit que... Dieux! quel fracas dans les airs!

———o—◇—o———

παρὰ ξένου ἀλαοῦ,	de-par *cet* étranger aveugle,
εἴ τι	si *en* quelque *chose*
μοῖρα μὴ κιγχάνει.	*le* destin (la mort) n'atteint *lui*.
Ἔχω γὰρ φράσαι	*Je n'ai en-effet d-avoir-dit*
οὐδὲν ἀξίωμα 5 δαιμόνων	aucune volonté de-dieux
μάτην 4.	*être en-vain* (demeurer sans effet).
Χρόνος ὁρᾷ,	Le temps voit,
ὁρᾷ ταῦτα ἀεὶ 6·	voit ces *choses* toujours :
ἐπεὶ μὲν	puisque d'-une-part
αὖθις-αὔξων ἄνω	ré-augmentant (relevant) en-haut
παρὰ ἦμαρ	*jour* par jour (tous les jours)
τάδε ἕτερα....	ces autres *choses*-ci....
Αἰθὴρ ἔκτυπεν,	*L'air a-retenti,*
ὦ Ζεῦ !	ô Jupiter !

6. Ὁρᾷ, ὁρᾷ ταῦτ' ἀεί, etc. Littéralement : *le Temps voit, voit incessamment ces choses, puisque d'une part relevant* (αὖθις αὔξων ἄνω) *chaque jour ces choses-ci...* (μὲν ἕτερα τάδε équivaut à ἕτερα μέν, et appelle un ἕτερα δέ qui fût venu sans le coup de tonnerre qui a effrayé le Chœur et l'a forcé de s'interrompre brusquement après ἄνω). La pensée paraît être : *le Temps, le Temps y a incessamment l'œil* (à l'accomplissement des volontés divines), *lui qui, chaque jour, soit qu'il relève ce qui était abattu, soit que...* Nous introduisons ces deux *soit que* pour mieux faire comprendre et ce qui est dit et ce qui allait l'être sans l'interruption ; du reste, le premier est véritablement donné par le μέν du v. 1444.

ΟΙΔΙΠΟΥΣ.

Ὦ τέκνα, τέκνα, πῶς ἂν, εἴ τις ἔντοπος [1],
τὸν πάντ᾽ ἄριστον δεῦρο Θησέα πόροι;

ΑΝΤΙΓΟΝΗ.

Πάτερ, τί δ᾽ ἐστὶ τἀξίωμ᾽ ἐφ᾽ ᾧ καλεῖς;

ΟΙΔΙΠΟΥΣ.

Διὸς πτερωτὸς ἥδε μ᾽ αὐτίκ᾽ ἄξεται   1450
βροντὴ πρὸς Ἅδην. Ἀλλὰ πέμψαθ᾽ ὡς τάχος [2].

ΧΟΡΟΣ.

(Ἀντιστροφὴ α᾽).

Ἴδε μάλα μέγας ἐρείπεται [3]
κτύπος ὅδ᾽ ἄφατος
διόβολος· ἐς δ᾽ ἄκραν
δεῖμ᾽ ὑπῆλθε κρατὸς φόβαν.   1455
Ἔπτηξα θυμόν· οὐρανία γὰρ ἀστραπὴ
φλέγει πάλιν.
Τί μὰν ἀφήσει τέλος;
Δέδια δ᾽· οὐ γὰρ ἅλιον

ΟΙΔ.—Ὦ τέκνα, τέκνα, πῶς, εἴ τις ἔντοπος [1], ἂν-πόροι δεῦρο Θησέα τὸν ἄριστον πάντα.

ΟΕD.—O enfants, enfants, comment, si quelqu᾽*un est* en-ce-lieu, eût-*il*-fourni (m᾽amènera-t-il) ici Thésée l᾽excellent *en* toutes *choses?*

ΑΝΤΙΓ.—Πάτερ, τί δέ ἐστι τὸ ἀξίωμα ἐπὶ ᾧ καλεῖς;

ΑΝΤΙG.—Père, mais quel est *donc* le désir à-propos-de lequel *tu* *l*᾽appelles?

ΟΙΔ.—Αὐτίκα ἥδε βροντὴ πτερωτὸς Διὸς ἄξεταί με πρὸς Ἅδην· Ἀλλὰ πέμψατε

ΟΕD.—Sur-le-champ cette foudre ailée de-Jupiter mènera moi vers Pluton. Mais ayez-envoyé *le roi*

---

1. Εἴ τις ἔντοπος. C᾽est-à-dire εἴ τις ἐν τῷ τόπῳ τούτῳ ἐστί. Le τις de cette proposition incidente sert de sujet aussi au πόροι de la principale. Le mouvement πῶς ἂν τις équivaut à τίς ἄν : *qui fera venir?*...

2. Ὡς τάχος. Voyez page 268, note 3.

3. Ἐρείπεται. Ἐρείπω signifiant *ruiner, renverser,* son passif

OEDIPE.

O mes filles, mes filles, est-il ici près quelqu'un, qui pût faire venir le noble, le généreux Thésée?

ANTIGONE.

Mon père, quels sont donc tes motifs pour l'appeler?

OEDIPE.

Messagère ailée de Jupiter, la foudre va dans un instant m'entraîner chez Pluton. Qu'au plus vite on prévienne le roi.

LE CHOEUR.

L'entendez-vous? Avec quelle fureur il se précipite, ce bruit effroyable déchaîné par Jupiter même! D'épouvante, mes cheveux se hérissent sur ma tête; mon âme est saisie d'horreur. Voyez! de nouveau l'éclair brille aux cieux! Quelle en sera l'is-

———o—◇—o———

ὡς τάχος [2].	autant-que vitesse *est possible*.
XOP.—Ἴδε ἐρείπεται [3]	LE CH.—Voici-*que* croule
μάλα μέγας	très grand
ὅδε κτύπος ἄφατος	ce bruit indicible
διόβολος ·	lancé-par-Jupiter ;
δεῖμα δὲ ὑπῆλθεν	effroi d'-autre-part est-venu-en-dessous
ἐς ἄκραν φόβαν κρατός.	à *l'*extrême chevelure de-*ma*-tête.
Ἔπτηξα θυμόν ·	J'ai-été-frappé-d'-effroi *en mon* cœur:
οὐρανία γὰρ ἀστραπὴ	car *le* céleste éclair
φλέγει πάλιν.	luit de-nouveau.
Τί τέλος ἀφήσει μάν ;	Quelle issue enverra-*t-il* donc ?
Δέδια δέ ·	Mais *j'*ai-craint (je tremble);

prend naturellement le sens de *être renversé, tomber*. De plus, remarquez la hardiesse poétique de ces images, qui font *tomber*, qui font *lancer par Jupiter* (διόβολος), non la foudre même, mais ce qui lui est inhérent, ce qui semble en effet tomber avec elle, le *bruit* qu'elle fait en tombant (κτύπος).

ἀφορμᾷ ποτ᾽, οὐκ ἄνευ ξυμφορᾶς. 1460

Ὦ μέγας αἰθήρ ! ὦ Ζεῦ !

ΟΙΔΙΠΟΥΣ.

Ὦ παῖδες, ἥκει τῷδ᾽ ἐπ᾽ ἀνδρὶ [1] θέσφατος
βίου τελευτή,κοὐκ ἔτ᾽ ἔστ᾽ ἀποστροφή.

ΧΟΡΟΣ.

Πῶς οἶσθα ; τῷ [2] δὲ τοῦτο ξυμβαλὼν ἔχεις [3] ;

ΟΙΔΙΠΟΥΣ.

Καλῶς κάτοιδ᾽. Ἀλλ᾽ ὡς τάχιστά μοι μολὼν 1465
ἄνακτα χώρας τῆσδέ τις πορευσάτω.

ΧΟΡΟΣ.
(Στροφὴ β΄.)

Ἔα ! ἔα !

Ἰδοὺ μάλ᾽ αὖθις ἀμφίσταται
διαπρύσιος ὄτοβος [4] !

Ἴλαος [5], ὦ δαίμων, ἵλαος, εἴ τι γᾷ 1470
ματέρι [6] τυγχάνεις ἀφεγγὲς [7] φέρων.

Ἐναισίου [8] δὲ συντύχοιμι,

οὐ γὰρ ἀφορμᾷ ποτε ἅλιον,	point en-effet *ne* s᾽-élance-*t-il* jamais
οὐκ ἄνευ συμφορᾶς.	point sans malheur. [vain,
Ὦ μέγας αἰθήρ ! ὦ Ζεῦ !	O grand éther! ô Jupiter !
ΟΙΔ. — Ὦ παῖδες,	ŒD.—O enfants,
θέσφατος τελευτὴ βίου	*la* fatale fin de-*la*-vie
ἥκει ἐπὶ τῷδε ἀνδρὶ [1],	vient pour cet homme (pour moi),
καὶ ἀποστροφὴ οὐκ ἔστιν ἔτι.	et détour n᾽est plus.
ΧΟΡ.—Πῶς οἶσθα ;	LE CH.—Comment *le* sais-*tu?*
τῷ [2] δὲ ἔχεις [3]	par-quoi d᾽-autre-part as-*tu toi* (es-tu)
ξυμβαλὼν τοῦτο ;	ayant-conjecturé ceci?
ΟΙΔ.—Κάτοιδα καλῶς.	ŒD. — *Je le* sais-complétement bien.

---

1. Τῷδ᾽ ἀνδρί. Pour ἐμοί.
2. Τῷ. Attique, pour τίνι, c᾽est-à-dire τίνι τεκμηρίῳ.
3. Συμβαλὼν ἔχεις. Pour συνέβαλες. Comparez page 225, note 6.
4. Ὄτοβος. Comme le κτύπος du v. 1453 : *le bruit* du tonnerre.
5. Ἴλαος. Sous-entendez γενοῦ.

sue ? Je tremble : jamais il ne jaillit en vain, jamais sans quelque calamité. O ciel ! ô Jupiter !

OEDIPE.

Enfants, voici le moment fatal qui doit terminer ma vie, et rien désormais ne saurait l'écarter.

LE CHOEUR.

Comment le sais-tu? sur quoi repose une telle conjecture?

OEDIPE.

Je le sais de la manière la plus certaine. Qu'au plus vite, je le répète, on m'aille quérir le roi de cette contrée.

LE CHOEUR.

Hélas ! hélas ! Voici qu'autour de moi gronde de nouveau cet horrible bruit ! Laisse-toi fléchir, ô dieu, laisse-toi fléchir, si tu apportes quelque désastre à la terre qui m'a nourri. Puisse cette

<hr>

Ἀλλὰ, ὡς τάχιστα,	Mais, autant-que *possible le*-plus-vite,
τὶς μολὼν	*que* quelqu'*un* étant-allé
πορευσάτω μοι	ait-fourni (fournisse, amène) à-moi
ἄνακτα τῆσδε χώρας.	*le* prince de-cette contrée.
XOP.—Ἔα! ἔα!	LE CH.—Hélas ! hélas !
ἰδοὺ ὅτοβος [4] διαπρύσιος	voici-*que ce* bruit perçant
ἀμφίσταται μάλα αὖθις.	se-dresse-autour *de nous* tout de-nouveau.
Ἵλαος [5], ὦ δαίμων, Ἵλαος,	*Sois* propice, ô dieu, *sois* propice,
εἰ τυγχάνεις	si *tu* te-trouves
φέρων γᾷ ματέρι [6]	apportant à-*la*-terre *ma* mère
τὶ ἀφεγγές [7].	quelque *chose de* ténébreux.
Συντύχοιμι δὲ	Eussé-*je* (puissé-je avoir) rencontré d'-
ἐναισίου [8],	*un homme* favorable, [autre-part

<hr>

6. Γᾷ ματέρι. L'Attique, mère de ceux qui composent le Chœur.

7. Ἀφεγγές, *ténébreux ;* donc, *sinistre, désastreux.*

8. Ἐναισίου (sous-entendez ἀνδρός) συντύχοιμι! *Puissé-je avoir* rencontré en la personne d'Œdipe *un homme favorable* (c'est-à-dire *dont la présence me soit favorable*)!

μηδ', ἄλαστον ἄνδρ' ἰδὼν,
ἀκερδῆ χάριν [1] μετάσχοιμί πως.
Ζεῦ ἄνα, σοὶ φωνῶ.   1475

ΟΙΔΙΠΟΥΣ.

Ἆρ' ἐγγὺς ἀνήρ [2]; ἆρ ἔτ' ἐμψύχου, τέκνα,
κιχήσεταί μου καὶ κατορθοῦντος φρένα;

ΑΝΤΙΓΟΝΗ.

Τί δ' ἂν θέλοις [3] τὸ πιστὸν ἐμφῦναι φρενί;

ΟΙΔΙΠΟΥΣ.

Ἀνθ' ὧν ἔπασχον εὖ, τελεσφόρον χάριν
δοῦναί σφιν [4], ἥνπερ [5] τυγχάνων ὑπεσχόμην.   1480

ΧΟΡΟΣ.
(Ἀντιστροφὴ β'.)
Ἰού! ἰού!
Ἰὼ, παῖ [6], βᾶθι, βᾶθ'; εἶτ' [7] ἄκραν

μηδὲ μετάσχοιμί πως	et-point-n'eussé-*je*-partagé en-aucune-
χάριν [1] ἀκερδῆ,	*une* faveur sans-gain (funeste), [façon
ἰδὼν ἄνδρα ἄλαστον!	ayant-vu *un* homme exécrable!
Ζεῦ ἄνα, σοὶ φωνῶ.	Jupiter roi, à-toi *je* parle.
ΟΙΔ.—Ἆρα ὁ ἀνὴρ [2] ἐγ-	œɒ.—Est-ce-que l'homme *est* prés?
ἄρα, τέκνα, γύς;	Est-ce-que, enfants,
κιχήσεταί μου ἔτι ἐμψύχου	*il* trouvera moi encore en-vie
καὶ κατορθοῦντος φρένα;	et maintenant-droit *mon* esprit?
ΑΝΤΙΓ.—Τί δὲ ἂν-θέλοις [3]	ᴀɴᴛɪɢ.—Mais quelle voudrais-tu

---

1. Ἀκερδῆ χάριν, *faveur improfitable, manque de profit, le contraire d'un profit, une perte, un funeste désastre*. L'idée de χάριν
disparaît presque, ou du moins elle ne reste qu'en tant que le Chœur
se souvient des *faveurs* promises par OEdipe à ceux qui l'accueilleraient,
et qu'il craint de voir ces prétendues faveurs se changer en fléaux.

2. Ἀνήρ. Crase, pour ὁ ἀνήρ : Thésée.

3. Τί δ' ἂν θέλοις, etc. Explicitement, suivant nous : τί δὲ τὸ παρ'
αὐτοῦ πιστόν (*quelle assurance de sa part*) θέλοις ἂν ἐμφῦναι φρενὶ τῇ
σῇ; Suivant d'autres : τί δὲ τὸ παρὰ σοῦ πιστὸν θέλοις ἂν ἐμφῦναι
φρενὶ τῇ αὐτοῦ; Ce qui a fait prendre ce dernier sens, c'est évidemment la réponse d'OEdipe, déclarant que son désir est d'être utile à
Thésée; mais il nous semble fort naturel qu'Antigone suppose chez son

rencontre m'être heureuse! puissé-je n'avoir point à expier cruellement la vue d'un être impur et maudit! Grand Jupiter, c'est toi que j'implore.

OEDIPE.

Enfants, approche-t-il? Me trouvera-t-il encore vivant, encore maître de ma raison?

ANTIGONE.

Quelle assurance voudrais-tu donc obtenir de lui?

OEDIPE.

Je veux, pour prix de ses bienfaits, le mettre en possession de la précieuse faveur par laquelle je me suis engagé à les reconnaître.

LE CHOEUR.

A nous, ô mon fils! à nous! Arrive, arrive promptement!

τὸ πιστὸν
ἐμφῦναι φρενί;
  ΟΙΔ.—Δοῦναί σφιν, [4]
ἀντὶ ὧν
ἔπασχον εὖ,
χάριν τελεσφόρον
ἥνπερ [5] ὑπεσχόμην
τυγχάνων.
  ΧΟΡ.—Ἰοὺ, ἰού!
Ἰὼ, παῖ [6], βᾶθι, βᾶθι!

l'assurance *de sa part*
être-née (naître, entrer)-en *ton* esprit?
  ŒD.— *Je veux* avoir-donné à-lui,
en-échange-de *les choses en* lesquelles
j'éprouvais bien (j'ai reçu du bien) *de*
une faveur portant-résultat   [*lui,*
laquelle-donc *je lui* promis
obtenant (si j'obtenais) *ce que je désirais.*
  LE CH.—Hélas, hélas!
Oh! enfant, sois-venu, sois-venu!

---

père quelque intérêt personnel, et que celui-ci ait à la détromper.

4. Σφίν. Au sens d'αὐτῷ.

5. Ἥνπερ, etc. Entendez : ἥνπερ δώσειν ὑπεσχόμην, εἰ τῶν αἰτουμένων ἐγὼ παρ' αὐτοῦ τυγχάνοιμι.

6. Παῖ. Thésée. Qu'on n'oublie pas que le Chœur est composé de vieillards.

7. Εἴτε. Cet εἴτε en suppose un autre, et la pensée complète serait : εἴτ' ἄλλοθί που, εἴτ' ἄκραν ἐπί, etc. L'auteur n'a exprimé que la seconde des deux alternatives, parce que c'était celle qui pouvait le plus faire hésiter Thésée à se déranger pour accourir aussitôt. On entrera donc pleinement dans sa pensée en traduisant ici εἴτε τυγχάνεις par *quand même tu le trouverais.*

ἐπὶ γύαλον ἐναλίῳ
Ποσειδαωνίῳ θεῷ τυγχάνεις
βούθυτον ἑστίαν ἁγίζων, ἵκου.   1485
Ὁ γὰρ ξένος σε καὶ πόλισμα
καὶ φίλους ἐπαξιοῖ,
δικαίαν χάριν παρασχεῖν [1], παθών [2].
Σπεῦσον, ἄϊσσ᾽, ὦ ᾽ναξ!

ΘΗΣΕΥΣ.

Τίς αὖ παρ᾽ ὑμῶν κοινὸς ἠχεῖται κτύπος,   1490
σαφὴς μὲν αὐτῶν, ἐμφανὴς δὲ τοῦ ξένου;
Μή τις [3] Διὸς κεραυνὸς, ἢ τις ὀμβρία
χάλαζ᾽ ἐπιρράξασα; πάντα γὰρ θεοῦ
τοιαῦτα [4] χειμάζοντος εἰκάσαι πάρα.

ΑΝΤΙΓΟΝΗ.

Ἄναξ, ποθοῦντι προὐφάνης, καί σοι θεῶν   1495
τύχην τις ἐσθλὴν τῆσδ᾽ ἔθηκε τῆς ὁδοῦ.

Εἴτε τυγχάνεις	*Et si tu es ailleurs*, et-si *tu* te-trouves
ἁγίζων ἄκραν ἐπὶ γύαλον	consacrant extrême dans *le* vallon
ἑστίαν βούθυτον	*un* foyer à-immolation-de-bœufs
θεῷ ἐναλίῳ Ποσειδαωνίῳ,	à-*le*-dieu marin Neptune,
ἵκου!	sois-venu !
Ὁ ξένος γὰρ ἐπαξιοῖ σε	L'étranger en-effet juge-digne toi
καὶ πόλισμα καὶ φίλους,	et *ta* cité et *les* amis,
παρασχεῖν [1]	*de manière à* avoir-fourni (donné) *à vous*
δικαίαν χάριν,	juste récompense,
παθών [2].	ayant-éprouvé *du bien de vous.*
Σπεῦσον, ἄϊσσε, ὦ ἄναξ !	aie-fait-hâte, élance-toi, ô prince !
ΘΗΣ.—Τίς κτύπος	THÉS.—Quel bruit
ἠχεῖται αὖ	retentit de-nouveau
κοινὸς παρὰ ὑμῶν,	commun de-par vous,

---

1. Παρασχεῖν. Dépend d'ἐπαξιοῖ par l'intermédiaire sous-entendu de
ὥστε. Complément sous-entendu : ὑμῖν.

2. Παθών. C'est-à-dire εὖ παθών.

3. Μή τις, etc. *Ne serait-ce pas quelque*, etc. Ces μή interrogatifs

quand tu serais à l'extrémité du vallon, occupé à inaugurer par
des sacrifices un autel au dieu des mers, au puissant Neptune,
viens à nous! L'étranger veut te payer, à toi, à ta cité, à tes
amis, le juste prix des bienfaits qu'il a reçus. Hâte-toi, prince!
hâte-toi d'accourir!

THÉSÉE.

Pourquoi, de votre part à tous, ce nouveau tumulte, où per-
cent à la fois et vos voix et celle de l'étranger? Jupiter a-t-il
lancé sa foudre, ou la grêle par torrents s'est-elle précipitée des
nues? Toute conjecture (hélas!) est permise, quand la divinité
déchaîne de tels orages.

OEDIPE.

Je soupirais, prince, après ta venue. C'est à quelque dieu, sans
doute, que tu dois l'heureuse fortune qui conduit ici tes pas.

———◇———

σαφὴς μὲν αὐτῶν,	et clair *de la part* de-*vous*-mêmes,
ἐμφανὴς δὲ τοῦ ξένου ;	et évident *de la part* de-l'étranger?
Μή τις [3] κεραυνὸς	N'-*est-ce*-pas *l'effet de* quelque foudre
Διὸς,	de-Jupiter,
ἤ τις χάλαζα ὀμβρία,	ou *de* quelque grêle pluvieuse,
ἐπιῤῥάξασα ;	ayant-éclaté-violemment?
πάρα γὰρ	*il* est-possible en-effet
εἰκάσαι πάντα,	*d'*avoir-conjecturé toutes *choses*,
θεοῦ χειμάζοντος τοιαῦτα [4].	*un* dieu excitant-tempêtes telles.
ΟΙΔ. — Ἄναξ,	œᴅ.—Prince,
προὔφάνης ποθοῦντι,	*tu* as-paru à-*moi-le*-désirant,
καί τις θεῶν	et quelqu'*un* de-*les*-dieux
ἔθηκέ σοι τύχην ἐσθλὴν	a-posé (donné) à-toi *la* fortune heureuse
τῆσδε-τῆς ὁδοῦ.	de-cette route.

sont des abréviations de ὅρα μή (en latin *vide ne*), *prenez garde que
telle chose ne soit, voyez si telle chose ne serait pas*, et, par conséquent, *telle chose ne serait-elle pas?* Ils supposent, en général, une
réponse affirmative.

4. Τοιαῦτα. Modifie χειμάζοντος comme ferait οὕτω δεινῶς.

ΘΗΣΕΥΣ.

Τί δ' ἐστὶν, ὦ παῖ Λαΐου, νέορτον αὖ ;

ΟΙΔΙΠΟΥΣ.

Ῥοπὴ βίου μοι · καί σ' [1], ἅπερ ξυνῄνεσα,
θέλω, πόλιν τε τήνδε μὴ ψεύσας, θανεῖν .

ΘΗΣΕΥΣ.

Ἐν τῷ [2] δὲ κεῖσαι τοῦ μόρου τεκμηρίῳ;   1500

ΟΙΔΙΠΟΥΣ.

Αὐτοὶ θεοὶ κήρυχες ἀγγέλλουσί μοι,
ψεύδοντες οὐδὲν [3] σημάτων προκειμένων.

ΘΗΣΕΥΣ.

Πῶς εἶπας, ὦ γεραιὲ, δηλοῦσθαι τάδε;

ΟΙΔΙΠΟΥΣ. .

Αἱ πολλὰ [4] βρονταὶ διατελεῖς, τὰ πολλά τε
στρέψαντα [5] χειρὸς [6] τῆς ἀνικήτου βέλη.   1505

ΘΗΣΕΥΣ.

Πείθεις με· πολλὰ γάρ σε θεσπίζονθ' ὁρῶ,

ΘΗΣ.—Τί δέ ἐστιν,
ὦ παῖ Λαΐου,
νέορτον αὖ ;
   ΟΙΔ.—Ῥοπὴ βίου μοι ·
καὶ θέλω θανεῖν,
μὴ ψεύσας σε [1]
τήνδε τε πόλιν
ἅπερ ξυνῄνεσα.
   ΘΗΣ.—Ἐν δὲ τῷ [2] τεκ-
τοῦ μόρου   [μηρίῳ
κεῖσαι;
   ΟΙΔ.—Αὐτοὶ

THÉS.—Mais quelle *chose* est
ὁ enfant de-Laïus,
récemment-produite de-nouveau?
   OED.—*Un* déclin de-vie pour-moi;
et *je* veux avoir-péri,
point-n'ayant-trompé toi
et (ni) cette cité
en les-*choses*-que-donc *je* promis.
   THÉS.—Mais sur quel signe
de-la *tienne* mort
reposes-*tu* (t'appuies-tu)?
   OED.—*Eux*-mêmes

---

1. Καί σ', etc. Construisez : Καὶ θανεῖν θέλω, μὴ ψεύσας σε πόλιν
τε τήνδε τούτων ἅπερ ξυνῄνεσα.

2. Τῷ. Attique, pour τίνι.

3. Ψεύδοντες οὐδέν, etc. *Ne me trompant en aucun des signes pro-*
posés, m'envoyant des signes qui n'ont rien d'équivoque.

THÉSÉE.

Fils de Laïus, que s'est-il donc produit de nouveau?

OEDIPE.

Ma vie touche à son terme : je ne veux point mourir sans m'être acquitté envers toi, envers cette cité.

THÉSÉE.

Et sur quel témoignage attends-tu ainsi la mort?

OEDIPE.

Les dieux eux-mêmes la proclament et me l'annoncent par des signes qui n'ont rien d'équivoque.

THÉSÉE.

Que veux-tu dire, vieillard? Quels signes?

OEDIPE.

Ce tonnerre aux roulements fréquents et prolongés, ces traits enflammés qui partent incessamment d'une invincible main.

THÉSÉE.

Je te crois ; car je m'aperçois que les prédictions pleuvent de

————◇————

Θεοὶ κήρυκες	*les dieux devenant* hérauts
ἀγγέλλουσί μοι,	*l'*annoncent *à*-moi,
ψεύδοντες οὐδὲν [3]	*ne me* trompant *en* aucun
σημάτων προκειμένων.	de-*les*-signes proposés *à moi*.
ΘΗΣ.—Πῶς, ὦ γεραιὲ,	THÉS.—Comment, ó vieillard,
εἶπας τάδε δηλοῦσθαι ;	as-*tu*-dit ces *choses* être-montrées?
ΟΙΔ.—Αἱ βρονταὶ	ŒD.—Les tonnerres *m'en instruisent*
διατελεῖς πολλὰ [4],	perpétués maintes *fois*,
τά τε πολλὰ βέλη στρέψαντα [5]	et les nombreux traits ayant-lui
τῆς ἀνικήτου χειρός [6].	de-*l'*invincible main.
ΘΗΣ.—Πείθεις με ·	THÉS.—*Tu* persuades moi ;
ὁρῶ γάρ σε θεσπίζοντα πολλὰ,	car *je* vois toi prédisant maintes *choses*,

———

4. Πολλά. Comme πολλάκις. Modifie διατελεῖς.

5. Στρέψαντα. Autre forme de στράψαντα, *ayant lui*. On trouve de même le composé poétique στρέπταιγλος, et στεροπή porte la trace évidente du radical στρεπ.

6. Χειρός. La main de Jupiter.

χοὐ ψευδόφημα. Χὦ[1] τι χρὴ ποιεῖν, λέγε.

ΟΙΔΙΠΟΥΣ.

Ἐγὼ διδάξω, τέχνον Αἰγέως, ἅ σοι[2]
γήρως ἄλυπα[3] τῇδε κείσεται πόλει.
Χῶρον[4] μὲν αὐτὸς αὐτίχ’ ἐξηγήσομαι,   1510
ἄθιχτος ἡγητῆρος, οὖ με χρὴ θανεῖν·
τοῦτον[5] δὲ φράζε μή ποτ’ ἀνθρώπων τινὶ,
μήθ’ οὖ κέχευθε, μήτ’ ἐν οἷς κεῖται τόποις,
ὥς σοι πρὸ[6] πολλῶν ἀσπίδων ἀλκὴν ὅδε
δορός τ’ ἐπαχτοῦ γειτόνων[7] ἀεὶ τιθῇ.   1515
Ἃ δ’ ἐξάγιστα[8], μηδὲ κινεῖται λόγῳ[9],
αὐτὸς μαθήσει[10], κεῖσ’ ὅταν μόλης, μόνος·
ὡς οὔτ’ ἂν ἀστῶν[11] τῶνδ’ ἂν ἐξείποιμί τῳ[12],

———◇———

χαὶ οὐ ψευδόφημα.	et non mensongères.
Καί λέγε ὅ[1]-τι χρὴ ποιεῖν.	Et dis *ce-qu’il* faut faire.
ΟΙΔ.— Ἐγὼ διδάξω,	ŒD.—Je *t’*enseignerai,
τέχνον Αἰγέως,	enfant d’-Égée,
ἃ χείσεταί σοι[2]	*des choses* qui seront-en-dépôt à-toi
τῇδε πόλει	pour-cette cité
ἄλυπα[3] γήρως.	sans-chagrin de-vieillesse (à jamais).
Αὐτὸς μὲν αὐτίκα,	*Moi*-même d’-une-part sur-le-champ,
ἄθιχτος ἡγητῆρος,	non-touché *en fait* de-guide,
ἐξηγήσομαι χῶρον[4]	*je te* guiderai *vers l’*endroit
οὗ χρή με θανεῖν ·	où *il* faut moi avoir-péri ;
μή-ποτε δὲ φράζε τοῦτον[5]	mais jamais-ne dis ce *mien cadavre*

---

1. Χὦ. Crase, pour χαὶ ὅ.
2. Σοι. Explétif (Voyez page 208, note 1).
3. Γήρως ἄλυπα, sans chagrin de vieillesse, sans vieillesse (ἀγήρατα, ἐσαεὶ διαμενοῦντα).
4. Χῶρον. Dépend d’un πρός sous-entendu.
5. Τοῦτον. Pour ἐμέ (Voy. p. 135, n. 3), pour τὸν νέχυν τὸν ἐμὸν, *mon cadavre*. De même pour l’ὅδε du vers 1513. — Sur τοῦτον φράζε μήθ’ οὖ κέχευθε, pour φράζε μήθ’ οὖ κέχευθεν οὖτος, Voy. p. 35, n. 4.

tes lèvres et qu'aucun mensonge ne déshonore ton langage. Que dois-je faire? Parle.

OEDIPE.

Je t'initierai, fils d'Égée, à un mystère qui deviendra pour cette cité un impérissable trésor. Dans un instant, je vais te conduire, moi-même et sans guide, là où je dois mourir; mais garde-toi de jamais indiquer à personne l'endroit où reposera, où se cachera ma dépouille, si tu veux trouver en elle un rempart plus puissant contre tes voisins que tous les boucliers et toutes les lances de l'étranger. Ce secret ineffable, indicible, tu l'apprendras au lieu fatal, et tu l'apprendras seul : je ne le révèlerai à aucun des habitants de cette contrée; je ne le révèlerai pas même à mes filles, quelque tendresse que j'aie pour elles.

----♦----

τινὶ ἀνθρώπων,	à-quelqu'*un* de-*les*-hommes,
μήτε οὗ κέκευθε,	ni où *il* a-été-caché,
μήτε ἐν οἷς τόποις κεῖται,	ni en quels lieux *il* gît,
ὡς ὅδε ἀεὶ τιθῇ σοι	afin-que ce *cadavre* toujours place (don-
ἀλκὴν γειτόνων [7]	secours *en fait* de-voisins [ne] à-toi
πρὸ [6] πολλῶν ἀσπίδων	*passant* avant nombreux boucliers
δορός τε ἐπακτοῦ.	et *avant* lance importée (auxiliaire).
Ἃ δὲ ἐξάγιστα [8]	Mais lesquelles *choses sont* sacrées
μηδὲ κινεῖται λόγῳ [9],	ni *ne* se-meuvent (ne s'émettent) par-
αὐτὸς μόνος μαθήσει [10],	toi-même seul apprendras *elles*, [parole,
ὅταν μόλῃς κεῖσε ·	quand *tu* seras-venu là-*bas;*
ὡς οὐκ ἂν-ἐξείποιμι-ἂν [11]	vu-que point-n'eussé-*je*-dit *elles*
τῷ [12] τῶνδε ἀστῶν,	à-quelqu'*un* de-ces citoyens,

6. Πρό. Au sens d'un μείζω accordé avec ἀλκήν.

7. Ἀλκὴν γειτόνων, *secours à propos de voisins, secours contre les peuples voisins.*

8. Ἃ δ' ἐξάγιστα. Complétez par ἐστὶ λέγειν.

9. Κινεῖται λόγῳ. Voyez v. 614, et la note.

10. Μαθήσει. Seconde personne attique, pour μαθήσῃ.

11. Ἄν.... ἄν. Voyez page 158, note 3.

12. Τῷ. Attique, pour τινι.

οὔτ' ἂν τέκνοισι τοῖς ἐμοῖς, στέργων ὅμως.

Ἀλλ' αὐτὸς αἰεὶ σῶζε · χὤταν [1] ἐς τέλος   1520

τοῦ ζῆν ἀφικνῇ, τῷ προφερτάτῳ [2] μόνῳ

σήμαιν' · ὁ δ' αἰεὶ τῷ 'πιόντι δεικνύτω.

Χοὔτως [3] ἀδῇον τήνδ' ἐνοικήσεις πόλιν

Σπαρτῶν [4] ἀπ' ἀνδρῶν. Αἱ δὲ μυρίαι πόλεις,

κἂν εὖ τις οἰκῇ [5], ῥᾳδίως καθύβρισαν [6].   1525

θεοὶ γὰρ εὖ μὲν, ὀψὲ δ' εἰσορῶσ' [7], ὅταν

τὰ θεῖ' ἀφείς τις ἐς τὸ μαίνεσθαι τραπῇ.

Ὃ μὴ σὺ, τέκνον Αἰγέως, βούλου παθεῖν.

Τὰ μὲν τοιαῦτ' οὖν εἰδότ' ἐκδιδάσκομεν ·

χῶρον δ'(ἐπείγει γάρ με τοὐκ θεοῦ παρόν)[8]   1530

στείχωμεν ἤδη μηδέ γ' ἐντρεπώμεθα [9].

Ὦ παῖδες, ὧδ ἕπεσθ' · ἐγὼ γὰρ ἡγεμὼν

⸺ ◦ ➤ ◦ ⸺

οὔτε ἂν	ni.ne les dirais-je
τοῖς ἐμοῖς τέκνοισι,	aux miens enfants,
στέργων ὅμως.	aimant eux pourtant.
Ἀλλὰ αὐτὸς σῶζε αἰεὶ,	Mais toi-même conserve-les toujours,
καὶ, ὅταν [1] ἀφικνῇ	et, quand tu arriveras
ἐς τέλος τοῦ ζῆν,	à le terme du vivre,
σήμαινε	signifie-les
τῷ προφερτάτῳ [2] μόνῳ ·	au plus-puissant après toi seul;
ὁ δὲ αἰεὶ	que le plus puissant d'-autre-part tou-
δεικνύτω τῷ ἐπιόντι.	les indique au venant-après. [jours
Καὶ οὕτως [3]	Et ainsi
ἐνοικήσεις τήνδε πόλιν	tu habiteras cette cité
ἀδῇον ἀπὸ ἀνδρῶν Σπαρτῶν [4].	non-dévastée de-par les hommes Semés.
Αἱ δὲ μυρίαι πόλεις,	Or les infinies (la plupart des) cités,
καὶ ἄν τις οἰκῇ [5] εὖ,	même si on administre elles bien,

---

1. Χὤταν. Crase, pour καὶ ὅταν.

2. Τῷ προφερτάτῳ. Le plus puissant après Thésée, son héritier.

3. Χοὔτως. Crase, pour καὶ οὕτως.

4. Σπαρτῶν. Les *Spartes* ou *Semés* étaient proprement ces guerriers qui, suivant la tradition, étaient nés des dents du dragon semées
par Cadmus: par suite, on avait désigné ainsi tous les *Thébains*.

Toi, garde-le fidèlement, et, une fois parvenu au terme de tes jours, découvre-le à celui-là seul qui doit hériter de ton trône, pour qu'à son tour il le transmette à son successeur, et ainsi jusqu'à la fin : par là tu mettras ta cité à l'abri des ravages des Spartes. Que d'États, même gouvernés avec sagesse, se sont laissé entraîner au crime ! C'est que la vengeance des dieux, quoique assurée, frappe tardivement ceux qui, au mépris de leurs arrêts, s'abandonnent à un fol orgueil. Pour toi, fils d'Égée, n'ouvre jamais ton âme à de tels sentiments. Mais à quoi bon t'enseigner ce que tu sais déjà ? Le signal du dieu me presse : partons, et que rien ne nous détourne plus du but.—Mes filles, suivez-moi par ici. Les rôles sont changés : c'est moi qui vous guide à mon tour, comme vous avez guidé votre père. Marchez,

καθύβρισαν [6] ῥᾳδίως ·	ont-été (sont)-arrogantes aisément ;
θεοὶ γὰρ εἰσορῶσι [7]	car (c'est que) *les* dieux voient
εὖ μὲν, ὀψὲ δὲ,	bien à-la-vérité, mais tard,
ὅταν τις,	quand quelqu'*un*,
ἀφεὶς τὰ θεῖα,	ayant-omis les *choses* divines,
τραπῇ ἐς τὸ μαίνεσθαι.	a-été (s'est)-tourné vers le délirer.
Ὁ σὺ, τέκνον Αἰγέως,	Laquelle *chose* toi, enfant d'-Égée,
μὴ βούλου παθεῖν.	point-ne veuille avoir-éprouvée.
Τὰ μὲν οὖν τοιαῦτα	*Sur* les *choses* certes donc telles
ἐκδιδάσκομεν εἰδότα ·	*nous* instruisons toi sachant *elles* ;
ἤδη δὲ στείχωμεν χῶρον	or déjà marchons *vers* l'endroit
(τὸ γὰρ παρὸν [8] ἐκ θεοῦ	(car le présent *signe* de-par *le* dieu
ἐπείγει με),	presse moi *de m'y rendre*),
μηδὲ ἐντρεπώμεθά [9] γε.	et-point-ne nous-retournons donc.
Ὦ παῖδες, ἕπεσθε ὧδε ·	O enfants, suivez ici ;
ἐγὼ γὰρ αὖ	moi-*même* en-effet à-*mon*-tour

5. Οἰκῇ. Voyez page 201, note 6.

6. Καθύβρισαν. Aoriste d'habitude (Voy. p. 240, n. 1).

7. Εἰσορῶσι. Voyez page 264, note 1.

8. Τοὖκ θεοῦ παρόν (sous-entendez σῆμα). L'orage.

9. Μηδέ γ' ἐντρεπώμεθα, *et ne nous détournons pas, marchons sans nous arrêter.*

σφῷν αὖ πέφασμαι καινός, ὥσπερ σφὼ [1] πατρί.
Χωρεῖτε, καὶ μὴ ψαύετ', ἀλλ' ἐᾶτέ με
αὐτὸν τὸν ἱερὸν τύμβον ἐξευρεῖν, ἵνα   1535
μοῖρ' ἀνδρὶ τῷδε [2] τῇδε κρυφθῆναι χθονί.
Τῇδ', ὧδε, τῇδε βᾶτε· τῇδε γάρ μ' ἄγει
Ἑρμῆς ὁ πομπὸς, ἥ τε νερτέρα θεός [3].
Ὦ φῶς ἀφεγγὲς [4], πρόσθε πού ποτ' ἦσθ' ἐμόν·
νῦν δ' ἔσχατόν σου τοὐμὸν ἅπτεται δέμας.   1540
Ἤδη γὰρ ἕρπω, τὸν τελευταῖον βίον
κρύψων παρ' Ἅδην. Ἀλλὰ, φίλτατε ξένων,
αὐτός τε, χώρα θ' ἥδε, πρόσπολοί τε σοὶ,
εὐδαίμονες γένοισθε, κἀπ' εὐπραξίᾳ [5]
μέμνησθέ μου θανόντος εὐτυχεῖς ἀεί!   1545

———◇———

πέφασμαι σφῷν	j'ai-été (je suis)-révélé à-vous-deux
ἡγεμὼν καινός,	guide nouveau,
ὥσπερ σφὼ 1 πατρί.	comme-donc vous-deux *fûtes* à-votre-
Χωρεῖτε, καὶ μὴ ψαύετε,	Marchez, et point-ne *me* touchez, [père.
ἀλλὰ ἐᾶτέ με αὐτὸν	mais laissez moi-même
ἐξευρεῖν τὸν ἱερὸν τύμβον	avoir-trouvé le sacré tombeau
ἵνα μοῖρα τῷδε 2 ἀνδρὶ	où destin *est* à-cet homme (à moi)
κρυφθῆναι τῇδε χθονί.	d'avoir-été-caché par-cette terre.
Βᾶτε τῇδε,	Ayez-marché par-cette *voie*,
ὧδε, τῇδε·	ici, par-cette *voie* :
τῇδε γὰρ ἄγει με	par-cette *voie* en-effet conduit moi
Ἑρμῆς ὁ πομπὸς	Mercure le conducteur *des âmes*,
ἥ τε νερτέρα θεός 3.	et l'infernale déesse.
Ὦ φῶς ἀφεγγὲς 4,	O lumière sans-lumière *pour moi*,

1. Ὥσπερ σφώ. Complétez par ἡγεμόνες τὸ πρὶν ἐγένεσθε.

2. Ἀνδρὶ τῷδε. Pour ἐμοί.

3. Ἡ νερτέρα θεός. Proserpine.

4. Φῶς ἀφεγγές. OEdipe, comme tous les mourants, dit adieu à la

et ne me touchez point; laissez-moi trouver seul la tombe sacrée où le destin a voulu que cette terre cachât la dépouille d'Œdipe. Par ici, par ici ! suivez-moi de ce côté! par ici m'attirent et Mercure, le conducteur des âmes, et la déesse des enfers.— Adieu, lumière sans clartés! Tu n'étais pas encore complétement perdue pour moi : aujourd'hui, pour la dernière fois, mon corps est en contact avec tes rayons. C'en est fait : chez Pluton je vais cacher ma vie expirante.— O le plus cher des hôtes, puissiez-vous être heureux, toi, ton pays, tes sujets, et ne point oublier dans la prospérité celui dont la mort assure à jamais votre fortune !

------◇--◇--◇------

πρόσθε πού ποτε	auparavant par-quelque-endroit donc
ἦσθα ἐμόν ·	tu étais mienne ;
νῦν δὲ τὸ ἐμὸν δέμας	maintenant d'-autre-part le mien corps
ἅπτεταί σου ἔσχατον.	touche toi *pour-la-dernière-fois*.
Ἤδη γὰρ ἕρπω,	Déjà en-effet *je* rampe (je marche),
κρύψων παρὰ Ἅδην	devant-cacher chez Pluton
τὸν τελευταῖον βίον.	la *mienne* finissante vie.
Ἀλλὰ, φίλτατε ξένων,	Mais, ô *le*-plus-cher *des*-hôtes.
αὐτός τε, ἥδε τε χώρα,	et *toi*-même, et cette contrée,
σοί τε πρόσπολοι,	et tes serviteurs (tes sujets),
γένοισθε εὐδαίμονες,	fussiez-*vous*-devenus (puissiez-vous être)
καί, εὐτυχεῖς ἀεί,	et, *étant* heureux toujours, [heureux,
μέμνησθέ μου θανόντος	ayez-eu-mémoire de-moi mort,
ἐπὶ εὐπραξίᾳ [5].	à-propos-de *votre* prospérité.

lumière. Quoique *sans clartés* pour lui (ἀφεγγές), elle ne laissait pas d'être encore son bien en un certain sens (πού ποτε) : son corps, du moins, était en contact avec elle ; mais voici qu'il la *touche* (ἅπτεται) pour la dernière fois. Que de sentiment dans cet ἅπτεται !

5. Εὐπραξία. La *prospérité* qu'Athènes devra à Œdipe.

ΧΟΡΟΣ.

(Στροφή.)

Εἰ θέμις ἐστί μοι τὰν ἀφανῆ θεὸν [1],
   καὶ σὲ λιταῖς σεβίζειν,
   ἐννυχίων [2] ἄναξ,
   Ἀϊδωνεῦ, Ἀϊδωνεῦ,
λίσσομαι μήτ' ἐπίπονα [3], μήτ'   1550
   ἐπὶ [4] βαρυαχεῖ
   ξένον ἐξανύσαι [5]
μόρῳ τὰν παγκευθῆ κάτω
νεκρῶν πλάκα καὶ Στύγιον δόμον.
   Πολλῶν γὰρ ἂν καὶ μάταν [6]   1555
   πημάτων ἱκνουμένων
πάλιν σὲ [7] δαίμων δίκαιος αὔξοι [8].

(Ἀντιστροφή.)

Ὦ χθόνιαι θεαὶ [9], σῶμά τ' ἀνικήτου

ΧΟΡ.—Εἰ θέμις ἐστί μοι	LE CH.—Si permission est à-moi
σεβίζειν λιταῖς	de vénérer par-*des*-prières
τὰν ἀφανῆ θεὸν [1],	l'obscure déesse (la déesse des ombres),
καὶ σὲ, ἄναξ ἐννυχίων [2],	et toi, roi de-*ceux-qui-sont*-dans-*la*-nuit,
Ἀϊδωνεῦ, Ἀϊδωνεῦ,	Pluton, Pluton,
λίσσομαι	*je* prie *vous*
ξένον	*l'*étranger
μήτε ἐπίπονα [3]	ni laborieusement
μήτε ἐπὶ [4] μόρῳ βαρυαχεῖ	ni moyennant *une* mort à-pénibles-cris
ἐξανύσαι [5],	*n'*avoir-achevé *sa route*

---

1. Τὰν ἀφανῆ θεόν. Proserpine.
2. Ἐννυχίων. Les Ombres.
3. Ἐπίπονα. Adverbialement, pour ἐπιπόνως.
4. Ἐπί, *moyennant, par.*
5. Ἐξανύσαι. Sous-entendez ὁδόν, d'où dépend l'accusatif de mouvement τὰν πλάκα καὶ δόμον par l'intermédiaire sous-entendu de πρός. Cette ellipse de ὁδόν est familière à Sophocle avec ἀνύτειν. *Antigone*, v. 802 : τὸν παγκοίταν ὅθ' ὁρῶ θάλαμον τήνδ' Ἀντιγόνην ἀνύτουσαν. *Ajax.* v. 605 : κακὴν ἐλπίδ' ἔχων ἔτι μέ ποτ' ἀνύσειν τὸν ἀπότροπον

LE CHŒUR.

S'il m'est permis de t'invoquer par mes prières, déesse des ténèbres, et toi, souverain des ombres, Pluton, divin Pluton, faites, je vous en conjure, que cet étranger arrive sans peine et sans douleur, par un prompt trépas, au séjour du Styx, à ces plages souterraines où reposent tous les morts. Après tant de souffrances si peu méritées, il est d'un dieu juste, OEdipe, de te rendre enfin sa faveur.

Soyez-lui propices, déesses des vengeances souterraines! Sois-

---

τὰν πλάκα νεκρῶν κάτω	vers *la* plage des-morts en-bas
παγκευθῆ	cachant (engloutissant)-tout
καὶ δόμον Στύγιον,	et *vers la* demeure stygienne.
Πημάτων γὰρ	De-*ces*-maux en-effet
ἱκνουμένων πολλῶν	arrivant (étant arrivés) *à toi* nombreux
καὶ μάταν [6]	et sans-cause
δαίμων δίκαιος	*une* divinité juste
πάλιν-αὔξοι [8]-ἄν σε [7].	re-lèverait (doit relever) toi.
῏Ω θεαὶ [9] χθόνιαι,	O déesses *souterraines*,
σῶμά τε ἀνικήτου θηρὸς,	et corps de-*l'*-invincible monstre,

ἀΐδηλον Ἅδαν. Au surplus, elle est familière à tous les écrivains, même en prose, avec presque tous les verbes de nature à être suivis de ὁδόν, comme ἐλαύνειν, τέμνειν, etc.

6. Μάταν, *sans cause, sans que tu l'eusses mérité.*

7. Σέ. OEdipe, qui n'est plus là, mais auquel le Chœur s'adresse néanmoins par figure poétique.

8. Αὔξοι. Sur cet optatif retombe le ἄν du v. 1555, que l'on mette ou non une virgule après ἱκνουμένων. Complément sous-entendu de ἱκνουμένων : σοι ; la pensée n'est pas générale.

9. Χθόνιαι θεαί. Les Furies.

θηρὸς [1], ὃν ἐν πύλαισι

φασὶ πολυξέστοις   1560

εὐνᾶσθαι, κνυζεῖσθαί τ' [2]

ἐξ ἄντρων, ἀδάματον

φύλακα παρ' Ἄδα,

λόγος αἰὲν ἀνέχει ·

ὃν [3], ὦ Γᾶς παῖ καὶ Ταρτάρου [4],   1565

κατεύχομαι ἐν καθαρῷ βῆναι [5]

ὁρμωμένῳ νερτέρας

τῷ ξένῳ νεκρῶν πλάκας.

Σέ τοι κικλήσκω τὸν αἰένυπνον.

ΑΓΓΕΛΟΣ.

Ἄνδρες πολῖται, ξυντομωτάτως μὲν ἂν   1570

τύχοιμι λέξας Οἰδίπουν ὀλωλότα ·

ἃ δ' ἦν τὰ πραχθέντ', οὔθ' ὁ μῦθος ἐν βραχεῖ

φράσαι πάρεστιν, οὔτε τἄργ' [6] ὅσ' ἦν ἐκεῖ.

—◇—

ὃν φασιν εὐνᾶσθαι	lequel *ils* disent (on dit) être-couché
ἐν πύλαισι πολυξέστοις,	à *des* portes bien-polies,
λόγος τε ἀνέχει αἰὲν	et *à propos duquel* le dire tient toujours
κνυζεῖσθαι [2] ἐξ ἄντρων,	*lui* gronder de *ses* antres,
ἀδάματον φύλακα	indomptable gardien
παρὰ Ἄδα·	près-de *la demeure* de Pluton :
ὃν [3] κατεύχομαι,	lequel *je* souhaite-vivement,
ὦ παῖ Γᾶς καὶ Ταρτάρου [4],	ô enfant de-*la*-terre et de-*le*-Tartare,
βῆναι [5] ἐν καθαρῷ	avoir marché en *le* net (faire place nette)
τῷ ξένῳ ὁρμωμένῳ	pour-l'étranger s'-élançant
νερτέρας πλάκας νεκρῶν.	*vers les* infernales plages de-*les*-morts.

1. Θηρός. Cerbère.

2. Κνυζεῖσθαί τ', etc. C'est-à-dire ὅν τε κνυζεῖσθαι, etc.

3. Ὄν. Cerbère. — Cet ὅν suit assez mal l'invocation ὦ χθόνιαι θεαὶ καί, etc., après laquelle on devait attendre φείδεσθε τοῦ ξένου, ou quelque chose d'analogue. Comprenez comme si ces mots terminaient en effet la phrase qui précède ὅν, et comme si cet ὅν était ensuite remplacé lui-même par τοῦτον δή.

lui propice, monstre à l'invincible corps, indomptable gardien des enfers, toi qui, s'il en faut croire une tradition constante, couché près de l'incorruptible seuil, pousses du fond de ton antre d'affreux hurlements! Et toi, fille de la Terre et du Tartare, je t'en supplie, fais qu'il s'écarte, fais qu'il laisse la voie libre à l'étranger qui va descendre aux sombres demeures des morts : exauce ma prière, déesse de l'éternel sommeil !

UN MESSAGER.

Habitants de Colone, je puis vous l'apprendre en deux mots : Œdipe n'est plus. Quant aux circonstances de cette mort, le récit n'en saurait être bref : de telles merveilles ne s'abrégent pas.

Κικλήσκω τοι σὲ
τὸν αἰένυπνον.

J'appelle donc toi, *ô mort*,
toi la déesse à-éternel-sommeil.

ΑΓΓΕΛΟΣ.—Ἄνδρες πο-
ἂν-τύχοιμι μὲν   [λῖται,
λέξας ξυντομωτάτως
Οἰδίπουν ὀλωλότα ·
ἃ δὲ ἦν τὰ πραχθέντα,
οὔτε ὁ μῦθος πάρεστιν
φράσαι ἐν βραχεῖ,
οὔτε τὰ ἔργα[6]
ὅσα ἦν ἐκεῖ.

UN MESSAGER.—Hommes citoyens,
je me-serais-trouvé d'-une-part
ayant-dit très-concisément
Œdipe ayant-péri ;   [faites,
lesquelles d'-autre-part furent les *choses*
ni la parole *n'est-là*
pour avoir-dit *elles* en *temps* court,
ni *ne le comportent* les actes
qui-tous furent (eurent lieu) là-*bas.*

---

4. Γᾶς παῖ καὶ Ταρτάρου. La Mort, la déesse à l'éternel sommeil du v. 1569.

5. Ἐν καθαρῷ βῆναι, *marcher dans le net pour, faire place nette à, se retirer pour laisser le passage libre à.* Le Chœur prie la Mort de faire que Cerbère s'écarte du chemin d'Œdipe.

6. Οὔτε τὰ ἔργα. Sous-entendez ἐᾷ, dont vous prendrez l'idée dans le πάρεστιν de la proposition précédente.

ΧΟΡΟΣ.

Ὄλωλε γὰρ δύστηνος;

ΑΓΓΕΛΟΣ.

Ὡς λελοιπότα [1]
κεῖνον τὸν αἰεὶ βίοτον ἐξεπίστασο.

ΧΟΡΟΣ.

Πῶς; ἆρα θείᾳ κἀπόνῳ τάλας τύχῃ;　　　　1575

ΑΓΓΕΛΟΣ.

Τοῦτ' ἐστὶν ἤδη κἀποθαυμάσαι πρέπον.
Ὡς [2] μὲν γὰρ ἐνθένδ' εἷρπε, καὶ σύ που παρὼν
ἔξοισθ', ὑφηγητῆρος οὐδενὸς φίλων,
ἀλλ' αὐτὸς ἡμῖν πᾶσιν ἐξηγούμενος.　　　　1580
Ἐπεὶ δ' ἀφῖκτο τὸν καταῤῥάκτην ὁδὸν [3]
χαλκοῖς βάθροισι γῆθεν ἐῤῥιζωμένον,
ἔστη κελεύθων ἐν πολυσχίστων μιᾷ,
κοίλου πέλας κρατῆρος [4], οὗ τὰ Θησέως [5]

ΧΟΡ.—Ὄλωλε γὰρ δύστηνος;

LE CH.—*Il* a-péri donc. *le* malheureux?

ΑΓΓ.—ἐξεπίστασο ὡς λελοιπότα [1] κεῖνον-τὸν βίοτον αἰεί.

LE MESS.—Sache *lui* comme ayant-quitté cette *sienne triste* vie *de* toujours.

ΧΟΡ.—Πῶς; Ἄρα τάλας τύχῃ θείᾳ καὶ ἀπόνῳ;

LE CH.—Comment? Est-ce-que malheureux *il l'a quittée* par-accident divin et sans-peine?

ΑΓΓ.—Τοῦτο ἤδη ἐστὶ πρέπον καὶ ἀποθαυμά- [σαι.] Ὡς [2] μὲν γὰρ εἷρπεν ἐνθένδε,

LE MESS.—Ceci déjà est convenable même *à* avoir-admiré. Comme d'-une-part en-effet *il* rampait (se traîna) *hors* d'-ici,

---

1. Ὡς λελοιπότα, etc. *Sache* lui *comme ayant quitté*, etc.; c'est-à-dire *sache qu'il a quitté*, etc. — Κεῖνον n'est pas le sujet de λελοιπότα, mais doit se joindre aux mots τὸν αἰεὶ βίον pour les mieux déterminer: *cette fameuse vie de toujours*, c'est-à-dire *celle vie de constante misère que chacun sait.*

2. Ὡς, etc. Dépend de καὶ σὺ ἔξοισθα.

3. Τὸν καταῤῥάκτην ὁδόν. Voyez vers 57, et les notes.

LE CHOEUR.

Il n'est donc plus, l'infortuné!

LE MESSAGER.

Il a quitté, sache-le, cette vie de continuelles souffrances.

LE CHOEUR.

De quelle manière? Les dieux sont-ils intervenus? le malheureux s'est-il éteint sans douleur?

LE MESSAGER.

Là précisément est le merveilleux. Tu te rappelles (tes yeux en furent témoins) comment il s'éloigna d'ici sans être guidé par aucune main amie, que dis-je? en nous guidant tous lui-même! Parvenu à ces degrés d'airain, seuil abrupt des souterrains abîmes, il s'arrête devant l'une des routes qui s'y croisent, à la

———⋄◇∘———

καὶ σὺ παρὼν	aussi toi étant (ayant-été)-là
ἔξοισθά που,	*le* sais-à-fond en-quelque-sorte,
οὐδενὸς φίλων ὑφηγητῆρος,	pas-un de-*ses*-amis *n'étant son* guide,
ἀλλὰ αὐτὸς	mais *lui*-même
ἐξηγούμενος ἡμῖν πᾶσιν.	guidant nous tous.
Ἐπεὶ δὲ ἀφίκτο	Lorsque d'-autre-part *il* fut-arrivé
τὸν ὁδὸν ⁵ καταρράκτην	*vers* le seuil s'-enfonçant-à-pic
ἐρρίζωμένον γῆθεν	enraciné (appuyé) *du côté* de-terre
βάθροισι χαλκοῖς,	par-*des*-degrés d'-airain,
ἔστη ἐν μιᾷ	*il* s'-arrêta à *l'*un
κελεύθων πολυσχίστων,	de-*les*-chemins à-maints-embranche-
πέλας κοίλου κρατῆρος ⁴	près-de *ce* creux cratère [ments,

---

4. Κρατῆρος. Métaphoriquement, on nomme *cratères* les grandes ouvertures de la terre : *cratère* de volcan.

5. Οὐ τὰ Θησέως, etc. Sophocle place auprès de ce gouffre les monuments d'alliance de Thésée et de Pirithoüs, pour faire entendre qu'ils descendirent aux enfers par cette ouverture lorsqu'ils tentérent d'enlever Proserpine : en l'absence de tradition positive, il a voulu placer dans son pays le lieu de cette scène.

Περίθου τε κεῖται πίστ᾽ ἀεὶ ξυνθήματα·   1585
ἐφ᾽ οὗ μέσον στὰς τοῦ τε Θορικίου πέτρου [1]
κοίλης τ᾽ ἀχέρδου, κἀπὸ [2] λαΐνου τάφου,
καθέζετ᾽· εἶτ᾽ ἔλυσε δυσπινεῖς στολάς·
κἄπειτ᾽, αὔσας παῖδας, ἠνώγει ῥυτῶν
ὑδάτων ἐνεγκεῖν λουτρὰ καὶ χοάς ποθεν.   1590
Τὼ δ᾽, εὐχλόου Δήμητρος εἰς ἐπόψιον [3]
πάγον μολούσα, τάσδ᾽ ἐπιστολὰς πατρὶ
ταχεῖ 'πόρευσαν ξὺν χρόνῳ, λουτροῖς τέ νιν
ἐσθῆτί τ᾽ ἐξήσκησαν, ᾗ νομίζεται.
Ἐπεὶ δὲ παντὸς εἶχε δρῶντος ἡδονὴν [4],   1595
κοὐκ ἦν ἔτ᾽ ἀργὸν οὐδὲν ὧν ἐφίετο,

— o — ◆ — o —

οὗ κεῖται	où gisent
τὰ ἀεὶ πιστὰ ξυνθήματα	les à-jamais fidèles signes-d'-alliance
Θησέως Περίθου τε ·	de-Thésée et de-Pirithoüs :
ἐπὶ οὗ	près-de lequel *cratère*
στὰς μέσον	s'-étant-arrêté au-milieu
ἀπὸ [2] τοῦ τε πέτρου [1] Θορι-	à *partir* de et le roc Thoricien
κοίλης τε ἀχέρδου [κίου	et *le* creux poirier-sauvage
καὶ τάφου λαΐνου,	et *le* tombeau de-pierre,
καθέζετο ·	*il* s'-asseyait (s'assit) ;
εἶτα ἔλυσε στολὰς δυσπινεῖς ·	puis *il* délia ses vêtements ordinaire-
καὶ ἔπειτα,	et ensuite, [ment sales ;
αὔσας παῖδας,	ayant-appelé *ses* enfants,
ἠνώγει	*il* ordonnait
ἐνεγκεῖν ποθεν	*elles* avoir-*apporté* de-quelque-part

---

1. Μέσον στὰς τοῦ τε Θορικίου πέτρου, etc. Ce roc de Thorique, ce poirier sauvage, ce tombeau de pierre, inconnus aujourd'hui, devaient préciser nettement le lieu de la scène pour les contemporains du poëte.

2. Κἀπό. Cet ἀπό dépend de στὰς μέσον, et régit les trois génitifs. Il n'est pas rare en poésie que la préposition qui régit plusieurs substantifs ne soit exprimée que devant le dernier.

3. Ἐπόψιον, *étant en vue de*, et dès lors, par admission poétique,

ouche même du cratère où sont consacrés les monuments de
'inviolable alliance de Thésée et de Pirithoüs. Là, dis-je, il s'ar-
ête, à égale distance et de la roche de Thorique, et du poirier
auvage au tronc creusé par les ans, et de la tombe de pierre,
'assied, dépouille ses hideux vêtements, appelle ses filles, et
ur enjoint d'apporter d'où elles pourront de l'eau vive pour le
ain et les libations. Elles courent aussitôt à la colline d'où l'on
écouvre le temple de Cérès aux belles gerbes, et déjà elles ont
xécuté ses ordres, déjà elles ont fait couler l'eau sur son corps,
éjà elles l'ont paré de la robe d'usage. Tout s'accomplissait au
é de ses désirs, pas une de ses volontés qui ne fût satisfaite,

———o—◇—o———

υτρὰ καὶ χοὰς ὑδάτων	bains et libations d'-eaux coulantes.
ὁ δὲ, [ῥυτῶν.	Or les-deux *filles*,
λούσα εἰς πάγον	étant-allées vers *la* colline
ὄψιον 3 Δήμητρος εὐχλόου,	en-vue de-Cérès à-belle-verdure,
ὄρευσαν πατρὶ	procurèrent à-*leur*-père
ι ταχεῖ χρόνῳ	avec *un* prompt (en peu de) temps
ιδε ἐπιστολὰς,	ces (les objets de ces) commissions,
ᾳσχησάν τέ νιν	et ornèrent lui
ιτροῖς ἐσθῆτί τε,	par-bains et par-vêtement,
ιομίζεται.	en-laquelle *manière il* est-usité.
τεὶ δὲ εἶχεν ἡδονὴν 4	Puis quand *il* avait joie
ντός ὁρῶντος,	de-tout agissant *à son gré,*
οὐκ ἦν ἔτι οὐδὲν ἀργὸν	et *que* n'était plus rien *d'*inactif
ἐφίετο,	des-*choses*-qu'*il* désirait,

---

nt *vue sur*. On sait avec quelle facilité les anciens, dans toute
stion d'échange, intervertissent les rapports. Le temple de Cérès
t *belle verdure*, c'est-à-dire *au beau blé*, situé près de l'acropole
thènes, s'apercevait, à ce qu'il paraît, de la colline située sur le ter-
ire de Colone.

.. Παντὸς ὁρῶντος ἡδονήν, *la joie de toute chose agissant* à son gré,
atisfaction de voir tout s'accomplir selon ses désirs. L'idée commentaire ressort aisément du rapprochement de ὁρῶντος et ἡδονήν.

'κτύπησε μὲν Ζεὺς χθόνιος¹, αἱδὲ παρθένοι
'ρρίγησαν, ὡς ἤκουσαν· ἐς δὲ γούνατα
πατρὸς πεσοῦσαι 'κλαῖον, οὐδ' ἀνίεσαν
στέρνων ἀραγμοὺς οὐδὲ παμμήκεις γόους.   1600
Ὁ δ', ὡς ἀκούει φθόγγον ἐξαίφνης πικρὸν,
πτύξας ἐπ' αὐταῖς χεῖρας, εἶπεν· « Ὦ τέκνα,
« οὐκ ἔστ' ἔθ' ὑμῖν τῇδ' ἐν ἡμέρᾳ πατήρ.
« Ὄλωλε γὰρ δὴ πάντα τἀμὰ, κοὐκ ἔτι
« τὴν δυσπόνητον ἕξετ' ἀμφ' ἐμοὶ τροφήν². 1605
« σκληρὰν μὲν, οἶδα, παῖδες· ἀλλ' ἓν γὰρ μόνον
« τὰ πάντα λύει ταῦτ' ἔπος³ μοχθήματα·
« τὸ γὰρ φιλεῖν οὐκ ἔστιν ἐξ ὅτου πλέον
« ἢ τοῦδε τἀνδρὸς⁴ ἔσχεθ', οὗ τητώμεναι
« τὸ λοιπὸν ἤδη τὸν βίον διάξετον. »   1610
Τοιαῦτ' ἐπ' ἀλλήλοισιν ἀμφικείμενοι,

—◦—◇—◦—

Ζεὺς μὲν	Jupiter d'-une-part
ἐκτύπησε χθόνιος¹,	fit-bruit (tonna) *souterrain*,
αἱ παρθένοι δὲ	les jeunes-filles d'-autre-part
ἐρρίγησαν, ὡς ἤκουχαν·	furent-glacées, quand *elles* entendirent ;
πεσοῦσαι δὲ	étant-tombées d'-autre-part
ἐς γούνατα πατρὸς,	à *les* genoux de-*leur*-père,
ἔκλαιον, [νων	*elles* pleuraient, [de-poitrines
οὐδὲ ἀνίεσαν ἀραγμοὺς στέρ-	ni *ne* relâchaient *elles les* frappements
οὐδὲ παμμήκεις γόους.	ni *les* tout-longs gémissements.
Ὁ δὲ,	OEdipe d'-autre-part,
ὡς ἀκούει ἐξαίφνης	quand *il* entend soudain
φθόγγον πικρὸν,	*ce* son amer,
πτύξας ἐπὶ αὐταῖς χεῖρας,	ayant-plié sur elles ses mains (ses bras),
εἶπεν · « Ὦ τέκνα,	dit : « O enfants,
« οὐκ ἔστιν ἔτι πατὴρ ὑμῖν	« *il* n'est plus *de* père à-vous
« ἐν τῇδε ἡμέρᾳ.	« en ce jour.

---

1. Χθόνιος. Rapporté poétiquement à Jupiter, pour ἐν χθονί modifiant ἐκτύπησε. Sophocle ne parle pas ici de Pluton, appelé quelquefois le Jupiter souterrain ; mais il veut dire que Jupiter *fit gronder un tonnerre souterrain*.

quand sous la terre gronda soudain la foudre de Jupiter. A ce
bruit, toutes deux épouvantées se précipitent en pleurant aux
genoux de leur père; elles se frappent la poitrine à coups
redoublés, elles poussent de longues lamentations. Pour lui, dès
qu'il a entendu ces redoutables sons, il les serre dans ses bras :
« O mes enfants, s'écrie-t-il, à partir d'aujourd'hui vous n'avez
« plus de père; tout est fini pour moi, et vous voilà affranchies
« de la pénible existence que vous avez menée à mon sujet.
« Existence bien dure! je le sais, mes filles; mais ne suffit-il
« pas d'un mot pour effacer la trace de tous vos labeurs? Nul
« ne vous a aimées d'un amour plus tendre que l'infortuné qui
« vous parle et sans lequel va désormais s'achever votre vie. »
C'est ainsi qu'étroitement embrassés ils pleuraient et gémissaient
tous ensemble. Enfin les gémissements ont cessé, les cris ont

—o—◇—o—

«Πάντα γὰρ τὰ ἐμὰ	« En-effet toutes les *choses* miennes
« ὄλωλε δὴ,	« ont-péri donc,
« καὶ οὐχ ἕξετε ἔτι ἀμφὶ ἐμοὶ	« et *vous* n'aurez plus à-propos-de moi
« τὴν δυσπόνητον τροφήν [2] ·	« la cruellement-pénible condition;
« σκληρὰν μὲν,	« rude d'-une-part,
« οἶδα, παῖδες ·	« *je le* sais, enfants;
« ἀλλὰ γὰρ ἓν μόνον ἔπος [3]	« mais donc un seul mot
« λύει	« délie (efface)
« πάντα ταῦτα-τὰ μοχθήμα-	« ces souffrances :
« οὐκ ἔστι γὰρ [τα ·	« point-n'est-*il* en-effet
« ἐξ ὅτου ἕξετε τὸ φιλεῖν	« de qui *vous* aurez le aimer
« πλέον ἢ τοῦδε τοῦ ἀνδρός [4],	« plus que *de* cet homme (de moi),
« οὗ τητώμεναι τὸ λοιπὸν	« duquel privées le reste *du temps* déjà
« διάξετον τὸν βίον. » [ἤδη	« toutes-deux-passerez la vie. »
Ἀμφικείμενοι	Gisant-tout-autour
ἐπὶ ἀλλήλοισι,	sur les-uns-les-autres,

2, Τροφήν. Voyez page 70, note 2.

3. Ἓν μόνον ἔπος. Ce mot qui doit payer toutes les peines des filles
d'OEdipe, c'est le τὸ γὰρ φιλεῖν, etc., des vers suivants.

4. Τοῦδε τἀνδρός. Pour ἐμοῦ.

λύγδην ἔκλαιον πάντες[1]. Ὡς δὲ πρὸς τέλος
γόων ἀφίκοντ', οὐδ' ἔτ' ὠρώρει βοὴ,
ἦν μὲν σιωπή· φθέγμα δ' ἐξαίφνης τινὸς
θώϋξεν αὐτὸν, ὥστε πάντας ὀρθίας   1615
στῆσαι φόβῳ δείσαντας ἐξαίφνης τρίχας.
Καλεῖ γὰρ αὐτὸν πολλὰ πολλαχῇ θεός·
« Ὦ οὗτος, οὗτος! Οἰδίπους, τί μέλλομεν
« χωρεῖν; πάλαι δὴ τἀπὸ σοῦ βραδύνεται[2]. »
Ὁ δ', ὡς ἐπήσθετ' ἐκ θεοῦ καλούμενος[3],   1620
αὐδᾷ μολεῖν οἱ γῆς ἄνακτα Θησέα.
Κἀπεὶ προσῆλθεν, εἶπεν· « Ὦ φίλον κάρα,
« δός μοι[4] χερὸς σῆς πίστιν ἀρχαίαν[5] τέκνοις,
« (ὑμεῖς τε, παῖδες, τῷδε), καὶ καταίνεσον

πάντες[1] ἔκλαιον λύγδην
τοιαῦτα.

Ὡς δὲ ἀφίκοντο
πρὸς τέλος γόων,
οὐδὲ ὠρώρει ἔτι βοὴ,
ἦν μὲν σιωπή·
ἐξαίφνης δὲ
φθέγμὰ τινὸς θώϋξεν αὐτὸν,
ὥστε πάντας ἐξαίφνης
δείσαντας
στῆσαι τρίχας ὀρθίας φόβῳ.
Θεὸς γὰρ καλεῖ αὐτὸν
πολλαχῇ πολλά·
« Ὦ οὗτος, οὗτος!   [ρεῖν;
« Οἰδίπους, τί μέλλομεν χω-

tous pleuraient lugubrement
en de telles *manières*.

Quand d'–autre-part *ils* arrivèrent
à terme de–gémissements,
et-*que*-ne s'–élevait plus *aucun cri*,
ce fut d'-une-part *un* silence;
soudain d'–autre-part
la voix de–quelqu'*un* appela lui,
en-sorte-que tous soudain
ayant-craint
avoir-placé *leurs* cheveux droits par-
Un dieu en–effet appelle lui   [effroi.
en–maintes-manières maintes *fois*:
« O celui-ci, celui-ci !
« Œdipe, que tardons-*nous* à marcher ?

---

1. Πάντες. Œdipe et ses filles.
2. Τἀπὸ σοῦ βραδύνεται. Équivaut à σὺ βραδύνεις.
3. Ἐπήσθετο καλούμενος. Voyez page 118, note 2.
4. Μοι. Explétif. (Voy. p. 208, n. 1.) Le véritable complément de
δός est τέκνοις (Antigone et Isméne).

fait place au silence. Tout à coup une voix l'appelle, et, d'effroi, les cheveux se dressent sur toutes les têtes. A plusieurs reprises le dieu renouvelle son appel : « Œdipe ! Œdipe ! qu'attendons-« nous pour partir ? Œdipe ! c'est trop différer ! » Cependant Œdipe a reconnu la voix du dieu qui le presse. Il crie au roi de cette terre, au noble Thésée, d'avancer ; puis, dès que le prince est auprès de lui : « Ami, dit-il, donne ta main à ces « jeunes filles, en signe d'une inviolable foi ; et vous, enfants, « donnez-lui la vôtre. Promets-moi de ne jamais les abandonner « volontairement, et, quoi que tu fasses, d'agir toujours par « bienveillance et dans leur intérêt. » Thésée, en homme généreux, retient ses larmes, et jure de faire ce qu'exige son

<hr>

« Πάλαι δὴ βραδύνεται [2]	« Depuis-longtemps certes *il* est-tarde
« τὰ ἀπὸ σοῦ. »	« *en* le *dépendant* (en ce qui dépend)
	[de toi. »
'Ο δὲ ὡς ἐπήσθετο	Œdipe d'-autre-part, quand *il* sentit
καλούμενος [3] ἐκ θεοῦ,	étant (qu'il était)-appelé d'*un* dieu,
κυδᾷ	dit (ordonne)
ἵνακτα γᾶς, Θησέα,	*le* roi de-*cette*-terre, Thésée,
ιολεῖν οἱ.	être-venu à-lui.
καὶ, ἐπεὶ προσῆλθεν, εἶπεν ·	Et, lorsqu'*il* vint-à *lui*, *il* dit :
Ὦ φίλον κάρα,	« O chère tête,
δός μοι [4] τέκνοις	« aie-donné pour-moi à-*mes*-enfants
ἀρχαίαν [5] πίστιν	« *l'*antique (l'inviolable) foi
σῆς χερὸς,	« de-ta main,
(ὑμεῖς τε, παῖδες, τῷδε),	« (et vous, enfants, à-celui-ci),
καὶ καταίνεσον	« et aie-promis

5. Ἀρχαίαν. Ce qui est *antique* est généralement *respectable*, ‌lennel, semble plus *inviolable*, plus *durable* : aussi ἀρχαῖος perd-il ‌uvent son premier sens pour ces sens dérivés. Æschyle, *Agam.*, ‌3 : Θεοῖς λάφυρα ταῦτα τοῖς καθ' Ἑλλάδα δόμοις ἐπασσάλευσᾶν, ‌χαῖον γάνος. Les Latins employaient de même *antiquus* avec ces ‌ées accessoires d'autorité, de prix, etc.

α μή ποτε προδώσειν τάσδ' ἑκὼν, τελεῖν[1] δ' ὅσ' ἂν 1625
« μέλλῃς φρονῶν εὖ ξυμφέροντ' αὐταῖς ἀεί. »
'Ο δ', ὡς ἀνὴρ γενναῖος, οὐκ οἴκτου μέτα[2]
κατήνεσεν τάδ' ὅρκιος δράσειν ξένῳ.
"Οπως δὲ ταῦτ' ἔδρασεν, εὐθὺς Οἰδίπους
ψαύσας ἀμαυραῖς[3] χερσὶν ὧν παίδων, λέγει· 1630
« "Ω παῖδε, τλάσας χρὴ τὸ γενναῖον φρενὶ[4]
« χωρεῖν τόπων ἐκ τῶνδε, μηδ', ἃ μὴ θέμις,
« λεύσσειν δικαιοῦν, μηδὲ φωνούντων κλύειν.
« 'Αλλ' ἔρπεθ' ὡς τάχιστα· πλὴν ὁ κύριος[5]
« Θησεὺς παρέστω μανθάνων τὰ δρώμενα. » 1635
Τοσαῦτα φωνήσαντος εἰσηκούσαμεν
ξύμπαντες·ἀστακτὶ[6] δὲ σὺν ταῖς παρθένοις

α μή ποτε ἑκὼν	« ne jamais volontairement
α προδώσειν τάσδε,	« devoir-trahir celles-ci,
α τελεῖν[1] δὲ ἀεὶ	« mais devoir-accomplir toujours
« φρονῶν εὖ	« pensant bien (bienveillant) *pour elles*
« ὅσα ἂν-μέλλῃς	« toutes-*choses*-que *tu* devras *accomplir*
« ξυμφέροντα αὐταῖς. »	« étant-utiles à-elles. »
'Ο δὲ,	Le (Thésée) d'-autre-part,
ὡς ἀνὴρ γενναῖος,	comme *un* homme généreux,
κατήνεσεν ὅρκιος,	promit lié-par-serment,
οὐ μετὰ[2] οἴκτου,	non avec *manifestation de* pitié,
δράσειν τάδε ξένῳ.	devoir-faire ces *choses* à-l'-étranger.
"Οπως δὲ ἔδρασε ταῦτα,	Puis, quand *il* fit (eut fait) ces *choses*,
εὐθὺς Οἰδίπους λέγει,	aussitôt OEdipe dit,
ψαύσας ὧν παίδων	ayant-touché ses enfants,
ἀμαυραῖς[3] χερσίν·	par-*ses*-aveugles mains:
« Χρὴ, ὦ παῖδε,	« *Il* faut, ô enfants,

---

1. Τελεῖν. Futur attique, pour τελέσειν (Voy. p. 81, n. 4.)
2. Οὐκ οἴκτου μέτα, *non avec* manifestation de *pitié*, c'est-à-dire *retenant ses larmes.*
3. 'Αμαυραῖς. Voyez page 43, note 4.
4. Τλάσας τὸ γενναῖον φρενί, *supportant en esprit le généreux,*

hôte. Après quoi, sans plus tarder, Œdipe, touchant une dernière fois ses enfants de ses aveugles mains : « Mes filles, ajoute-
« t-il, que vos âmes s'arment de courage : le moment est venu
« de vous éloigner de ces lieux. Ne cherchez ni à voir ce qui
« est interdit à vos regards, ni à entendre de mystérieux en-
« tretiens; retirez-vous en toute hâte. Que Thésée seul demeure;
« seul il est intéressé à savoir ce qui va s'accomplir. » Il dit,
et nous obéissons tous : en pleurant, en gémissant, nous suivons
les jeunes filles. Arrivés à une certaine distance, au bout de
quelques instants, nous nous retournons : il avait disparu; nous
n'apercevons plus que le prince, la main devant le visage,

» τλάσας φρενὶ [4]	« vous, ayant-subi par-*l'*-âme
ι τὸ γενναῖον,	« le *parti* généreux,
ι χωρεῖν ἐκ τῶνδε τόπων,	« aller *hors*-de ces lieux,
ι μηδὲ δικαιοῦν λεύσσειν	« et-ne-pas trouver-juste *de* voir *choses*
ι ἃ μὴ θέμις,	« lesquelles point-n'*est* permis *de voir*,
ι μηδὲ κλύειν φωνούντων.	« ni *d'*entendre *nous* parlant.
· Ἀλλὰ ἔρπεσθε	« Mais glissez-vous *hors d'ici*
ι ὡς τάχιστα ·	« autant-que *possible* très-vite ;
πλὴν ὁ κύριος [5] Θησεὺς	« mais *que* le principal *intéressé* Thésée,
παρέστω,	« soit-là,
μανθάνων τὰ δρώμενα. »	« apprenant (voyant) les *choses* se-fai-
ξύμπαντες	Tous-ensemble [sant. »
ἐσηκούσαμεν	*nous* entendîmes (obéîmes à) *lui*
ὠνήσαντος τοσαῦτα ·	ayant-dit autant-de *choses seulement*,
γένοντες δὲ ἀστακτὶ [6]	puis, gémissant non-*goutte*-à-goutte,
μαρτοῦμεν	*nous* suivions (suivîmes)
ὲν ταῖς παρθένοις.	avec les jeunes-filles.

[j]ant le généreux courage de supporter, armant vos âmes d'un géné-
[re]ux courage. Euripide, *Alceste*, 643 : Ἔργον τλᾶσα γενναῖον τόδε.
  5. Ὁ κύριος, celui que regardent surtout les choses qui vont s'ac-
[co]mplir (Voy. p. 62, n. 3).
  6. Ἀστακτί, avec d'abondantes larmes (Voy. p. 245, n. 5).

στένοντες ὡμαρτοῦμεν. Ὡς δ' ἀπήλθομεν,
χρόνῳ βραχεῖ στραφέντες, ἐξαπείδομεν
τὸν ἄνδρα, τὸν μὲν[1] οὐδαμοῦ παρόντ' ἔτι,   1640
ἄνακτα δ' αὐτὸν[2] ὀμμάτων ἐπίσκιον
χεῖρ' ἀντέχοντα κρατὸς, ὡς δεινοῦ τινος
φόβου[3] φανέντος οὐδ' ἀνασχετοῦ βλέπειν.
Ἔπειτα μέντοι βαιὸν, οὐδὲ σὺν χρόνῳ,
ὁρῶμεν αὐτὸν[2] γῆν τε προσκυνοῦνθ' ἅμα   1645
καὶ τὸν θεῶν Ὄλυμπον ἐν ταὐτῷ λόγῳ.
Μόρῳ δ' ὁποίῳ κεῖνος ὤλετ', οὐδ' ἂν εἷς
θνητῶν φράσειε, πλὴν τὸ Θησέως κάρα[4].
Οὐ γάρ τις αὐτὸν οὔτε πυρφόρος θεοῦ
κεραυνὸς ἐξέπραξεν, οὔτε ποντία   1650
θύελλα κινηθεῖσα τῷ τότ' ἐν χρόνῳ·
ἀλλ' ἤ τις ἐκ θεῶν πομπὸς, ἢ τὸ νερτέρων

—◦—◇—◦—

Ὡς δὲ ἀπήλθομεν,	Puis, quand *nous* partîmes (fûmes partis),
στραφέντες χρόνῳ βραχεῖ,	nous-étant-retournés en-*un*-temps court,
ἐξαπείδομεν τὸν ἄνδρα,	*nous* aperçûmes l'homme,
τὸν μὲν[1]	l'*OEdipe* d'-une-part, *dis-je*,
οὐδαμοῦ ἔτι παρόντα,	nulle-part plus *n'*étant-là,
ἄνακτα δὲ αὐτὸν[2]	*le* prince d'-autre-part *lui*-même
ἀντέχοντα κρατὸς	ayant-devant *sa* tête
χεῖρα ἐπίσκιον ὀμμάτων,	*sa* main faisant-ombre-à *ses* yeux,
ὡς τινος φόβου[3] φανέντος	comme quelque *sujet* d'effroi étant-terrible
δεινοῦ	[apparu
οὐδὲ ἀνασχετοῦ βλέπειν.	et-non supportable *à* regarder.
Βαιὸν ἔπειτα μέντοι,	Peu après certes-donc,
οὐδὲ σὺν χρόνῳ,	et-non avec *du* temps,
ὁρῶμεν αὐτὸν προσκυνοῦντα	*nous* voyons lui adorant-prosterné
Γῆν τε ἅμα	et *la* Terre à-la-fois

---

1. Ἐξαπείδομεν τὸν ἄνδρα, τὸν μέν, etc. C'est-à-dire ἐξαπείδομεν
τὸν μὲν ἄνδρα (OEdipe), etc.
2. Ἄνακτα δ' αὐτόν, etc. Construisez : ἄνακτα δ' αὐτὸν (Thésée)

comme pour voiler à ses yeux quelque scène affreuse, épouvan-
table, dont il ne peut soutenir l'aspect. Puis bientôt, presque
immédiatement, nous le voyons se prosterner, et adorer à la fois
avec même ferveur et la Terre et le céleste Olympe. Mais de
quelle mort l'étranger a-t-il péri ? Pas un d'entre les mortels qui
pût le dire, si ce n'est Thésée. Ni les feux du dieu de la foudre,
ni les subites fureurs de la tempête, fille des mers, n'ont ter-
miné ses jours : ou il aura été enlevé par quelque messager des
dieux, ou la terre, s'entr'ouvrant avec bienveillance, l'aura conduit sans douleur au séjour des Mânes. Aucun gémissement,
aucune de ces plaintes qu'arrache la souffrance, n'a signalé son

— ◦ ◆ ◦ —

καὶ τὸν Ὄλυμπον θεῶν	et l'Olympe des-dieux
ἐν τῷ αὐτῷ λόγῳ.	en le même compte (en même temps).
Ὁποίῳ δὲ μόρῳ	Mais par-laquelle mort
κεῖνος ὤλετο,	celui-là a-péri,
οὐδὲ εἷς θνητῶν	pas-même un-*seul* des-mortels
ἀν-φράσειε,	*n'*eût-dit (ne saurait le dire),
πλὴν τὸ κάρα [4] Θησέως.	excepté la tête de-Thésée.
Οὐ γάρ τις	Point-*n'est-ce* en-effet quelque
οὔτε πυρφόρος κεραυνὸς θεοῦ,	ni enflammée foudre de-Jupiter,
οὔτε ποντία θύελλα	ni maritime tempête
κινηθεῖσα ἐν τῷ χρόνῳ τότε,	soulevée en le temps *d'*alors,
ἐξέπραξεν αὐτὸν ·	*qui* acheva (tua) lui ;
ἀλλὰ ἤ τις πομπὸς	mais ou quelque messager
ἐκ θεῶν,	de *la part des* dieux,

ἀντέχοντα κρατὸς (*tenant devant sa tête*) χεῖρα ἐπίσκιον ὀμμάτων.
3. Φόβου, (*sujet d'*) *effroi :* l'effet pour la cause.
4. Τὸ Θησέως κάρα. Pour Θησεύς (Voy. p. 68, n. 4).

εὔνουν διαστὰν γῆς ἀλύπητον βάθρον [1].
Ἀνὴρ [2] γὰρ οὐ στενακτὸς [3] οὐδὲ σὺν νόσοις
ἀλγεινὸς ἐξεπέμπετ', ἀλλ', εἴ τις βροτῶν,   1655
θαυμαστός. Εἰ δὲ μὴ δοκῶ φρονῶν λέγειν,
οὐκ ἂν παρείμην οἷσι μὴ δοκῶ φρονεῖν [4].

ΧΟΡΟΣ.

Ποῦ δ' αἵ τε παῖδες, χοἱ [5] προπέμψαντες φίλων;

ΑΓΓΕΛΟΣ.

Αἵδ' οὐχ ἑκάς· γόων γὰρ οὐκ ἀτήμονες
φθόγγοι σφε σημαίνουσι δεῦρ' ὁρμωμένας.   1660

ΑΝΤΙΓΟΝΗ.

(Στροφὴ α'.)

Αἶ, αἶ! φεῦ! 'στὶν, ἔστι νῷν δὴ,
οὐ τὸ μὲν, ἄλλο δὲ μὴ [6], πατρὸς ἔμφυτον

——◦—◇—◦——

ἢ τὸ βάθρον [1] γῆς	ou le degré de-*la*-terre
νερτέρων	de (conduisant à)-*les-mânes*-infernaux
διαστὰν εὔνουν	s'-étant-séparé (entr'ouvert) bienveillant
ἀλύπητον.	*acheva* (*tua*) *lui* sans-douleur.
Ἀνὴρ [2] γὰρ ἐξεπέμπετο	*Cet* homme en·effet était-emporté
οὐ στενακτὸς [3],	non-gémissant,
οὐδὲ ἀλγεινὸς σὺν νόσοις,	ni souffrant avec maladies,
ἀλλὰ θαυμαστός,	mais merveilleux,
εἴ τις βροτῶν.	si quelqu'*un* des-mortels *le fut*.
Εἰ δὲ μὴ δοκῶ λέγειν	Or si *je* ne semble *pas* parler
φρονῶν,	étant-sensé, [je]
οὐκ ἂν-παρείμην	point-n'eussé-*je*-concédé (n'accorderai-
οἷσι μὴ δοκῶ	*à ceux* à-qui *je* ne *le* semble *pas*

---

1. Τὸ νερτέρων γῆς βάθρον, *le degré de la terre* en fait *de morts*,
*l'endroit de la terre servant de degré pour descendre au séjour des
morts*. Il s'agit de ce gouffre plusieurs fois indiqué déjà (Voy. v. 57,
et les notes ; et v. 1581-1582. — Joignez διαστὰν εὔνουν ἀλύπητον,
s'étant entr'ouvert bienveillant sans douleurs (pour Œdipe), *c'est-à-
dire de manière à le recevoir sans qu'il souffrît pour mourir*.

2. Ἀνήρ (ou peut-être ἀνήρ, pour ὁ ἀνήρ). Œdipe.

3. Στενακτός. Au sens actif de στενάζων.

4. Φρονεῖν. Paraît dépendre de οὐκ ἂν παρείμην, et non de δοκῶ,
après lequel il faut sans doute reprendre le φρονῶν λέγειν du vers pré-

départ, merveilleux entre tous.—Et maintenant, si mes paroles devaient faire douter de ma raison, je le déclare, la raison n'est pas du côté de celui qui douterait.

LE CHŒUR.

Et ses filles, où sont-elles? Où sont les amis qui l'accompagnèrent?

LE MESSAGER.

Les malheureuses ne sont pas loin : ces cris de plus en plus distincts témoignent assez de leur approche.

ANTIGONE.

Hélas, hélas! Tout est donc sujet de larmes pour nous (in-

φρονεῖν 4.

  XOP.—Ποῦ δὲ
αἵ τε παῖδες,
καὶ οἱ 5 προπέμψαντες
φίλων ;

  ΑΓΓ.—Αἵδε οὐχ ἑκάς ·
φθόγγοι γὰρ οὐκ ἀσήμονες
σημαίνουσί σφε   [γόων
ὁρμωμένας δεῦρο.

  ΑΝΤΙΓ.—Αἴ, αἴ! φεῦ !
ἔστιν, ἔστιν νῦν δὴ δυσμόροιν
στενάζειν,
οὐ τὸ μὲν,
ἄλλο δὲ μὴ 6,

eux-mêmes être-sensés.

  LE CH.—Où *sont* d'-ailleurs
et les *siennes* enfants,
et les ayant-accompagné *lui*
d'-*entre-ses*-amis?

  LE MESS.—Celles-ci *sont* non loin ;
car *les* sons non indistincts de-*leurs*-
marquent elles-deux   [gémissements
s'-élançant ici.

  ANTIG.—Ah, ah! hélas !
il est, *il* est à-nous-deux certes infor-
de déplorer,   [tunées
non *en l'une chose* d'-une-part *oui*,
en une autre d'-autre-part non,

---

cédent : *je n'accorderai point à ceux à qui je semble ne pas parler avec sens qu'ils soient eux-mêmes sensés.* Au surplus, le sens serait le même si l'on voulait voir dans φρονεῖν le complément à la fois d'οὐχ ἂν παρείμην et de οἶσι μὴ δοκῶ. — On pourrait encore, à la rigueur, traduire ainsi : *S'il en est qui ne me croient pas dans mon bon sens, je ne saurais l'accorder à* (c'est-à-dire *être de l'avis de*) *ceux qui ne ne croient pas dans mon bon sens;* mais la pensée serait si plate, qu'il est impossible de s'arrêter à cette interprétation.

  5. Χοἱ. Crase, pour καὶ οἱ.

  6. Οὐ τὸ μὲν, ἄλλο δὲ μή. *Non, en l'une chose, oui; en l'autre, non :* c'est-à-dire *en toutes choses, à tous égards.* Modifie στενάζειν.

ἄλαστον αἷμα δυσμόροιν στενάζειν·
ᾧτινι[1] τὸν πολὺν
ἄλλοτε μὲν πόνον ἔμπεδον εἴχομεν,   1665
ἐν πυμάτῳ δ᾽[2] ἀλόγιστα παροίσομεν[3]
ἰδόντε[4] καὶ παθούσα.

ΧΟΡΟΣ.

Τί δ᾽ ἔστιν;

ΑΝΤΙΓΟΝΗ.
Οὐκ ἔστιν μὲν εἰκάσαι, φίλοι.

ΧΟΡΟΣ.

Βέβηκεν[5]...

———o—◆—o———

ἄλαστον αἷμα ἔμφυτον	*le* criminel sang inné *en nous*
πατρός ·	de-*notre*-père :
ᾧτινι[1] ἄλλοτε μὲν	pour-qui autrefois d'-une-part
εἴχομεν ἔμπεδον	*nous* avions constante
τὸν πολὺν πόνον,	l'abondante peine,
ἐν πυμάτῳ δὲ[2]	*à propos duquel* en dernier d'-autre-part
παροίσομεν[3]	*nous* alléguerons (pourrons dire)-en-outre

1. Ὧτινι, *pour qui, dans l'intérêt duquel.*

2. Ἐν πυμάτῳ δ᾽, etc. Reprenez l'ᾧτινι du v. 1664, mais au sens de *à propos duquel*, et entendez : ᾧτινι δ᾽ ἐν πυμάτῳ, etc.

3. Ἀλόγιστα παροίσομεν, etc. La construction paraît être : παροίσομεν ἰδόντε καὶ παθούσα ἀλόγιστα, *nous alléguerons en outre ayant vu*, c'est-à-dire *nous pourrons ajouter que nous avons vu et éprouvé* (à propos de sa fin) *des choses inimaginables*. — D'autres voient une vive opposition entre ἀλόγιστα, qu'ils rendent par *des choses incalculées, imprévues*, et l'ἔμπεδον du v. 1665, qu'ils traduisent par *nettement déterminé*. Mais, en l'absence d'autres exemples de ce sens d'ἔμπεδον, nous lui garderons son acception ordinaire de *ferme, constant, permanent;* d'ailleurs, celle que nous donnons à ἀλόγιστα, au moins aussi juste que l'autre, semble appuyée par l'οὐκ ἔστιν εἰκάσαι du v. 1668.

4. Ἰδόντε. Avec un substantif féminin au duel, les Grecs, et surtout les attiques, donnent souvent à l'article, à l'adjectif, au participe, la terminaison masculine, même en prose : ἄμφω τὼ πόλεε (Thucydide) ; δύο τινέ ἐστον ἰδέα ἄρχοντε καὶ ἄγοντε, οἷν ἑπόμεθα (Platon). Dans notre

fortunées !) dans ce sang impur qu'un père a transmis à nos veines ! Naguère, que de peines constamment renouvelées ! Aujourd'hui, quel surcroît de misères inimaginables ! quel spectacle ! quelle désolation !

LE CHOEUR.

Qu'y a-t-il ?

ANTIGONE.

Une de ces douleurs, amis, qui ne s'imaginent point.

LE CHOEUR.

Il a péri...

ἰδόντε [4]	ayant-toutes-deux-vu
καὶ παθούσα	et ayant-toutes-deux-souffert
ἀλόγιστα.	*des maux* incalculables.
XOP.—Τί δέ ἐστιν ;	LE CH.—Quoi donc est-*ce ?*
ΑΝΤΙΓ.—Φίλοι,	ANTIG.—Amis,
οὐκ ἔστιν μὲν εἰκάσαι.	point-n'est-ce certes *à* avoir-conjecturé.
XOP.—Βέβηκεν [5]...	LE CH.—*Il* est-parti....

---

vers l'emploi d'ἰδόντε pour ἰδοῦσα est plus frappant, parce que le second participe a conservé la forme féminine (παθοῦσα) ; mais ce n'est certes pas une raison pour chercher à corriger le texte : la construction grecque est si élastique !

5. Βέβηκεν. Nous trouvons partout, après ce mot, le signe de l'interrogation, qui pourtant donne un pauvre sens : le Chœur sait bien qu'Œdipe n'est plus. Ce qui nous paraît probable, c'est que le Chœur, voyant le désespoir des jeunes filles, veut les consoler en leur représentant que leur père est mort de la manière la plus désirable ; mais à peine a-t-il prononcé βέβηκεν (*il est mort*), qu'Antigone, devinant la suite, l'interrompt (de là les points que nous plaçons après βέβηκεν), et achève elle-même la pensée en disant : *comme vous prendriez le plus volontiers la mort, si vous la pouviez prendre au gré de votre désir,* c'est-à-dire *de la manière la plus désirable assurément.* En prévenant ainsi le Chœur, elle lui montre que ses moyens de consolation, connus et jugés d'avance, seront inefficaces : Œdipe, lui, peut être heureux d'être mort ainsi ; mais elles (v 1674 : Τάλαινα ! νῦν δ', etc.) !

ΑΝΤΙΓΟΝΗ.

Ὡς μάλιστ' ἂν, εἰ πόθῳ, λάβοις.

Τί γάρ; ὅτῳ μήτ' Ἄρης, μήτε   1670
πόντος ἀντέκυρσεν, ἄσκο-
ποι δὲ πλάκες[1] ἔμαρψαν, ἐν[2] ἀφανεῖ[3] τινι μόρῳ φερόμεναι[4].

Τάλαινα! νῦν δ' ὀλεθρία
νὺξ ἐπ' ὄμμασιν βέβηκε.   1675

Πῶς γὰρ, ἢ τιν' ἀπίαν γᾶν ἢ
πόντιον κλύδων' ἀλώμεναι, βίου
δύσοιστον ἕξομεν τροφάν;

ΙΣΜΗΝΗ.
(Στροφὴ β'.)

Οὐ κάτοιδα.

Κατά με φόνιος Ἀΐδας ἕλοι[5]   1680
πατρὶ ξυνθανεῖν[6] γεραιῷ
τάλαιναν! ὡς ἔμοιγ' ὁ μέλ-
λων βίος οὐ βιωτός.

———o—◇—o———

ΑΝΤΙΓ.—Ὡς ἂν-λάβοις	ANTIG.—Comme *tu* eusses-pris (comme [on prendrait) *de partir*
μάλιστα,	*le*-plus (précisément),
εἰ πόθῳ.	si *on agissait en cela* par-désir.
Τί γάρ;	Quoi en-effet?
ὅτῳ ἀντέκυρσεν	*lui* à-qui *ne* fut-à-rencontre
μήτε Ἄρης, μήτε πόντος,	ni Mars, ni *la mer en furie,*
ἄσκοποι δὲ πλάκες[T]	mais *que les* invisibles plages
ἔμαρψαν,	saisirent,
φερόμεναι[4] ἕν[2] τινι μόρῳ	*l'emportant* par une mort obscure (mys-
Τάλαινα! [ἀφανεῖ.	Malheureuse! [térieuse).
νῦν δὲ	à-nous-deux d'-autre-part

———

1. Ἄσκοποι δὲ πλάκες, etc. Pour ὅντινα δ' ἄσκοποι πλάκες (Voy.
p. 90, n. 1), etc. Ces ἄσκοποι πλάκες, c'est le Tartare.
2. Ἐν, *au moyen de, par.*

ANTIGONE.

De la manière la plus digne d'envie, sans doute: ni Mars ni la mer en furie ne se sont rencontrés sur sa voie; un mystérieux trépas l'a saisi, l'a emporté aux plages du mystère. Mais nous!.. Hélas! quelle funeste nuit s'est répandue sur nos yeux!.. Errantes sur quelque rive lointaine, sur quelque mer aux flots agités, comment soutiendrons-nous notre triste existence?

ISMÈNE.

Je l'ignore. Pourquoi, hélas! le cruel dieu de la mort ne m'a-t-il pas frappée avec mon vieux père? Pour moi désormais la vie n'est plus tolérable.

——o—◇—o——

ὀλεθρία νὺξ	*une* funeste nuit
βέβηκεν ἐπὶ ὀμμάτων.	est-venue sur *les* yeux.
Πῶς γὰρ,	Comment en-effet,
ἀλώμεναι ἤ τινα γᾶν ἀπίαν	errant soit *en* une terre lointaine
ἤ πόντιον κλύδωνα,	soit *en* maritime agitation-de-flots,
ἕξομεν δύσοιστον	aurons-*nous* difficilement-supportable
τροφὰν βίου;	*l'*alimentation de-*la*-vie?
ΙΣΜ.—Οὐ κάτοιδα.	ISM.—Point-ne *le* sais-*je*.
Φόνιος Ἀΐδας	*Oh! que le* meurtrier Pluton
κατὰ-ἕλοι [5] με τάλαιναν	eût-détruit moi malheureuse
ξυνθανεῖν [6] γεραιῷ πατρί !	de-manière-à avoir-péri-avec *mon* vieux
ὡς ἔμοιγε	vu-que pour-moi-donc [père !
ὁ μέλλων βίος οὐ βιωτός.	la future vie point-n'*est* vivable.

3. Ἀφανεῖ, *mystérieux*.
4. Φερόμεναι. Au moyen : *emportant* lui.
5. Κατά μ' ἕλοι. Tmèse, pour καθέλοι με.
6. Ξυνθανεῖν. Dépend de καθέλοι με par un ὥστε sous-entendu

ΧΟΡΟΣ.

Ὦ διδύμα τέκνων ἀρίστα,
τὸ φέρον[1] ἐκ θεοῦ καλῶς   1685
χρὴ φέρειν, μηδ' ἄγαν οὕτω φλέγεσθον·
οὔ τοι κατάμεμπτ' ἔβητον[2].

ΑΝΤΙΓΟΝΗ.

('Αντιστροφὴ α'.)

Πόθος[3] καὶ κακῶν ἄρ' ἦν τις !
Καὶ γὰρ, ὃ μηδαμὰ[4] δὴ φίλον, φίλον,
ὁπότε γε καὶ τὸν[5] ἐν χεροῖν κατεῖχον.   1690
Ὦ πάτερ, ὦ φίλος,
ὦ τὸν ἀεὶ κατὰ γᾶς σκότον εἱμένος,
οὐδὲ γὰρ ὢν ἀφίλητος ἐμοί ποτε
καὶ τᾷδε μὴ κυρήσεις[6].

ΧΟΡΟΣ.

Ἔπραξεν....

———◇———

ΧΟΡ.—Ὦ διδύμα ἀρίστα τέκνων, χρὴ φέρειν καλῶς τὸ φέρον[1] ἐκ θεοῦ, μηδὲ φλέγεσθον οὕτω ἄγαν· οὐκ ἔβητόν[2] τοι κατάμεμπτα.

LE CH.—O doubles (ô vous deux) excellentes d'-*entre-les*-enfants, *il* faut *supporter* bien le apportant *soi* (ce qui vient) d'-*un* dieu, et–point–ne soyez-toutes-deux-enflam-*par* trop : [mées (agitées) ainsi point-n'êtes-*vous*-toutes-deux-venues *à choses* blâmables. [certes

ΑΝΤΙΓ.—Ἦν ἄρα τις πόθος[3] καὶ κακῶν ! Καὶ γὰρ,

ANTIG.—*Il* était donc un regret *possible* même de-*nos*-maux ! Et en-effet

———

1. Τὸ φέρον, *ce qui apporte soi, ce qui arrive.*

2. Οὐ κατάμεμπτ' ἔβητον, *vous n'êtes pas venues à du très-blâmable, c'est-à-dire votre sort n'est pas désespéré.*

3. Πόθος, etc. *Il était donc un regret possible de mes maux ! c'est-à-dire : Je pouvais donc devenir assez malheureuse pour regretter même les tristes jours passés avec mon père !*

4. Ὁ μηδαμά, etc. *Ce qui n'était certes nullement l'agréable était*

LE CHOEUR.

Enfants, modèles toutes deux de tendresse filiale, il faut savoir se résigner à la fortune que les dieux nous envoient. Point d'excès dans vos transports : votre sort n'est pas désespéré.

ANTIGONE.

Il était donc possible que j'eusse à regretter jusqu'à des maux ! Oui, ce qui était si peu le bonheur était du bonheur encore, alors que du moins je le tenais dans mes bras. O mon père, ô mon ami, ô toi que la terre a pour toujours revêtu de ses ténèbres, ni cette infortunée, ni moi, nous ne cesserons jamais de te chérir.

LE CHOEUR.

Il a eu...

--------o—◇—o--------

ὃ μηδαμὰ[4] δὴ τὸ φίλον,	ce qui nullement donc *n'était* l'agréable,
φίλον,	*était pourtant* agréable,
ὁπότε γε κατεῖχον ἐν χεροῖν	quand donc *je* tenais en *mes* deux-mains
καὶ τόν[5].	aussi (du moins) le *mien père*.
Ὦ πάτερ, ὦ φίλος,	O père, ô ami,
ὦ εἱμένος τὸν σκότον ἀεὶ	ô *toi* ayant-revêtu l'obscurité *de* toujours
κατὰ γᾶς !	en-bas-de (sous) *la* terre !
Οὐδὲ γὰρ	Point-*n'est-il à craindre* en-effet
μὴ κυρήσεις [6] ποτὲ	que-*tu-ne* te-trouveras (que tu ne sois)
ὢν ἀφίλητος ἐμοὶ	étant non-aimé à-moi [jamais
καὶ τᾶδε.	et à-celle-ci.
XOP.—Ἔπραξεν...	LE CH.—*Il a-fait....*

agréable, quand, etc.; c'est-à-dire *sans être heureuse, certes, je goûtais encore un bonheur relatif quand*, etc.

5. Τόν. Poétique pour τοῦτον (τὸν πατέρα).

6. Οὐδὲ γὰρ μὴ κυρήσεις. Voyez p. 42, n. 2. — Οὐδὲ γὰρ ἄν. Correction. Les manuscrits portent οὐδὲ γέρων, qui ne donne de sens qu'à l'aide de subtilités impossibles.

ΑΝΤΙΓΟΝΗ.

Ἐξέπραξεν οἷον ἤθελε.   1695

ΧΟΡΟΣ.

Τὸ ποῖον;

ΑΝΤΙΓΟΝΗ.

Ἃς ἔχρηζε γᾶς ἐπὶ ξένας
ἔθανε, κοίταν δ' ἔχει νέρθεν
εὐσκίαστον αἰὲν, οὐδὲ
πένθος ἔλιπ' ἄκλαυστον. Ἀεὶ
γὰρ ὄμμα σε τόδ', ὦ πάτερ, ἐμὸν   1700
στένει δακρῦον· οὐδ' ἔχω
πῶς με χρὴ τὸ σὸν[1] τάλαιναν
ἀφανίσαι τοσόνδ' ἄχος. Ἰώ μοι!
γᾶς[2] ἐπὶ ξένας θανεῖν ἔχρηζες· ἀλλ'
ἔρημος[3] ἔθανες ὧδέ μοι.   1705

ΙΣΜΗΝΗ.

(Ἀντιστροφὴ β'.)

Ὦ τάλαινα!
Τίς ἄρα με πότμος αὖθις ὧδ'

———o—◇—o———

ΑΝΤΙΓ.— Ἐξέπραξεν οἷον ἤθελε.	ANTIG.—*Il* a-parfait *la* quelle *chose il* voulait.
ΧΟΡ.—Τὸ ποῖον;	LE CH.—La quelle?
ΑΝΤΙΓ.—Ἔθανεν ἐπὶ γᾶς ξένας ἃς ἔχρηζεν, ἔχει δὲ νέρθεν κοίταν εὐσκίαστον αἰὲν, οὐδὲ ἔλιπε πένθος ἄκλαυστον. Ἀεὶ γὰρ, ὦ πάτερ, τόδε ἐμὸν ὄμμα δακρῦον στένει σε·	ANTIG.—*Il* a-péri sur *la* terre étrangère qu'*il* désirait, et *il* a en-bas (aux enfers) *une* couche bien-ombragée *à* toujours, ni *ne* laissa-*t-il un* deuil sans-pleurs. *A* toujours en-effet, ô père, ce mien œil pleurant gémit-sur toi;

---

1. Σόν. Au sens passif de περὶ σοῦ (Voy. p. 72, n. 1).

2. Ἰώ μοι! γᾶς, etc. Correction. Les manuscrits donnent : ἰώ! μὴ γᾶς, etc. ; mais, pour arriver avec cette leçon à une pensée qui ne contredise pas celle du v. 1696, on est obligé, avec le scholiaste, d'entendre μὴ ἔχρηζες optativement, au sens de μὴ ὤφελες, interpréta-

ANTIGONE.

Il a eu tout ce qu'il désirait.

LE CHOEUR.

Que veux-tu dire?

ANTIGONE.

Il est mort sur la terre étrangère où il voulait mourir ; il repose, éternellement endormi au sein des ombres infernales ; il
a laissé après lui des regrets et des larmes. Oui, ces yeux, ô
mon père, te pleureront jusqu'à la fin : comment une douleur
si vive s'effacerait-elle de mon triste cœur? Hélas, hélas! tu
as désiré mourir sur une terre étrangère, et cette mort t'isole à
jamais de ta fille !

ISMÈNE.

Hélas, hélas! à quel destin sommes-nous encore réservées

<hr>

οὐδὲ ἔχω	ni *n'ai-je* (ni ne sais-je)
πῶς χρή με τάλαιναν	comment *il* faut moi malheureuse
ἀφανίσαι	avoir-fait-disparaître
τὸ τοσόνδε ἄχος σόν[1].	la si-grande douleur tienne (à ton sujet).
Ἰώ μοι !	Hélas pour-moi !
Ἐχρῆζες θανεῖν	*tu* désirais avoir-péri
ἐπὶ γᾶς[2] ξένας·	sur terre étrangère ;
ἀλλὰ ἔθανες ὧδέ μοι	mais *tu* mourus ainsi à-moi
ἔρημος[3].	isolé *désormais.*
ΙΣΜ.—Ὢ τάλαινα !	ISM.—O infortunée !
Τίς πότμος ἄρα αὖθις,	Quel sort donc de-nouveau,

<hr>

tion un peu forcée et n'amenant pas très-bien l'ἀλλά qui suit. Notez
que le changement de μή en μοι est très-peu de chose à cause de l'i-
dentité de prononciation.

3. Ἔρημος, désormais *isolé* de ta fille : Antigone ne doit pas rester
dans l'Attique.

ἔρημος, ἄπορος, ἐπιμένει,
σέ τ’, ὦ φίλα,
πατέρος ὦδ’ ἐρήμας;   1710

ΧΟΡΟΣ.

’Αλλ’ ἐπεὶ ὀλβίως γ’ ἔλυσε
τὸ τέλος, ὦ φίλαι, βίου,
λήγετε τοῦδ’ ἄχους· κακῶν γὰρ
οὐδεὶς δυσάλωτος. [1]

ΑΝΤΙΓΟΝΗ.
(Στροφὴ γ΄.)

Πάλιν, φίλα, συθῶμεν.

ΙΣΜΗΝΗ.

Ὡς τί ῥέξομεν;   1715

ΑΝΤΙΓΟΝΗ.

Ἵμερος ἔχει με....

ΙΣΜΗΝΗ

Τίς;

ΑΝΤΙΓΟΝΗ.

τὰν χθόνιον ἑστίαν ἰδεῖν......

ΙΣΜΗΝΗ.

Τίνος;

ΑΝΤΙΓΟΝΗ.

πατρός. Τάλαιν’ ἐγώ!

ἔρημος, ἄπορος,	solitaire, dépourvu,
ἐπιμένει με, σέ τε, ὦ φίλα,	attend moi, et toi, ô chérie,
ὦδε ἐρήμας πατέρος;	ainsi isolées *en fait* de-père?
ΧΟΡ.—’Αλλὰ, ὦ φίλαι,	LE CH.—Mais, ô amies,
ἐπεὶ ἔλυσεν ὀλβίως γε	puisqu’*il* dénoua heureusement donc
τὸ τέλος βίου,	la *sienne* fin de-vie,
λήγετε τοῦδε ἄχους·	cessez *en fait* de-cette douleur;
οὐδεὶς γὰρ δυσάλωτος [1]	nul en-effet *n’est* difficile-à-saisir
κακῶν.	*en fait* de-maux.

---

1. Κακῶν οὐδεὶς δυσάλωτος, *nul* n’est *difficile à saisir* en fait *de maux*, nul *qui n’ait sa large part de maux.* Sur la construction de

l'une et l'autre, chère Antigone? Ainsi privées de notre père, quel délaissement, quelle détresse!

LE CHŒUR.

Puisqu'enfin il a heureusement achevé sa vie, enfants, trêve à ce désespoir! Point de mortel qui n'ait sa large part d'affliction.

ANTIGONE.

Ma sœur, retournons sur nos pas.

ISMÈNE.

Eh! qu'irons-nous faire?

ANTIGONE.

J'éprouve un vif désir...

ISMÈNE.

Quel désir?

ANTIGONE.

De voir la souterraine demeure...

ISMÈNE.

De qui?

ANTIGONE.

De notre père. Hélas, hélas!

———o—<>—o———

ΑΝΤΙΓ.—Φίλα, συθῶμεν πάλιν.

ΙΣΜ.—Ὡς τί ῥέξομεν;

ΑΝΤΙΓ.—Ἵμερος ἔχει με...

ΙΣΜ.—Τίς;

ΑΝΤΙΓ.—Ἰδεῖν τὰν χθόνιον ἑστίαν....

ΙΣΜ.—Τίνος;

ΑΝΤΙΓ.—Πατρός.
Ἐγὼ τάλαινα!

ANTIG.—*Ma* chère, ayons-élancé-nous en-arrière.

ISM.—Vu-que quoi ferons-*nous?*

ANTIG.—*Un* désir tient moi....

ISM.—Quel?

ANTIG.—*D'*avoir-vu le *souterrain* foyer....

ISM.—De-qui?

ANTIG.—De-*mon*-père.
Oh, moi malheureuse!

tous ces génitifs après ἔρημος (1710), λήγετε (1713), δυσάλωτος; Voyez p. 71, n. 3.

ΙΣΜΗΝΗ.

Θέμις δὲ πῶς τάδ' ἐστί; Μῶν οὐχ ὁρᾷς[1];

ΑΝΤΙΓΟΝΗ.

Τί τόδ' ἐπέπληξας[2];

ΙΣΜΗΝΗ.

            Καὶ τόδ'[3], ὡς...   1720

ΑΝΤΙΓΟΝΗ.

Τί τόδε μάλ' αὖθις;

ΙΣΜΗΝΗ.

ἄταφος ἔπιτνε, δίχα τε παντός.

ΑΝΤΙΓΟΝΗ.

Ἄγε με, καὶ τότ' ἐνάριξον.

ΙΣΜΗΝΗ.

Αἲ, αἲ, δυστάλαινα! ποῖ δῆτ'
αὖθις ὧδ' ἔρημος, ἄπορος,   1725
αἰῶνα τλάμων ἕξω;

ΧΟΡΟΣ.
('Αντιστροφὴ γ'.)

Φίλαι, τρέσητε μηδέν.

ΑΝΤΙΓΟΝΗ.

     'Αλλὰ ποῖ φύγω;

ΙΣΜ.—Πῶς δὲ τάδε ἐστὶ θέμις; Μῶν οὐχ ὁρᾷς[1]; — ISM.—Mais comment ces *choses* sont-elles acté-permis? Point-donc ne *le* vois-*tu*?

ΑΝΤΙΓ.—Τί τόδε ἐπέπληξας[2]; — ANTIG.—Quelle cette *chose* m'as-*tu*-objectée?

ΙΣΜ.—Καὶ τόδε[3], ὡς... — ISM.—Et ceci *encore* que....

ΑΝΤΙΓ.—Τί τόδε μάλα αὖθις; — ANTIG.—Quel ceci tout de-nouveau?

ΙΣΜ.—Ἔπιτνεν ἄταφος, δίχα τε παντός. — ISM.—*Il* tombait (tomba, mourut) sans-tombe, et à-part-de tout *homme*.

---

1. Μῶν οὐχ ὁρᾷς. Sous-entendez ὅτι οὐ θέμις.
2. Τί τόδ' ἐπέπληξας; *Que m'as-tu objecté là?*

ISMÈNE.

Et l'interdiction qui s'y oppose! l'as-tu donc oubliée?

ANTIGONE.

Ciel! que m'objectes-tu là?

ISMÈNE.

As-tu oublié encore...

ANTIGONE.

Quoi? quel nouvel obstacle?

ISMÈNE.

Qu'aucune tombe n'a reçu sa dépouille, qu'il est mort sans témoin?

ANTIGONE.

Ah! conduis-moi de ce côté, et plonge un poignard dans mon sein.

ISMÈNE.

Hélas, hélas! ô malheur! Dans un tel abandon, dans une telle détresse, où traînerai-je ma triste existence?

LE CHOEUR.

Amies, ne craignez rien.

ANTIGONE.

Mais où fuir...

———◦◇◦———

ΑΝΤΙΓ.—Ἄγε με, καὶ τότε ἐνάριξον.

ΙΣΜ.—Αἴ, αἴ! δυστάλαινα! ποῖ δῆτα αὖθις τλάμων, ὦδε ἔρημος, ἄπορος, ἔξω αἰῶνα;

ΧΟΡ. — Φίλαι, τρέσητε

ΑΝΤΙΓ.—Ἀλλὰ [μηδέν. ποῖ φύγω;

ANTIG.—Mène-moi, et alors aie-tué *moi*.

ISM.—Ah, ah! cruellement-infortunée! où donc de-nouveau malheureuse, ainsi solitaire, depourvue, aurai-*je mon* existence?

LE CH.—Amies, *n'ayez-tremblé en*

ANTIG.—Mais [rien. où *faut-il que j'aie-fui?*

———

3. Καὶ τόδε (sous-entendez ἐπιπλήξω), *je l'objecterai ceci encore.*

ΧΟΡΟΣ.

Καὶ πάρος ἀπεφύγετον
σφῷν [1] τὸ μὴ πιτνεῖν κακῶς,

ΑΝΤΙΓΟΝΗ.

Φρονῶ......

ΧΟΡΟΣ.

Τί δῆθ' ὑπερνοεῖς [2];   1730

ΑΝΤΙΓΟΝΗ.

Ὅπως μολούμεθ' ἐς δόμους οὐκ ἔχω.

ΧΟΡΟΣ.

Μηδέ γε μάτευε· μόγος ἔχει [3].....

ΑΝΤΙΓΟΝΗ.

Καὶ πάρος· ἐπεὶ
τοτὲ μὲν πέρα, τοτὲ δ' ὕπερθεν...

<table>
<tr><td>

ΧΟΡ.—Καὶ πάρος
ἀπεφύγετον
τὸ μὴ πιτνεῖν κακῶς
σφῷν [1].

 ΑΝΤΙΓ.—Φρονῶ....

 ΧΟΡ.—Τί δῆτα
ὑπερνοεῖς [2];

</td><td>

LE CH.—Même précédemment
toutes-deux-*vous*-échappâtes
à le ne-pas avoir-tombé (à le tomber) mal
de-vous-deux.

 ANTIG.—*Je* pense....

 LE CH.—*Pourquoi donc
penses-tu*-trop?

</td></tr>
</table>

---

1. Ἀπεφύγετον σφῷν, etc. Point de mot à mot exact. Par une sorte d'anacoluthe, l'auteur a confondu en une seule deux constructions toutes différentes. Il pouvait dire, avec article et sans négation : ἀπεφύγετον σφῷν τὸ πιτνεῖν κακῶς, *vous avez échappé à l'arriver à mal de vous deux* (σφῷν étant le complément fort régulier de l'ensemble τὸ πιτνεῖν κακῶς). Il pouvait aussi rendre la même pensée en disant, sans article et avec négation : ἀπεφύγετον μὴ (pour ὥστε μὴ) πιτνεῖν κακῶς, *vous avez échappé de manière à ne pas arriver à mal* (σφῷν ne trouvant plus place dans cette seconde construction). Il a tout mêlé : il a gardé le σφῷν en réunissant le τό et le μή, sans même croire que la clarté pût en souffrir. — Il est évident que ces deux vers font allusion au secours par lequel Thésée a déjà tiré les deux sœurs des mains de Créon, et qu'ils leur promettent pour l'avenir le même appui, s'il en était besoin.

2. Τί δῆθ' ὑπερνοεῖς; *Pourquoi donc trop penser* (au lieu d'attendre

LE CHOEUR.

N'avez-vous pas, une première fois déjà, échappé au péril ?

ANTIGONE.

Je songe...

LE CHOEUR.

A quoi bon tant songer ?

ANTIGONE.

Je ne vois pas le moyen de retourner à nos foyers.

LE CHOEUR.

Laisse-là de stériles recherches. Ces tourments...

ANTIGONE.

Datent déjà de loin : c'est que nos misères, extrêmes hier, plus qu'extrêmes aujourd'hui...

ΑΝΤΙΓ.—Οὐκ ἔχω ὅπως μολούμεθα ἐς δόμους.	ANTIG.—Point-n'ai-*je* (je ne sais) comment *nous* irons à *nos* demeures.
ΧΟΡ.—Μηδὲ μάτευέ γε · μόγος ἔχει [3]....	LE CH.—Pas-même-ne cherche donc : *Une* peine tient *vous*....
ΑΝΤΙΓ.—Καὶ πάρος · ἐπεὶ, τότε μὲν πέρα, τότε δὲ ὕπερθεν....	ANTIG.—Même *dès* précédemment ; vu-que, et alors au-delà *des bornes*, et alors plus *encore*....

---

les événements avec confiance)? — Ou peut-être, ce qui revient presque au même : *Quel est donc l'objet de cette pensée vraiment superflue ?*

3. Μόγος ἔχει... La pensée du Chœur devait être : μόγος ἔχει ὑμᾶς μάταιος, *vos tourments sont inutiles, déraisonnables.* Mais à peine a-t-il dit *une peine tient* (vous), qu'Antigone, changeant la pensée, termine la phrase entamée par *depuis longtemps déjà;* après quoi, elle développe cette pensée nouvelle en ajoutant : *car, tantôt au-delà des bornes, tantôt plus encore* (sous-entendez *plongées dans la douleur, nous....*); c'est-à-dire *car nos misères, extrêmes d'abord, puis plus qu'extrêmes....* Tout cela se lie bien et amène simplement la nouvelle réplique du Chœur. — D'autres, à l'avis desquels nous ne pouvons nous ranger, entendent : Μόγος (οὗτος) ἔχει (ἡμᾶς), ce soin (le soin de vos intérêts) *nous occupe.* A quoi Antigone répondrait : καὶ πάρος (ἔσχεν ὑμᾶς), *précédemment déjà il vous a occupés ; car, etc.*

ΧΟΡΟΣ.

Μέγ' ἄρα πέλαγος [1] ἐλάχετόν τι.   1735

ΑΝΤΙΓΟΝΗ.

Ναὶ, ναί.

ΧΟΡΟΣ.

Ξύμφημι κ' αὐτός.

ΑΝΤΙΓΟΝΗ.

Φεῦ, φεῦ! ποῖ μόλωμεν, ὦ Ζεῦ;
Ἐλπίδων γὰρ ἐς τί με
δαίμων τὰ νῦν γ' ἐλαύνει;

ΘΗΣΕΥΣ.

Παύετε θρήνων, παῖδες· ἐν οἷς γὰρ   1740
χάρις [2] ἡ χθονία ξύν' ἀπόκειται,
πενθεῖν οὐ χρή· νέμεσις γάρ [3].

ΑΝΤΙΓΟΝΗ.

Ὦ τέκνον Αἰγέως, προσπίτνομέν σοι.

ΘΗΣΕΥΣ.

Τίνος, ὦ παῖδες, χρείας ἀνύσσαι [4];

ΧΟΡ.—Ἐλάχετον ἄρα τὶ μέγα πέλαγος[1]!

ΑΝΤΙΓ.—Ναὶ, ναί.

ΧΟΡ.—Καὶ αὐτὸς ξύμφημι.

ΑΝΤΙΓ.—Φεῦ, φεῦ! Ποῖ μόλωμεν, ὦ Ζεῦ; Ἐς τί γὰρ ἐλπίδων δαίμων ἐλαύνει με τὰ νῦν γε;

LE CH.—Toutes-deux-eûtes-en-partage une vaste mer *de maux!* [donc

ANTIG.—Oui, oui.

LE CH.—Aussi *moi*-même je dis-avec *vous oui.*

ANTIG.—Hélas, hélas! Où *faut-il que nous* soyons–allées, ô Jupiter? A quoi en-effet d'-espérances *la* divinité pousse-*t-elle* moi en les *circonstances de* maintenant donc?

---

1. Πέλαγος. Au figuré : *mer, abime* de misères.

2. Ἐν οἷς γὰρ χάρις, etc. *Là où l'intérêt national* (Voy. p. 193, n. 5) *repose communément* (ξυνά pour ξυνῶς), *c'est-à-dire lorsqu'une tombe devient* (comme celle d'OEdipe) *un trésor de faveurs pour toute une nation.*—D'autres entendent, mais en forçant vraiment trop le sens de presque tous les mots : *là où il y a en commun* (avec le mort) *le plai-*

LE CHOEUR.

Profond, sans doute, est l'abîme où le sort vous a jetées.

ANTIGONE.

Horrible, horrible!

LE CHOEUR.

J'en conviens avec toi.

ANTIGONE.

Hélas, hélas! où nous réfugier, grand Jupiter? qu'attendre de ma fortune présente?

THÉSÉE.

Enfants, mettez fin à ces plaintes. Lorsqu'une tombe devient pour tout un peuple un trésor de faveurs, on ne doit pas pleurer : ce serait un sacrilége.

ANTIGONE.

Fils d'Égée, nous tombons à tes genoux.

THÉSÉE.

Enfants, que désirez-vous de moi?

ΘΗΣ. —Παῖδες, Παύετε θρήνων. Ἐν οἷς γὰρ ἡ χάρις² χθονία ἀπόκειται ξυνά, οὐ χρὴ πενθεῖν· νέμεσις γάρ³.

THÉS.—Enfants, cessez *en fait* de-lamentations. En lesquelles *circonstances* en-effet l'intérêt national repose communément *pour tous,* point-ne faut-*il* être-en-deuil; *ce serait* crime-à-venger en-effet.

ΑΝΤΙΓ. —Ὦ τέκνον Αἰγέως, προσπίτνομέν σοι.

ANTIG.—O enfant d'-Égée, *nous* tombons-devant toi.

ΘΗΣ.—Τίνος χρείας, ὦ παῖδες, ἀνύσσαι⁴;

THÉS.—*A raison* de-quel besoin, ô enfants, à avoir-accompli *pour vous?*

---

sir *souterrain,* c'est-à-dire *là où le mort a eu plaisir à descendre sous la terre, à mourir.*

3. Νέμεσις γάρ. Sous-entendez ἄν εἴη.

4. Τίνος χρείας ἀνύσσαι, *au sujet de quel besoin à satisfaire.* Voy. p. 71, n. 3, et comparez p. 96, n. 2.

ΑΝΤΙΓΟΝΗ.

Τύμβον θέλομεν   1745
προσιδεῖν αὐταὶ πατρὸς ἡμετέρου.

ΘΗΣΕΥΣ.

Ἀλλ᾽ οὐ θεμιτὸν κεῖσ᾽ ἐστὶ μολεῖν.

ΑΝΤΙΓΟΝΗ.

Πῶς εἶπας, ἄναξ, κοίραν᾽ Ἀθηνῶν;

ΘΗΣΕΥΣ.

Ὦ παῖδες, ἀπεῖπεν ἐμοὶ κεῖνος,
μήτε[1] πελάζειν ἐς τούσδε τόπους,   1750
μήτ᾽ ἐπιφωνεῖν μηδένα θνητῶν
Θήκην ἱερὰν ἣν κεῖνος ἔχει.
Καὶ ταῦτά μ᾽ ἔφη πράσσοντα καλῶς
χώραν ἕξειν αἰὲν ἄλυπον.
Ταῦτ᾽ οὖν ἔκλυεν δαίμων[2] ἡμῶν,   1755
χὠ πάντ᾽ ἀΐων Διὸς Ὅρκος[3].

ΑΝΤΙΓΟΝΗ.

Ἀλλ᾽, εἰ τάδ᾽ ἔχει κατὰ νοῦν κείνῳ,

ΑΝΤΙΓ.—Αὐταὶ θέλομεν προσιδεῖν τύμβον ἡμετέρου πατρός.

ΘΗΣ.—Ἀλλὰ μολεῖν κεῖσε οὐκ ἔστι θεμιτόν.

ΑΝΤΙΓ.—Πῶς εἶπας, ἄναξ, κοίρανε Ἀθηνῶν;

ΘΗΣ.—Ὦ παῖδες κεῖνος ἀπεῖπεν ἐμοὶ μηδένα θνητῶν   [πους, μήτε[1] πελάζειν ἐς τούσδε τό-
μήτε ἐπιφωνεῖν θήκην ἱερὰν

ΑΝΤΙG.—*Nous-mêmes* voulons avoir-vu *la* tombe de-notre père.

ΤΗΈS.—Mais être-allé là point-n'est permis.

ΑΝΤΙG.—Comment as-*tu*-dit, prince, roi d'-Athènes?

ΤΗΈS.—O enfants, celui-là a-interdit à-moi nul de-*les*-mortels ni *n*'approcher vers ces lieux, ni *n*'apostropher *la* tombe sacrée

---

1. Ἀπεῖπεν ἐμοὶ κεῖνος μήτε, etc. Construisez : ἀπεῖπεν ἐμοὶ κεῖνος, (ὥστε) μηδένα θνητῶν μήτε πελάζειν ἐς τούσδε τόπους μήτε ἐπιφωνεῖν θήκην, etc.

ANTIGONE.

Nous voulons voir de nos propres yeux la tombe de notre
père.

THÉSÉE.

L'ignorez-vous donc ? l'approche en est interdite.

ANTIGONE.

Que dis-tu, prince, souverain d'Athènes ?

THÉSÉE.

Lui-même, enfants, m'a défendu de souffrir qu'aucun mortel
approchât de l'endroit, ou saluât de ses vœux l'asile sacré où il
repose. A cette condition, m'a-t-il dit, étaient attachés le bonheur de mon règne et l'éternelle prospérité de cette terre. Le
ciel a reçu ma promesse, et le dieu qui entend tout, le dieu des
serments, l'a portée au trône de Jupiter.

ANTIGONE.

Si telle est sa volonté, il suffit. Fais-nous conduire, du moins,

———— o ◇ o ————

ἣν κεῖνος ἔχει.	que celui-là a (occupe).
Καὶ ἔφη	Et *il* disait (a dit)
μὲ πράσσοντα ταῦτα	moi faisant ces *choses*
ἕξειν καλῶς	devoir-avoir bien (heureusement)
χώραν αἰὲν ἄλυπον.	ce pays toujours sans-chagrin.
Δαίμων [2] οὖν	*La* divinité donc
ἔκλυεν ταῦτα ἡμῶν,	entendait (entendit) ces *dires* de-nous,
καὶ Ὅρκος [3] ὁ Διὸς	et Horcus le *ministre* de-Jupiter
ἀΐων πάντα.	entendant toutes choses.
ΑΝΤΙΓ.—Ἀλλὰ	ANTIG.—Mais
εἰ τάδε ἔχει	si ces *choses* ont *elles* (sont)
κατὰ νοῦν κείνῳ,	suivant *l'*esprit à-celui-là,

———

2. Δαίμων, *la divinité*, au sens le plus vague, ou peut-être *Jupiter*.

3. Χὠ (καὶ ὁ) Διὸς Ὅρκος. Cet *Horcus de Jupiter*, c'est *le Serment*
livinisé, devenu *ministre de Jupiter*.

ταῦτ' ἂν ἀπαρχοῖ · Θήβας δ' ἡμᾶς
τὰς Ὠγυγίους[1] πέμψον, ἐάν πως[2]
διακωλύσωμεν ἰόντα φόνον   1760
     τοῖσιν ὁμαίμοις.

ΘΗΣΕΥΣ.

Δράσω καὶ τάδε, καὶ πάνθ' ὁπόσ' ἂν
μέλλω πράσσειν, πρόσφορά θ' ὑμῖν,
καὶ τῷ[3] κατὰ γῆς, ὃς νέον ἔρρει,
πρὸς χάριν. Οὐ γὰρ δεῖ μ' ἀποκάμνειν[4].   1765

ΧΟΡΟΣ.

Ἀλλ' ἀποπαύετε, μήτ' ἐπὶ πλείω
     θρῆνον ἐγείρετε·
πάντως γὰρ ἔχει τάδε κῦρος[5].

ταῦτα ἂν-ἀπαρχοῖ ·
πέμψον δὲ ἡμᾶς
Θήβας τὰς Ὠγυγίους[1],
ἐὰν διακωλύσωμέν πως[2]
φόνον ἰόντα
τοῖσιν ὁμαίμοις.

    ΘΗΣ.—Δράσω καὶ τάδε,
καὶ πάντα
ὁπόσα ἂν-μέλλω πράσσειν,

ces *choses* suffiraient (doivent suffire) :
aie-envoyé d'-autre-part nous
vers Thèbes l'Ogygienne,
pour voir si *nous* aurons-empêché en-
le meurtre venant   [quelque-façon
aux *frères* consanguins *de nous*.

    THÉS.—*Je ferai* et ces *choses*,
et toutes *celles*
lesquelles-toutes *je* devrai faire,

---

1. Τὰς Ὠγυγίους. Surnom que Thèbes devait au vieux roi Ogygès.

2. Ἐάν πως, etc. (Pour voir) *si par hasard*, etc. Cette elliptique construction d'ἐάν a passé chez les poëtes latins, auxquels elle e. devenue très-familière. Virgile, *Én.*, I, 180 : *Omnem prospectum pelago petit* (Æneas), *Anthea si qua jactatum vento videat. Én.*, I, 578 : *Libyæ lustrare extrema jubebo, si quibus ejectus silvis aut urbibus errat.*

ΤΕΛΟΣ.

à la ville d'Ogygès, à l'antique Thèbes : peut-être arrêterons-nous le sang de nos frères, prêt à couler.

THÉSÉE.

En ceci, comme en tout ce que je pourrai faire, enfants, j'agirai dans votre intérêt, et en vue de plaire à celui que la terre a reçu, à l'ami qui vient de nous quitter : là doivent tendre sans relâche tous mes efforts.

LE CHOEUR.

Et maintenant, silence ! plus de gémissements ! Le maître a parlé : tout est garanti.

— ◇ —

πρόσφορά τε ὑμῖν,	et avantageuses à-vous,
καὶ πρὸς χάριν	et à gré (agréables)
τῷ [3] κατὰ γῆς,	au *étant* en-bas de-*la*-terre,
ὃς νέον ἔρρει.	lequel récemment partait (mourut).
Οὐ γὰρ δεῖ με ἀποκάμνειν [4].	Point en-effet *ne* faut-*il* moi *me*-lasser.
ΧΟΡ.—Ἀλλὰ ἀποπαύετε,	LE CH.—Mais cessez,
μηδὲ ἐγείρετε θρῆνον	et-point-n'éveillez *cette* plainte
ἐπὶ πλείω ·	en *une* plus-nombreuse :
πάντως γὰρ	de-toute-façon en-effet
τάδε ἔχει κῦρος [5].	ces *promesses* ont *une* garantie-absolue.

3. Καὶ τῷ, etc. Construisez : καὶ πρὸς χάριν (c'est-à-dire καὶ ὥστε χαρίζεσθαι) τῷ, etc.

4. Οὐ γὰρ δεῖ μ᾽ ἀποκάμνειν. Complétez la pensée par δρῶντα τὰ τοιαῦτα.

5. Ἔχει τάδε κῦρος, ces *promesses* ont *une garantie absolue* (dans la parole du maître, de Thésée).

FIN.